Hinter dem Sachregister befindet sich ein ausführliches Verzeichnis der

Guttentagschen Sammlung

Deutscher Reichs- und Preußischer Gesetze

— Textausgaben mit Anmerkungen; Taschenformat —

die alle wichtigeren Gesetze in unbedingt zuverlässigem Abdruck und mit mustergültiger Erläuterung wiedergibt.

Guttentagsche Sammlung
Nr. 155. Deutscher Reichsgesetze. Nr. 155.
Textausgaben mit Anmerkungen und Sachregister.

Das

Reichsknappschaftsgesetz

vom 23. Juni 1923

nebst Einführungsgesetz.

Erläutert von

Max Reuß, und **Dr. Fritz Hense,**

Wirkl. Geheimem Oberbergrat, Professor, Ministerialdirigent im Ministerium für Handel und Gewerbe in Berlin.

Oberbergrat a. D., Knappschaftsdirektor in Bochum.

Berlin und Leipzig 1923.

Walter de Gruyter & Co.

vormals G. J. Göschen'sche Verlagshandlung — J. Guttentag, Verlagsbuchhandlung — Georg Reimer — Karl J. Trübner — Veit & Comp.

Inhaltsverzeichnis.

Reichsknappschaftsgesetz.

Einführungsgesetz zum Reichsknappschaftsgesetz.

Erster Teil.

Zweiter Teil.

Dritter Teil.

Abkürzungen.

a. a. O. = am angegebenen Orte.

Abs. = Absatz.

AN. = Amtliche Nachrichten des Reichsversicherungsamts.

AnerkGeb. = Anerkennungsgebühr.

Anm. = Anmerkung.

Art. = Artikel.

AV. = Angestelltenversicherung.

AVG. = Versicherungsgesetz für Angestellte in der Fassung der Gesetze vom 10. November 1922 (RGBl. I S. 849) und 13. Juli 1923 (RGBl. I S. 636).

AVN. = Die Angestelltenversicherung. Amtliche Nachrichten der Reichsversicherungsanstalt für Angestellte.

Begr. = Begründung zum Entwurf des Reichsknappschaftsgesetzes.

Bek. = Bekanntmachung.

Ber. = Bericht des Ausschusses für soziale Angelegenheiten über den Entwurf eines Reichsknappschaftsgesetzes, Nr. 5908 der Drucksachen des Reichstags, I. Wahlperiode, 1920 bis 1923.

bes. KrK. = besondere Krankenkasse.

BezKV. = Bezirksknappschaftsverein.

BGB. = Bürgerliches Gesetzbuch.

E. = Entscheidungen (Amtliche Sammlung der Entscheidungen).

EG. = Einführungsgesetz zum Reichsknappschaftsgesetz.

Entw. = Entwurf.

Erl. = Erlaß.

ff. = folgende.

G. oder Ges. = Gesetz.

GewO. = Gewerbeordnung.
GS. = Preußische Gesetzsammlung.
HMBl. = Ministerialblatt der Handels- und Gewerbeverwaltung.
i. d. F. = in der Fassung.
IP. = Invalidenpension.
IR. = Invalidenrente.
IVers. = Invaliden- und Hinterbliebenenversicherung.
Kn. = Knappschaft.
kn. = knappschaftlich.
KnV. = Knappschaftsverein.
Kompaß = Amtliches Organ der Knappschaftsberufsgenossenschaft usw.
KOVA. = Knappschaftsoberversicherungsamt.
KrK. = Krankenkasse.
KrV. = Krankenversicherung.
LVAnstalt = Landesversicherungsanstalt.
Nr. = Nummer.
OSchG. f. A. = Oberschiedsgericht für Angestelltenversicherung.
OSchG. i. K. = Preußisches Oberschiedsgericht in Knappschaftsangelegenheiten.
OVA. = Oberversicherungsamt.
PK. = Pensionskasse.
PV. = Pensionsversicherung.
RA. = Rentenausschuß der Angestelltenversicherung.
RAM. = Reichsarbeitsminister.
RekBesch. = Rekursbescheid.
RGBl. = Reichsgesetzblatt.
RKG. = Reichsknappschaftsgesetz.
RKV. = Reichsknappschaftsverein.
RVA. = Reichsversicherungsamt.
RVAnstalt = Reichsversicherungsanstalt für Angestellte.
RVG. = Reichsversorgungsgesetz vom 12. Mai 1920 in der Fassung vom 30. Juni 1923.

RVO. = Reichsversicherungsordnung.

RWR. = Vorläufiger Reichswirtschaftsrat.

Stenogr. Ber. = Stenographische Berichte über die 362. und 363. Sitzung des Reichstags vom 11. und 12. Juni 1923.

TZul. = Teuerungszulage.

UR. = Unfallrente.

UV. = Unfallversicherung.

V. = Versicherung.

VA. = Versicherungsamt.

Ver. = Verordnung.

vgl. = vergleiche.

VMBl. = Amtsblatt und Halbmonatsschrift des Preußischen Ministeriums für Volkswohlfahrt.

Z. f. B. = Zeitschrift für Bergrecht.

Einleitung.

Mit dem Reichsknappschaftsgesetz vom 23. Juni 1923 hat der langjährige Wunsch der Bergarbeiter nach Schaffung eines Reichsknappschaftsvereins Erfüllung gefunden.

Aufgabe der Knappschaftsvereine war von alters her, den im Bergbau beschäftigten Arbeitern, die besonderen Gefahren für Gesundheit und Leben und durch die Schwere der Arbeit einer erhöhten Abnutzung der Körperkräfte ausgesetzt sind, im Falle der Krankheit eine ausreichende Krankenunterstützung und im Falle der Unfähigkeit zur Berufsarbeit eine laufende Invalidenunterstützung zu gewähren, außerdem im Falle des Todes für die Hinterbliebenen zu sorgen. Bis zum Erlaß des Reichsknappschaftsgesetzes war das Knappschaftswesen landesgesetzlich geregelt. Im allgemeinen bestanden für die Gewährung knappschaftlicher Leistungen wohl einheitliche Grundsätze. Die landesgesetzliche Regelung zeigte aber manche Verschiedenheiten im einzelnen. Namentlich fehlte ein einheitlicher Aufbau des Knappschaftswesens. Innerhalb der Länder bestand eine große Zahl von Knappschaftsvereinen und besonderen knappschaftlichen Krankenkassen, deren Leistungen nach Art und Höhe zum Teil erheblich voneinander abwichen. Die Gesamtzahl der Knappschaftsvereine in Deutschland betrug eine Zeitlang über 100. Durch die von der Landesgesetzgebung begünstigte und von den

Aufsichtsbehörden mit Nachdruck betriebene Verschmelzung kleinerer Vereine ist die Zahl im Laufe der Jahre zurückgegangen; immerhin waren Ende 1921 noch 53 Knappschaftsvereine mit einer größeren Zahl besonderer Krankenkassen vorhanden. Im Verhältnis dieser Knappschaftsvereine zueinander bestand keine Freizügigkeit; die Bergarbeiter, die in einen anderen Bezirk abwanderten, waren vielmehr der Gefahr des Verlustes der erworbenen Ansprüche ausgesetzt. Die Landesgesetzung ist bereits bemüht gewesen, die Anwartschaften tunlichst zu erhalten. So wurde durch die Preußische Knappschaftsnovelle vom 3. Juni 1912 das gesetzliche Gegenseitigkeitsverhältnis aller preußischen Knappschaftsvereine eingeführt, und der auf Veranlassung des Allgemeinen Deutschen Knappschaftsverbandes abgeschlossene Freizügigkeitsvertrag (sogenannte Wartburgvertrag) vom 1. September 1917 regelte das Verhältnis der preußischen Knappschaftsvereine zu außerpreußischen Vereinen im Wege der Vereinbarung. Es fehlte aber an einer gesetzlichen Regelung der Freizügigkeit für das Reichsgebiet.

Weiterhin ließ die finanzielle Sicherheit der knappschaftlichen Leistungen zu wünschen übrig. Auch auf diesem Gebiete hatte die Landesgesetzgebung bereits bessernd eingesetzt. In Preußen wurde durch die erwähnte Novelle die Bemessung der Leistungen und Beiträge nach versicherungstechnischen Grundsätzen vorgeschrieben und im Jahre 1908 die knappschaftliche Rückversicherungsanstalt in Berlin-Charlottenburg gegründet, der ein großer Teil der preußischen Vereine mit der überwiegenden Mehrzahl der in Preußen vorhandenen Bergarbeiter beigetreten ist. Vom 1. Juli 1916 ab wurde die Rückversicherungsanstalt zu einem knappschaftlichen Rückversicherungsverband ausgebaut, dem sämtliche preußischen Knappschaftsvereine angehören und auch nichtpreußische Vereine beitreten können. Mitglieder dieses Verbandes sind die Vereine und nicht die einzelnen Knappschaftsmitglieder. Denn der Verband gewährt nach seiner Satzung den bei ihm beteiligten Vereinen Rückversicherung für die Pensionskassenleistungen, die sie nach Gesetz und Satzung für die Vereinsinvaliden, Witwen und Waisen zu zahlen haben. Er trägt, indem er den Mitgliedervereinen Ersatz für die von ihnen zu zahlende Pension und Erziehungsbeihilfe gewährt, nur das Wagnis der Rentenbezugsdauer, nicht dagegen das Wagnis des Renteneintrittes, welches vielmehr den einzelnen Vereinen verbleibt. Die Wünsche der Bergarbeiter sind aber auf unmittelbare persönliche Versicherung bei einem einheitlichen Versicherungsträger gerichtet, der das ganze Reichsgebiet umfaßt und das gesamte Versicherungswagnis ohne jede Beschränkung übernimmt.

Schließlich ist in den Landesgesetzen auch das Verfahren bei Inanspruchnahme der knappschaftlichen Leistungen und der Rechtsmittelzug nicht gleichmäßig geregelt.

Zur Beseitigung dieser Übelstände haben die Bergarbeiter seit Jahren die Schaffung eines Reichsknappschaftsvereins angestrebt. Ihre Wünsche sind in zahlreichen Kundgebungen der großen Bergarbeiterverbände zum Ausdruck gekommen und wiederholt von Regierungsstellen und den gesetzgebenden Körperschaften als berechtigt anerkannt worden. Nachdem die Reichsverfassung vom 11. August 1919 die Gesetzgebung über die Versicherung der Arbeiter und Angestellten sowie über den Bergbau dem Reich zugewiesen und damit den Weg für eine reichsgesetzliche Regelung des Knappschaftswesens geöffnet hatte, ist der Allgemeine Deutsche Knappschaftsverband, dem fast sämtliche deutschen Knappschaftsvereine angehören, alsbald in Vorarbeiten für den Erlaß eines Reichsknappschaftsgesetzes eingetreten. Auf seine Einladung fand am 30. Oktober 1919 eine Besprechnung von Vertretern der Behörden, der Arbeitgeber und Arbeitnehmer sowie der Arbeiterorganisationen des Bergbaues statt, in der ein Plan für die Vorarbeiten aufgestellt wurde. Die Beteiligten waren dabei der Auffassung, daß, wenn auch die Reichsverfassung für eine Gesetzgebung der Landesregierungen auf dem Gebiete des Bergbaues und der bergmännischen Versicherung Raum lasse, doch das Recht des Reiches auf Gesetzgebung auszuüben und dem Wunsche der Bergarbeiter nach einer einheitlichen Versicherung durch Bildung eines Reichsknappschaftsvereins zu entsprechen, daß auch die Neuordnung des Knappschaftswesens nicht von dem vorherigen Erlaß eines Reichsberggesetzes abhängig zu machen sei. Im weiteren Verlauf hat dann ein vom Knappschaftsverband eingesetzter Ausschuß aus der gleichen Zahl von Arbeitgebern und Arbeitnehmern des Bergbaues (14er-Ausschuß) in ständiger Fühlungnahme mit Vertretern der Reichs- und Staatsbehörden den Entwurf eines Knappschaftsgesetzes nebst Begründung und den vorläufigen Entwurf einer Satzung des zu bildenden Reichsknappschaftsvereins ausgearbeitet. Die Entwürfe sind einer Generalversammlung des Allgemeinen Deutschen Knappschaftsverbandes am 19. September 1921 in Freiburg unterbreitet und grundsätzlich auch von den Arbeitnehmervertretern gutgeheißen worden. Nach Erledigung einiger an den Ausschuß zurückgewiesener Einzelfragen ist der Entwurf unter dem 14. Dezember 1921 der Reichsregierung vorgelegt worden. Diese hat den Gesetzentwurf nebst Begründung mit einigen unwesentlichen Änderungen als Regierungsvorlage übernommen und dem Reichstag zur verfassungsmäßigen Beschlußfassung unterbreitet (Nr. 4394 der Amtlichen Drucksachen des Reichstags, I. Wahlperiode 1920/22). Gleichzeitig ist der Entwurf gemäß Artikel 165 Absatz 4 der Reichsverfassung vom 11. August 1919 dem Vorläufigen Reichswirtschaftsrat zur Begutachtung vorgelegt worden.

Der Reichstag überwies in der Plenarsitzung vom 31. Mai 1922 den Gesetzentwurf dem Ausschuß für soziale Angelegenheiten zur Vorberatung, deren Aufnahme sich jedoch verzögerte. In der Zwischenzeit hat der Vorläufige Reichswirtschaftsrat den Entwurf behandelt und über die Verhandlungen seines Sozialpolitischen Ausschusses einen Bericht vom 14. Juli 1922 erstattet. Der Bericht stand am 19. Oktober 1922 in der 45. Plenarsitzung des Reichswirtschaftsrats auf der Tagesordnung. Der Wunsch, über die im Ausschuß nicht gelösten Meinungsverschiedenheiten eine Verständigung herbeizuführen, veranlaßte das Plenum, einem Antrage auf Rückverweisung an den Sozialpolitischen Ausschuß zuzustimmen mit der Vollmacht, die Beschlüsse des Ausschusses unmittelbar an die Reichsregierung weiterzugeben. In eingehenden Verhandlungen des Unterausschusses und des Sozialpolitischen Ausschusses ist der Entwurf unter Beteiligung zahlreicher Sachverständiger nochmals beraten worden mit dem Ergebnis, daß über alle Streitfragen eine Verständigung in völliger Einmütigkeit der Beteiligten erzielt wurde. Über diese Verhandlungen hat der Ausschuß einen zweiten (endgültigen) Bericht erstattet, der mit Schreiben des Reichsarbeitsministers vom 13. November 1922 dem Reichstag übersandt worden ist (Nr. 5249 der Drucksachen des Reichstags).

Der Sozialpolitische Ausschuß des Reichstags begann die Beratungen am 10. November 1922 mit einer allgemeinen Aussprache, wobei sich ergab, daß Abgeordnete großer Parteien die im 14er-Ausschuß und im Vorläufigen

Reichswirtschaftsrat mit Vertretern der Arbeitnehmerschaft getroffenen Vereinbarungen nicht für verbindlich erachteten. Ein am 14. November 1922 eingesetzter Unterausschuß versuchte, in zwei Sitzungen eine Einigung über den Gesetzentwurf zu erzielen. Da aber in allen wichtigen Punkten scharfe Gegensätze bestanden, war eine Einigung nicht möglich. Deshalb gab der Unterausschuß seine Arbeiten als erfolglos auf und berichtete am 24. November 1922 dem Gesamtausschuß über die Sachlage. Der Ausschuß verhandelte über die Vorlage einige Tage und stellte sie dann zurück. Infolge politischer Vorgänge und namentlich infolge der Besetzung des Ruhrgebiets durch die Franzosen wurden die Beratungen erst am 12. April 1923 wieder aufgenommen. Der Ausschuß hat dann die Vorlage in drei Lesungen erledigt und hierüber einen schriftlichen Bericht erstattet (Nr. 5908 der Drucksachen des Reichstags). Das Plenum des Reichstags hat in den Sitzungen vom 11. und 12. Juni in zweiter und dritter Lesung über den Gesetzentwurf beraten und ihn im wesentlichen in der von dem Ausschuß vorgeschlagenen Fassung endgültig angenommen.

Über die allgemeinen Gesichtspunkte der Neuregelung des Knappschaftswesens wird im nachstehenden unter Berücksichtigung der vom Reichstag beschlossenen Änderungen des Entwurfs ein kurzer Überblick gegeben. Die Grundgedanken sind folgende:

1. Beseitigung der bisherigen Zersplitterung des Knappschaftswesens durch Schaffung eines einzigen Trägers der knappschaftlichen Versicherung, der an Stelle der bisherigen Einzelvereine tritt;

2. Herstellung voller Freizügigkeit der Knappschaftsmitglieder innerhalb des Reichsgebiets und Verhütung

jeder Beeinträchtigung knappschaftlicher Rechte bei Beschäftigungswechsel zwischen den verschiedenen Bergbaubezirken;

3. zeitliche und örtliche Verteilung des Versicherungswagnisses durch den einheitlichen Reichsknappschaftsverein und durch eine versicherungstechnisch einwandfreie Berechnung der Beiträge;
4. Vereinheitlichung der Leistungen und Beiträge bei gleichzeitiger Erhöhung der Leistungen und Vereinheitlichung der Gesetzgebung und Rechtsprechung.

Zur Erreichung dieser Ziele wird ein das gesamte Reichsgebiet umfassender Reichsknappschaftsverein gebildet, der, unter der Aufsicht des Reichsarbeitsministers stehend, seine Verhältnisse durch eine Satzung regelt und seine Verwaltung durch gewählte Organe nach den Grundsätzen der Selbstverwaltung führt. Der Reichsknappschaftsverein gewährt seine Leistungen nach den Grundsätzen der Versicherung; der Gedanke einer allgemeinen Volksfürsorge hat in das Gesetz keinen Eingang gefunden. Gegenstand der Versicherung sind außer der Krankenversicherung und Pensionsversicherung auch die reichsgesetzliche Invalidenversicherung und die Angestelltenversicherung. Alle knappschaftlich beschäftigten Personen genügen also der sozialen Versicherung durch die Zugehörigkeit zum Reichsknappschaftsverein. Nur die Unfallversicherung bleibt, wie bisher, der Knappschafts-Berufsgenossenschaft vorbehalten. Neben dem Gegenstande der Versicherung wird auch der Kreis der knappschaftlichen Betriebe erweitert, indem nicht nur die den Berggesetzen der verschiedenen Länder unterworfenen Betriebe, sondern schlechthin alle Betriebe, in denen Mineralien oder sonstige Stoffe bergmännisch gewonnen werden, der Knappschaftspflicht unterstellt werden. Ausgenommen bleiben Salinen und nach einem Beschlusse des Reichstags Betriebe der Industrie der Steine und Erden, soweit sie nicht unterirdisch betrieben werden. Diese Abgrenzung des Kreises der knappschaftlichen Betriebe beruht auf dem Gedanken, daß die mit bergmännischer Arbeit — ohne Rücksicht auf die Art des zu gewinnenden Stoffes — beschäftigten Personen erhöhten gesundheitlichen Gefahren ausgesetzt sind und deshalb auf erweiterten Versicherungsschutz Anspruch haben. Die Sicherheit des Anspruchs wird dadurch gewährleistet, daß der Reichsknappschaftsverein alle Bergbau- und sonstigen knappschaftlichen Betriebe innerhalb des Reichsgebiets umfaßt, wodurch eine breite und tragfähige Grundlage für das im übrigen nach versicherungstechnischen Grundsätzen abzuschätzende Versicherungswagnis geschaffen wird.

Die Leistungen der Krankenversicherung, der Invalidenversicherung und der Angestelltenversicherung werden im wesentlichen nach den Bestimmungen der betreffenden Reichsgesetze (Reichsversicherungsordnung und Angestelltenversicherungsgesetz) gewährt; auch für die Aufbringung der Mittel gelten die Vorschriften dieser Gesetze. Dagegen ist die Pensionsversicherung (der Arbeiter und Angestellten) im Reichsknappschaftsgesetz selbst näher geregelt. Die Aufnahme in diese Versicherung ist, wie bisher, an die Erfüllung bestimmter gesundheitlicher Voraussetzungen geknüpft, abweichend von den bisherigen Landesgesetzen dagegen von irgendwelchen Altersgrenzen (nach oben oder unten) unabhängig. Angestellte unterliegen der Pensionsversicherung nur, wenn sie den gesundheitlichen Bedingungen genügen; im übrigen werden sie lediglich nach Maßgabe des Angestelltenversicherungsgesetzes versichert. Für die Leistungen der Pensionsversicherung bildet das Gesetz zunächst nur einen Rahmen, der nach der Absicht des Entwurfs im wesentlichen durch die Satzung ausgefüllt werden sollte. Der Reichstag hat jedoch den Standpunkt eingenommen, daß die Festsetzung der Leistungen nicht schlechthin den Beteiligten überlassen bleiben könne, sondern daß ein Mindestmaß von Leistungen durch Festlegung im Gesetz selbst den Versicherten zu gewährleisten sei. Demgemäß schreibt das Gesetz zwingend die Gewährung der Invalidenpension als Alterspension für Mitglieder vor, die das fünfzigste Lebensjahr vollendet, fünfundzwanzig Dienstjahre zurückgelegt, während dieser Zeit mindestens fünfzehn Jahre wesentlich bergmännische Arbeit verrichtet haben und keine gleichwertige Lohnarbeit mehr verrichten. Ferner ist ein gesetzlicher Maßstab für die Berechnung der Höhe der Pension eingeführt, indem die Gesamtbezüge an fester Pension und Teuerungszulage zu den Löhnen bezw. Gehältern aktiver Bergbaubeschäftigter in Beziehung gesetzt sind und nach fünfundzwanzig Dienstjahren mindestens vierzig vom Hundert des in Betracht kommenden durchschnittlichen Hauerlohns oder des durchschnittlichen Gehalts eines revierführenden Steigers ausmachen müssen. Der Umfang der Leistungen ist auch noch insofern erweitert, als Waisengeld für Kinder verstorbener Mitglieder und Knappschaftsinvaliden bis zur Vollendung des achtzehnten Lebensjahres und ebenso ein Beitrag zu den Begräbniskosten der Ehefrauen und Witwen, der Kinder und Waisen bis zum vollendeten achtzehnten Lebensjahr gezahlt wird, wobei der Begriff „Kinder" sehr weit gefaßt ist. Schließlich ist noch vorgeschrieben, daß die Empfänger einer Invalidenpension für Kinder unter achtzehn Jahren ein Kindergeld erhalten. Für die Aufbringung der Leistungen der Pensionsversicherung hat das Gesetz ein gemischtes System gewählt, indem ein Teil der Pensionen als feste Leistung nach dem Grundsatze der Anwartschaftsdeckung und ein anderer

Teil als Teuerungszulage im Wege der Umlage aufgebracht werden. In welchem Größenverhältnis feste Leistung und Teuerungszulage zueinander stehen sollen, ist im Gesetz nicht angegeben. Auch die Höhe der zur Deckung der festen Leistungen erforderlichen Beiträge ist nicht im Gesetz bestimmt, die aus der Erweiterung der Pensionskassenleistungen zu erwartende finanzielle Belastung ist demnach völlig ins Ungewisse gestellt.

Bei der Vielgestaltigkeit der Aufgaben des Reichsknappschaftsvereins kann dieser der Mitwirkung örtlicher Stellen nicht entbehren. Das Gesetz sieht deshalb als Unterabteilungen des Reichsknappschaftsvereins Bezirksknappschaftsvereine vor, die als Organe des Reichsknappschaftsvereins bei Durchführung der Pensionsversicherung, der Invalidenversicherung und der Angestelltenversicherung dienen, während ihnen hinsichtlich der Krankenversicherung eine größere Selbständigkeit zugedacht ist. Der Entwurf wollte in weitgehendem Umfange auch besondere Krankenkassen zur Durchführung der Krankenversicherung zulassen; durch die Beschlüsse des Reichstags ist jedoch deren Bildung sehr erschwert, indem in formeller Hinsicht die Zustimmung der Mehrheit der versicherten Betriebsangehörigen, der Mehrheit der Arbeitgeber und der Mehrheit der Vertreter der Versicherten im Vorstand des Reichsknappschaftsvereins (bei getrennter Abstimmung) und in sachlicher Hinsicht Gleichwertigkeit der Leistungen der besonderen Krankenkasse mit denen des Bezirksknappschaftsvereins vorgeschrieben ist.

Verfassung und Verwaltung des Reichsknappschaftsvereins und der Bezirksknappschaftsvereine sind auf dem Grundsatz der Selbstverwaltung und der seit Jahrhunderten bewährten Mitwirkung besonderer Vertreter der Versicherten, der Knappschaftsältesten, aufgebaut, zu denen als Vertreter der Angestellten sogenannte Angestelltenälteste neu hinzukommen. Die Organe der Selbstverwaltung bestehen aus der gleichen Zahl von Vertretern der Arbeitgeber und der Versicherten, die überall nach den Grundsätzen der Verhältniswahl zu wählen sind. Während nach der Absicht des Entwurfs nur Knappschaftsälteste oder Angestelltenälteste in den Organen tätig sein sollten, hat das Gesetz nach Beschlüssen des Reichstags bestimmt, daß zwei Drittel der Versichertenvertreter Älteste sein müssen, während das andere Drittel aus ehemaligen Mitgliedern des Reichsknappschaftsvereins oder der früheren Knappschaftsvereine entnommen werden kann. Damit ist die Aufnahme von Angestellten der Arbeitnehmerverbände in die Vorstände ermöglicht. Der Einfluß der Arbeitnehmerverbände auf die Verwaltung des Knappschaftswesens wird nach den Beschlüssen des Reichstags auch dadurch verstärkt, daß in die Geschäftsführung des Reichsknappschaftsvereins und der Bezirksknappschaftsvereine Vertrauensmänner der Versicherten zu übernehmen sind, die auf Grund von Vorschlagslisten der Arbeitnehmerverbände gewählt werden.

Ein besonderes Einführungsgesetz enthält eingehende Vorschriften für die Überleitung des bisherigen Rechtszustandes in den neuen und ermöglicht u. a. den Hütten, die an sich keine knappschaftlichen Betriebe sind, sowie anderen bisher nach Landesrecht einem Knappschaftsverein angehörenden Gewerbsanlagen die Fortsetzung der knappschaftlichen Versicherung beim Reichsknappschaftsverein.

Das Reichsknappschaftsgesetz ist unter dem 23. Juni 1923 in der am 4. Juli 1923 ausgegebenen Nummer 47 des Reichsgesetzblatts (Teil I S. 431) veröffentlicht und tritt mit dem 1. Januar 1924, soweit es sich um Maßnahmen zu seiner Durchführung handelt, sofort in Kraft. Unleugbar bedeutet das Gesetz einen erheblichen Fortschritt in der Entwicklung des Knappschaftswesens und der sozialen Versicherung. Ob es in allen Beziehungen den Versicherten und dem deutschen Bergbau zum Segen gereichen wird, oder ob die erhebliche Erweiterung der Pensionskassenleistungen eine zu starke Belastung der Wirtschaft bedeutet, wird die Erfahrung der Zukunft lehren müssen.

Reichsknappschaftsgesetz.

Vom 23. Juni 1923 (RGBl. I S. 431).

Erster Abschnitt.
Umfang der Versicherung.

§ 1.[1])

(Abs. 1.) Arbeitnehmer[2]) (männliche und weibliche)[3]) in knappschaftlichen Betrieben[4]) unterliegen[5]) der Versicherung nach diesem Gesetze.[6])

(Abs. 2.) Arbeitnehmer sind Arbeiter[7]) sowie Angestellte im Sinne des Versicherungsgesetzes für Angestellte,[8]) die ausschließlich oder überwiegend für den technischen, wirtschaftlichen oder kaufmännischen Betrieb eines oder mehrerer knappschaftlichen Betriebe beschäftigt sind.[9]) [10])

§ 1 Entw.

1. § 1 umschreibt den Kreis der Personen, die der besonderen Vers. nach dem RKG. unterliegen. Diese Sonderversicherung hat einen ausgesprochen berufsständischen Charakter und geht über die allgemeine Vers., wie sie in den Reichsversicherungsgesetzen (§§ 165 bis 178, 537 bis 554, 1226 bis 1244 RVO., §§ 1 bis 15 AVG.) geregelt ist, hinaus. Sie entspringt dem Gedanken, daß Arbeiter und Angestellte im Bergbau und in ähnlichen Betrieben besonderen Gefahren für Gesundheit und Leben und einer außergewöhnlichen Abnutzung der Arbeitskräfte ausgesetzt sind, und daß es daher berechtigt ist, ihnen einen höheren Versicherungsschutz zuzuwenden als den Angehörigen anderer Berufe. (Begr. S. 31.) Der Gedanke der bergmännischen Sonderversicherung ist mehr-

fach angefochten worden. Vorschläge, sie in einer allgemeinen Volksfürsorge aufgehen zu lassen, haben jedoch nicht die Zustimmung des Reichstags gefunden. Die Eigenart der bergmännischen Sonderversicherung ist vielmehr erhalten geblieben, wenn auch die scharfen Anforderungen, die früher an die Zugehörigkeit zu einem Knappschaftsverein gestellt wurden, gemildert sind.

Die Begr. (S. 37) stellt eine „Anleitung über den Kreis der nach dem RKG. versicherten Personen" — nach dem Muster der für die Reichsversicherung erlassenen Anleitungen — in Aussicht. Ein zu § 2 im Reichstagsausschuß gestellter Antrag, nach dem Vorgang in § 1 Abs. 4 AVG. durch den RAM. einen gesetzlichen Katalog der kn. Betriebe aufstellen zu lassen, woraus sich zugleich der Kreis der versicherten Personen ergeben würde, ist zurückgezogen, nachdem ausgeführt war, daß infolge langjähriger Praxis feststehe, was bergmännisch sei. (Ber. S. 3.)

2. Der Ausdruck „Arbeitnehmer" umfaßt „Arbeiter" und „Angestellte" im Sinne der Reichsversicherung. Nicht besonders erwähnt sind die Lehrlinge. Inwieweit diese den einzelnen Versicherungszweigen unterliegen, ist bei den einschlägigen Sondervorschriften erörtert. Vgl. für die KrV. Anm. 3 zu § 11, für die PV. Anm. 2c Abs. 2 zu § 19, für die IVers. Anm. 1 zu § 67, für die AV. Anm. 2 zu § 71.

3. „Das Geschlecht begründet grundsätzlich keinen Unterschied für die versicherungsrechtliche Behandlung; nur sind in der Pensionskasse, aus der eine umfassende Hinterbliebenenfürsorge gewährt wird, die Beiträge und Leistungen für weibliche Mitglieder niedriger zu bemessen als für männliche." (Begr. S. 31.)

4. Der Begriff „knappschaftlicher Betrieb" ist durch das Gesetz neu eingeführt und im § 2 näher erläutert. Vgl. Anm. 2, 3 daselbst.

5. Die Versicherung nach dem RKG. ist eine Zwangsversicherung; sie erfaßt die betroffenen Personen unmittelbar kraft Gesetzes. Im allgemeinen tritt die Versicherung ohne weiteres mit Aufnahme der Beschäftigung in einem kn. Betrieb ein; nur bei der Pensionsversicherung treten weitere Voraussetzungen hinsichtlich der Gesundheit hinzu. (Vgl. §§ 19, 20.) Außer bei der Pensionsversicherung ist entsprechend der RVO. und dem AVG. eine Versicherungs**berechtigung** vorgesehen. (Vgl. § 11 Abs. 1, §§ 67, 71, 88 Abs. 2.)

6. Wegen der allgemeinen Bedeutung der Worte „Versicherung nach diesem Gesetz" s. Anm. 1; die Versicherungszweige im einzelnen sind im § 3 bezeichnet.

7. Der Begriff „Arbeiter" im versicherungsrechtlichen Sinne steht fest; er bezeichnet Personen, die als lediglich ausführende Hilfskräfte hauptsächlich ihre körperliche Arbeitskraft zur Verfügung stellen, und umfaßt auch Gesellen und Gehilfen (z. B. in Werkstätten über Tage).

8. Über die Umgrenzung des Begriffes „Angestellter" vgl. § 20 und Anm. 3 dazu.

9. „Der Kreis der (kn. versicherten) Angestellten ist in Anlehnung an § 9 Abs. 2 des preuß. Ges. vom 17. Juni 1912 dahin bestimmt, daß auch die für den wirtschaftlichen oder kaufmännischen Betrieb eines oder mehrerer kn. Werke tätigen Angestellten zu den kn. versicherten Personen gehören. Damit soll in Übereinstimmung mit der neueren Rechtsprechung des OSchG. i. K. und des RVA. klargestellt werden, daß Gewinnung und Verwertung der Erzeugnisse kn. Betriebe eine wirtschaftliche Einheit bilden, und daß zum Betrieb jede Tätigkeit gerechnet werden muß, ohne die der auf Verwertung der Erzeugnisse gerichtete Endzweck nicht erreicht werden **könnte**." (Begr. S. 37.) Demnach unterliegen auch die kaufmännischen Angestellten größerer Bergwerksgesellschaften der Vers. nach dem RKG. Ausgeschlossen sind dagegen die Angestellten der Knappschafts-Berufsgenossenschaft sowie der Kohlensyndikate und ähnlicher Einrichtungen. (Begr. a. a. O.)

Ein im Reichstagsausschuß zu § 2 gestellter Antrag, die Bodenschätzesyndikate in die kn. Betriebe und damit die Syndikatsbeamten in den Kreis der Versicherten einzubeziehen, ist abgelehnt worden, weil diese Beamten eine rein büromäßige Tätigkeit ausüben, welche die kn. Vers. zu begründen nicht geeignet sei.

(Ber. S. 2.) Insoweit Syndikatsbeamte bisher kn. versichert waren, ist durch Art. 22 des EG. die Fortsetzung der kn. Vers. ermöglicht.

10. Zu den Arbeitnehmern im Sinne des § 1 gehören nicht Angestellte und Arbeiter in Diensten des RKV., der BezKV. und der bes. KrK. Deren Rechtsverhältnisse sind im 10. Abschnitt unter IV (§§ 147 bis 150) und für die Übergangszeit im Art. 44 EG. besonders geregelt.

§ 2.[1])

[2]) (Abs. 1.) Knappschaftliche Betriebe sind alle Betriebe, in denen Mineralien oder ähnliche Stoffe[3]) bergmännisch gewonnen werden.[4]) Salinen[5]) und die Betriebe der Industrie der Steine und Erden,[6]) soweit sie nicht unterirdisch betrieben werden, sind keine knappschaftlichen Betriebe, wenn sie nicht unter Abs. 2 fallen.

[7]) (Abs. 2.) Knappschaftliche Betriebe sind auch Betriebsanstalten oder Gewerbsanlagen,[8]) die als Nebenbetriebe[9]) eines knappschaftlichen Betriebs mit diesem räumlich und betrieblich zusammenhängen.

[10]) (Abs. 3.) Ob ein Betrieb knappschaftlich ist, entscheidet bei Zweifeln der Reichsarbeitsminister nach Anhörung der zuständigen obersten Landesbehörde, des Reichsknappschaftsvereins und der beteiligten wirtschaftlichen Vereinigungen von Arbeitgebern und Arbeitnehmern.[11]) Die Entscheidung ist für die Feststellung des Versicherungsverhältnisses einzelner Arbeitnehmer bei Streit hierüber bindend.[12])

[13]) (Abs. 4.) Gewerbsanlagen, die mit knappschaftlichen Betrieben verwaltungsmäßig und betrieblich[14]) zusammenhängen, ohne daß die Voraussetzungen des Abs. 2 vorliegen, können[15]) auf gemeinschaftlichen Antrag der berechtigten Arbeitgeber und der Mehrheit

der berechtigten[16]) Arbeitnehmer mit Genehmigung des Reichsknappschaftsvereins[17]) **in diesen aufgenommen werden, wenn zwischen den Betriebsanlagen regelmäßiger Wechsel des größeren Teils der Arbeitnehmerschaft stattfindet.**[18])

§ 2 Entw.

1. § 2 enthält in Abs. 1 bis 3 die Abgrenzung der dem Knappschafts z w a n g unterliegenden Betriebe, die das Gesetz als „knappschaftliche Betriebe" bezeichnet. Der vom Reichstagsausschuß eingeführte Abs. 4 sieht für gewisse Anlagen eine Knappschafts b e r e ch t i g u n g vor.

2. Abweichend von den Landesgesetzen, die durchweg als Begriffsmerkmal der kn. Vers. die Beschäftigung auf den Landesberggesetzen unterworfenen und bergbehördlich beaufsichtigten Bergwerken, Aufbereitungsanstalten, Betriebsanstalten usw. bezeichneten, bestimmt das RKG. den Begriff des knappschaftlichen Betriebes selbständig und stellt als entscheidendes Merkmal die Verrichtung bergmännischer Arbeit auf. Die Begr. (S. 35) bemerkt dazu folgendes:

„Weder die Einzelaufzählung der sog. regalen Mineralien in den Berggesetzen der einzelnen Länder und der hieraus abzuleitende Begriff des Bergwerks noch die Regelung der Behördenzuständigkeit können geeignete Unterlagen für die Begründung der Knappschaftspflicht bilden. Wie auf anderen Rechtsgebieten, so besteht auch auf dem des Bergrechts innerhalb Deutschlands eine außerordentliche Buntscheckigkeit. Die Berggesetze der einzelnen Länder gehen vor allem in der Bezeichnung der verleihbaren, der Verfügung des Grundeigentümers entzogenen Mineralien auseinander; auch innerhalb desselben Landes, z. B. Preußen, bestehen noch örtliche Besonderheiten. Infolge dieser Zersplitterung ist der Begriff „Bergwerk" außerordentlich unbestimmt und schwankend; er steht mangels einer Definition weder für die Reichsgesetzgebung fest, noch ist der Landesgesetzgebung ein einheitlicher Sprachgebrauch zu entnehmen. Ebenso ist die Behördenzuständigkeit sehr verschieden geregelt; z. B. ist die Aufsicht über Steinbrüche und Gräbereien in dem einen Lande der Bergbehörde, in dem andern der Gewerbepolizei übertragen. Die dringend wünschenswerte Vereinheitlichung des Rechtszustandes auf diesem Gebiete kann nur durch das künftige Reichsberggesetz herbeigeführt werden. Dieses abzuwarten ist aber nicht angängig. Es bleibt auch ungewiß, ob das Reichsberggesetz die Aufsicht über den Bergbau einheitlich regeln und diese nicht etwa den Ländern belassen wird. Die Aufsicht über den RKV. kann aber nur einheitlich für das ganze Reich von einer Reichsbehörde ausgeübt werden."

3. „Als knappschaftliche Betriebe sind grundsätzlich alle Betriebe anzusprechen, in denen bergmännische Arbeit verrichtet wird. Diese Arbeit erschöpft sich nicht in der Gewinnung von verleihbaren Mineralien im engeren Sinne, wenn auch der Bergbau auf Steinkohle, Braunkohle, Steinsalz und Erze den wesentlichsten und vornehmsten Gegenstand der bergmännischen Tätigkeit bildet. Neben den Mineralien kommen Stoffe ähnlicher Art in Betracht, die früher wenig oder gar nicht Gegenstand des Bergbaues waren, denen aber jetzt infolge des durch den Krieg hervorgerufenen Mangels an Rohstoffen erhebliche wirtschaftliche Bedeutung zukommt." (Begr. S. 36.) Als Stoffe dieser Art sind in der Begr. angeführt Platin, ölhaltige Schiefer, phosphorhaltige Mineralien, Chrom, Wolfram, Molybdän, Strontianit, Schwerspat, Flußspat, Alabaster, Karbid, Bitumen, Graphit, Ton, Bernstein, Erdöl, Petroleum. Diese Aufzählung ist nicht erschöpfend. Andererseits sind Betriebe zur Gewinnung solcher Stoffe nur dann knappschaftliche Betriebe, wenn sie nicht unter die Ausnahmevorschrift, betreffend Betriebe der Industrie der Steine und Erden, fallen.

4. Der Begriff „bergmännische Gewinnung" wird in der Wissenschaft dahin erläutert, daß Mineralien usw. aus einer Fundstätte nach bergtechnischen Regeln, d. h. nach einem dem Stande der Bergwissenschaft entsprechenden Betriebsplane und den zur Sicherung des inneren Baues, der Oberfläche und der Arbeiter durch Theorie, Praxis und Gesetz vorgeschriebenen Grundsätzen

gewonnen werden. (Begr. S. 36.) Diese Begriffsbestimmung ist auf Schürfarbeiten (vgl. § 3 a des Preuß. Berggeſ.) nicht anwendbar.

5. Salinen, die betrieblich selbständig sind, gehören nicht zu den kn. Betrieben. Dieser Ausschluß ist ausdrücklich ausgesprochen, weil Zweifel darüber möglich sind, ob nicht die Gewinnung von Sole durch Pumpbetrieb als bergmännische Gewinnung anzusehen ist. (Begr. S. 36.)

Der Ausschluß bezieht sich nur auf künftig neu entstehende Salinen. Die bei Inkrafttreten des Gesetzes vorhandenen Salinen können nach Maßgabe der Art. 17 bis 21 EG. die knappschaftliche Versicherung fortsetzen.

6. Der Begriff der „Industrie der Steine und Erden" ist im RKG. nicht näher erläutert. Auch aus anderen Gesetzen kann keine Definition abgeleitet werden. Der Ausdruck kommt u. a. in der Satzung für die Zentralarbeitsgemeinschaft der industriellen und gewerblichen Arbeitgeber und Arbeitnehmer Deutschlands vom 12. Dezember 1919 vor, wo im § 4 „Bergbau" und „Industrie der Steine und Erden" nebeneinander erwähnt sind, ohne daß ersichtlich wäre, wie sich die Betriebe gegeneinander abgrenzen. Die Zugehörigkeit zur Steinbruchsgenossenschaft oder Ziegeleiberufsgenossenschaft bildet kein entscheidendes Merkmal, denn der Industriegruppe der Steine und Erden werden wirtschaftlich auch die Betriebe der Glasindustrie und der keramischen Industrie zugezählt, die anderen Berufsgenossenschaften angehören. Die Auslegung des Begriffes „Betriebe der Industrie der Steine und Erden" kann deshalb zu Schwierigkeiten führen; einen gewissen Anhalt wird die amtliche gewerbliche Betriebsstatistik bieten.

Die Einbeziehung dieser Betriebe in die kn. Verſ. ist bei den Verhandlungen im Vorl. Reichswirtschaftsrat und im Reichstag stark umstritten worden. Der Entwurf ging davon aus, daß die Tatsache bergmännischer Gewinnung, d. i. die Verrichtung bergmännischer Arbeit zur Gewinnung eines Stoffes für die Begründung der Knappschaftspflicht entscheidend sei, nicht dagegen die Art des zu gewinnenden Stoffes. (Vgl. Begr. S. 36.) Aus dieser grundsätzlichen Stellungnahme des Entwurfs war zu folgern, daß ein großer Teil der Betriebe der Industrie der Steine und Erden von der kn. Vers. ausgenommen bleiben sollte. Auch bei Beratung des § 2 im Reichstagsausschuß ist von einem Regierungsvertreter die Erklärung abgegeben worden, daß die Betriebe der Steine und Erden nur ausnahmsweise der kn. Vers. unterstellt werden sollten, nämlich dann, wenn es sich um wirklich bergmännische Betriebe handelt. (Ber. S. 3.) Die Einbeziehung der Betriebe dieser Gruppe überhaupt ist aber von vornherein sowohl von den beteiligten Arbeitgebern wie Arbeitnehmern stark bekämpft worden. Der Vorl. Reichswirtschaftsrat hat nach Anhörung von Sachverständigen der Reichsarbeitsgemeinschaft Steine und Erden vorgeschlagen, dem Abs. 1 Satz 2 des Entwurfs folgende Fassung zu geben: „Salinen und die Betriebe der Industrie der Steine und Erden sind keine knappschaftlichen Betriebe, wenn sie nicht unter Abs. 2 fallen." (Vgl. Ber. des Sozialpolitischen Ausschusses des Vorl. Reichswirtschaftsrats Nr. 5249 der Drucksachen des Reichstags 1. Wahlperiode 1920/22 S. 3.) Der Ausschuß des Reichstags ist diesem Vorschlag nicht gefolgt, hat vielmehr die Regierungsvorlage angenommen, nachdem von einem Regierungsvertreter ausgeführt worden war, daß die vorgeschlagene Änderung große Unsicherheit hinsichtlich des Kreises der kn. Betriebe schaffe, indem die Grundsätze des Entwurfs durch willkürliche Ausnahmen durchbrochen und Betriebe ausgeschlossen würden, die jahrhundertelang zur Knappschaft gehört haben, wie die Kalkwerke in Rüdersdorf und die linksrheinischen Dachschiefer-, Traß- und Basaltlavabrüche oder wie die Graphit- und Tongruben in Bayern, die neuerdings mit Absicht in die kn. Vers. aufgenommen sind. (Ber. S. 2.). Bei der Beratung im Plenum des Reichstags ist jedoch der Antrag, die Betriebe der Industrie der Steine und Erden auszuschließen, und zwar unter Beschränkung auf die nicht unterirdisch betriebenen, erneut gestellt und durch Zufallsmehrheit angenommen worden, nachdem zur Begründung ausgeführt worden war, daß über den Begriff „bergmännischer Betrieb" Meinungsverschiedenheiten entstehen könnten, deren Lösung schwierig sei, und daß die beteiligten Arbeiter, soweit sie nicht wirklich bergmännische Arbeit verrichten, sich fast geschlossen dagegen auflehnten, zwangsweise der kn. Vers. unterstellt zu werden. (StenBer. S. 11302/04.)

Nach der nunmehrigen Fassung des Gesetzes sind Betriebe der Industrie der Steine und Erden knappschaftspflichtig:

1. wenn sie unterirdisch betrieben werden; zu diesen Betrieben gehören z. B. die Ton- und Graphitgruben, Betriebe auf Schwerspat, Speckstein, Flußspat, Feldspat, Kreide und Ocker in Bayern, die linksrheinischen Dachschieferbrüche, die ausnahmslos unterirdisch betrieben werden, und sonstige unterirdische Dach- und Tafelschieferbrüche (die linksrheinischen Traßbrüche sind ausnahmslos und die Basaltlavabrüche durchweg oberirdisch);
2. wenn es sich nicht um selbständige Betriebe, sondern um Nebenbetriebe kn. Betriebe im Sinne des § 2 Abs. 2 handelt.

Bei Zweifeln darüber, ob ein Betrieb zur Industriegruppe „Steine und Erden" gehört und ob letzterenfalls die Voraussetzungen zu 1 oder 2 vorliegen, entscheidet nach § 2 Abs. 3 der Reichsarbeitsminister.

Nicht zu den unterirdischen Betrieben gehören die Kalkwerke in Rüdersdorf. Für diese ist durch den Beschluß des Reichstags die durch Jahrhunderte überlieferte kn. Vers. aufgehoben. Ob sie auf Grund der Vorschriften im Art. 17 EG. fortgesetzt werden könnte, erscheint fraglich. Jedenfalls sind Zweifel darüber entstanden, ob die Kalkwerke den „Betriebsanstalten oder Gewerbsanlagen" im Sinne des Art. 17 zuzuzählen sind, weil der dort angezogene § 2 Abs. 2 von Nebenbetrieben kn. Betriebe spricht, während die Kalkwerke keine Nebenbetriebe, sondern selbständige Betriebe sind. Die gleichen Zweifel bestehen bezüglich anderer selbständiger Steinbruchbetriebe, die bisher knappschaftspflichtig waren. Um diese Zweifel einwandfrei zu lösen, ist das auf einem Initiativantrag der Mehrheitsparteien des Reichstags beruhende Gesetz zur Abänderung des EG. zum RKG. vom 23. Juni 1923 (RGBl. I S. 466) ergangen, nach dessen Art. 1 im Art. 17 Satz 1 des EG. die Worte „nicht unter § 2 Abs. 2 des Reichsknappschaftsgesetzes fallen" und das Wort „aber" wegfallen. In der so geänderten Fassung bezieht sich Art. 17 zweifelsfrei auf alle selbständigen bisher knappschaftspflichtigen Betriebe der Industrie der Steine und Erden, die nicht, weil sie unterirdisch betrieben werden, nach § 2 Abs. 1 knappschaftspflichtig sind; die Fortsetzung der kn. Vers. für diese Betriebe ist also allgemein ermöglicht.

7. Auch der Kreis der sog. „Nebenanlagen" ist durch das RKG. neu bestimmt. Die früher übliche Unterscheidung von Aufbereitungsanstalten, zu einem Bergwerk gehörigen Betriebsanstalten und Gewerbsanlagen, die nicht unter Aufsicht der Bergbehörde stehen, mit einem Bergwerk aber verbunden sind (vgl. Begr. S. 36), hat zu vielen Unklarheiten geführt und ist deshalb beseitigt. Die Begr. a. a. O. sagt dazu:

„Die bisherige Unterscheidung von Aufbereitungsanstalten, Betriebsanstalten und Gewerbsanlagen kann schon deshalb nicht beibehalten werden, weil die Unterstellung unter das Berggesetz und die Zuständigkeit der Aufsichtsbehörden als Merkmale der Knappschaftspflicht ausscheiden. Für die Einbeziehung von Nebenanlagen in die kn. Vers. müssen vielmehr praktische Gesichtspunkte, insbesondere die Bedürfnisse des Betriebes, als entscheidend angesehen werden. Hiernach empfiehlt es sich, den kn. Betrieben solche Betriebsanstalten oder Gewerbsanlagen zuzuzählen, die als Nebenbetriebe eines kn. Betriebes mit diesem räumlich und betrieblich zusammenhängen. Die „räumliche und betriebliche" Verbindung weist schärfer als z. B. die (früher übliche) Unterscheidung von mechanischer und chemischer Aufbereitung auf die Zusammengehörigkeit von Haupt- und Nebenbetrieb hin. Für die Beurteilung der Zusammengehörigkeit, die im Einzelfalle unter sachgemäßer Berücksichtigung aller jeweilig vorliegenden Verhältnisse festzustellen ist, kann der Austausch der Arbeiterschaft innerhalb der Betriebe ein beachtenswerter Anhaltspunkt sein. Sind Arbeiter, vielleicht in derselben Schicht, sowohl im Hauptbetriebe wie im Nebenbetriebe beschäftigt, würde es unvernünftig sein, sie wegen eines Teiles ihrer Tätigkeit von der kn. Vers. auszuschließen. Auch wenn ein Austausch von Arbeitern zwischen den Betrieben nur von Zeit zu Zeit erfolgt, ist es für sie von Vorteil, daß sie ständig in der Kn. Vers. bleiben und nicht mit der Arbeit den Versicherungsträger wechseln. Als andere Umstände für die Beurteilung des räumlichen und betrieblichen Zusammenhanges kommen die örtliche Lage der Betriebe zueinander, gemeinsame Betriebseinrichtungen, gemeinsame Versorgung mit Dampf und Elektrizität u. a. mehr in Betracht."

8. Betriebe, die unter § 2 Abs. 2 fallen können, sind z. B. Kokereien mit Nebenproduktengewinnung, Ziegeleien, Paraffin- und Mineralölfabriken, chemische Fabriken der Kaliindustrie, Hütten als Nebenbetriebe eines knappschaftlichen Hauptbetriebes, Salinen und Salzschmelzanlagen, die mit einem Salzbergwerk in Verbindung stehen und dessen Erzeugnisse aufbereiten, Grubenanschlußbahnen und sonstige Anlagen ähnlicher Art. Die Nebenanlagen werden in der vom RAM. zu erlassenden Anweisung über den Kreis der nach dem RKG. versicherungspflichtigen Personen zu berücksichtigen sein; eine erschöpfende und allgemein gültige Aufzählung kann in der Anleitung aber nicht gegeben werden, weil es auf Beurteilung der im Einzelfall vorliegenden tatsächlichen Verhältnisse ankommt, die nach den in der Begr. angegebenen allgemeinen Gesichtspunkten zu würdigen sind. Bei Zweifeln entscheidet der Reichsarbeitsminister nach § 2 Abs. 3.

9. Der Begriff „Nebenbetrieb" ist im G. nicht erläutert. In Anlehnung an die Auslegung des § 1 Abs. 3 des Preuß. KnG. vom 17. Juni 1912 wird man aber als Nebenbetriebe nur solche Anlagen ansehen dürfen, die im Zusammenhang mit dem Hauptbetrieb als verwandtes Unternehmen von demselben Besitzer betrieben werden. (Vgl. Ber. S. 3, auch unten Anm. 18.)

10. „Mit der Möglichkeit, daß im Einzelfalle Zweifel darüber auftauchen, ob es sich um einen Stoff „ähnlicher Art" und um „bergmännische Gewinnung" handelt, muß gerechnet werden. Zur Sicherung einer einheitlichen Beurteilung ist vorgesehen, daß im Zweifel der RAM. entscheidet, ob ein Betrieb knappschaftlich ist oder nicht, und zwar nach Anhörung der zuständigen obersten Landesbehörde und des Reichsknappschaftsrates. Diese

Regelung bietet Gewähr dafür, daß die Entscheidung des RAM. nach sachlich richtigen Gesichtspunkten unter Verwertung der Erfahrungen der Bergbehörden und der dem Reichsknappschaftsrat angehörenden sachkundigen Personen sowie unter Berücksichtigung besonderer Verhältnisse in den einzelnen Ländern ergeht. Der RAM. ist nicht auf die Anhörung der bezeichneten Stellen beschränkt, er kann vielmehr auch Gutachten sonstiger Sachverständiger einfordern und überhaupt alle zur Vorbereitung der Entscheidung dienlichen Ermittelungen anstellen." (Begr. S. 36.)

An Stelle des in der Begr. erwähnten Reichsknappschaftsrats, der vom Reichstagsausschuß beseitigt ist (Ber. S. 2, 37), sind der RKV. — d. i. der Vorstand oder der nach § 125 Abs. 1 Nr. 3c zu bildende Ausschuß zur Begutachtung allgemeiner kn. Fragen — sowie die beteiligten wirtschaftlichen Vereinigungen von Arbeitgebern und Arbeitnehmern getreten, denen gleichfalls sachkundige Personen angehören.

Die Entscheidung erstreckt sich auf alle Zweifelsfragen, die sich aus Abs. 1 und 2 ergeben können, namentlich auch darauf, ob ein Betrieb der Gruppe „Bergbau" oder „Steine und Erden" angehört, und letzterenfalls, ob die Knappschaftspflicht nach Abs. 2 begründet ist.

11. Der Begriff „wirtschaftliche Vereinigungen von Arbeitgebern und Arbeitnehmern" ist weder im RKG. noch sonst gesetzlich bestimmt. (Vgl. z. B. § 20 der Verordnung über Tarifverträge usw. vom 23. Dezember 1918 — RGBl. S. 1456 —, Art. 165 Abs. 1 der Reichsverfassung, § 8 des Betriebsrätegesetzes.) Gesichtspunkte für ihre Zweckbestimmung können aus der Vereinbarung zwischen den Arbeitgeberverbänden und den Gewerkschaften der Arbeitnehmer vom 15. November 1918, aus der oben in Anm. 2 erwähnten Satzung für die Zentralarbeitsgemeinschaft und den von der Zentralarbeitsgemeinschaft aufgestellten Grundsätzen für die Anerkennung von Arbeitnehmervereinigungen als Gewerkschaften entnommen werden. Der Kreis der nach Abs. 3 anzuhörenden Vereinigungen wird möglichst weit zu ziehen sein, um allen Beteiligten Gelegenheit zur Stellungnahme zu geben. Bezieht sich die Entscheidung auf einen Betrieb der Industrie der Steine und Erden, so sind die Vereinigungen dieser Gruppe zu beteiligen. Streitigkeiten über die Eigenschaft als „wirtschaftliche Vereinigung usw." werden vom RAM. zu entscheiden sein. Weitere Aufgaben der Arbeitnehmerverbände sind im § 121 Satz 3 und im § 143 Abs. 3 Satz 2 vorgesehen (Benennung von Vertrauensleuten der Versicherten für die Verwaltung des RKV. und der BezKV.).

12. „Die Entscheidung des Reichsarbeitsministers darüber, ob ein Betrieb knappschaftlich ist, muß für die Feststellung des Versicherungsverhältnisses einzelner Arbeitnehmer dieses Betriebes maßgebend sein. Die zur Entscheidung über das Versicherungsverhältnis und zur Feststellung der Leistungen berufenen Stellen können also nicht etwa deshalb im Einzelfalle die kn. Vers. verneinen oder die Leistungen aberkennen, weil nach ihrer Auffassung die Beschäftigung in dem fraglichen Betriebe nicht die Vers. nach dem RKG. begründe. Ebenso sind im Streitverfahren die Spruchbehörden an die Entscheidung des RAM. gebunden." (Begr. S. 36.)

13. Der dem § 1 Abs. 3 des Preuß. KnG. vom 17. Juni 1912 nachgebildete Abs. 4 ist vom Reichstagsausschuß eingefügt und hauptsächlich damit begründet worden, daß er besonderen Bedürfnissen des Braunkohlengebietes Rechnung tragen solle. Regierungsseitig war der Antrag bekämpft worden, weil damit entgegen der Absicht des Entwurfs, die Knappschaftspflicht von dem Willen der Arbeitgeber und Arbeitnehmer unabhängig zu machen, Willkür und Zufall in die Abgrenzung der kn. Betriebe hineingetragen würden. (Ber. S. 2/3.)

14. Diese Ausdrücke sollen die in dem Ausschußantrag enthaltenen Fremdworte „organisatorisch und technisch" verdeutschen.

15. Eine Verpflichtung des RKV., dem Antrage zu entsprechen, besteht nicht. Anrufung der Entscheidung des RAM. nach Abs. 3 im Falle der Ablehnung ist nicht zulässig, wie aus der Stellung des Abs. 4 hinter Abs. 3 gefolgert werden muß. Allenfalls könnte bei wiederholter Ablehnung die Entscheidung des RAM. auf Grund des § 118 Abs. 4 herbeigeführt werden, wenn geltend gemacht werden kann, daß die Entscheidung von erheblicher Wichtigkeit für den RKV. ist.

16. Der Ausdruck „berechtigte" Arbeitnehmer ist irreführend. Gemeint ist offenbar, daß im Falle der Aufnahme in den RKV. sämtliche Arbeitnehmer der betreffenden Anlage der Versicherung nach dem RKG. unterliegen sollen. Der Antrag ist demgemäß von der Mehrheit der im Falle der Aufnahme versicherten Arbeitnehmer zu stellen.

17. Die Genehmigung erteilt der Vorstand des RKV., der mit einfacher Stimmenmehrheit beschließt (§ 118 Abs. 1).

18. Es muß sich dabei um zusammenhängende Betriebe des gleichen Besitzers handeln. (Vgl. Erklärung des Regierungsvertreters im Ausschuß, Ber. S. 3.)

Zweiter Abschnitt.

Gegenstand der Versicherung.[1][2]

§ 3.

Gegenstand der Versicherung sind

1. knappschaftliche Leistungen, und zwar Invalidenpensionen und knappschaftliche Hinterbliebenenfürsorge (Pflichtleistungen) sowie freiwillige Leistungen;[3]
2. die Leistungen der Arbeiterversicherung[4]) mit Ausnahme der Unfallversicherung;
3. die Leistungen der Angestelltenversicherung.[4])

§ 3 Entw.

1. Dieser Abschnitt bezeichnet zusammenfassend die den Versicherten zustehenden Leistungen. Die Begr. (S. 31) führt aus:

„Den Gegenstand der Vers. bilden in erster Linie die kn. Leistungen im engeren Sinne, die aus der PK. des RKV. gewährt werden: Invalidenpension für den Fall der Berufsunfähigkeit und eine besondere Hinterbliebenenfürsorge, die über die Leistungen nach dem Vierten Buch der RVO. hinausgeht. Daneben sind freiwillige Leistungen zulässig. Auf diese kn. Leistungen haben wie bisher nur solche Versicherte Anspruch, die bestimmten, durch Gesetz oder Satzung aufgestellten Erfordernissen über . . . Gesundheit genügen.

Mit Rücksicht auf die Eigenart der Verhältnisse des Bergbaues, die sich u. a. in einer verhältnismäßig scharfen Abgrenzung des in Betracht kommenden Personenkreises gegenüber anderen Berufsgruppen ausdrückt, sowie ferner mit Rücksicht auf die zahlreichen Wechselbeziehungen der kn. Vers. mit den übrigen Versicherungen erscheint es angezeigt und notwendig, auch die KrV., die JVers. und die AV. in den Gegenstand der Vers. einzubeziehen. Nur die UV., die, aus der Haftpflicht der Unternehmer entstanden, ausschließlich zu deren Lasten geht und damit eine Sonderstellung einnimmt, bleibt ausgeschlossen."

Eine im Unterausschuß des Reichstagsausschusses (Ber. S. 1) gegebene Anregung, zur Vereinfachung des Verfahrens und zur Ersparung von Verwaltungskosten auch die UV. einzubeziehen, hat sich nicht zu einem Antrage verdichtet.

2. Über die Terminologie des Gesetzes in der Bezeichnung der „Versicherten" bemerkt die Begr. S. 38:

„Der Umstand, daß in demselben Gesetz verschiedene Versicherungsarten behandelt werden, läßt es wünschenswert erscheinen, für die der Vers. unterliegenden Arbeitnehmer in ihren Beziehungen zu den verschiedenen Vers. einheitliche Benennungen einzuführen und diese im Gesetz und in der Satzung überall gleichmäßig anzuwenden. In Übereinstimmung mit dem Sprachgebrauch der RVO. und des AVG. ist in allen Fällen, wo die Versicherten in ihrer Gesamtheit gemeint sind, oder wo die Beziehungen zur KrV., zur JVers. oder zur AV. in Frage kommen, der Ausdruck „Versicherte" gewählt; dabei wird nötigenfalls zwischen versicherten Arbeitern und versicherten Angestellten unterschieden. Der Ausdruck „Mitglieder" ist auf die beitragzahlenden

Mitglieder der PK., sei es der Arbeiterabteilung oder Angestelltenabteilung, beschränkt."

3. Die besonderen kn. Leistungen werden wie bisher nach den Landesgesetzen in Pflichtleistungen und freiwillige Leistungen geschieden; die Pflichtleistungen sind in den §§ 24 bis 38, die freiwilligen Leistungen in den §§ 39 bis 41 geregelt.

4. Für das Verhältnis des Gesetzes zur allgemeinen Reichsversicherung sind folgende Ausführungen der Begr. (S. 38) von Bedeutung: „Die Leistungen der Arbeiterversicherung und der Angestelltenversicherung bedürfen keiner besonderen Regelung. Die Rechtsquellen hierfür bilden die RVO. und das AVG., deren Vorschriften für die Durchführung der Vers. schlechthin übernommen werden; insoweit genügen deshalb durchweg Verweisungen auf die bestehenden Gesetze (vgl. §§ 11, 14 bis 18 für die KrV., §§ 67 bis 70 für die JVers., §§ 71 bis 75 für die AV.). Dagegen regelt der Entwurf im einzelnen die Pensionsversicherung, für die das RKG. die alleinige gesetzliche Grundlage bilden soll. Demgemäß nehmen in dem Entwurf, außer den Vorschriften über die Verfassung des RKV., Verfahren usw., die Bestimmungen über die besonderen kn. Leistungen den breitesten Raum ein."

Dritter Abschnitt.

Träger der Versicherung.

§ 4.[1])

Träger der Versicherung ist der Reichsknappschaftsverein.[2])

§ 4 Entw.

1. Der RKV. ist einheitlicher Träger der kn. Vers. für die Gesamtheit der Versicherten. Die Begr. (S. 31) beleuchtet die rechtliche Stellung wie folgt:

„Träger der Vers. soll dem Wunsche der Bergarbeiter entsprechend ein das ganze Reichsgebiet umfassender großer Knappschaftsverein, der Reichsknappschaftsverein, sein.

Dieser regelt seine Aufgaben und seine Verfassung durch eine von ihm zu erlassende Satzung."

„Der RKV. ist Träger des gesamten Versicherungswagnisses für sämtliche ihm nach dem Gesetz und der Satzung obliegenden Versicherungsleistungen. Auf dem Gebiete der kn. PV. übernimmt er nicht nur die Haftung für künftig neu entstehende Leistungen, sondern tritt als Rechtsnachfolger der bisherigen KnV. auch in deren Verpflichtungen gegenüber bereits vorhandenen Invaliden, Witwen und Waisen ein. Die bestehenden PK. sowie der Knappschaftliche Rückversicherungsverband müssen deshalb die Deckungskapitalien für die laufenden Pensionen (einschließlich der nach dem Tode der Knappschaftsinvaliden deren Hinterbliebenen zu gewährenden) in das Vermögen des RKV. überführen. Ist genügendes Deckungskapital nicht vorhanden, so ist der Fehlbetrag durch Zuschläge zu den allgemeinen gesetzlichen Beiträgen aufzubringen. Auch ein etwa vorhandener Vermögensüberschuß der bisherigen KnV. wird rechtlich — unter gewissen, später besonders zu erörternden Vorbehalten — Vermögen des RKV., da die bisherigen Einzelvereine als Versicherungsträger zu bestehen aufhören und in den RKV. aufgehen; eine Verwendung des vorhandenen Vermögens für andere Zwecke als die der gesetzlichen Vers. ist nach allgemeinen Grundsätzen unzulässig."

2. Über das Verhältnis zwischen RKV. und BezKV. vgl. § 6 Anm. 2 und 3.

§ 5.[1])

Der Reichsknappschaftsverein [2]) ist rechtsfähig.[3]) [4]) [5]) [6])

§ 5 Entw.

1. Die Vorschrift entspricht dem § 4 RVO., § 97 AVG.

2. Die Rechtsfähigkeit ist auf den RKV. beschränkt; den BezKV. ist keine Rechtspersönlichkeit beigelegt. Vgl. Anm. 3 zu § 6, Anm. 2 zu § 12.

3. D. h. der RKV. kann unter seinem Namen Rechte erwerben und Verbindlichkeiten eingehen, vor Gericht klagen und verklagt werden. Die bisher für preußische KnV. geltende Beschränkung, daß sie im früheren Gebiete des preußischen Allgemeinen Landrechts zum Erwerbe von Grundstücken je nach Höhe des Wertes der Genehmigung der Aufsichtsbehörde bedurften (vgl. KGBeschl. vom 28. März 1904 und 17. Mai 1906 — Z. f. B. Bd. 45 S. 486, Bd. 47 S. 556 —), ist fortgefallen, weil die Rechtsfähigkeit des RKV. auf einem neben dem BGB. bestehenden Reichsgesetz beruht (Art. 7 § 1 Abs. 2 des preuß. Ausführungsgesetzes zum BGB. vom 20. September 1899, GS. S. 177).

Über die Vertretung des RKV. nach außen vgl. § 122 Abs. 1.

4. Den Gläubigern haftet nur das Vermögen des RKV. Der Fall, daß die Beiträge zur KrK. die Leistungen nicht decken, ist in den §§ 93 bis 95, der Fall, daß die Pensionskassenbeiträge unzureichend sind, in den §§ 99, 100 geregelt.

5. Der allgemeine Gerichtsstand wird durch den Sitz bestimmt (§ 17 Abs. 1 ZPO.). Daneben kann durch die Satzung ein anderer Gerichtsstand bestimmt werden, vorbehaltlich der Ausschließlichkeit des dinglichen Gerichtsstandes (§ 17 Abs. 3, § 24 ZPO.).

6. Über Steuerpflicht und Portopflicht s. § 188.

§ 6.

(Abs. 1.) **Der Reichsknappschaftsverein umfaßt sämtliche knappschaftlichen Betriebe (§ 2).**[1])

[2])(Abs. 2.) **Als Unterabteilungen des Reichsknappschaftsvereins bestehen Bezirksknappschaftsvereine.**[3]) [4])

§ 6 Entw.

1. Eine Befreiung kn. Betriebe im Sinne des § 2 Abs. 1 bis 3 von der Vers. ist grundsätzlich ausgeschlossen. Wo im Deutschen Reich als dem räumlichen Bereich des RKV. ein kn. Betrieb besteht oder neu entsteht, sind die in diesem Betrieb beschäftigten Personen für alle Zweige der kn. Vers. beim RKV. zu versichern. Das gleiche gilt für die im § 2 Abs. 4 bezeichneten Gewerbsanlagen, wenn sie in den RKV. aufgenommen sind. Eine einzige Ausnahme bezüglich der KrV. der kn. beschäftigten Angestellten läßt Art. 25 EG. zu.

2. Während die Zusammenfassung der Versicherung beim RKV. in bezug auf den Kreis der Versicherten und die Haftung für die Versicherungsleistungen restlos durchgeführt ist, hat es sich nicht als angängig erwiesen, auch die Verwaltung zu vereinheitlichen und von einer zentralen Stelle aus führen zu lassen. Vielmehr sind für die Zwecke der Verwaltung Untervereine (Geschäftsstellen, örtliche Verwaltungsstellen des RKV.) zu bilden, worüber die Begr. S. 31/32 folgendes bemerkt:

„Der im allgemeinen zur Durchführung kommende Grundsatz der Zentralisation erfährt gewisse Beschränkungen dadurch, daß es praktisch nicht möglich ist, die gesamte Leitung und Verwaltung des RKV. einschließlich der Festsetzung und Auszahlung der Leistungen und der Einziehung der Beiträge von einer Stelle aus vorzunehmen. Es müssen deshalb Untervereine gebildet werden, deren Mitwirkung sich der RKV. bei Erfüllung seiner Aufgaben bedient. Mit der Schaffung dieser Untervereine, die den Namen „Bezirksknappschaftsvereine" erhalten, werden zugleich bewährte Einrichtungen des bisherigen Rechtszustandes übernommen, die nicht nur zur Erleichterung des Geschäftsverkehrs beitragen, sondern vor allem auch den Belangen der Versicherten dienen. Verwaltungskörper, die den Versicherten örtlich nahestehen, sind mit deren Verhältnissen und Bedürfnissen besser vertraut als eine Zentralstelle, deren Sitz weitab liegt. Auch haben die Versicherten auf die Geschäftsführung örtlicher Stellen durch ihre gewählten Vertreter, die Knappschaftsältesten, einen unmittelbaren Einfluß, wie sie ihn in der Verwaltung eines Reichsvereins naturgemäß nicht haben können."

3. Die Aufgaben der BezKV. für die verschiedenen Versicherungszweige ergeben sich aus dem Gesetz. Vgl. die Zusammenstellung bei § 9. Für die Durchführung dieser Aufgaben den BezKV. selbständige Rechtspersönlichkeit beizulegen, hat der Entwurf mit folgender Begründung abgelehnt:

„Die Bezirksknappschaftsvereine sind nicht selbständige Versicherungsträger, sondern geschäftsführende Organe, Bezirksverwaltungsstellen des RKV. und als solche an die Satzung und die Weisungen des RKV. gebunden. Selbständige Rechtspersönlichkeit kann ihnen nicht beigelegt werden; ebenso können sie grundsätzlich kein von dem Vermögen des RKV. abgesondertes eigenes Vermögen besitzen. Es ist auch nicht angängig, sie für bestimmte Zwecke, etwa für die Durchführung der KrV., mit Rechtspersönlichkeit auszustatten. Für selbständige Träger eines Versicherungszweiges innerhalb des RKV. ist schon aus formellrechtlichen Gründen kein Raum. Aber auch zwingende sachliche Gründe stehen entgegen. Insbesondere darf die Einheitlichkeit der Haftung des RKV. für die Versicherungsleistungen nicht durchbrochen werden. Das Nebeneinanderbestehen mehrerer Versicherungsträger würde auch die Einheitlichkeit der Leistungen gefährden und zu einer Zersplitterung der Aufsicht führen. Schließlich könnten in dem Verhältnis der mehreren Versicherungsträger zueinander Meinungsverschiedenheiten oder gar Rechtsstreitigkeiten entstehen. Ein Aufbau des RKV., der eine solche Möglichkeit zuließe, ist abzulehnen." (Begr. S. 32.) Vgl. auch Anm. 2 zu § 12.

4. Über die Vertretung der BezKV. nach außen und die Verbindlichkeit ihrer Erklärungen für den RKV. s. § 145 Abs. 1, 2; Zahl und Abgrenzung der BezKV. s. bei § 7 Anm. 7.

§ 7.

Der Reichsknappschaftsverein erläßt eine Satzung,[1]) die Bestimmungen enthält über

1. Sitz, Verfassung und Verwaltung,[2])
2. Art und Umfang der Leistungen,[3])
3. Aufbringung der Mittel,[4])
4. Verhängung von Ordnungsstrafen,[5])
5. Zusammensetzung, Rechte und Pflichten der Organe,[6])
6. Bildung der Bezirksknappschaftsvereine[7]) und der besonderen Krankenkassen,[8])
7. Verfassung und Verwaltung der Bezirksknappschaftsvereine und der besonderen Krankenkassen,[9])

8. Art der Bekanntmachungen des **Reichsknappschafts-vereins, der Bezirksknappschaftsvereine und der besonderen Krankenkassen,**[10])
9. **Änderung der Satzung.**[11])

§ 7 Entw.

1. Das Satzungsrecht ist ein Ausfluß der Selbstverwaltung und besteht darin, daß der RKV. im Wege der eigenen Gesetzgebung (Autonomie) verbindliche Normen schafft. Auf die Satzung des RKV. trifft zu, was die Rechtsprechung für die bisherigen Knappschaftssatzungen festgelegt hat: sie ist eine besondere Norm des öffentlichen Rechts, die kraft gesetzlicher Vorschrift bindend die Grundsätze über die Rechte und Pflichten des Vereins und der Versicherten regelt. OSchG. i. K. vom 24. August 1908 (Z. f. B. Bd. 49 S. 540), RGUrt. vom 16. Januar 1897 (Entsch. in Zivils. Bd. 38 S. 126). Auch die notfalls vom RAM. zu erlassende Satzung (Art. 6 EG.) ist in ihrem ganzen Umfange für den Verein und die Versicherten rechtsverbindlich. Es ist Sache der Versicherten, sich über ihre in der Satzung festgelegten Rechte und Pflichten zu unterrichten, auch wenn ihnen entgegen einer etwaigen Vorschrift der Satzung kein Abdruck ausgehändigt werden sollte.

2. Verfassung und Verwaltung des RKV. sind in den Grundzügen bereits durch das Gesetz geregelt (§§ 112 bis 128); der Satzung bleibt die weitere Ausgestaltung vorbehalten.

3. Hier kommen in erster Linie die kn. Leistungen im engeren Sinne (§ 3 Nr. 1) in Betracht. Während die Höhe der Leistungen der JVers. und AV. in den maßgebenden Gesetzen selbst (durch ziffermäßige Bezeichnung der Berechnungsgrundlagen) festgelegt ist, wollte der Entwurf für die k n a p p s c h a f t l i c h e n Leistungen nur einen Rahmen geben; er bezeichnete die Leistungen lediglich der Art nach und überließ die Festsetzung der Höhe der Satzung, also der Vereinbarung der Beteiligten. Namentlich sollte die Festsetzung der Höhe der Pensionen nebst Teuerungszulage (§ 31) sowie die Entscheidung über Einführung der sog. Alterspension

(§ 26) und über die Gewährung von Kindergeld als Teil der Invalidenpension (§ 32) der Satzung vorbehalten bleiben. Maßgebend hierfür war die Anschauung, daß die Festsetzung der Leistungen eine der vornehmsten Aufgaben der Selbstverwaltung sei, und daß die Satzung schneller als das Gesetz einer Veränderung der wirtschaftlichen Verhältnisse folgen könne. Der Reichstag hat sich dieser Auffassung nicht angeschlossen, vielmehr den Standpunkt eingenommen, daß den Bergarbeitern im Gesetz selbst gewisse Mindestleistungen der PK. gesichert werden müßten. Demgemäß hat er die Alterspension und das Kindergeld zu gesetzlichen Pflichtleistungen erhoben und hinsichtlich der Invalidenpension bestimmt, daß sie mit Teuerungszulage nach 25 jähriger Dienstzeit für die Arbeiter mindestens 40 v. H. des Hauerdurchschnittslohnes und für die Angestellten mindestens 40 v. H. des Durchschnittsgehaltes eines revierführenden Steigers erreichen muß. Außerdem hat der Reichstag, abweichend vom Entwurf, die Wartezeit (§ 45) und die Frist für Zahlung von Anerkennungsgebühren (§ 47) gesetzlich festgelegt. Hinsichtlich der Beitragsbemessung hat er es dagegen bei den Vorschriften des Entwurfs belassen. Infolge dieser Änderungen sind die Aufgaben der Satzung auf dem Gebiete der kn. Leistungen in ihrer Bedeutung wesentlich herabgemindert.

Für die einzelnen Versicherungszweige gilt folgendes:

a) Auf dem Gebiete der KrV. ergeben sich die Leistungen im allgemeinen aus dem Gesetz (vgl. § 14 Abs. 1 RKG., § 179 Abs. 1, 2 RVO.). Die Satzung hat hauptsächlich Richtlinien für die Gewährung sog. Mehrleistungen aufzustellen (§ 14 Abs. 2).

b) Für die PV. ist die Höhe der im § 24 bezeichneten Pflichtleistungen und des Kindergeldes nach § 32 festzustellen. Außerdem bestimmt die Satzung im Rahmen der §§ 31, 38 die Höhe der zur Invalidenpension, Witwenpension, zum Waisengeld und zur Begräbnisbeihilfe zu gewährenden Teuerungszulagen. Ferner regelt sie die Bedingungen, unter denen eine Witwenpension bei Wiederverheiratung auflebt (§ 33 Abs. 2). Schließlich trifft sie allgemeine Vorschriften über freiwillige PK.-Leistungen und Heilverfahren (§§ 39, 42), während die Festsetzung freiwilliger Leistungen im einzelnen den Sondervorschriften der BezKV. überlassen bleibt.

c) Die Leistungen der JVers. und AV. ergeben sich aus den maßgebenden Gesetzen (vgl. §§ 70, 74) und bedürfen keiner besonderen Regelung durch die Satzung.

4. Über die Aufbringung der Mittel enthält schon das G. eingehende Vorschriften (§§ 83 ff.). Die Krankenkassenbeiträge werden nach den Vorschriften des G. von den BezKV. oder bes. KrK. festgesetzt (§ 91). Der Satzung des RKV. obliegt hauptsächlich die Festsetzung der PKBeiträge, und zwar für die verschiedenen Mitgliederklassen der Arbeiterabteilung und für die Gehaltsklassen der Angestelltenabteilung (§ 28 Abs. 2). Näheres s. bei § 98. Die Beiträge zur JVers. und zur AV. werden in der gesetzlichen Höhe erhoben; bei den ersteren bedarf es der Umrechnung in Monatsbeiträge (vgl. § 106 Abs. 1, § 107). Die Satzung hat auch Näheres über die Anlegung des aus den Beiträgen angesammelten Vermögens des RKV. zu bestimmen (§ 109 Abs. 1).

5. Ordnungsstrafen können gegen Arbeitgeber (z. B. wegen Verletzung der Meldepflicht § 11 Abs. 3) oder gegen Versicherte (wegen Verstoßes gegen die Satzung oder gegen die Sondervorschriften) verhängt werden. Näheres s. §§ 189 ff.

6. Als Organe kommen hier in erster Linie der Vorstand und die Hauptversammlung des RKV., im Hinblick auf Ziff. 7 des § 7 aber auch der Vorstand und die Bezirksversammlung der BezKV. und der bes. KrK. in Betracht.

7. Über die für Abgrenzung der BezKV. maßgebenden Gesichtspunkte bemerkt die Begr. S. 8: „Während in der Vergangenheit Verschmelzungen mehrerer KV. im wesentlichen unter dem Gesichtspunkt vorgenommen wurden, die geldliche Leistungsfähigkeit zu stärken, scheidet dieser Gesichtspunkt bei der Zusammenlegung der bestehenden KnV. zu BezKV. aus, weil der RKV. Träger des gesamten Versicherungswagnisses wird und für festgesetzte Pensionen und erworbene Anwartschaften auch aus der Vergangenheit eintritt. Es handelt sich nur um die Unterverteilung des RKV. in Verwaltungsstellen nach Gesichtspunkten der Nützlich-

keit und der Zweckmäßigkeit, wobei auf bestehende Verhältnisse nach Möglichkeit Rücksicht zu nehmen ist. Vor allem ist eine einfache und billige Verwaltung anzustreben, insbesondere für den Verkehr zwischen RKV. und Bezirksvereinen. Hieraus ergibt sich die Notwendigkeit, die Zahl der bestehenden Vereine zu verkleinern. Andererseits muß die Fühlung der Verwaltung mit den Versicherten, namentlich für die Durchführung der KrV., sowie die Übersichtlichkeit gewahrt bleiben. Unter diesen Gesichtspunkten empfiehlt sich die Bildung territorial abgegrenzter Gebiete, die eine wirtschaftlich zusammengehörige Einheit bilden. Auf Anlehnung an die Sektionsbezirke der Knappschafts-Berufsgenossenschaften ist Bedacht zu nehmen; jedoch brauchen sich die Bezirke nicht zu decken. Auch Grenzen der Länder oder der Landesaufsichtsbehörden bilden kein Hindernis einer notwendig erscheinenden Zusammenlegung. In räumlich weit ausgedehnten Bezirken können für einzelne Werke besondere Krankenkassenverwaltungen gebildet und für die Bearbeitung der Pensionskassenangelegenheiten besondere Geschäftsausschußbezirke abgegrenzt werden. Die Abgrenzung der Bezirke nach den vorbezeichneten Gesichtspunkten bleibt der Satzung überlassen, um Änderungen des Gesetzes bei künftig etwa notwendig werdenden Verschiebungen in den Grenzen zu vermeiden."

Der mit dem Gesetzentwurf vorgelegte Entwurf einer Satzung des RKV. sieht unverbindlich folgende Einteilung vor:

1. Brühler Bezirksknappschaftsverein (Brühler, Mariahütte, Quinter, Thommer, Mayener sowie Kreis Schleiden).
2. Wurm-Bezirksknappschaftsverein (die im Regierungsbezirk Aachen, ausschließlich Kreis Schleiden, liegenden Werke).
3. Niederrheinischer Bezirksknappschaftsverein (die restlichen nördlichen Gebiete links des Rheins).
4. Bezirksknappschaftsverein Bochum (Oberbergamtsbezirk Dortmund, mit Ausnahme der Regierungsbezirke Minden und Osnabrück, aber mit Stadt- und Landkreis Osnabrück).
5. Siegerländer Bezirksknappschaftsverein (Siegerländer und Rheinischer Knappschaftsverein).

6. Lahn-Bezirksknappschaftsverein (Lahn-Knappschaftsverein mit den hessischen Knappschaftsvereinen).
7. Hannoverscher Bezirksknappschaftsverein (Clausthaler, Unterharzer, Ilseder, Minden-Ravensbergscher, Ibbenbürener, Salzunger, Schmalkaldener und Thieder Verein).
8. Mansfelder Bezirksknappschaftsverein (der Bezirk nördlich der Bahn Halle—Cassel, dessen östliche Grenze vor Oberröblingen endet und dessen westliche Grenze die Eisenbahnlinie Nordhausen—Stiege bildet, nach Norden die Anhaltische Landesgrenze).
9. Halberstädter Bezirksknappschaftsverein (der jetzige Vereinsbezirk ohne Thüringen und das an Mansfeld abgetretene Gebiet, der Tangerhütter, Anhaltischer, Helmstedter, Wernigeroder und Rübeländer Verein).
10. Thüringischer Bezirksknappschaftsverein (Casseler Verein, die Werra-Werke und die Werke um Sondershausen und Eisenach).
11. Brandenburger Bezirksknappschaftsverein (alles Gebiet rechts der Elbe mit Ausnahme von Wittenberg, einschließlich Rotenburg und Hoyerswerda).
12. Hallescher Bezirksknappschaftsverein (alles, was zwischen Brandenburg, Halberstadt, Clausthal, Mansfeld und Bayern liegt; Knappschaftsverein Altenburg).
13. Niederschlesischer Bezirksknappschaftsverein (der Niederschlesische Knappschaftsverein ohne Hoyerswerda und Rotenburg).
14. Oberschlesischer Bezirksknappschaftsverein (Oberschlesischer Knappschaftsverein).
15. Sächsischer Bezirksknappschaftsverein (umfassend das Land Sachsen).
16. Süddeutscher Bezirksknappschaftsverein (Bayern, Württemberg, Baden und die Hohenzollernschen Lande).

Endgültig wird über die Bildung der BezKV. in der Gründungsversammlung (Art. 5 EG.) zu beschließen sein.

8. Über die Bildung bes. KrK. kann die Satzung nur im Rahmen der gesetzlichen Vorschriften bestimmen, die sehr starke Beschränkungen für die Zulassung enthalten. Näheres s. bei §§ 13 und 14.

9. Auch über die Verfassung der BezKV. enthält das Ges. in den §§ 129 bis 146 bereits zahlreiche Vorschriften. Die Satzung trifft im Rahmen dieser Vorschriften die ihr ausdrücklich vorbehaltenen Bestimmungen, z. B. bestimmt sie Wahlverfahren und Sprengelwahlgruppen für die Wahl der Knappschaftsältesten nach § 131. Im übrigen werden Verfassung und Verwaltung der BezKV. und bes. KrK. durch die von ihnen nach § 9 zu erlassenden Sondervorschriften geregelt.

10. Vgl. hierzu §§ 122 und 145.

11. Über Änderungen der Satzung beschließt die Hauptversammlung in getrennter Abstimmung beider Seiten der Vertretung (§§ 125, 126). Jede Änderung bedarf der Bestätigung des RAM. (§ 8 Abs. 2).

§ 8.

[1]) (Abs. 1.) Aufsichtsbehörde [2]) für den Reichsknappschaftsverein, die Bezirksknappschaftsvereine und die besonderen Krankenkassen ist der Reichsarbeitsminister.

(Abs. 2.) Der Reichsarbeitsminister bestätigt [3]) die Satzung und deren Änderungen.[4]) Die Bestätigung darf nur versagt werden, wenn die Satzung den gesetzlichen Vorschriften zuwiderläuft oder Bestimmungen enthält, welche mit den gesetzlichen Versicherungszwecken nicht im Zusammenhange stehen.[5]) [6])

§ 8 Entw.

1. In den Landesgesetzen war die Aufsicht über das Knappschaftswesen durchweg den Bergbehörden übertragen (vgl. z. B. §§ 65 ff. des Preuß. KnG. vom 17. Juni 1912, §§ 83, 214 bis 218 des Sächsischen KnG. vom 17. Juni 1914). Die Aufsicht über den RKV. konnte den Landesbergbehörden nicht belassen werden, weil die Aufsicht über den RKV. nur einheitlich für das ganze Reich durch eine Reichsbehörde ausgeübt werden kann und weil die bergbehördliche Aufsicht als Merkmal für die Beurteilung der Knappschaftspflicht eines Betriebes ausscheidet; dabei ist ungewiß, in welcher Weise ein künftiges Berggesetz die Organisation der Bergbehörden regeln wird. (Vgl. Begr. zu §§ 1, 2 S. 35). Die Aufsicht ist deshalb dem Reichsarbeitsminister übertragen, zu dessen Geschäftsbereich allgemein die Versicherungsangelegenheiten gehören. Die Landesbergbehörden sind aber nicht völlig ausgeschaltet. Nach § 151 Abs. 3 soll der RAM. mit der Aufsicht über die BezKV. und bes. KrK. die zuständigen Landesbehörden — das sind die Bergbehörden, soweit ihnen bisher die Aufsicht über das KnWesen zustand — betrauen. Davon wird voraussichtlich in weitem Umfange Gebrauch gemacht werden, so daß die örtliche Aufsicht den Bergbehörden verbleibt, die allerdings nicht kraft eigenen Rechts, sondern als Beauftragte des RAM. in dem von diesem bestimmten Umfange und nach seinen Weisungen die Aufsicht führen. Im übrigen ist eine Beteiligung der Landesbergbehörden noch vorgesehen im § 2 Abs. 3 (Anhörung darüber, ob ein Betrieb als knappschaftlich anzusehen ist) und im § 152 (Anhörung der Landesbergbehörde in Beschwerdesachen von grundsätzlicher Bedeutung).

2. Für die Handhabung des Aufsichtsrechts im allgemeinen gelten die im § 151 Abs. 1 angezogenen §§ 30 bis 34 RVO. Im Gesetz selbst sind folgende Obliegenheiten erwähnt, die Ausflüsse des Aufsichtsrechts darstellen: Entscheidung bei Zweifeln über die Knappschaftspflicht (§ 2 Abs. 3), Bestätigung der Satzung und deren Änderungen (§ 8 Abs. 2), Bestimmung, wieweit vorübergehende Dienstleistungen pensionsversicherungsfrei bleiben (§ 23), Zulassung von Ausnahmen hinsichtlich der Zahlung von Teuerungszulage an Ausländer (§ 31 Abs. 2), Bestimmungen über den von BezKV. und bes. KrK. einzureichenden Rechnungsabschluß (§ 96 Satz 2), zwangsweise Abänderung der Satzung bezw. Festsetzung der PKLeistungen und -Beiträge, falls die Beiträge unzureichend sind (§§ 99, 100), Entscheidung über Anträge, die vom Vorstande des RKV. abgelehnt sind, auf Anrufung eines Drittels der Vertreter der Arbeitgeber oder der Versicherten gemäß §§ 118 und 138, Entscheidung von Beschwerden über die

Geschäftsführung des RKV. bezw. der BezKV. und bes. KrK. (§ 152), Bestimmungen über Zahl usw. der Knappschaftsoberversicherungsämter und Wahl der Beisitzer (§ 163 Abs. 2) sowie über die Aufgaben der KOVA. (§ 164 Satz 2), Bestimmungen über Verteilung der Kosten der KOVA. (§ 165) und Erstattung der Kosten des Knappschaftssenats beim RVA. (§ 166 Abs. 3), Bestimmungen über die Wahl der Beisitzer zum Knappschaftssenat des RVA. (§ 167). Das EG. sieht noch folgende Aufgaben vor: Vorschlag für Bestellung des Reichskommissars (Art. 2), Zustimmung zur Wahlordnung für die Wahlen zur Gründungsversammlung (Art. 3 Abs. 3), Erlaß einer Zwangssatzung und Bestellung eines vorläufigen Vorstandes des RKV., falls die Gründungsversammlung ohne Ergebnis verläuft (Art. 6).

3. Die Satzung erlangt erst durch die Bestätigung ihre Rechtsgültigkeit. Infolgedessen entsteht der RKV. als Träger der kn. V. mit der Bestätigung der von der Gründungsversammlung beschlossenen Satzung oder mit Erlaß der Satzung durch den RAM. (vgl. Art. 5, 6 EG.).

4. Für Satzungsänderungen gelten, abgesehen von dem Erfordernis der Bestätigung, auch im übrigen die gleichen Vorschriften wie für die Satzung selbst. Sie sind von der Hauptversammlung des RKV. in getrennter Abstimmung beider Seiten der Vertretung zu beschließen (§ 125 Abs. 1 Nr. 1, § 126). Rückwirkende Kraft kommt ihnen nicht zu. Wegen des Einflusses von Satzungsänderungen auf laufende Leistungen s. § 99 Abs. 2, wegen zwangsweiser Änderung der Satzung durch den RAM. s. § 99 Abs. 3, 4.

5. Abweichend von § 1339 RVO., betr. Genehmigung der Satzungen der Landesversicherungsanstalten durch das RVA., erstreckt sich die Prüfung des RAM. nicht auf die Zweckmäßigkeit, sondern nur auf die Gesetzlichkeit der Satzungsbestimmungen. Zu den gesetzlichen Vorschriften, denen die Satzung nicht zuwiderlaufen darf, gehören außer denen des RKG. auch die sonstigen maßgebenden Gesetze, namentlich die Vorschriften des bürgerlichen Rechts und des öffentlichen Rechts (vgl. OSchG.

i. K. vom 16. Mai 1916 — Z. f. B. Bd. 57 S. 490 —). Unter den Vorschriften des RKG., denen die Satzung entsprechen muß, sind die über dauernde Erfüllbarkeit der RKLeistungen (§§ 98 bis 100) besonders wichtig.

6. Durch die Bestätigung der Satzung werden in ihr etwa enthaltene gesetzwidrige Bestimmungen nicht rechtsverbindlich. Die Ungültigkeit kann sowohl von der Aufsichtsbehörde wie im Rechtswege geltend gemacht werden (vgl. für das frühere Recht RekBesch. vom 21. Januar 1894 — Z. f. B. Bd. 36 S. 404 —).

§ 9.

(Abs. 1.) Der Reichsknappschaftsverein bedient sich bei Durchführung der Versicherung der Bezirksknappschaftsvereine [1]) und der besonderen Krankenkassen als örtlicher Verwaltungsstellen.

(Abs. 2.) Die Bezirksknappschaftsvereine und die besonderen Krankenkassen [2]) erlassen über die ihnen übertragenen Aufgaben [3]) und über ihre Verwaltung [4]) Sondervorschriften. [5]) Diese unterliegen der Genehmigung [6]) des Reichsknappschaftsvereins.

(Abs. 3.) Die Satzung bestimmt Näheres.

§ 9 Entw.

1. Wegen der Bedeutung und Aufgaben der BezKV. im allgemeinen vgl. Anm. 2 zu § 6.

2. Die bes. KrK. erlassen Sondervorschriften, die sich natürlich nur auf die KrV. beziehen können, durch ihre Hauptversammlung (vgl. § 129 Abs. 2, § 146). Die Aufsichtsbefugnisse des BezKV. gegenüber den bes. KrK. werden durch die Sondervorschriften des BezKV. geregelt. (Begr. S. 41.)

3. Über die Aufgaben der BezKV. auf den verschiedenen Versicherungsgebieten, die zum Teil durch die Sondervorschriften näher zu regeln sind, gibt nachstehende Zusammenstellung einen Überblick:

a) Krankenversicherung.

Bei Durchführung dieses Versicherungszweiges sind die BezKV. und bes. KrK. im wesentlichen selbständig (vgl. § 12 und Anm. 1 dazu). Als Einzelaufgaben sind im Gesetz erwähnt: Entscheidung über Befreiung von der Krankenversicherungspflicht (§ 11 Abs. 2, § 138 Abs. 3 Nr. 1), Regelung der An- und Abmeldung der Versicherten (§ 11 Abs. 3), Festsetzung der Leistungen (Regelleistungen und Mehrleistungen) sowie Aufstellung von Grundsätzen über die Gewährung außerordentlicher Unterstützungen (§§ 12, 14), Erhebung der Beiträge und deren Festsetzung einschl. etwaiger Zusatzbeiträge bei Familienhilfe (§§ 84, 89, 91), Erhöhung unzureichender Beiträge oder Minderung der Leistungen der KrV. (§ 95), Verwaltung des Vermögens der KrK. (§ 109 Abs. 2), Feststellung und Auszahlung der Leistungen (§§ 153, 168), Entscheidung von Streit über Leistungen sowie über das Versicherungsverhältnis oder die Beiträge zur KrK. (§§ 154, 157).

b) Pensionsversicherung.

Die BezKV. sind nur in der Gewährung freiwilliger Leistungen selbständig. Diese regeln sie durch die Sondervorschriften, die außerdem die Satzung des RKV. hinsichtlich der Pflichtleistungen in einigen Punkten zu ergänzen haben. Die wichtigsten Aufgaben sind: Bestimmung der für den Verein maßgebenden Mitgliederklasse, gegebenenfalls Anrufung des Vorstandes des RKV. wegen Einordnung der Mitglieder in verschiedene Klassen (§ 28 Abs. 3), Festsetzung freiwilliger Leistungen (§ 39 Abs. 3) sowie Regelung des Heilverfahrens, falls die Satzung des RKV. nach §§ 42, 44 bestimmt, daß die Kosten des Heilverfahrens von den BezKV. zu tragen sind, Berechnung und Festsetzung der Beitragsbestandteile, die nicht für den RKV. einheitlich sind, sondern sich nach den Verhältnissen der BezKV. richten (vgl. Anm. 2, 3 zu § 108), Verwaltung des Vermögensteils, aus dem Sonderleistungen bestritten werden (§ 109 Abs. 2), Feststellung der Leistungen (§§ 153, 155, 156) und Anweisung zur Auszahlung durch die Post, falls nicht der BezKV. selbst zahlt (§§ 168, 175),

Entscheidung von Streit über das Versicherungsverhältnis oder die Beiträge zur PK. (§ 157).

c) Invalidenversicherung und Angestelltenversicherung.

Den BezKV. obliegt die Entscheidung über Befreiung von der Invalidenversicherungspflicht und Angestelltenversicherungspflicht (§ 68 Abs. 2, § 72 Abs. 2, § 138 Abs. 3 Nr. 1), die Einziehung der Beiträge in der sich aus der RVO. bezw. dem AVG. ergebenden Höhe (§§ 84, 106, 107), Feststellung der Leistungen (§§ 160, 161) und Auszahlung, gegebenenfalls Anweisung an die Post (§ 168, 175), Entscheidung von Streit (§§ 160, 161).

4. Sondervorschriften über die Verwaltung sind nur zu erlassen, soweit diese nicht bereits durch das Gesetz (§§ 129 ff.) und durch die Satzung (vgl. § 7 Nr. 7) geregelt ist. Gegenstand der Sondervorschriften sind nach dem Gesetz u. a.: Bestimmungen über den Zusammenschluß mit andern BezKV. oder mit bes. KrK. (§ 10), Ordnung der Dienstobliegenheiten der Knappschaftsältesten und Angestelltenältesten (§ 131 Abs. 4, § 132), Festsetzung der Zahl der Vertreter in der Bezirksversammlung und im Bezirksvorstand und Verteilung der Versichertenvertreter auf Arbeiter und Angestellte (§ 133), Regelung des Stimmverhältnisses in der Bezirksversammlung (§ 142), Bestimmungen über Zusammensetzung und Tätigkeit der Ausschüsse (§ 143 Abs. 1), über Form der Anordnungen des Bezirksvorstandes und der Bezirksverwaltung (§ 145 Abs. 3).

Weiterhin sind den Organen der BezKV. allgemeine Verwaltungsaufgaben übertragen, und zwar

a) der Bezirksversammlung: Wahl der Vertreter zur Hauptversammlung des RKV., Erlaß und Änderung der Sondervorschriften, Wahl eines Ausschusses zur Prüfung und Abnahme der Krankenkassenjahresrechnung (§ 141);

b) dem Bezirksvorstand: Auslegung der Sondervorschriften, Erlaß der Wahlordnung für die Wahl der Knappschaftsältesten, Anstellung leitender Angestellten (§ 138 Abs. 2, Abs. 3 Nr. 2); daneben allgemein Wahrnehmung der ihm durch die Sondervorschriften übertragenen Aufgaben (vgl. § 137), z. B. Vorbereitung der Beschlußfassung über die Sondervorschriften, Aufstellung eines Voranschlags der Krankenkasse u. a. m.;

c) der Bezirksverwaltung: Führung der laufenden Geschäfte nach Gesetz, Satzung und Sondervorschriften (vgl. § 143).

5. Das G. unterscheidet scharf zwischen „Satzung" und „Sondervorschriften". Die erste Bezeichnung gilt nur für die nach § 7, erstmalig nach Art. 5, 6 EG. erlassene Satzung des RKV. Die „Satzung" in diesem Sinne enthält außer den Vorschriften über den RKV. auch solche über die BezKV. und bes. KrK., die allgemeine Gültigkeit haben, sie ist also insoweit für alle BezKV. und bes. KrK. einheitlich. Sie bedarf aber der Ergänzung namentlich hinsichtlich der Verwaltung der BezKV. und der ihnen zur selbständigen Erledigung übertragenen Aufgaben. Diese Ergänzung bilden die „Sondervorschriften". Diese erläßt jeder BezKV. bezw. jede bes. KrK. für sich, um innerhalb der durch das Ges. umschriebenen Zuständigkeit Aufgaben und Verwaltung zu regeln. Die wichtigsten Gegenstände, die der Ordnung durch die Sondervorschriften bedürfen, ergeben sich aus der Zusammenstellung unter Nr. 3. Da sich die Sondervorschriften rechtlich wenn auch nicht als Bestandteil, so doch als notwendige Ergänzung der Satzung darstellen, sind die für letztere geltenden allgemeinen Vorschriften auch auf sie anzuwenden; sie dürfen namentlich nicht den Gesetzen zuwiderlaufen oder Bestimmungen enthalten, die mit den gesetzlichen Zwecken der Vers. nicht in Zusammenhang stehen (§ 8 Abs. 2). Hinsichtlich Verwendung der Krankenkassenmittel ist § 92 zu beachten.

6. Die Prüfung des RKV. kann sich auch auf die Zweckmäßigkeit der Bestimmungen, namentlich unter dem Gesichtspunkt der Wahrung einer gewissen Einheitlichkeit in den freiwilligen Leistungen der BezKV., erstrecken (vgl. Anm. 5 zu § 14). Eine Bestätigung der Sondervorschriften durch den RAM. oder durch die im § 151 bezeichnete Landesbehörde ist nicht vorgesehen. Die Befugnis der Aufsichtsbehörde, einen BezKV. zur Änderung

gesetzwidriger Bestimmungen anzuhalten, auch wenn sie vom RKV. genehmigt sein sollten, folgt aber unbedenklich aus dem allgemeinen Aufsichtsrecht.

§ 10.[1])

(Abs. 1.) Bezirksknappschaftsvereine oder besondere Krankenkassen können sich mit anderen Bezirksknappschaftsvereinen oder besonderen Krankenkassen oder mit anderen gesetzlichen Krankenkassen (§ 225 Abs. 1 der Reichsversicherungsordnung) für bestimmte Zwecke der Krankenversicherung oder für sonstige Aufgaben der gesetzlichen Versicherung zusammenschließen.[2])

(Abs. 2.) Näheres bestimmen die Satzung und die Sondervorschriften.

§ 10 Entw.

1. Über den Zweck der Vorschrift bemerkt die Begr. (S. 38): „Nach dem Vorbilde der §§ 406 ff. der RVO. ist hier der Zusammenschluß mehrerer BezKV. oder bes. KrK. untereinander oder mit anderen gesetzlichen Krankenkassen zu gemeinsamer Durchführung ihrer Aufgaben vorgesehen. In erster Linie ist hierbei an die Aufgaben der KrV. gedacht. So kommt der gemeinsame Betrieb von Heilanstalten und Genesungsheimen, die Überwachung von Kranken nach einheitlichen Grundsätzen und dergl. mehr in Frage. Der Zusammenschluß kann aber auch der Erfüllung sonstiger Zwecke der gesetzlichen Vers. dienen, die über den Aufgabenkreis der KrV. hinausgehen (Wohlfahrtspflege, Regelung des Heilverfahrens und Krankheitsverhütung).

Dagegen gehört nicht zu den sonstigen Aufgaben der gesetzlichen Vers. die Durchführung der JVers. Diese bildet vielmehr eine der gesetzlichen Aufgaben des RKV. und kann nicht, weder im ganzen noch für einzelne BezKV., auf andere Stellen übertragen werden."

2. Das Ges. denkt weniger an die Schaffung von Verbänden mit besonderer Organisation und eigener Vertretung als an lose Vereinigungen, ähnlich den Arbeitsgemeinschaften, wie sie in neuerer Zeit vielfach unter den sozialen Versicherungsträgern gebildet worden sind; die Regelung der gemeinsamen Aufgaben und der Beziehungen der beteiligten Kassen untereinander bleibt der freien Vereinbarung überlassen. Das Ges. sieht deshalb auch keine besondere Aufsicht vor. Der RKV. und die BezKV. können sich natürlich auch den provinziellen oder Landesarbeitsgemeinschaften der Berufsgenossenschaften, Landesversicherungsanstalten, Reichsversicherungsanstalt usw. anschließen, die sich auf freiwilliger Grundlage zur Bekämpfung der Volksseuchen und Erfüllung ähnlicher Aufgaben gebildet haben.

Vierter Abschnitt.

Krankenversicherung.

Vorbemerkung.

Der vierte Abschnitt enthält keine ins einzelne gehende Regelung der KrV., sondern besteht überwiegend aus Verweisungen auf die RVO., deren Vorschriften über VPflicht und VBerechtigung sowie über Leistungen im allgemeinen auch für die Durchführung der KrV. durch den RKV. bezw. die BezKV. und bes. KrK. maßgebend sind (vgl. auch Anm. 4 zu § 3). Dem Knappschaftswesen eigentümlich sind in der Hauptsache nur die Vorschriften über Errichtung bes. KrK. (§ 13). Außerdem ist die Arztfrage abweichend von der RVO. geregelt (§ 18). Die Regelung der Beiträge, der Verfassung und des Verfahrens bei Festsetzung der Leistungen, die gleichfalls von der RVO. abweicht, ist in anderen Abschnitten enthalten.

Bezüglich der Leistungen stellt § 14 Abs. 1 den Grundsatz auf, daß die BezKV. oder die bes. KrK. die KrV. nach den Vorschriften der RVO. gewähren, soweit das RKG. nichts anderes vorschreibt. Aus diesem Grundsatz ist zu folgern, daß für den RKV. als Träger der KrV. die Vorschriften in Geltung bleiben, die in dem bisherigen, nach Art. 51 Nr. 19 EG. wegfallenden neunten Abschnitt des II. Buches der RVO. als auf kn. KrK. anwendbar ausdrücklich bezeichnet sind. Neben den in den §§ 15 bis 18 RKG. angezogenen §§ 205 a, 219, 220, 313, 313 a, 375, 376 RVO. bleiben daher weiterhin anwendbar insbesondere die §§ 206, 383 (vgl. § 498 Abs. 1 RVO.) sowie die §§ 195 d, 197, 205 d, 211 bis 214, 221 bis 222, 224, 314 (vgl. § 500 Abs. 1 RVO.); nicht dagegen gelten, wie sich aus § 18 RKG. in Verbindung mit Art. 51 Nr. 19 EG. ergibt, die §§ 368 bis 374 RVO. Die sonstigen Vorschriften des neunten Abschnitts im II. Buch der RVO. sind teils in das RKG. übernommen, teils als entbehrlich fortgefallen.

§ 11.

(Abs. 1.) Nach der Reichsversicherungsordnung richtet sich,[1]) ob und für welche Arbeitnehmer[2]) [3]) die Beschäftigung in einem knappschaftlichen Betriebe die Versicherungspflicht oder die Versicherungsberechtigung beim Reichsknappschaftsvereine begründet. Unständige Arbeitnehmer (§ 441 der Reichsversicherungsordnung) werden nicht versichert.[4])

(Abs. 2.) Die Befreiung von der Krankenversicherungspflicht[5]) regelt sich nach der Reichsversicherungsordnung; doch entscheidet im Falle des § 173 der Reichsversicherungsordnung an Stelle des Versicherungsamts (Beschlußausschuß) der Vorstand des Bezirksknappschaftsvereins oder der besonderen Krankenkasse.[6])

(Abs. 3.)[7]) Die Arbeitgeber[8]) haben jeden von ihnen beschäftigten Arbeitnehmer, der gegen Krankheit versichert ist,[9]) nach näherer Bestimmung der Satzung und der Sondervorschriften[10]) anzumelden und nach Beendigung der Beschäftigung wieder abzumelden.

§ 11 Entw.

1. Infolge der allgemeinen Bezugnahme auf die RVO. sind deren Vorschriften über Versicherungspflicht und Versicherungsberechtigung schlechthin maßgebend. Für kn. beschäftigte Arbeitnehmer, die nach §§ 165 ff. RVO. der KrV. unterliegen

oder nach § 176 RVO. der Vers. freiwillig beitreten können, tritt ohne weiteres der RKV. als Träger der KrV. ein. Vers. bei anderen gesetzlichen KrK. ist unzulässig; § 225 Abs. 2 RVO. in der durch Art. 51 Nr. 17 des EG. z. RKG. abgeänderten Fassung bestimmt nunmehr, daß den KrK. im Sinne des § 225 Abs. 1 die Mitglieder des RKV. nicht angehören können. Auch die Vers. bei Ersatzkassen ist als dem Grundgedanken der Zusammenfassung aller Versicherungszweige bei einem Versicherungsträger zuwiderlaufend ausgeschlossen. (Begr. S. 31.) Sowohl im Reichstagsausschuß wie im Plenum des Reichstags sind Anträge gestellt worden, die darauf abzielten, kaufmännischen Angestellten, namentlich solchen, die nur vorübergehend in kn. Betrieben tätig sind, die Fortsetzung der Mitgliedschaft bei einer Ersatzkasse durch Befreiung von der Krankenversicherungspflicht beim RKV. zu ermöglichen. Die Anträge sind jedoch abgelehnt worden. Es wurde auch für untunlich erachtet, die Vorschriften der §§ 532 b bis 532 e RVO. i. d. F. des Ges. vom 27. März 1923 (RGBl. I S. 225) in das RKG. zu übernehmen. (Vgl. Ber. S. 5 und Stenogr. Ber. S. 11297.) Nur für die Übergangszeit ist im Art. 25 EG. nachgelassen, daß Angestellte, die am 1. Januar 1924 einer Ersatzkasse angehören, auf Antrag von der Krankenversicherungspflicht beim RKV. befreit werden, wenn dieser Antrag bis zum 30. Juni 1924 gestellt wird.

2. Die Versicherung der Betriebsbeamten, Werkmeister und anderer Angestellten in ähnlich gehobener Stellung richtet sich nach den Vorschriften des § 165 Abs. 2 i. d. F. des Art. II des Ges. über Änderungen der RVO. vom 19. Juli 1923 (RGBl. I S. 686 ff.), § 165 a RVO. i. d. F. des Ges. vom 27. März 1923. Danach sind sie im allgemeinen versichert, wenn ihr regelmäßiger Jahresarbeitsverdienst an Entgelt nicht den vom Reichsarbeitsminister nach § 165 a RVO., § 39 des Ges. vom 27. März 1923 festgesetzten Betrag übersteigt. Wer die maßgebende Verdienstgrenze überschreitet, scheidet erst mit dem ersten Tage des vierten Monats nach Überschreiten der Verdienstgrenze aus der Versicherungspflicht aus (§ 4 des G. vom 27. März 1923). Über die Vorschriften der RVO. hinauszugehen und alle Angestellten knappschaftlicher Betriebe ohne Rücksicht auf die Höhe des Jahresarbeitsverdienstes in die Pflichtversicherung gegen Krankheit einzubeziehen, hat das Gesetz abgelehnt. „Eine derartige Erweiterung der Zwangsversicherung würde auf den schärfsten Widerstand der Ärzteschaft stoßen und ähnliche Wünsche auch in anderen Berufskreisen hervorrufen. Es bestehen auch keine zwingenden Gründe sachlicher Art, die KrV. gerade zugunsten der Angestellten in kn. Betrieben zu erweitern. Diese Angestellten sind keiner größeren Erkrankungsgefahr ausgesetzt als die Angestellten in zahlreichen anderen Betrieben, und auch in Anbetracht der Höhe des Arbeitsverdienstes der Angestellten in kn. Betrieben erscheint das Verlangen nach Ausdehnung der Pflichtversicherung nicht berechtigt." (Begr. S. 39.)

3. Lehrlinge (in Zechenwerkstätten, auf Büros und dergl.) sind schlechthin krankenversicherungspflichtig, auch wenn sie nicht gegen Entgelt beschäftigt sind (vgl. § 165 Abs. 2 RVO.), und ohne Rücksicht darauf, ob sie für den Beruf als Arbeiter oder als Angestellte ausgebildet werden. Insoweit Lehrlinge in kaufmännischen Zechenbüros als Handlungslehrlinge im Sinne des § 165 Abs. 1 Nr. 3 der RVO. anzusprechen sein sollten, sind sie nur dann versicherungspflichtig, wenn ihr regelmäßiger Jahresarbeitsverdienst nicht den nach § 165 a RVO. festgesetzten Betrag übersteigt. Die Vorschrift des § 174 Nr. 1 RVO., wonach Lehrlinge aller Art, solange sie im Betriebe ihrer Eltern beschäftigt sind, auf Antrag des Arbeitgebers von der Versicherungspflicht befreit werden, hat für kn. Betriebe keine Bedeutung.

4. Unständig Beschäftigte werden nicht beim RKV. versichert; für ihre Vers. gelten vielmehr, auch wenn sie in kn. Betrieben arbeiten, die §§ 441 ff. RVO. (Vgl. Begr. S. 39.)

5. Von den Vorschriften über Befreiung von der Krankenversicherungspflicht sind die §§ 174 und 175 für den RKV. ohne Bedeutung. Dagegen ist § 173 RVO. i. d. F. der Ver. vom 3. Februar 1919 und des G. vom 19. Juli 1923, der die Befreiung der Invaliden und ausgesteuerter KrKMitglieder regelt, anwendbar.

Über Befreiung von Ersatzkassenmitgliedern während der Übergangszeit vgl. Art. 25 EG. und oben Anm. 1.

6. Abweichend von § 173 Abs. 3 RVO. ist hier bestimmt, daß nicht das Versicherungsamt — das in Angelegenheiten der KrV. im allgemeinen keine Zuständigkeit hat und daher zweckmäßig auch nicht mit Befreiungsanträgen befaßt wird — entscheidet, sondern der Vorstand des BezKV. oder der bes. KrK. In Übereinstimmung mit dem bisherigen, nach Art. 51 Nr. 19 EG. fortfallenden § 497 RVO. schreibt § 138 RKG. in Abs. 3 Nr. 1 für die Entscheidung über Befreiung von der Krankenversicherungspflicht getrennte Abstimmung in den Gruppen der Arbeitgeber und Versicherten und eine Mehrheit in beiden Gruppen vor. Wird ein Befreiungsantrag abgelehnt, so ist nicht § 138 Abs. 4 RKG. anwendbar, vielmehr entscheidet, wie aus § 173 Abs. 3 RVO. in Verbindung mit § 164 RKG. gefolgert werden muß, das KOVA. endgültig.

7. Abs. 3 ist dem § 317 RVO. i. d. F. des Art. XVII des Ges. über Änderungen der RVO. vom 19. Juli 1923 nachgebildet. Über die Meldepflicht vgl. ferner § 19 Satz 3, § 20 Abs. 1 Satz 2, § 67 Satz 2, § 71 Satz 2.

Die An- und Abmeldung hat auf das Versicherungsverhältnis beim RKV. und auf die Verpflichtung zur Gewährung der Krankenhilfeleistungen keinen maßgebenden Einfluß. Nach § 206 RVO. entsteht der Anspruch auf die Regelleistungen für die Versicherungspflichtigen mit dem Beginne der Mitgliedschaft; die Rechte der Versicherten einerseits und die Verpflichtung des RKV. andererseits werden also lediglich durch die Tatsache der versicherungspflichtigen Beschäftigung begründet. Die Vorschriften über die An- und Abmeldung sind danach in der Hauptsache Ordnungsvorschriften, die dem RKV. die Einziehung der Beiträge für jedes versicherungspflichtige Beschäftigungsverhältnis ermöglichen sollen. Unterbleibt die Anmeldung, so kann von der Vorschrift des § 86 Gebrauch gemacht werden. Die Unterlassung der Anmeldung ist durch § 189 in Verbindung mit § 530 RVO. i. d. F. des G. vom 19. Juli 1923 unter Strafe gestellt.

8. Der hier erstmalig erscheinende Ausdruck „Arbeitgeber" ist an Stelle der in den Landesgesetzen üblichen Bezeichnungen Bergwerksbesitzer, Werksbesitzer, Bergwerksunternehmer und dergl. getreten. Arbeitgeber im Sinne der Sozialversicherung ist allgemein derjenige, dem der wirtschaftliche Ertrag der Arbeit zugute kommt und der die Aufwendungen für sie trägt. Die rein juristische Begriffsbestimmung des Arbeitgebers als desjenigen, dem die Verfügungsmacht über die Arbeitskraft des Beschäftigten rechtlich zusteht, reicht für die Sozialversicherung nicht aus (vgl. Grundzüge der deutschen Sozialversicherung S. 27). Der Begriff Arbeitgeber im Sinne des RKG. setzt ferner die Beschäftigung von Arbeitnehmern in einem kn. Betriebe voraus (vgl. § 1). Arbeitgeber können entweder natürliche oder juristische Personen oder Gesellschaften sein, die kn. Anlagen betreiben. Die Vertretung der Gesellschaften richtet sich nach den hierfür maßgebenden allgemeinen gesetzlichen Vorschriften (Handelsgesetzbuch, Landesberggesetze) oder nach einschlägigen Sondervorschriften der Versicherungsgesetze. Vgl. z. B. §§ 536, 1493 RVO. und § 343 AVG. in Verbindung mit § 189 RKG. Die Meldepflicht nach Abs. 3 kann auf Betriebsleiter oder andere Personen übertragen werden. (Vgl. § 534 Abs. 1 RVO., § 189 RKG.). Die Vertretung der Arbeitgeber in den kn. Organen ist in § 130 Abs. 3 geregelt.

9. Versicherungsberechtigte treten dadurch in die Versicherung ein, daß sie ihren Beitritt bei der in der Satzung oder in den Sondervorschriften bezeichneten Stelle erklären. Das Recht des Beitritts kann von einer bestimmten Altersgrenze und von der Vorlegung eines ärztlichen Gesundheitszeugnisses abhängig gemacht werden (§ 176 Abs. 3 RVO.); auch ist es zulässig, für den Anspruch auf die Leistungen eine Wartezeit bis zu sechs Wochen vorzusehen (§ 207 RVO.).

10. In der Satzung oder den Sondervorschriften ist auch darüber Bestimmung zu treffen, ob bei kürzeren Arbeitsunterbrechungen die Meldung unterbleiben kann.

§ 12.[1])

Die Krankenversicherung wird im Auftrage des Reichsknappschaftsvereins durch die Bezirksknappschaftsvereine [2]) [3]) gewährt. Das Nähere bestimmen die Sondervorschriften.[4])

§ 12 Entw.

1. Über die Durchführung der KrV. bemerkt die allgemeine Begr. (S. 32):

„Im Rahmen des RKV. sollen die BezKV. auf dem Gebiete der KrV. im wesentlichen selbständig bleiben, weil eine Vereinheitlichung der KrV. mit Rücksicht auf die Eigenart ihrer Aufgaben und die Verschiedenheit der örtlichen Verhältnisse nicht angebracht erscheint."

Die bes. Begr. (S. 39) hebt hervor, daß die BezKV. „mit den Versicherten in unmittelbarer Fühlung stehen und dadurch besonders geeignet sind, die Leistungen, namentlich Mehrleistungen, unter Berücksichtigung der örtlichen Verhältnisse und der Bedürfnisse der Versicherten festzusetzen. Die Leistungen bleiben rechtlich aber solche des RKV., was der Entwurf dahin zum Ausdruck bringt, daß die KrV. im Auftrage des RKV. durch die BezKV. gewährt wird. Die näheren Bestimmungen über Art und Höhe der Leistungen, Aufbringung der Mittel usw. werden in den Sondervorschriften getroffen, bei deren Erlaß die BezKV. selbständig sind. Daß diese Selbständigkeit durch eine unsachgemäße Handhabung der Befugnis des RKV., die Sondervorschriften zu genehmigen (§ 9 Abs. 2), beeinträchtigt oder gar aufgehoben werden könnte, ist nicht zu besorgen."

2. Wie schon zu § 6 Anm. 3 bemerkt wurde, ist den BezKV. für die Durchführung ihrer Aufgaben, namentlich auch der der KrV., selbständige Rechtspersönlichkeit entgegen mehrfach geäußerten Wünschen nicht beigelegt. Die Begr. (S. 39) bemerkt hinsichtlich der Aufgaben der Krankenversicherung:

„Das Verhältnis der BezKV. zum RKV. ist ähnlich dem der Sektionen zu einer Berufsgenossenschaft. Auch die Sektionen haben eine Reihe von Aufgaben selbständig zu erledigen (vgl. § 678

Nr. 2, §§ 679, 713, 1568, 1569 der RVO.), ohne selbständige Rechtspersönlichkeit zu besitzen. Aus dem Mangel eigener Rechtsfähigkeit haben sich aber Schwierigkeiten oder Unzuträglichkeiten bei Erledigung der den Sektionen obliegenden Aufgaben nicht ergeben. Wie die Sektionen für die Berufsgenossenschaften, so werden die BezKV. im Auftrage und in Vollmacht des RKV. mit rechtsverbindlicher Wirkung für diesen handeln. Auf Grund gesetzlicher Generalvollmacht können sie insbesondere selbständig über das Krankenkassenvermögen verfügen, auch Krankenhäuser und Heilanstalten aus diesem Vermögen errichten, ohne daß sie einer Genehmigung des RKV. bedürfen.

Auch daraus, daß das Krankenkassenvermögen rechtlich einen Teil des Vermögens des RKV. bildet, sind Gründe für die Einräumung der Rechtspersönlichkeit an die BezKV. nicht herzuleiten. Das Vermögen der KrK. eines KnV., das bei Inkrafttreten des RKG. vorhanden ist, ist aus dem Gesamtvermögen auszusondern und dem BezKV. zur besonderen Verwendung für die Zwecke der KrV. zu überweisen. Ebenso sind die späteren Einnahmen und Ausgaben gesondert für die KrV. zu verrechnen. Durch die Vorschriften über die Bemessung der Krankenkassenbeiträge ist Gewähr für eine ordnungsmäßige Geldwirtschaft geboten; der Fall, daß auf das Krankenkassenvermögen eines BezKV. zur Deckung von Krankenkassenverbindlichkeiten eines anderen BezKV. zurückgegriffen werden müßte, wird daher tatsächlich niemals eintreten. Ebenso muß nach dem ganzen Aufbau des Entwurfs und nach den Bestimmungen über die Berechnung der Beiträge zur PK. für ausgeschlossen erachtet werden, daß der RKV. etwa für Zwecke der PK. Krankenkassenvermögen der einzelnen BezKV. in Anspruch nehmen könnte."

Die Begr. hält hiernach die Rechtspersönlichkeit für entbehrlich, ohne daß dadurch die BezKV. und bes. KrK. in der Erledigung ihrer Aufgaben behindert würden. In rechtlicher Beziehung führt sie noch aus: „Das Nebeneinanderbestehen mehrerer Versicherungsträger würde die Einheitlichkeit der Leistungen gefährden und zu einer Zersplitterung der Aufsicht führen. Dem RKV. könnten irgendwelche Aufsichts- oder Genehmigungsbefugnisse gegenüber den BezKV. als selbständigen Rechtssubjekten nicht eingeräumt werden. Die Aufsicht würde also in den einzelnen Ländern und in den einzelnen Bezirken verschieden sein, was zu einer weitgehenden Zersplitterung der Leistungen führen könnte. Die BezKV. müßten ferner als selbständige Rechtssubjekte und selbständige Versicherungsträger eigene Satzungen erlassen, in denen sie nicht nur die Leistungen zu bestimmen, sondern auch ihre Beziehungen zum RKV. als Träger der PV. zu regeln und ihre Organisation in einer Form zu ordnen hätten, die sich der Organisation des RKV. anpaßt. Abgesehen davon, daß solche Bestimmungen außerordentlich verwickelt sein und Auseinandersetzungen oder sogar Rechtsstreitigkeiten zwischen dem RKV. und den BezKV. doch nicht mit Sicherheit ausschließen würden, wäre die Bestätigung der Satzungen wiederum von verschiedenen Stellen auszusprechen, die nicht durch irgendwelche gemeinsame Richtlinien gebunden sind. Für einheitliche Gestaltung der Satzungen und einheitliche Handhabung der Bestätigung wäre also keinerlei Gewähr geboten. Dazu kommt noch folgender besonders schwerwiegender Umstand: Bei Lösung des Zusammenhanges der KrV. mit den sonstigen Aufgaben des RKV. und ihrer Übertragung an die BezKV. als örtliche Kassen würde kein Grund vorhanden sein, die BezKV. hinsichtlich der Beaufsichtigung und der Rechtsprechung anders zu behandeln wie die übrigen gesetzlichen Krankenkassen. Sie würden also den allgemeinen Versicherungsämtern und den allgemeinen Oberversicherungsämtern zu unterstellen sein und damit aus dem Kreise des Bergbaues ausscheiden. Über die Leistungen der KrV. und die freiwilligen Pensionskassenleistungen würde nicht mehr von besonderen kn. Instanzen, sondern von Stellen entschieden werden, die mit den Verhältnissen des Bergbaues und der kn. Betriebe nicht vertraut sind. Der Grundgedanke, aus dem heraus bei Erlaß der RVO. besondere Instanzen für die Entscheidung über kn. Ansprüche, namentlich Knappschafts-Oberversicherungsämter mit Beisitzern aus den Kreisen des Bergbaues, geschaffen sind, würde also verlassen werden."

3. Daß § 12 sich auch an sbes. KrK. bezieht, folgt notwendig aus dem inneren Zusammenhang der §§ 9, 12, 13 und 14.

4. Vgl. die Aufzählung in Anm. 3 a zu § 9. Die Sondervorschriften haben namentlich die Regelleistungen sowie etwaige Mehrleistungen festzusetzen und Näheres über die Gewährung außerordentlicher Unterstützungen zubestimmen (vgl. § 14 Anm. 1, 3 und 4); außerdem regeln sie die Beiträge (§§ 84, 88 bis 91).

§ 13.[1])

[2])(Abs. 1.) Innerhalb der Bezirksknappschaftsvereine können für knappschaftliche Betriebe, und zwar für jeden einzelnen Betrieb oder gruppenweise für mehrere Betriebe, besondere Krankenkassen errichtet werden, wenn die Einrichtung einer einzigen Krankenkasse für den ganzen Bezirk wegen besonderer wirtschaftlicher Bedingungen oder wegen der weiten Entfernung des Betriebs oder der Betriebe vom Sitze des Bezirksknappschaftsvereins erhebliche Schwierigkeiten verursachen würde.[3])

(Abs. 2.) Eine besondere Krankenkasse darf nur errichtet werden, wenn durch die Zahl der im Kassenbezirke regelmäßig beschäftigten Versicherten oder durch sonstige Umstände ihre dauernde Leistungsfähigkeit ausreichend sichergestellt erscheint und nicht die Leistungsfähigkeit des Bezirksknappschaftsvereins, soweit dieser die Krankenversicherung gewährt, gefährdet wird.[4])

[5])(Abs. 3.) Die Errichtung einer besonderen Krankenkasse bedarf der Zustimmung der Mehrheit der versicherten Betriebsangehörigen, der Mehrheit der Arbeitgeber und der Mehrheit der Vertreter der Versicherten im Vorstand des Reichsknappschaftsvereins.

(Abs. 4.) Die satzungsmäßigen[6]) Leistungen einer besonderen Krankenkasse müssen denen des maßgebenden Bezirksknappschaftsvereins mindestens gleichwertig[7]) sein.

§ 13 Entw.

1. Der Entwurf wollte bes. KrK. in weitem Umfange zulassen und begründete diesen Standpunkt wie folgt:

„Kleinere Kassen sind an sich für die Durchführung der Aufgaben der KrV. besser geeignet als ganz große Gebilde, sofern ihre Leistungsfähigkeit und die Ordnungsmäßigkeit der Verwaltung gesichert sind. Im Bergbau hat man mit den bes. KrK. durchweg sehr günstige Erfahrungen gemacht. Innerhalb dieser Kassen besteht eine besonders enge Fühlung unter den Beteiligten, die den Versicherten letzten Endes in allen Beziehungen zum Vorteil gereicht. Die bes. KrK. können sich ferner bei der Führung der Geschäfte, insbesondere bei Auszahlung der Leistungen, der Mithilfe der Werke bedienen, wodurch erheblich an Verwaltungskosten gespart wird. In räumlich weit ausgedehnten Bezirken mit zerstreut liegenden Werken sind sie schlechthin unerläßlich." (Begr. S. 41.) Bei den Beratungen im Reichstagsausschuß ist von den Regierungsvertretern unter Anführung von Beispielen noch darauf besonders hingewiesen worden, daß innerhalb der räumlich weit ausgedehnten Bezirke der BezKV. bei den einzelnen Betrieben die wirtschaftlichen, namentlich die Lohnverhältnisse derartig verschieden liegen können, daß eine völlige Gleichstellung hinsichtlich der Leistungen und Beiträge der KrV. nicht angebracht sei; nur die Schaffung bes. KrK. ermögliche die Anpassung an die jeweilig bestehenden wirtschaftlichen Verhältnisse, und es sei zu besorgen, daß die dringend notwendige Zusammenlegung kleinerer Vereine zu BezKV. sehr erschwert oder gar vereitelt werde, wenn man bes. KrK. überhaupt nicht oder nur in stark beschränktem Umfange zulasse. (Ber. S. 4.)

Gegen die bes. KrK. bestand jedoch sowohl im Vorl. Reichswirtschaftsrat wie im Reichstag starke Abneigung. Der Reichswirtschaftsrat hat mit der Begründung, daß die Zersplitterung der

KrV. in unnötig viele, oft leistungsunfähige Sonderkassen unterbunden werden solle, den Standpunkt eingenommen, daß der BezKV. wenigstens für einen Teil der zugehörigen Betriebe die KrV. durchführen müsse, und demgemäß vorgeschlagen, dem § 12 einen zweiten Absatz anzufügen: „In jedem BezKV. muß eine Bezirksknappschaftskrankenkasse bestehen." Auf die anfänglich erhobene weitere Forderung, daß bes. KrK. in ihren Leistungen den Leistungen der Bezirksknappschaftskrankenkasse mindestens gleich sein müssen, hat der Reichswirtschaftsrat nach Verständigung zwischen Vertretern der Arbeitgeber und der Arbeitnehmer des Bergbaues verzichtet. (Bericht des Sozialpolitischen Ausschusses des Vorl. Reichswirtschaftsrates Nr. 5249 der Drucksachen des Reichstags S. 3, 5.) Im Ausschuß des Reichstags hat der Antrag, die bes. KrK. völlig zu beseitigen, keine Annahme gefunden. Der Ausschuß hat aber dem Abs. 1 eine veränderte Fassung gegeben und im Abs. 3 und 4 über den Entwurf hinausgehende Bedingungen für die Zulassung von bes. KrK. aufgestellt, durch die ihre Bildung stark erschwert wird. (Ber. S. 3 bis 6.)

2. Abs. 1 in der von dem Reichstagsausschuß gestalteten Fassung geht davon aus, daß die Einrichtung einer einzigen KrK. für den ganzen BezKV. die Regel bildet, und will Ausnahmen nur zulassen, wenn die im zweiten Halbsatz angegebenen besonderen Voraussetzungen vorliegen. Daraus wird gefolgert werden müssen, daß es nicht mehr zulässig ist, den Bezirk eines BezKV. ganz in bes. KrK. aufzuteilen (vgl. auch die Ausführungen des Abgeordneten Jansch ek in der Sitzung des Reichstags vom 11. Juni 1923, Stenogr. Ber. S. 11275/76).

3. Die hier aufgestellten Voraussetzungen für die Zulassung bes. KrK. decken sich im wesentlichen mit den Absichten des Entwurfs. Die Vorschrift, daß die Errichtung auch wegen besonderer wirtschaftlicher Bedingungen zulässig sein soll, wird aber in ihrer Wirkung durch Abs. 4 stark beeinträchtigt, wenn nicht aufgehoben.

4. Die zurzeit vorhandenen bes. KrK. hören nach Art. 8 EG. mit dem 31. Dezember 1923 zu bestehen auf. Die Neuerrichtung einer bes. KrK. nach den Vorschriften des RKG. ist erst möglich, nachdem gemäß Art. 10 bis 15 EG. die BezKV. gebildet sind. Die Entschließung bleibt den Beteiligten überlassen, welche die Frage der Zweckmäßigkeit und des Bedürfnisses einer bes. KrK. nach den innerhalb des Bezirksvereins bestehenden besonderen Verhältnissen zu beurteilen haben. Voraussetzung der Zulassung ist in erster Linie Sicherstellung der Leistungsfähigkeit, wobei außer der Mitgliederzahl noch sonstige für die Leistungsfähigkeit maßgebende Umstände in Betracht zu ziehen sind. Ferner muß auch der BezKV. für die bei ihm verbleibenden Betriebe zur Durchführung der KrV. nach den gleichen Grundsätzen leistungsfähig bleiben (vgl. Begr. S. 41). Für die Entschließung des Arbeitgebers wird noch von Bedeutung sein, daß er nach §§ 93 und 94 in gewissen Fällen zur Leistung von Vorschüssen bezw. Zuschüssen verpflichtet ist.

5. Der Entwurf sah außer den in Anm. 4 bezeichneten Erfordernissen bereits die Zustimmung des RKV. vor, worüber die Begr. S. 41 folgendes bemerkt: „Zur Wahrung der notwendigen Einheitlichkeit ist vorgesehen, daß in jedem Falle der RKV. zustimmen muß. Ferner steht den BezKV. die Aufsicht über die Geschäftsführung der bes. KrK. zu, deren Handhabung im einzelnen durch die Satzung und Sondervorschriften des BezKV. zu regeln ist. Dieses Aufsichtsrecht, das die allgemeine Beaufsichtigung der bes. KrK. durch den RAM. und gegebenenfalls durch die von diesem beauftragte Landesbehörde unberührt läßt, ist im Entwurf nicht besonders ausgesprochen, folgt aber ohne weiteres aus der Stellung der bes. KrK. zum BezKV. und zum RKV."

Der Reichstagsausschuß hat weitergehend die Zustimmung der Mehrheit der versicherten Betriebsangehörigen gefordert und die Vorschrift über die Zustimmung des RKV. dahin verschärft, daß die Mehrheit der Arbeitgeber und die Mehrheit der Vertreter der Versicherten im Vorstand des RKV. zustimmen müssen, und zwar in getrennter Abstimmung nach § 118 Abs. 3 Nr. 1.

Die Verhandlungen über Errichtung einer bes. KrK. werden danach folgenden Gang nehmen:

a) Erörterung der Zweckmäßigkeit der Errichtung zwischen den Betriebsangehörigen oder deren Vertretung und dem Arbeitgeber.

b) Urabstimmung der versicherten Betriebsangehörigen. Die Gesamtheit der Versicherten stimmt ab und nicht etwa, wie nach § 245 RVO. i. d. F. d. G. vom 27. März 1923 und 19. Juli 1923, der Betriebsrat. Zu den versicherten Betriebsangehörigen werden auch solche zu zählen sein, die der KrV. freiwillig beigetreten sind oder sie freiwillig fortsetzen.

c) Zustimmung des Vorstandes des BezKV., der außer dem Ergebnis der Abstimmung zu b das Vorliegen der Voraussetzungen nach § 13 Abs. 1, 2 und 4 zu prüfen haben wird. Die Zustimmung des Bezirksvorstandes ist im G. nicht ausdrücklich erwähnt, ihre Notwendigkeit folgt aber aus der Stellung der bes. KrK. zum BezKV. (vgl. oben Abs. 1 dieser Anm.) und daraus, daß der BezKV. die Erhaltung seiner eigenen Leistungsfähigkeit für die Durchführung der KrV. der bei ihm verbleibenden Betriebe nach Abs. 3 prüfen muß. Mangels abweichender Bestimmungen im G. beschließt der Bezirksvorstand mit einfacher Stimmenmehrheit (§ 138 Abs. 1, § 118 Abs. 1).

d) Zustimmung des Vorstandes des RKV. nach § 13 Abs. 3, § 118 Abs. 3 Nr. 1. Der Vorstand wird seine Entscheidung unter Würdigung aller in Betracht kommenden Verhältnisse zu treffen haben und daher die Zustimmung auch versagen können, wenn der Bezirksvorstand zugestimmt hat.

6. Der Ausdruck „satzungsmäßige" Leistungen ist nicht ganz zutreffend, da die KrKLeistungen nicht durch die Satzung, sondern durch die Sondervorschriften bestimmt werden.

7. Bei Prüfung der Gleichwertigkeit der Leistungen werden die im § 259 Abs. 2 RVO. angeführten Gesichtspunkte Beachtung finden können. Danach können Minderleistungen auf einem Gebiete durch Mehrleistungen auf einem anderen Gebiete aufgewogen werden. Auch kommt es nicht darauf an, ob dieselbe einzelne Leistung, von den Regelleistungen abgesehen, bei beiden Kassen vorhanden ist, sondern es ist in erster Linie auf die Gesamtheit der Leistungen zu sehen und diese nach Billigkeit rechnungsmäßig abzuwägen. § 259 Abs. 2 weist u. a. auch auf die Berücksichtigung des besonderen Mitgliederkreises der einzelnen Kassen hin, wobei vornehmlich an den Unterschied zwischen sog. Männerkassen und Kassen mit zahlreichen weiblichen Versicherten gedacht sein wird. Die Mitgliederkreise bei einer bes. KrK. und bei den BezKV. werden sich aber im allgemeinen decken. Auch bei Beachtung der Gesichtspunkte der RVO. wird es daher kaum zulässig sein, daß etwa die bes. KrK. den Grundlohn niedriger festsetzt als der BezKV., oder daß sie in ihren Mehrleistungen hinter denen des BezKV. zurückbleibt. Nur durch Abweichungen auf diesem Gebiete ist aber eine Berücksichtigung der Verschiedenheit wirtschaftlicher Verhältnisse möglich. Der Inhalt des Abs. 4 steht also in einem gewissen Widerspruch zu der Vorschrift des Abs. 1, wonach die Bildung bes. KrK. wegen besonderer wirtschaftlicher Bedingungen zulässig sein soll, und neben der in dem Erfordernis der Zustimmung der Mehrheit des Vorstandes des RKV. (in getrennter Abstimmung) liegenden Erschwerung wird gerade die Forderung der Gleichwertigkeit der Leistungen ein starkes Hindernis für die Errichtung von bes. KrK. sein. Ob diese Erschwerungen den Versicherten zum Vorteil gereichen, werden die Erfahrungen der Zukunft lehren müssen.

§ 14.

(Abs. 1.) Die Bezirksknappschaftsvereine oder die besondere Krankenkasse gewähren die Krankenversicherung nach den Vorschriften der Reichsversicherungsordnung,[1]) soweit das Reichsknappschaftsgesetz nichts anderes vorschreibt.[2])

(Abs. 2.) Näheres über die Mehrleistungen [3]) sowie über die Gewährung außerordentlicher Unterstützungen [4]) bestimmen die Sondervorschriften. Die Satzung kann für die Gewährung von Mehrleistungen allgemeine Richtlinien aufstellen, die in den Sondervorschriften zu beachten sind.[5])

[6])(Abs. 3.) Familienangehörige der Versicherten, die an Orten wohnen, für die ein Vertragsverhältnis

des Reichsknappschaftsvereins mit Ärzten oder Apothekern nicht besteht, erhalten auf Erfordern des Bezirksknappschaftsvereins oder der besonderen Krankenkasse die in den Sondervorschriften vorgesehenen Leistungen an Familienhilfe [7]) von der allgemeinen Ortskrankenkasse des Wohnorts. Der Bezirksknappschaftsverein oder die besondere Krankenkasse hat der Ortskrankenkasse die Kosten zu erstatten. Dabei gelten drei Achtel des Ortslohns für männliche Erwachsene über einundzwanzig Jahre am Sitze der Ortskrankenkasse als Ersatz der Kosten für die Krankenpflege. Bei Krankenhauspflege gilt das gleiche für die Krankenpflege.[8])

§ 14 Entw.

1. In den einschlägigen Vorschriften der RVO. (zweites Buch §§ 179 ff.) wird zwischen den gesetzlichen Pflichtleistungen, sog. „Regelleistungen", und den durch die Satzung bestimmten „Mehrleistungen" unterschieden. An Stelle der Satzung treten bei BezKV. und bes. KrK. die Sondervorschriften (§ 9 Abs. 2, § 12 Satz 2). Über Mehrleistungen im einzelnen s. Anm. 3.

Die gesetzlichen Regelleistungen sind folgende:

a) Krankenhilfe. Als Krankenhilfe wird nach § 182 RVO. gewährt Krankenpflege vom Beginn der Krankheit an; sie umfaßt ärztliche Behandlung und Versorgung mit Arznei sowie Brillen, Bruchbändern und anderen kleineren Heilmitteln. Über Arzneibehältnisse, die den Erkrankten ausgehändigt sind, kann die Kasse verfügen (§ 187 RVO. i. d. F. der Ges. vom 27. März 1923 und 19. Juli 1923). Die Krankenhilfe umfaßt ferner Krankengeld in Höhe des halben Grundlohnes für jeden Kalendertag, wenn die Krankheit den Versicherten arbeitsunfähig macht; es wird vom vierten Krankheitstage an, wenn aber die Arbeitsunfähigkeit erst später eintritt, vom Tage ihres Eintritts ab gewährt. Die Barleistungen der Kasse werden nach einem Grundlohn bemessen. Nach § 180 RVO. i. d. F. des G. vom

27. März 1923 setzt der Kassenvorstand den Grundlohn stufenweise nach der verschiedenen Lohnhöhe der Versicherten fest, und zwar im Betrage des auf den Kalendertag entfallenden Teiles des Arbeitsentgelts im Durchschnitt jeder Lohnstufe. Durch § 29 des G. vom 27. März 1923 ist der RAM. ermächtigt, u. a. die Höchstgrenzen für den Grundlohn festzusetzen. Er erläßt in angemessenen Zwischenräumen die erforderlichen Bestimmungen, die dem Reichsrat und dem sozialen Ausschuß des Reichstags alsbald mitzuteilen sind. Nach der Ver. über den Grundlohn in der KrV. vom 7. August 1923 (RGBl. I S. 763) ist der Entgelt zu berücksichtigen, soweit er für den Kalendertag nicht den Betrag übersteigt, der sich aus der vom Statistischen Reichsamt regelmäßig veröffentlichten Reichsinderzahl der Lebenshaltungskosten ergibt. Für die Berechnung ist die Woche zu 7, der Monat zu 30 und das Jahr zu 360 Tagen anzusetzen. Die Festsetzung der Lohnstufe und des Grundlohns bedarf der Zustimmung der im § 151 RKG. bezeichneten Aufsichtsbehörde (vgl. § 17). Der Vorstand kann für den Grundlohn den Entgelt berücksichtigen, soweit er für den Kalendertag nicht die Reichsinderzahl, vervielfacht mit der Zahl vier (im besetzten Gebiet vervielfacht mit der Zahl fünf), übersteigt. Für freiwillig Beitretende, für die sich hiernach kein Grundlohn ermitteln läßt, bestimmt ihn der Vorstand. Änderungen des Grundlohnes wirken auf die Barleistungen spätestens vom Beginne der fünften auf den Vorstandsbeschluß folgenden Kalenderwoche ab. Dies gilt auch für Versicherungsfälle, die bereits eingetreten sind. Zur Vereinfachung der Berechnung kann die Inderzahl auf volle 1000 Mark aufgerundet werden.

Die Dauer der Krankenhilfe bestimmt sich nach § 183 RVO. An Stelle der Krankenpflege und des Krankengelds kann die Kasse freie Kur und Verpflegung in einem Krankenhause (Krankenhauspflege) gewähren. Wegen der Zustimmung des Kranken hierzu vgl. § 184 RVO. Auf Krankenhauspflege besteht kein Rechtsanspruch, auch nicht in dringenden Fällen. Verurteilung der KrK. im Spruchverfahren ist daher ausgeschlossen (RVA.

vom 16. Oktober 1914 und 12. Oktober 1915; AN. 14 S. 818, 16 S. 478). Wird **Krankenhauspflege** einem Versicherten gewährt, der bisher von seinem Arbeitsverdienst Angehörige ganz oder überwiegend unterhalten hat, so ist daneben ein **Hausgeld** für die Angehörigen im Betrage des halben Krankengelds zu zahlen. Das Hausgeld kann unmittelbar an die Angehörigen ausgezahlt werden (§ 186 a. a. O.). Angehörige sind alle Familienmitglieder, die in einem rechtlich anerkannten Verwandtschafts- oder Schwägerschaftsverhältnis zum Versicherten stehen.

Eine Kürzung der bezeichneten Leistungen ist gesetzlich nur insofern vorgesehen, als die KrK., wenn ein Versicherter Krankengeld gleichzeitig aus einer anderen Versicherung erhält, ihre Leistung so weit zu kürzen hat, daß das gesamte Krankengeld des Mitgliedes den Durchschnittsbetrag seines täglichen Arbeitsverdienstes nicht übersteigt. Doch können die Sondervorschriften die Kürzung ganz oder teilweise ausschließen (§ 189 RVO.). Die Sondervorschriften können außerdem zum Schutze gegen ein übermäßiges Ausnutzen der Kassenmittel durch chronisch Kranke, namentlich solche Personen, die mehr invalide als krank sind, die im § 188 RVO. bezeichneten Einschränkungen des Umfangs und der Dauer der Krankenhilfe vorschreiben sowie in den Fällen des § 192 RVO. den Mitgliedern das Krankengeld ganz oder teilweise versagen.

b) **Wochenhilfe.** Hierfür sind die Vorschriften der RVO. i. d. F. des G. über Wochenhilfe vom 9. Juni 1922 (RGBl. S. 499), des G. zur Erhaltung leistungsfähiger Krankenkassen vom 27. März 1923 (RGBl. I S. 225) und die späteren Verordnungen maßgebend. Nach § 195 a RVO. erhalten weibliche Versicherte, die in den letzten zwei Jahren vor der Niederkunft mindestens zehn Monate hindurch, im letzten Jahre vor der Niederkunft aber mindestens sechs Monate hindurch auf Grund der Reichsversicherung oder beim RKV. gegen Krankheit versichert gewesen sind, als Wochenhilfe

1. ärztliche Behandlung, falls solche bei der Entbindung und bei Schwangerschaftsbeschwerden erforderlich wird;

2. einen einmaligen Beitrag zu den sonstigen Kosten der Entbindung und bei Schwangerschaftsbeschwerden in Höhe von .... ℳ;*) findet eine Entbindung nicht statt, so sind als Beitrag zu den Kosten bei Schwangerschaftsbeschwerden .... ℳ zu zahlen;
3. ein Wochengeld in Höhe des Krankengeldes, jedoch mindestens .... ℳ täglich, für vier Wochen vor und sechs zusammenhängende Wochen unmittelbar nach der Niederkunft. Das Wochengeld für die ersten vier Wochen ist spätestens mit dem Tage der Entbindung fällig;
4. solange sie ihre Neugeborenen stillen, ein Stillgeld in Höhe des halben Krankengeldes, jedoch mindestens .... ℳ täglich, bis zum Ablauf der zwölften Woche nach der Niederkunft. Der Vorstand kann einen Höchstbetrag für das tägliche Stillgeld festsetzen.

Neben dem Wochengelde für die Zeit nach der Entbindung wird kein Krankengeld gewährt; arbeitet die Wöchnerin gegen Entgelt, wird nur das halbe Wochengeld gezahlt. Der Anspruch auf Wochenhilfe bleibt beim Vorliegen der übrigen Voraussetzungen auch dann bestehen, wenn die Versicherte wegen ihrer Schwangerschaft innerhalb sechs Wochen vor der Entbindung aus der Versicherung ausgeschieden ist. Nach § 196 RVO. kann die KrK. mit Zustimmung der Wöchnerin
1. an Stelle des Wochengeldes Kur und Verpflegung in einem Wöchnerinnenheim gewähren,
2. Hilfe und Wartung durch Hauspflegerinnen gewähren und dafür bis zur Hälfte des Wochengeldes abziehen.

War die Wöchnerin während der im § 195a Abs. 1 RVO. bezeichneten Zeit bei mehreren KrK. oder Ersatzkassen oder beim RKV. versichert, so haben die anderen der leistungspflichtigen Kasse auf Verlangen die Leistungen nach Verhältnis der Mitgliedszeit zu erstatten. Wegen der Einzelheiten vgl. § 197 RVO.

---

*) Markbeträge für die Wochenhilfe und Familienwochenhilfe sind nicht angegeben, weil sie sich fortgesetzt verändern.

c) Sterbegeld. Als Sterbegeld wird beim Tode eines Versicherten das 20fache des Grundlohns gezahlt (§ 201 RVO.). Stirbt ein als Mitglied der Kasse Erkrankter binnen einem Jahre nach Ablauf der Krankenhilfe an derselben Krankheit, so wird das Sterbegeld gezahlt, wenn er bis zum Tode arbeitsunfähig gewesen ist (§ 202). Die Auszahlung des Sterbegeldes erfolgt nach Vorschrift des § 203 a. a. O.

d) Familienhilfe. Nach § 205a erhalten Wochenhilfe auch die Ehefrauen sowie solche Töchter, Stief- und Pflegetöchter der Versicherten, welche mit diesen in häuslicher Gemeinschaft leben, wenn

1. sie ihren gewöhnlichen Aufenthalt im Inland haben,
2. ihnen ein Anspruch auf Wochenhilfe nach § 195a nicht zusteht, und
3. die Versicherten in den letzten zwei Jahren vor der Niederkunft mindestens zehn Monate, im letzten Jahre vor der Niederkunft aber mindestens sechs Monate hindurch auf Grund der Reichsversicherung oder beim RKV. gegen Krankheit versichert gewesen sind. Als Wochenhilfe werden die im § 195a bezeichneten Leistungen gewährt; dabei beträgt das Wochengeld ...... *M* und das Stillgeld .... *M* täglich.

Die Regelleistungen an Familienhilfe werden nach § 205d RVO. der KrK. durch das Reich zur Hälfte erstattet. Wegen der Einzelheiten vgl. § 205d RVO.

2. Dieser Vorbehalt bezieht sich auf die in einzelnen Paragraphen (z. B. § 14 Abs. 3, §§ 15 bis 18) enthaltenen Abweichungen von der RVO., außerdem auf die abweichende Regelung von Beiträgen und Verfahren (s. Vorbemerkung vor § 11).

3. In der Gewährung von Mehrleistungen nach § 179 Abs. 3 RVO. sind die BezKV. und bes. KrK. selbständig und im allgemeinen nur den Beschränkungen unterworfen, die sich aus der RVO. ergeben (Begr. S. 49). Über die Durchführung von Familienhilfe nach § 205b sind im Abs. 2 besondere Bestimmungen getroffen (vgl. Anm. 6).

Auf die durch die Satzung (bei den BezKV. und bes. KrK. durch die Sondervorschriften) bestimmten Mehrleistungen haben die Versicherten durchweg einen Rechtsanspruch. Es ist aber zulässig, die Mehrleistungen durch die Satzung (Sondervorschriften) zeitlich zu beschränken, z. B. zu bestimmen, daß Mehrleistungen für Familienangehörige nur solange gewährt werden, als die Mitgliedschaft dauert (OVG. vom 26. Februar 1898, ArbVers. S. 476). Nach § 208 RVO., der infolge der allgemeinen Bezugnahme auf die RVO. im Abs. 1 auch für die kn. KrV. gilt, kann bestimmt werden, daß der Anspruch auf Mehrleistungen erst nach einer Wartezeit von höchstens sechs Monaten nach dem Beitritt entsteht. Eine solche Bestimmung gilt nicht für Mitglieder, die binnen der letzten zwölf Monate bereits für sechs Monate Anspruch auf Mehrleistungen der KrV. gehabt haben.

Im einzelnen kommen als Mehrleistungen in Betracht:

a) Erweiterung der Krankenhilfe bis auf ein Jahr (§ 187 Nr. 1 RVO.);

b) Erhöhung des Krankengeldes bis auf drei Viertel des Grundlohnes (§ 191 Abs. 1 RVO.);

c) Zubilligung des Krankengeldes schon vom ersten Tage der Arbeitsunfähigkeit an bei Krankheiten, die länger als eine Woche dauern, zum Tode führen oder durch Betriebsunfall verursacht worden sind, sowie mit Zustimmung der Aufsichtsbehörde (vgl. § 17 RKG.) auch bei anderen Krankheiten (§ 191 Abs. 2 RVO.);

d) Bewilligung von Zuschlägen zum Krankengeld für alle oder nur für die niedrigeren Lohnstufen in einem für alle gleich hohen oder für die niedrigeren von ihnen erhöhten Betrage (§ 191 Abs. 3 Nr. 2 RVO. i. d. F. des G. vom 19. Juli 1923);

e) Gestattung der Fürsorge für Genesende, namentlich durch Unterbringung in einem Genesungsheim, bis zur Dauer eines Jahres nach Ablauf der Krankenhilfe (§ 187 Nr. 2 RVO.);

f) Zubilligung von Hilfsmitteln gegen Verunstaltung und Verkrüppelung, die nach beendigtem Heilverfahren nötig sind, um die Arbeitsfähigkeit herzustellen oder zu erhalten (§ 187 Nr. 3 RVO.);

g) Vorsehung von Maßnahmen zur Verhütung von Erkrankungen der einzelnen Kassenmitglieder (§ 187 Nr. 4 RVO. i. d. F. des G. vom 19. Juli 1923);

h) Gewährung — mit Zustimmung des Versicherten — von Hilfe und Wartung durch Krankenpfleger, Krankenschwestern oder andere Pfleger, namentlich auch dann, wenn die Aufnahme des Kranken in ein Krankenhaus geboten, aber nicht ausführbar ist oder ein wichtiger Grund vorliegt, den Kranken in seinem Haushalt oder in seiner Familie zu belassen; die Sondervorschriften können gestatten, dafür bis zu einem Viertel des Krankengeldes abzuziehen (§ 185 RVO.);

i) gänzlicher oder teilweiser Ausschluß der im § 189 RVO. vorgeschriebenen Kürzung (s. Anm. 1 unter a letzter Absatz);

k) Erhöhung der Barleistungen entsprechend den Veränderungen des Geldwerts für eingetretene Versicherungsfälle (§ 191 a RVO. i. d. F. des G. vom 19. Juli 1923);

l) Festsetzung eines Höchstbetrages für kleinere Heilmittel (mit Zustimmung der Aufsichtsbehörde, vgl. § 17 RKG.); Zubilligung noch anderer als kleinerer Heilmittel bei der Krankenpflege, insbesondere auch Krankenkost oder eines Zuschusses hierfür, Zubilligung mindestens des halben Krankengeldbetrages an Versicherte, die freiwillig Mitglieder der Kasse bleiben, dann, wenn sie sich nicht im Bezirke der Kasse aufhalten (§ 193 RVO. i. d. F. des Ges. vom 19. Juli 1923);

m) Erhöhung des Hausgeldes bis zum Betrage des gesetzlichen Krankengeldes und

n) Zubilligung eines Krankengeldes bis zur Hälfte des gesetzlichen Betrages neben der Krankenhauspflege an Versicherte, an die kein Hausgeld zu zahlen ist (§ 194 RVO.);

o) Erweiterung des Wochengeldbezuges bis auf 13 Wochen, des Stillgeldbezuges bis auf 26 Wochen und Erhöhung des Wochengeldes bis zur Höchstgrenze von drei Vierteln des Grundlohnes (§ 195 b RVO.);

p) Gewährung eines Schwangerengeldes in Höhe des Krankengeldes bis zur Gesamtdauer von sechs Wochen an Schwangere, die der Kasse mindestens sechs Monate angehören, bei Arbeitsunfähigkeit infolge der Schwangerschaft (§ 199 RVO.);

q) Erhöhung des Sterbegeldes bis zum 40fachen des Grundlohnes (§ 204 RVO.);

r) Gewährung von Familienhilfe, d. h von Krankenpflege an solche Familienangehörige der Versicherten, welche darauf nicht anderweit nach der RVO. Anspruch haben, sowie von Sterbegeld beim Tode des Ehegatten oder eines Kindes des Versicherten. Das Sterbegeld kann für den Ehegatten bis auf zwei Drittel, für ein Kind bis auf die Hälfte des Mitgliedersterbegeldes bemessen werden und ist um den Betrag des Sterbegeldes zu kürzen, auf das der Verstorbene selbst gesetzlich versichert war (§ 205 b RVO.).

s) Befreiung von der Voraussetzung des gewöhnlichen Aufenthaltes im Inland bei Familienwochenhilfe (§ 205 a Abs. 2) mit Zustimmung der Aufsichtsbehörde (vgl. § 17 RKG.);

t) Erhöhung des Wochengeldes und des Stillgeldes für Ehefrauen, Töchter usw. bis auf die Hälfte des Krankengeldes der Versicherten (§ 205 a Abs. 4 RVO.);

4. Nach der RVO. (§ 363) ist die Gewährung außerordentlicher Unterstützungen aus einer KrK. nicht zulässig. Die Abweichung hiervon begründet der Entwurf (S. 41): „Neben Mehrleistungen im gesetzlichen Sinne sind abweichend von der RVO. auch außerordentliche Unterstützungen aus der KrK. zulässig; auf die Beibehaltung dieser in vielen Bezirken von alters her bestehenden Einrichtung wird von den KnV. um so größeres Gewicht gelegt, als außerordentliche Unterstützungen aus der PK. künftig nicht mehr gewährt werden dürfen."

5. In dieser Vorschrift liegt eine gewisse Beschränkung der Selbständigkeit der BezKV. und bes. KrK., die der Entwurf aus nachstehenden Gründen für geboten erachtet hat:

„Die Kosten sowohl der Regelleistungen wie der Mehrleistungen und der außerordentlichen Unterstützungen sind von den BezKV. oder bes. KrK. selbständig aufzubringen. Diese haben die Beiträge so zu bemessen, daß sie einschließlich sonstiger Einnahmen sämtliche Ausgaben, insbesondere auch die Mehrausgaben für Mehrleistungen, decken; der RKV. darf dafür nicht in Anspruch genommen werden. Schon hierdurch wird einem zu weit gehenden Ausbau der Mehrleistungen, der zu einer unerwünschten Zersplitterung der KrV. innerhalb des RKV. führen könnte, entgegengewirkt. Eine weitere vorbeugende Maßnahme nach dieser Richtung bildet die Vorschrift, wonach die Satzung für die Gewährung von Mehrleistungen allgemeine Richtlinien aufstellen kann, die in den Sondervorschriften zu beachten sind. Durch die Versagung der nach § 9 Abs. 2 vorgeschriebenen Genehmigung der Sondervorschriften würde der RKV. die Ausführung eines Beschlusses über Mehrleistungen, der mit den Richtlinien nicht in Einklang steht, verhindern können. Mit dieser Vorschrift ist nicht beabsichtigt, den BezKV. die ihnen grundsätzlich zugestandene Selbständigkeit in der Erledigung der KrV. wieder zu nehmen. So berechtigt an sich das Bestreben der BezKV. sein mag, die KrV. zugunsten der Arbeiter und ihrer Familien nach Möglichkeit auszugestalten, muß doch verhütet werden, daß BezKV. sich in der Bewilligung von Mehrleistungen gegenseitig überbieten, weil hierdurch unter Umständen die Versorgung der verschiedenen Bergbaubezirke mit Arbeitskräften gestört werden kann, und weil es nicht angängig erscheint, daß in den dem RKV. angehörenden Bezirken Leistungen und Beiträge in der KrK. derart voneinander abweichen, daß die Einheitlichkeit des Knappschaftswesens auf diesem Gebiete tatsächlich aufgehoben wäre. Ein gewisser, die Mehrleistungen regelnder Einfluß des RKV. ist unabweisbar geboten." (Begr. S. 41/42.)

6. Für den Fall der Gewährung von Familienhilfe nach § 205 b RVO. wollte der Entwurf Familienangehörigen der Versicherten Krankenpflegeleistungen nur an solchen Orten zugestehen, für die ein Vertragsverhältnis des RKV. mit Ärzten oder Apothekern besteht, weil die KnV. gegenwärtig, von dringenden Fällen abgesehen, freie ärztliche Behandlung nur durch angestellte Kassenärzte und freie Arznei nur durch Apotheken liefern, mit denen sie einen Vertrag haben, welcher Zustand

von dem Entwurf übernommen werde. (Vgl. Begr. S. 41.) Diese Absicht ist vom Reichstagsausschuß beanstandet, weil sie mit der in den grundsätzlichen Entscheidungen des RVA. vom 5. November 1920 und 4. Oktober 1921 (AN. 1921 S. 173 Nr. 2613 und S. 435 Nr. 2680) niedergelegten Rechtsauffassung im Widerspruch stehe und weil es eine Härte bedeute, Versicherte, die infolge der gegenwärtig bestehenden Wohnungsnot für ihre Familienangehörigen keine Wohnung im Kassenbezirk finden können, von der Familienhilfe auszuschließen, obwohl sie gleiche Beiträge zu zahlen hätten wie Versicherte mit Familienangehörigen im Kassenbezirk. In den erwähnten Entscheidungen des RVA. sind Satzungsbestimmungen, wonach die Gewährung freier ärztlicher Behandlung auf Familienangehörige beschränkt wird, die mit dem Versicherten in einem bestimmten Bezirk in häuslicher Gemeinschaft leben, für unzulässig erklärt worden, weil darin ein Verstoß gegen den auch bei Gewährung von Mehrleistungen maßgebenden Grundsatz der Gleichberechtigung der Kassenmitglieder zu erblicken sei. Diese Rechtsauffassung ist geeignet, die Durchführung der Familienhilfe in der Praxis zu erschweren und ihren Ausbau zum Nachteil der Versicherten hintanzuhalten. Es ist aber nicht zu erwarten, daß das RVA. seinen Standpunkt ändern wird. Folgt man dem RVA., so läßt sich eine unterschiedliche Behandlung der Kassenmitglieder innerhalb und außerhalb des Kassenbezirks nur in der Weise herbeiführen, daß allen Mitgliedern mit Familienangehörigen die Gewährung einer Vergütung zugebilligt wird, welche die Kosten der Krankenpflege im Kassenbezirk deckt, und daß den Mitgliedern im Kassenbezirk an Stelle dieser baren Leistungen die Krankenpflege als Sachleistung gewährt wird. (Vgl. Kommentar zur RVO. von Hanow-Hoffmann, zweites Buch, 6. Auflage, Anm. 1 zu § 205 b S. 167.) Diesen Weg zu beschreiten, hat der Reichstagsausschuß nicht für zweckmäßig erachtet, weil es darauf ankomme, den Familienangehörigen auch außerhalb des Kassenbezirks die Sachleistung der Krankenpflege und keine Barentschädigung zu gewähren. Auch andere Vorschläge zur Lösung der praktisch sehr schwierig liegenden Frage hat der Ausschuß erörtert, jedoch nicht gutgeheißen; z. B. hat er nicht für zulässig erachtet, den § 384 Abs. 2 der RVO. dahin auszulegen, daß für Versicherte mit innerhalb des Kassenbezirks wohnenden Familienangehörigen Zusatzbeiträge erhoben werden könnten, während Versicherte mit Angehörigen außerhalb des Bezirks von Zusatzbeiträgen freibleiben. (Dementsprechend ist im § 89 Abs. 1 RKG. bestimmt, daß ein Zusatzbeitrag bei Familienhilfe in den Sondervorschriften allgemein, d. h. für alle Versicherten mit Familienangehörigen, festgesetzt wird.) Der Reichstagsausschuß hat schließlich den Ausweg gewählt, nach dem Vorbilde der §§ 219, 220 RVO., die ähnliche Verhältnisse regeln, die allgemeine Ortskrankenkasse des Wohnortes der Familienangehörigen mit Gewährung der Familienhilfeleistungen zu beauftragen und der Ortskrankenkasse für ihre Aufwendungen einen Ersatzanspruch gegen den BezKV. oder die bes. KrK. einzuräumen. (Vgl. die eingehende Darlegung im Kommissionsbericht S. 6 bis 8.)

7. Für den Anspruch auf Leistungen der Familienhilfe nach Art und Höhe sind nicht etwa die Satzungen der ersuchten Ortskrankenkasse, sondern die Sondervorschriften des ersuchenden BezKV. maßgebend. Die Ortskrankenkasse darf die Leistungen nur im Rahmen der Sondervorschriften des BezKV. gewähren, auch wenn ihre eigene Satzung weitergehende Leistungen vorsehen sollte.

8. Die Erstattung von Pauschbeträgen ist vorgesehen, um die Abrechnung zwischen den Ortskrankenkassen und BezKV. möglichst einfach zu gestalten. Der Ersatzanspruch ist jedoch nicht, wie z. B. in §§ 222, 1512 RVO., auf drei Achtel des Grundlohnes des Versicherten, sondern auf drei Achtel des gemäß §§ 149, 150 RVO. festgesetzten Ortslohnes für männliche Erwachsene über 21 Jahre am Sitz der Ortskrankenkasse bestimmt, weil die wirtschaftlichen Verhältnisse am Wohnort der Familienangehörigen und nicht am Beschäftigungsort des Versicherten als für den Erstattungsanspruch maßgebend erachtet werden. Der Satz von drei Achteln des Ortslohnes erscheint für die Fälle noch reichlich,

in denen als Leistung der Familienhilfe nur freie ärztliche Behandlung und nicht freie Arznei gewährt wird. Durch die Pauschbeträge werden zugleich die den Ortskrankenkassen entstehenden Verwaltungskosten mit abgegolten. Zu den Verwaltungsaufgaben der Ortskrankenkassen wird auch die Kontrolle der krankfeiernden Angehörigen, namentlich hinsichtlich der Dauer der Krankenpflege, gehören, weil vom Sitz des BezKV. aus Überwachung nicht möglich ist.

§ 15.

Die §§ 219, 220 der Reichsversicherungsordnung [1]) gelten mit der Maßgabe, daß die andere Krankenkasse eintritt, wenn Kranke außerhalb solcher Orte wohnen, auf die sich das Vertragsverhältnis des Reichsknappschaftsvereins mit Ärzten und Apothekern erstreckt, oder wenn Versicherte während eines vorübergehenden Aufenthalts außerhalb solcher Orte erkranken.[2])

§ 15 ist vom Reichstagsausschuß eingefügt (§ 14 a der Ausschußbeschlüsse, Ber. S. 8, 51).

1. Die hier angezogenen Paragraphen lauten:

„§ 219. Kranke, die außerhalb des Bezirkes ihrer Kasse wohnen, erhalten auf Erfordern ihrer Kasse die ihnen bei ihr zustehenden Leistungen von der allgemeinen Ortskrankenkasse des Wohnorts. Besteht dort für Versicherte ihrer Art eine besondere Ortskrankenkasse oder eine Landkrankenkasse, so hat diese die Leistungen zu gewähren.

Das gleiche gilt für berechtigte Familienmitglieder sowie für ausgeschiedene Erwerbslose (§ 214).

§ 220. Das gleiche gilt für einen Versicherten, der während eines vorübergehenden Aufenthalts außerhalb seines Kassenbereichs erkrankt, solange er seines Zustandes wegen nicht nach seinem Wohnort zurückkehren kann. Eines Antrags seiner Kasse bedarf es nicht. Die Kasse, welche die Leistungen gewährt, hat jedoch binnen einer Woche den Eintritt des Versicherungsfalls der Kasse des Versicherten mitzuteilen und soll deren Wünsche wegen der Art der Fürsorge tunlichst befolgen."

2. Der RKV. umfaßt räumlich das ganze Reichsgebiet, Verträge mit Ärzten und Apothekern werden aber nur für solche Orte geschlossen werden, wo sich der Sitz eines BezKV. oder einer bes. KrK. befindet, oder wo Versicherte in größerer Zahl zusammen wohnen. Mangels einer scharfen räumlichen Abgrenzung von Kassenbezirken wie bei den sonstigen KrK. ist die im § 15 gegebene Klarstellung erforderlich, weil sonst die Auffassung entstehen könnte, daß das Reichsgebiet den Kassenbezirk oder Kassenbereich im Sinne der §§ 219, 220 RVO. bilde, womit die Anwendung dieser Vorschriften gänzlich ausgeschlossen würde. Vgl. auch die Regelung der Familienhilfe im § 14 Abs. 3 und der Krankenpflege als freiwilliger Pensionskassenleistung im § 41 Abs. 1.

§ 16.

§ 313 a der Reichsversicherungsordnung [1]) gilt mit der Maßgabe, daß an Stelle des Kassenvorstandes [2]) die Verwaltung des Bezirksknappschaftsvereins oder einer besonderen Krankenkasse und an Stelle des Versicherungsamts ein nach § 143 bestellter Ausschuß tritt. [3])

§ 16 ist vom Reichstagsausschuß eingefügt (§ 14b der Ausschußbeschlüsse, Ber. S. 8, 51).

1. Die §§ 313 und 313 a i. d. F. d. G. vom 28. Dezember 1921 (RGBl. 1922 S. 5) und des G. vom 19. Juli 1923 betreffen die freiwillige Weiterversicherung in der KrK.

2. Kassenvorstand im Sinne des § 313 a RVO. würde an sich der Vorstand des RKV. sein. Da aber die Durchführung der KrV. allgemein den BezKV. und bes. KrK. obliegt, ist ihnen folgerichtig auch die Wahrnehmung der Aufgaben nach § 313 a RVO. übertragen, und zwar den Verwaltungen der BezKV. und bes. KrK.

3. Gegen die Maßnahmen der Verwaltung ist entsprechend dem allgemeinen Aufbau des Verfahrens in Sachen der KrV.

(vgl. § 153 Abs. 1, § 154) die Beschwerde an einen nach § 143 bestellten Ausschuß gegeben, der endgültig entscheidet.

§ 17.[1])

In den Fällen des § 180 Abs. 3, des § 191 Abs. 2, der §§ 193, 205 a Abs. 2 und des § 313 Abs. 2 der Reichsversicherungsordnung[2]) ist an Stelle des Oberversicherungsamts die Aufsichtsbehörde zuständig.

§ 17 ist vom Reichstagsausschuß eingefügt (§ 14 c der Ausschußbeschlüsse, Ber. S. 8, 51).

1. Nach § 324 RVO. sind die Satzungen der KrK. vom Oberversicherungsamt zu bestätigen. Abweichend davon ist im RKG. die Bestätigung der Satzung des RKV. und die Prüfung der Sondervorschriften der BezKV. und bes. KrK. der Aufsichtsbehörde übertragen (vgl. §§ 8, 151). Dem entspricht, daß die Aufsichtsbehörde auch gewisse Obliegenheiten des Oberversicherungsamts übernimmt, die mit der Satzungsbestätigung in Zusammenhang stehen.

2. Die hier angezogenen Paragraphen beziehen sich durchweg auf die Festsetzung des Grundlohns und auf die Gewährung von Mehrleistungen (vgl. Anm. 1 a und 3 c, l und s zu § 14).

Im einzelnen betreffen

§ 180 Abs. 2 und 5, die durch Ges. vom 27. März 1923 (RGBl. I S. 225) an Stelle des früheren § 180 Abs. 3 getreten sind, die Festsetzung der Lohnstufen und des Grundlohns bezw. die Bestimmung des durchschnittlichen Tagesentgelts als Grundlohn,

§ 191 Abs. 2 Zubilligung des Krankengeldes vom ersten Tage an bei anderen Krankheiten als solchen, die länger als eine Woche dauern, zum Tode führen oder durch Betriebsunfall verursacht worden sind,

§ 193 Festsetzung eines Höchstbetrages für kleinere Heilmittel und Bestimmung, daß bis zu dieser Höhe ein Zuschuß gewährt werden darf,

§ 205 a Abs. 2 Befreiung von der Voraussetzung des gewöhnlichen Aufenthalts im Inlande bei Familienwochenhilfe,

§ 313 Abs. 2 Verlängerung der Fristen für Anzeige der Weiterversicherung.

§ 18.[1])

Das Verhältnis zu Ärzten, Zahnärzten, Zahntechnikern,[2]) Krankenhäusern und Apotheken regelt der Reichsknappschaftsverein nach den örtlichen Verhältnissen der Bezirksknappschaftsvereine. Für das Verhältnis zu Apotheken gelten die §§ 375, 376 der Reichsversicherungsordnung entsprechend.[3]) [4])

§ 15 Entw.

1. Abweichend von § 502 Abs. 1 RVO. — der durch Art. 51 Nr. 19 des EG. z. RKG. aufgehoben ist — sind die §§ 368 bis 374 RVO. über das Verhältnis der Krankenkassen zu Ärzten, Zahnärzten und Krankenhäusern nicht für anwendbar erklärt. Die Begr. (S. 42) bemerkt dazu folgendes: „Da der RKV. sich nicht auf die KrV. beschränkt, sondern auch Träger der PV., der JVers. und der AV. wird, ist von einer gesetzlichen Regelung des Verhältnisses zu den Ärzten, die als Pensionskassenärzte und Vertrauensärzte für die übrigen Versicherungszweige über besondere Kenntnisse und Erfahrungen verfügen müssen, ebenso abzusehen, wie sich die RVO. und das AVG. einer Regelung des Verhältnisses der Ärzte zu den Trägern der JVers. und der AV. enthalten haben. Zudem steht eine grundsätzliche Änderung der Vorschriften der RVO. über das Verhältnis zu den Ärzten usw. bevor. Ob diese Vorschriften den besonderen Verhältnissen des Knappschaftswesens Rechnung tragen werden, läßt sich noch nicht übersehen. Es erscheint deshalb notwendig, von einer Bezugnahme auf die Vorschriften der RVO. abzusehen und die Regelung des Verhältnisses zu Ärzten, Zahnärzten, Krankenhäusern und Apotheken dem RKV. vorzubehalten, der hierbei die besonderen innerhalb der BezKV. bestehenden Verhältnisse zu berücksichtigen haben wird."

2. Das Wort „Zahntechniker" ist vom Reichstagsausschuß eingefügt. (Ber. S. 8.) Eine sachliche Änderung gegenüber dem Entwurf bedeutet die Einschaltung nicht, wie sich aus nachstehenden Ausführungen der Begr. S. 42 ergibt: „Im übrigen schließt sich § 15 im Wortlaut an die Überschrift zu den §§ 368 ff. RVO. an. Aus dem Wortlaut ist nicht zu folgern, daß Zahntechniker nicht zur Behandlung von Zahnkrankheiten zugelassen werden sollten. Die Gewährung ärztlicher Behandlung nach § 182 Nr. 1 in Verbindung mit §§ 122 und 123 RVO. gehört zu den Regelleistungen der KrK., die nach § 14 Abs. 1 des Entwurfs von den BezKV. oder bes. KrK. als Mindestleistungen zu gewähren sind. Die Vorschrift des § 123 RVO., wonach bei Zahnkrankheiten mit Ausschluß der Mund- und Kieferkrankheiten die Behandlung außer durch Zahnärzte mit Zustimmung des Versicherten auch durch Zahntechniker gewährt werden kann, ist deshalb anwendbar, ohne daß dies einer ausdrücklichen Erwähnung bedürfte."

Entsprechend dem § 123 RVO. und den zu dessen Ausführung erlassenen Bestimmungen der obersten Verwaltungsbehörden können nur staatlich geprüfte Zahntechniker zugelassen werden (vgl. Ber. S. 8). Die Voraussetzungen der Zulassung sind für Preußen durch Erlaß vom 2. Dezember 1913 (HMBl. S. 638), abgeändert durch Erlaß vom 26. März 1919 (HMBl. S. 133) und Erlaß vom 14. Oktober 1920 (VMBl. S. 369) geregelt. Diese Erlasse gelten zurzeit für KnV. und bes. KrK. mit der Maßgabe, daß, soweit KOVA. bestehen, deren Vorsitzende für die Entscheidung über die Anerkennung als Zahntechniker im Sinne der RVO. zuständig sind, und daß für die Entscheidung darüber, ob durch Beschränkung auf Zahnärzte die zahnärztliche Versorgung erschwert sein würde, an Stelle des Versicherungsamts das KOVA. tritt, welches von einer Anhörung des Kreisarztes absehen kann. Nach Schaffung von KOVA. für sämtliche BezKV. gemäß § 163 RKG. wird diese Anordnung für den RKV. innerhalb Preußens allgemeine Geltung haben.

3. Satz 2 ist vom Plenum des Reichstags eingefügt (Stenogr. Ber. S. 11304) und stellt klar, daß auch der RKV. gemäß § 375

RVO. Vorzugsbedingungen wegen Lieferung von Arznei und freiverkäuflicher Arzneimittel vereinbaren kann, und daß ferner die Vorschriften des § 376 RVO. über den Abschlag von den Preisen der Arzneitaxe sowie über den sog. Handverkauf gelten. Seit 1905 besteht für das Deutsche Reich eine einheitliche Arzneitaxe. Gegenwärtig (seit 1. Aug. 1923) gilt die abgeänderte Deutsche Arzneitaxe 1923 — achte Ausgabe — mit den dazu ergangenen Nachträgen. Die Gewährung des Abschlags von den Preisen der Arzneitaxe ist für Preußen durch Bekanntmachung des Ministers für Volkswohlfahrt vom 25. Juli 1923 (Deutscher Reichsanzeiger und Preußischer Staatsanzeiger Nr. 172 vom 26. Juli 1923) geregelt, die auch für kn. KrK. gilt und demnächst ohne weiteres für den RKV. Geltung haben wird. Der Abschlag beträgt im allgemeinen 10 v. H. Die Gewährung ist vorbehaltlich anderweitiger örtlicher Vereinbarungen davon abhängig, daß die Rechnung innerhalb zwei Wochen nach Eingang bei der Kassenstelle wenigstens zu vier Fünftel beglichen wird; der Rest ist alsbald nach Prüfung, spätestens nach weiteren vier Wochen zu bezahlen. Abschlag kommt nur für Arzneien und Arzneimittel in Betracht, nicht für Verbandstoffe und sonstige Artikel der Krankenpflege, die nicht unter die Begriffe Arzneimittel und Arzneien fallen (Bescheid des Preußischen Ministers für Volkswohlfahrt vom 2. Februar 1923). Der sog. Handverkauf ist durch Erlaß des Ministers für Volkswohlfahrt vom 23. Dez. 1921 (VMBl. 1922 S. 27) und durch die erwähnte Bekanntmachung von 25. Juli 1923 dahin geregelt, daß die Preise der Deutschen Arzneitaxe unter Hinzurechnung des zulässigen Teuerungszuschlags und in Verbindung mit dem Abschlag als die nach § 376 Abs. 2 RVO. festzusetzenden Höchstpreise gelten.

4. Wegen Lieferung frei verkäuflicher Arzneimittel können Verträge auch mit Drogenhändlern abgeschlossen werden (Begr. S. 42). Im Falle des Abschlusses solcher Verträge können die Versicherten gezwungen werden, diese Arzneimittel ausschließlich aus bestimmten Drogenhandlungen zu beziehen.

Fünfter Abschnitt.

Pensionsversicherung.

Vorbemerkung.

In dem Entwurf trug der fünfte Abschnitt die Überschrift „Pensionsversicherung der Arbeiter". Die Worte „der Arbeiter" sind vom Reichstagsausschuß gestrichen (Ber. S. 8), und zwar ist die Streichung durch den anderweitigen Aufbau der AV. im Rahmen des Gesamtgesetzes veranlaßt. Der im Mai 1922 dem Reichstag vorgelegte Entwurf behandelte die Pensionsversicherung der Angestellten im sechsten Abschnitt unter den §§ 58 bis 66 und unterschied zwischen knappschaftlich berechtigten Angestellten, die bestimmten Erfordernissen hinsichtlich des Lebensalters und der Gesundheit genügen, und knappschaftlich nicht berechtigten Angestellten, die diesen Erfordernissen nicht genügen: Für die knappschaftlich nicht berechtigten Angestellten sollten hinsichtlich der Wartezeit, Leistungen und Beiträge schlechthin die Vorschriften des AVG. in seiner damaligen Fassung gelten. Den knappschaftlich berechtigten Angestellten dagegen sollten Leistungen nach §§ 18 bis 36 des Entwurfs (knappschaftliche Leistungen), also der Art nach die gleichen Leistungen wie den Mitgliedern der Arbeiterabteilung, gewährt und diese Leistungen sollten so bemessen werden, daß sie in ihrer Gesamtheit über die Leistungen der AV. hinausgingen. Dabei sollte die gleiche gegenüber der AV. erheblich kürzere Wartezeit wie bei der Arbeiterabteilung gelten (vgl. §§ 61, 62 des Entwurfs und Begr. S. 55/56). Bevor der Reichstagsausschuß die Beratungen über den Entwurf des RKG. aufgenommen hatte, erging das Gesetz, betreffend Änderungen des Versicherungsgesetzes für Angestellte und der RVO., vom 10. November 1922, welches tiefgreifende Änderungen beider Versicherungen mit sich brachte. Namentlich wurden die Grundsätze über Berechnung der Leistungen der AV. durch Einführung des Grundbetrages geändert und sehr ins einzelne gehende Vorschriften über die sog. Wanderversicherten getroffen, d. h. solche Versicherten, die gleichzeitig oder nacheinander sowohl der JVers. als auch der AV. angehört haben; zwischen den beiden Versicherungen wurde eine Beziehung dadurch hergestellt, daß den bei beiden versicherten Personen zu den Leistungen der einen Versicherung die Steigerungsbeträge aus der anderen hinzugewährt werden. Diese Änderungen mußten notwendig auf den Entwurf des RKG. zurückwirken, der gleichfalls sowohl die JVers. wie die AV. der im Bergbau beschäftigten Personen regelt und einen Grundbetrag bei Bemessung der Leistungen der Pensionsversicherung nicht vorsieht. Im Laufe der Beratungen wurde es als zweckmäßig erkannt, die AV. im RKV. ebenso aufzubauen wie die JVers., d. h. bei den Angestellten die AV. des AVG. ebenso neben die knappschaftliche Pensionsversicherung zu stellen, wie die JVers. nach der RVO. neben der Pensionsversicherung der Arbeiter steht. Die Pensionsversicherung der Arbeiter und der Angestellten ist daher in einen Abschnitt zusammengezogen worden und die AV. des AVG. in einem besonderen Abschnitt behandelt. Dabei ist eine ausdrückliche Unterscheidung zwischen knappschaftlich berechtigten und knappschaftlich nicht berechtigten Angestellten nicht mehr gemacht, nachdem der Reichstagsausschuß in erster Lesung außer den Bedingungen über das Lebensalter auch das Gesundheitsattest als Voraussetzung der Aufnahme in die PK. beseitigt hatte. In der zweiten Lesung ist das Gesundheitsattest wieder eingeführt worden (vgl. Ber. S. 8 bis 12). Der Unterschied besteht hiernach tatsächlich weiter fort: knappschaftlich berechtigt sind die Angestellten, die den satzungsmäßigen Erfordernissen über Gesundheit genügen (§§ 19, 20 des G.), knappschaftlich nicht berechtigt sind die Angestellten, die diesen Erfordernissen nicht genügen. Die Pensionsversicherung der knappschaftlich berechtigten Angestellten ist im fünften Abschnitt (§§ 19 bis 66) erschöpfend mitgeregelt. Für diese Angestellten gelten also auch namentlich die Vorschriften über Pflichtleistungen (§ 24), die sog. Alterspension (§ 26), Teuerungszulage (§ 31), Kindergeld (§ 32), freiwillige Leistungen (§§ 39 ff.) und Wartezeit (§ 45) ebenso wie für Arbeiter. Im übrigen sind nach dem Beschlusse des Reichstagsausschusses der sechste und siebente Abschnitt des Entwurfs umgestellt und mit den Überschriften „Invalidenversicherung" — die gleichzeitig die Hinterbliebenenversicherung nach der RVO. umfaßt — und „Angestelltenversicherung" versehen (vgl. die Ausführungen des Regierungsvertreters zu §§ 16 a ff. im Reichstagsausschuß, Ber. S. 11).

I. Versicherungspflicht.[1])

§ 19.

[2]) Arbeiter, die mit knappschaftlicher Arbeit beschäftigt werden und nach § 11 versichert sind, gehören der Arbeiterabteilung[3]) der Pensionskasse des Reichsknappschaftsvereins als Mitglieder an, wenn sie den satzungsmäßigen[4]) Erfordernissen über Gesundheit[5]) genügen. Ist diese Voraussetzung erfüllt, so ist mit der Zulassung zur Arbeit in knappschaftlichen Betrieben auch der Anspruch auf Aufnahme in die Pensionsversicherung gegeben.[6]) § 11 Abs. 3 gilt entsprechend.[7])

§ 16 Entw.

1. Die Pensionsversicherung ist schlechthin eine Pflichtversicherung. Freiwillige Versicherung, wie sie das AVG. für den Fall des Ausscheidens aus der versicherungspflichtigen Beschäftigung kennt, ist nicht zulässig. Bestimmungen der Landesgesetze, wonach Arbeiter (oder Werksbeamte), die aus der knappschaftlichen Beschäftigung ausgeschieden sind, nach dem Ausscheiden durch freiwillige Fortentrichtung des Mitglieder- und des Arbeitgeberbeitrages die in der Pensionskasse erworbenen Ansprüche steigern können, sind nicht übernommen. Nach den Erfahrungen der Knappschaftsvereine, deren Satzung die freiwillige Fortsetzung der Mitgliedschaft zuläßt, haben von der Fortsetzung namentlich Personen Gebrauch gemacht, die sich nach dem Ausscheiden aus der Bergarbeit einem anderen, wenig anstrengenden Beruf (z. B. als Gastwirt) zugewandt haben. Personen, die in keinerlei Beziehungen mehr zum Bergbau stehen, als Pensionskassenmitglieder weiterzuführen, besteht nach der Auffassung des Entwurfs aber keine

Veranlassung. Eine Ausnahme ist nur zugunsten der Arbeitnehmer von Hütten, Salinen usw. gemacht. (Vgl. Art. 17 bis 22 EG.) Insoweit andere Personen bisher von dem satzungsmäßigen Recht der Beitragsfortzahlung Gebrauch gemacht haben, sind sie nach Inkrafttreten des Gesetzes als Anerkennungsgebührenzahler zu behandeln. (Vgl. Begr. S. 42.)

2. Die Mitgliedschaft in der PK. ist an die Erfüllung nachstehender Voraussetzungen geknüpft:

a) Verrichtung knappschaftlicher Arbeit. Unter diesem neuen Begriff ist jede auf die Gewinnung und Förderung von Mineralien oder ähnlichen Stoffen sowie auf ihre Verarbeitung und Verwertung, einschließlich des Absatzes, gerichtete Tätigkeit zu verstehen. Ausgeschlossen sind Nebentätigkeiten, die mit dem Gegenstand des knappschaftlichen Betriebes nicht in Zusammenhang stehen, wie Putz- und Reinigungsarbeiten in Werkstätten über Tage und in Büroräumen, das Verkaufen von Lebensmitteln in Kantinen, Konsumanstalten und dergleichen. Dagegen wird die Tätigkeit eines Kauenwärters als knappschaftlich angesehen werden können. Weiterhin gehört nicht zur knappschaftlichen Arbeit die Tätigkeit von Monteuren einer Maschinenfabrik, die über oder unter Tage mit der Aufstellung einer Maschine oder mit sonstigen Installations- oder Montagearbeiten beschäftigt sind. (Auch für Unfälle solcher Monteure im Bergwerksbetriebe tritt nicht die Knappschaftsberufsgenossenschaft, sondern nach § 634 RVO. die Berufsgenossenschaft ein, der ihr Arbeitgeber angehört.) Unter die Begriffsbestimmung fallen die sog. Unternehmerarbeiter in Bergwerken, sofern die Tätigkeit ihrer Art nach knappschaftlich ist. Der Umstand, daß diese Arbeiter nicht unmittelbar im Dienste des Bergwerksbesitzers, sondern eines selbstständigen Unternehmers stehen, der die Ausführung bestimmter Arbeiten im Grubenbetriebe übernommen hat, ist also ohne Bedeutung. (Vgl. Begr. S. 43.)

b) Versicherung gegen Krankheit beim Reichsknappschaftsverein. Nur solche Arbeiter, die nach § 11 versichert sind, können der PK. angehören. Das Ges.

übernimmt damit den Grundsatz des OSchG. i. K. (E. vom 16. November 1911 — Kompaß 12 S. 34 — und vom 11. Dezember 1917 — Kompaß S. 41 —), daß die Mitgliedschaft in der Pensionskasse von der Zugehörigkeit zur Krankenkasse des Knappschaftsvereins abhängig ist; die beiden Versicherungen sind also zwangsläufig miteinander verbunden. Unständige Arbeitnehmer können nicht PKMitglieder werden. Auch Arbeitermitglieder einer Ersatzkasse im Sinne der §§ 503 ff. RVO. würden von der Mitgliedschaft in der PK. ausgeschlossen sein.

c) Gesundheitsnachweis. Der Entwurf hatte sich für Beibehaltung des in den meisten Landesgesetzen geforderten Gesundheitsnachweises entschieden in der Erwägung, daß für die Durchführung der bergmännischen Sonderversicherung eine Risikenauslese berechtigt und daß die Fernhaltung schwächlicher Personen von der schweren Bergarbeit für diese selbst nützlich und für die PK. in Anbetracht der kurzen Wartezeit eine notwendige Schutzmaßnahme sei. (Begr. S. 43.) Im Reichstagsausschuß wurde geltend gemacht, daß die bisherige Forderung des Gesundheitsattestes zu Mißständen geführt habe: Nicht selten seien Arbeiter für gesund erklärt worden, Bergarbeit zu verrichten, aber trotzdem nicht in die PK. aufgenommen; hier müsse Abhilfe geschaffen werden. Demgemäß hat der Ausschuß in erster Lesung die Forderung des Gesundheitsnachweises beseitigt in der Erwartung, daß bis zur zweiten Lesung eine Regelung gefunden werde, die den Bedürfnissen genüge, aber die bisher vorgekommenen Mißstände vermeide. Der Ausschuß erkannte hierbei die Notwendigkeit der Untersuchung auf Tauglichkeit zur Bergarbeit grundsätzlich an und dachte an eine Regelung des Gesundheitsattestes nach sächsischem Vorbilde dahin, daß der bei der ärztlichen Untersuchung zur Bergarbeit tauglich Befundene ohne weiteres Mitglied der PK. werden solle. Gegen eine solche Regelung wurden bei der zweiten Lesung jedoch von Regierungsseite ernste Bedenken erhoben unter Hinweis auf die Berggesetze, deren Vorschriften einen allgemeinen Ausschluß kranker oder gebrechlicher Personen von der Beschäftigung auf Bergwerken nicht zulassen, und darauf, daß ein Teil der kn.

Betriebe den Berggesetzen nicht unterstehe. In Berücksichtigung dieser Bedenken hat sich der Ausschuß in zweiter Lesung für die Beibehaltung des Gesundheitsnachweises entschieden, aber die neue Vorschrift des Satz 2 angefügt, die die angeblich bestehenden Mißstände beseitigen soll. (Ber. S. 8 bis 10.)

Der Entw. hatte ferner noch eine untere Altersgrenze von 16 Jahren und eine obere Altersgrenze von 40 Jahren für die Aufnahme in die PK. vorgesehen, in letzterer Hinsicht jedoch Ausnahmen durch die Satzung für zulässig erklärt, um den Zustrom noch rüstiger Arbeiter zum Bergbau nicht zu hindern. Die untere Altersgrenze ist wie in der Reichsversicherung nach dem Vorgang des Gesetzes vom 10. November 1922 fortgefallen. Jugendliche Arbeiter, die nach Entlassung aus der Schule als Lehrlinge auf Zechen, Werkstätten oder in Büros Beschäftigung aufnehmen, werden also bei Erfüllung der gesundheitlichen Voraussetzungen PKMitglieder, auch wenn sie das 14. Lebensjahr noch nicht vollendet haben sollten. Bezüglich der Beschäftigung jugendlicher Arbeiter unter Tage bleiben natürlich die bergpolizeilichen Vorschriften maßgebend. Auch die obere Altersgrenze hat der Ausschuß trotz der von Regierungsseite unter Hinweis auf die Kürze der Wartezeit und die Gefährdung des Charakters der Sonderversicherung erhobenen Bedenken beseitigt, weil sie infolge Beibehaltung des Gesundheitsnachweises entbehrlich sei. (Ber. S. 9/10.)

Infolge Fortfalls der unteren Altersgrenze und gesetzlicher Festlegung der Wartezeit auf 36 Monate (§ 45) ist theoretisch denkbar, daß ein jugendlicher Arbeiter von noch nicht 17 Jahren Anspruch auf Invalidenpension hat.

3. Neben der Arbeiterabteilung steht die Angestelltenabteilung der PK. (vgl. § 20 Abs. 1, §§ 21, 28 Abs. 2). Die Rechnungsführung für beide Abteilungen ist getrennt vorzunehmen, namentlich sind die Beiträge getrennt zu buchen (§ 104).

4. In den gegenwärtig geltenden Satzungen der KV. sind die Voraussetzungen für Aufnahme in die PK. in gesundheitlicher Hinsicht dahin formuliert, daß sich die Aufzunehmenden u. a. als „frei von solchen Krankheiten und Gebrechen ausweisen, die

einen frühen Tod oder eine frühe Unfähigkeit zur Berufsarbeit wahrscheinlich machen". Im Hinblick auf die vom Reichstagsausschuß gegen die praktische Handhabung dieser Anforderungen erhobenen Einwendungen wird zu prüfen sein, ob sie einer Änderung bedürfen, um nicht Personen auszuschließen, die nach den Absichten des neuen G. in die PK. aufgenommen werden sollen. Keinesfalls wird aber die Satzung bestimmen dürfen, daß schlechthin alle zu kn. Arbeit brauchbaren Personen aufzunehmen sind, weil es in kn. Betrieben auch zahlreiche leichte Arbeiten gibt, die auch von nicht voll gesunden Personen verrichtet werden können. (Vgl. Anm. 6.)

5. Der Arbeiter ist verpflichtet, zur Feststellung des Vorliegens der satzungsmäßigen Erfordernisse über Gesundheit mitzuwirken, indem er sich der notwendigen ärztlichen Untersuchung unterzieht. Der Entw. wollte die Erfüllung dieser Verpflichtung durch die Vorschrift sichern, daß die Mitgliedschaft erst vom Zeitpunkte der Feststellung der Aufnahmefähigkeit (durch Beibringung des Gesundheitsattestes) erworben wird und daß gegebenenfalls schon vorher Mitgliederbeiträge zu entrichten sind, die als Strafbeiträge der PK. verbleiben (§ 16 Abs. 3 des Entw., Begr. S. 44). Der Reichstagsausschuß hat diese Vorschrift beseitigt, weil die Feststellung des Gesundheitszustandes durch die übrigen Vorschriften ausreichend geregelt sei. (Ber. S. 10.)

Aus der Bedeutung des Gesundheitsattestes für die Aufnahme in die PK. und daraus, daß Arbeiter, die zur kn. Arbeit zugelassen werden wollen, noch in keinerlei Beziehungen zum RKV. stehen, wird gefolgert werden müssen, daß die Kosten des Gesundheitsattestes von den Arbeitern und nicht etwa vom RKV. oder von den Arbeitgebern zu tragen sind.

6. Diese vom Reichstagsausschuß eingefügte Vorschrift schließt nicht aus, daß, wie bisher, in kn. Betrieben Arbeiter beschäftigt werden, die nicht PKMitglieder sind; denn nur bei Erfüllung der gesundheitlichen Voraussetzungen ist der Anspruch auf Aufnahme in die PV. gegeben. Bei den Ausschußberatungen in zweiter Lesung war zunächst

folgende Fassung vorgeschlagen: „Mit der Zulassung zur Arbeit in kn. Betrieben ist auch der Anspruch auf Aufnahme in die PV. gegeben." Die Beibehaltung dieser Fassung hätte vermutlich die Folge gehabt, daß Personen, die den gesundheitlichen Voraussetzungen nicht unbedingt genügen, zur Verrichtung leichter Arbeit auf Bergwerken über Tage, in Büros oder dergl. aber noch fähig sind, zu solcher Arbeit nicht zugelassen wären, was für diese Personen eine wesentliche Beschränkung des Arbeitsmarktes bedeutet hätte. Die in das G. übergangene Fassung schließt eine solche Beschränkung aus und ermöglicht, weiterhin in kn. Betrieben Personen zu beschäftigen, die z. B. von der KVPflicht befreit sind.

7. Vgl. Anm. 7 zu § 11. Auch die PV. beginnt vorbehaltlich des § 22 mit Aufnahme der versicherungspflichtigen Beschäftigung, wofern der Gesundheitsnachweis geführt ist oder nachträglich geführt wird. Die Anmeldung hat auf die Entstehung des Versicherungsverhältnisses keinen Einfluß, ist aber aus Gründen der Ordnung vorgeschrieben und deshalb durch die Strafvorschrift im § 189 Abs. 2 in Verbindung mit § 1489 RVO. gesichert.

§ 20.[1])

[2]) (Abs. 1.) In knappschaftlichen Betrieben beschäftigte Angestellte, die der Versicherungspflicht nach dem Angestelltenversicherungsgesetz unterliegen,[3]) gehören, wenn sie den im § 19 bezeichneten Erfordernissen über Gesundheit[2]) genügen, der Angestelltenabteilung[4]) der Pensionskasse des Reichsknappschaftsvereins als Mitglieder[5]) an; falls sie der Krankenversicherungspflicht unterliegen, werden sie Mitglieder der Pensionskasse nur, wenn sie beim Reichsknappschaftsvereine gegen Krankheit versichert sind.[2]) § 11 Abs. 3 gilt entsprechend.[6])

(Abs. 2.) Versicherungsfrei sind die in den §§ 9,[7]) 10,[8]) 10 a[9]) des Versicherungsgesetzes für Angestellte in der Fassung des Gesetzes vom 10. November 1922

(Reichs-Gesetzbl. I S. 849) bezeichneten Personen sowie die Empfänger einer Invalidenpension aus der Pensionskasse des Reichsknappschaftsvereins.[9])

[10]) (Abs. 3.) Auf ihren Antrag werden von der Versicherungspflicht befreit die im § 11 des Versicherungsgesetzes für Angestellte in der Fassung des Gesetzes vom 10. November 1922 (Reichs-Gesetzbl. I S. 849) bezeichneten Personen. Über die Befreiung entscheidet ein nach § 143 bestellter Ausschuß. Auf Beschwerde entscheidet das Knappschaftsoberversicherungsamt endgültig. Die Befreiung wirkt vom Eingang des Antrags an.

[11]) (Abs. 4.) Wer die für seine Versicherungspflicht maßgebende Verdienstgrenze überschreitet, scheidet erst mit dem ersten Tage des vierten Monats nach Überschreiten der Verdienstgrenze aus der Versicherungspflicht aus. Wird innerhalb dieser Zeit die Verdienstgrenze geändert, so bestimmt sich die Versicherungspflicht nach den neuen Vorschriften.

§ 20 ist aus §§ 58 und 62 des Entw. im Zusammenhang mit der Umstellung der PV. entstanden (§ 16a der Ausschußbeschlüsse, Ber. S. 11, 54).

1. Schon in der Vorbemerkung zu § 19 wurde darauf hingewiesen, daß für Angestellte, die den gesundheitlichen Erfordernissen genügen (kn. berechtigte Angestellte), die Vorschriften des fünften Abschnitts über PV. ebenso gelten wie für Mitglieder der Arbeiterabteilung, daß dagegen die Vers. der kn. nicht berechtigten Angestellten im sechsten Abschnitt geregelt ist.

Die Mehrleistungen der PV. gegenüber der AV. sind aus nachstehender Zusammenstellung ersichtlich:

a) Der Anspruch auf die Leistungen der PV. entsteht schon nach Erfüllung einer Wartezeit von 36 Monaten, während die Wartezeit der AV. regelmäßig 10 Jahre beträgt.

b) Die Leistungen der PV. sind der Art nach umfassender als die der AV. Die PV. gewährt Invalidenpension einschl. Kindergeld, Witwenpension und Waisengeld, welche Leistungen dem Ruhegeld und den Hinterbliebenenrenten der AV. entsprechen. Dazu kommen als weitere in der AV. nicht vorgesehene Leistungen: Begräbnisbeihilfe nach § 24 Abs. 1 Nr. 4, Alterspension nach § 26 und freiwillige Leistungen nach §§ 39 bis 41; als freiw. Leistungen kommen namentlich in Betracht freie Kur und Arznei (oder nur eine dieser Leistungen) evtl. Krankenhauspflege für Knappschaftsinvalide der Angestelltenabteilung sowie deren Angehörige, nach dem Tode für ihre Hinterbliebenen, ferner Heilverfahren für Angehörige und Hinterbliebene der Invaliden (Überweisung in Bäder, Kinderheime usw.), Begräbnisbeihilfe nicht nur für Angehörige und Hinterbliebene der Invaliden, sondern auch für Angehörige und Hinterbliebene der aktiven Mitglieder der PK. und dergl. mehr.

Abweichend von der AV. sieht die PV. nicht vor ein lediglich von Erreichung des 65. Lebensjahres, aber nicht von sonstigen Voraussetzungen abhängiges Altersruhegeld (§ 25 AVG.) und die Erstattung von Beiträgen an weibliche Versicherte (§ 62 AVG.). Falls hierin Minderleistungen zu erblicken sein sollten, werden diese durch die Mehrleistungen bei weitem übertroffen.

c) Hinsichtlich der Höhe der Leistungen besteht für kn. berechtigte Angestellte, die nach einer Mitgliedschaft von 3 bis zu 10 Jahren invalide werden oder sterben, keine Vergleichsmöglichkeit, da die AV. im allgemeinen erst nach 10 Jahren leistet. Tritt der Versicherungsfall nach Erfüllung sowohl der kn. wie der 10 jährigen Wartezeit der AV. ein, so treten — abgesehen von den unter b angeführten Mehrleistungen — zu den nach dem AVG. zu gewährenden Leistungen kn. Zusatzleistungen an IP., WP. und Waisengeld hinzu, deren Höhe durch die Satzung und die Sondervorschriften bestimmt wird. Dabei ist die Höhe der TZul. nach § 31 zu bemessen. Eine bis zu 40 v. H. des Durchschnittsgehalts des revierführenden Steigers und darüber hinausgehende Pension wird aber voraussichtlich höher sein als das Ruhegeld der AV.

einschl. Zul. Also auch in der absoluten Höhe gehen die kn. Bezüge über die der AV. hinaus.

2. Die allgemeinen Voraussetzungen für die Aufnahme in die Angestelltenabteilung sind die gleichen wie bei der Arbeiterabteilung (vgl. Anm. 2 a bis c zu § 19). Besonders hervorgehoben im G. ist, daß Angestellte, die der KrVPflicht unterliegen, Mitglieder nur werden, wenn sie beim RKV. gegen Krankheit versichert sind. Ausgenommne von dieser Vorschrift sind die während der Übergangszeit nach Art. 25 EG. von der KrVPflicht befreiten Angestellten.

Andere Angestellte, die einer Ersatzkasse im Sinne der §§ 503 ff. RVO. angehören, würden dagegen im Falle der Weigerung, Versicherung gegen Krankheit beim RKV. zu nehmen — die Zulässigkeit einer solchen Weigerung überhaupt vorausgesetzt — auch bei Erfüllung der gesundheitlichen Voraussetzungen von der PV. auszuschließen sein und nur wie kn. nicht berechtigte Angestellte nach dem sechsten Abschnitt versichert werden können.

3. Entsprechend dem Vorschlage im § 58 des Entw. ist die Mitgliedschaft auf Angestellte beschränkt, die der VPflicht nach dem AVG. unterliegen. Demnach sind Angestellte, welche die nach § 1 a AVG. vom RAM. mit Zustimmung des Reichsrats festgesetzte Jahresarbeitsverdienstgrenze überschreiten, von der Aufnahme ausgeschlossen. Hierin liegt eine vom G. gewollte Änderung des bisherigen Rechtszustandes, wonach z. B. in Preußen sämtliche Werksbeamte ohne Rücksicht auf die Verdiensthöhe berechtigt waren, der PK. als Mitglieder beizutreten (§ 27 Abs. 2 Preuß. KnG. vom 17. Juni 1912). Beamte, die auf Grund der bisherigen Vorschriften von dem Beitrittsrecht Gebrauch gemacht haben, auch wenn sie die Verdienstgrenze überschritten haben sollten, werden aber weiterhin als Mitglieder des RKV. geführt mit der Maßgabe, daß sie neben den eigenen Beiträgen auch die der Arbeitgeber zu entrichten haben, solange sie nicht in Anbetracht ihres Verdienstes versicherungspflichtig werden (vgl. Art. 34 EG. und Begr. zu § 219 Entw. S. 90).

Ferner kann nicht aufgenommen werden, wer nicht Angestellteneigenschaft im Sinne des AVG. hat. Der Begriff des

„Angestellten" ist in der bisherigen Rechtsprechung dahin erläutert, daß der Angestellte durch den allgemeinen sozialen Typus seiner Stellung, durch die Höhe seiner Bezüge oder die sonstige rechtliche Ausgestaltung seines Dienstverhältnisses, insbesondere durch die mit besonderer Verantwortung und Selbständigkeit umgebene Art seiner Tätigkeit oder durch Aufsichts- und Anordnungsbefugnisse gegenüber anderen Personen aus dem Kreise der eigentlichen handarbeitenden Bevölkerungsklasse herausgehoben wird. In dem G. vom 10. November 1922 ist der Begriff des Angestellten schärfer umgrenzt als früher, namentlich hinsichtlich der Büroangestellten. Auch ist durch § 1 Abs. 4 dieses G. der RAM. ermächtigt, durch Ausführungsbestimmungen nach Anhören der Reichsversicherungsanstalt und des RVA. die Berufsgruppen, die in den Kreis des § 1 Abs. 1 fallen, näher zu bezeichnen. Diese Ausführungsbestimmungen werden also gewissermaßen einen mit gesetzlicher Wirkung ausgestatteten Katalog der Angestelltentätigkeiten enthalten. Bisher sind sie nicht ergangen. Auch nach ihrem Erlaß werden voraussichtlich über die Angestellteneigenschaft der in kn. Betrieben beschäftigten Personen noch zahlreiche Zweifel bestehen bleiben, die der Klärung durch die Rechtsprechung bedürfen werden. Bei Streit über die Angestellteneigenschaft entscheidet in erster Instanz ein nach § 143 bestellter Ausschuß, in der Beschwerdeinstanz des KOVA. und im Falle der Abgabe zur grundsätzlichen Entscheidung an das RVA. der bei diesem gebildete Senat für AV.

Aus der bisherigen Rechtsprechung der knappschaftlichen Spruchstellen und der der AV. seien folgende Entscheidungen hervorgehoben, die für die künftige Rechtsprechung Anhaltspunkte ergeben können: Nicht zu den Angestellten im Sinne des AVG. oder den Werksbeamten im Sinne des ABG. gehören Förderaufseher, die unter Aufsicht des Steigers und Obersteigers das Bedienungspersonal bei der Förderung zu beaufsichtigen haben (OSchG. f. A. vom 9. Mai 1917, AVN. 17 S. 189); Markenkontrolleure oder Markenausgeber, die außer dem Ausgeben und Einnehmen der Marken, Pförtnerdiensten usw. keine schriftlichen Arbeiten in erheblichem Umfange auszuführen haben (RA. vom 4. Febr. 1921, OSchG. f. A. vom 30. Juni 1921, B 195/20); *Rottenführer*, denen die Instandhaltung der Geleise einer Zechenbahn obliegt (RA. vom 22. April 1921, B 3711/20, und vom 21. Jan. 1922, B 171 R/21); *Lokomotivführer* einer Hütten- oder Zechenbahn, wenn die Lokomotive nicht die Geleise der Staatsbahn, sondern nur Zechengeleise befährt, und verkehrsreiche Strecken nicht oder in nicht erheblichem Umfange gekreuzt werden (OSchG. f. A. vom 13. Jan. 1921, RA. vom 9. Juni 1921, B 4470/20, und vom 31. März 1922, G/21); *Rangiermeister*, die mit dem ihnen zugeteilten Rangier- und Lokomotivpersonal den Wagenverschiebedienst zu regeln haben und die hierfür erforderlichen Anweisungen dem Personal erteilen (OSchG. f. A. vom 30. Nov. 1922, P 106/22); *Lampenmeister* (RA. vom 16. Juni 1921, B 40 L/21, und vom 23. Juni 1921, B 3720/20); *Maurerpoliere* im Baubetriebe einer Schachtanlage (RA. vom 6. Juli 1921, B 42 N/21); *Maschinisten bei der Kompressormaschine* (RA. vom 14. Sept. 1921, B 89 Sch/21); *Tafelführer*, denen das Anschreiben und Melden der geförderten Kohlen aus den einzelnen Betriebspunkten obliegt (RA. vom 14. Sept. 1921, B 3998/20); *Dachdecker* im Baubetriebe einer Zeche (RA. vom 14. Sept. 1921, B 93 W/21); *Brückenkontrolleure* (RA. vom 24. Sept. 1921, B 55 G/21); *Hilfswaschmeister* (RA. vom 24. Sept. 1921, E 38 St/21); *Elektriker* (RA. vom 18. Okt. 1921, B 34 A/21); *Vorarbeiter in einer Zechenschlosserei* (RA. vom 3. Nov. 1921, B 51 T/21); *Gehilfen auf dem Schichtmeisterbüro* (RA. vom 26. Nov. 1921, B 98 Sch/21); *Vorarbeiter bei der Bergetransportbrücke* (RA. vom 29. Nov. 1921, B 224 B/21); *Holzaufseher* (RA. vom 31. Dez. 1921, B 29 T/21); *Aufseher in einer Zechenschmiede und Schlosserei* (RA. vom 9. Jan. 1922, B 163 B/21); *Platzmeister* auf dem Zechenplatze (RA. vom 30. Jan. 1921, B 143 R/21); *Oberheizer* im Kesselbetriebe (RA. vom 16. Juni 1920, AVN. 21 S. 14, und vom 10. Febr. 1922, B 95

F/21); Wiegemeister (RA. B 55 E/21); Kassenboten (OSchG. i. K. vom 21. Febr. 1922, Kompaß S. 166); Feuerwehrmänner (KOVA. Dortmund vom 30. März 1922, P 4/22).

Dagegen sind Angestellte im Sinne des AVG. und des AVG. Markenkontrolleure, die außer dem Ausgeben und Einnehmen der Marken schriftliche Arbeiten in erheblichem Umfange, namentlich für statistische Zwecke, auszuführen haben (OSchG. f. A. vom 30. Juni 1921, AVN. 22 S. 46); Bahnhofsaufseher und Rangiermeister einer Zechenbahn (RA. B 22 P/20); Maschinenaufseher, denen 100 Arbeiter und ein umfangreicher Maschinenpark unterstellt sind und selbständige Anleitung und Überwachung der Arbeiter obliegt, auch wenn sie dem Betriebsführer und Maschinensteiger unterstehen (OSchG. f. A. vom 11. Mai 1921, AVN. 22 S. 5); Fördermaschinisten (RA. vom 12. Aug. 1916, B 3216/16), abweichend aber OSchG. i. K. vom 17. Sept. 1914, RLP 190/14, sowie RA. vom 16. Juni 1920 (AVN. 21 S. 15) für den Fall, daß dem Fördermaschinisten Personal nicht unterstellt ist, während er selbst dem Obermaschinisten untersteht und bei Ausbesserungsarbeiten körperlich mithilft.

Durch die Ausführungsbestimmungen des RAM. wird die Beurteilung der Angestellteneigenschaft für einige der vorstehend angegebenen Gruppen voraussichtlich eine Änderung erfahren. Bei Beratung des G. vom 10. Nov. 1922 waren sich nach dem Ausschußbericht (Nr. 5093 der Drucks. des Reichstags S. 13) Regierung und Ausschuß darüber einig, daß unter die AV. z. B. fallen sollen Fahrhäuer und Oberhäuer, Fördermaschinisten, Lampenmeister, Schachtmeister im Bergbau sowie Markenkontrolleure.

4. Vgl. Anm. 3 zu § 19.

5. Auch der Angestelltenabteilung gehören nur Pflichtmitglieder an; diese können sich beim Ausscheiden aus der versicherungspflichtigen Beschäftigung ihre Ansprüche durch Zahlung von Anerkennungsgebühr (§ 38) erhalten. Das Recht einer freiwilligen Fortsetzung der PV. ist den (kn. berechtigten) Angestellten ebensowenig eingeräumt wie den Arbeitern (vgl. Anm. 1 zu § 19). Dagegen gilt bei kn. nicht berechtigten Angestellten für die freiwillige Fortsetzung der V. § 15 AVG. (Vgl. den Wortlaut des § 71, wonach auch die Vorschriften über „freiwillige V." gelten, sowie die Ausführungen des Regierungsvertreters zu § 16 a, Ber. S. 12.) In sinngemäßer Anwendung des § 15 AVG. werden kn. berechtigte Angestellte, die aus der versicherungspflichtigen Beschäftigung ausscheiden, für befugt erachtet werden müssen, durch Fortentrichtung der vollen Beiträge der AV. die V. bezüglich der Leistungen der AV. fortzusetzen, während dagegen die Leistungen der PV. nur in der bis zum Ausscheiden entstandenen Höhe durch Anerkennungsgebühren erhalten werden können.

6. Vgl. Anm. 7 zu § 11, Anm. 7 zu § 19 und die Strafvorschrift des § 189.

7. Nach § 9 AVG. sind versicherungsfrei die in Betrieben oder im Dienste des Reichs, eines Landes, eines Gemeindeverbandes, einer Gemeinde oder eines Trägers der reichsgesetzlichen Arbeiter- oder AV. Beschäftigten, wenn ihnen Anwartschaft auf Ruhegeld und Hinterbliebenenrenten im Mindestbetrage der ihrem Diensteinkommen entsprechenden Höhe gewährleistet ist. Näheres über die Gewährleistung der Anwartschaft s. § 9 Abs. 3, 4 AVG. Unter diese Vorschrift fallen z. B. die im Beamtenverhältnis stehenden Angestellten staatlicher Bergwerks- oder sonstiger kn. Betriebe, nicht dagegen Angestellte auf Privatdienstvertrag in solchen Betrieben.

8. Nach § 10 Nr. 1 AVG. sind versicherungsfrei Beamte des Reichs, der Bundesstaaten, der Gemeindeverbände und der Gemeinden, solange sie lediglich für ihren Beruf ausgebildet werden (z. B. Bergreferendare), nach § 10 Nr. 4 Personen, die zu ihrer wissenschaftlichen Ausbildung für den zukünftigen Beruf gegen Entgelt tätig sind (z. B. Bergbaubeflissene und Bergpraktikanten).

9. Entsprechend dem allgemeinen Grundsatz, daß nicht versicherungspflichtig sein kann, wer die Leistungen einer V. bereits empfängt, ist nach § 10 AVG. in Verbindung mit § 20 Abs. 2 RKG. versicherungsfrei, wer berufsunfähig ist oder wer Ruhegeld oder Witwerrente nach den Vorschriften des AVG. oder eine

kn. JP. bezieht. Der Bezug einer kn. JP. aus der Arbeiterabteilung schließt insbesondere die V. in der Angestelltenabteilung für den Fall der Aufnahme einer Angestelltentätigkeit durch den invaliden Arbeiter aus. Ferner sind, weil reichsgesetzliche Invalidität Berufsunfähigkeit im Sinne des AVG. und des RKG. ohne weiteres in sich schließt, versicherungsfrei die Empfänger einer Invaliden-, Witwer- oder Witwenrente aus der JVers. (Vgl. hierzu auch den durch G. vom 10. Nov. 1912 im Zusammenhang mit den Vorschriften über die Wanderversicherung geänderten § 1237 Abs. 2 RVO. i. d. F. nach Art. 51 Nr. 38 EG. z. RKG., wonach auf seinen Antrag von der JVersPflicht befreit wird, wer Ruhegeld der AV. oder eine kn. Pension bezieht.)

10. Nach § 11 AVG. werden auf ihren Antrag von der AV.-Pflicht befreit ehemalige Angestellte des Reichs, eines Bundesstaates, einer Gemeinde oder eines Versicherungsträgers der reichsgesetzlichen Arbeiterversicherung, die im Genusse von Pension (Ruhegeld, Wartegeld oder ähnlichen Bezügen) stehen und auf Grund ihres früheren Dienstverhältnisses auch Anwartschaft auf Hinterbliebenenfürsorge für den Todesfall haben. Unter diese Vorschrift können pensionierte Staats- oder Gemeindebeamte, Beamte von Landesversicherungsanstalten und dergl. fallen, die eine Angestelltentätigkeit in kn. Betrieben ausüben. Die Vorschriften über das Verfahren bei der Befreiung sind den §§ 12, 13 AVG., §§ 1240, 1241 RVO. nachgebildet. An Stelle des VA. tritt, wie überall, der Ausschuß, an Stelle des OVA. das KOVA.

11. Abs. 4 ist aus dem inzwischen Gesetz gewordenen Entw. eines G. über Änderung des AVG. und der RVO. (Nr. 5774 der Drucks. des Reichstags, I. Wahlp. 1920/23) entnommen und soll verhüten, daß die Versicherung eine Unterbrechung erfährt, wenn ein Angestellter infolge Erhöhung seiner Bezüge vorübergehend die Verdienstgrenze überschreitet, nach Anpassung der Verdienstgrenze an allgemein veränderte Gehälter aber alsbald wieder versicherungspflichtig wird. (Vgl. § 1a Abs. 2 AVG. i. d. F. des G. vom 13. Juli 1923, auch § 4 des G. vom 27. März 1923 zur Erhaltung leistungsfähiger KrK.)

§ 21.[1])

Mitglieder der Arbeiterabteilung werden beim Übergang in das Angestelltenverhältnis Mitglieder der Angestelltenabteilung. In der Arbeiterabteilung erworbene Anwartschaften werden durch die Versicherung in der Angestelltenabteilung erhalten.[2]) Mitglieder der Angestelltenabteilung werden beim Übergang in das Arbeiterverhältnis Mitglieder der Arbeiterabteilung. In der Angestelltenabteilung erworbene Anwartschaften werden durch die Versicherung in der Arbeiterabteilung erhalten.[2])

§ 21 ist inhaltlich erweitert aus § 63 Entw. hervorgegangen (§ 16 b der Ausschußbeschlüsse, Ber. S. 11, 52).

1. In den Vorschriften des § 21 tritt besonders hervor, daß die PV. für Arbeiter und für Angestellte einheitlich ist. Der Übergang von einer Abteilung zur anderen vollzieht sich auf Grund einer Änderung des Beschäftigungsverhältnisses ohne weiteres, z. B. ohne eine erneute Prüfung der gesundheitlichen Voraussetzungen. Ebenso bleiben wechselseitig ohne Zahlung von Anerkennungsgebühren die Anwartschaften erhalten. Die V. in der einen Abteilung ist also eine zwangsläufige Fortsetzung der V. in der anderen Abteilung. Bei Eintritt des Versicherungsfalls erhalten die Mitglieder bezw. ihre Hinterbliebenen die der Zeit der Mitgliedschaft in jeder Abteilung entsprechenden Steigerungsbeträge (vgl. § 28 Abs. 1). Für den Anspruch auf Teuerungszulage nach § 31 wird die Satzung zu bestimmen haben, ob schlechthin entscheidend ist, welcher Abteilung das Mitglied zuletzt angehört hat, ob die überwiegende Zugehörigkeit zu einer Abteilung maßgebend sein soll, oder ob die Zugehörigkeit zu beiden Abteilungen zu berücksichtigen und die TZul. anteilmäßig festzusetzen ist.

2. Wegen Erhaltung der Anwartschaften auf Leistungen der PV. durch die Versicherung bei der RVAnstalt für Angestellte und umgekehrt vgl. § 75.

§ 22.[1])

Die Mitgliedschaft erlischt, wenn ein neuaufgenommenes Mitglied vor Ablauf eines Monats aus der knappschaftlichen Beschäftigung ausscheidet und nicht innerhalb eines weiteren Monats knappschaftliche Beschäftigung wieder aufnimmt. Auf den Antrag des Mitglieds[2]) sind von ihm gezahlte Beiträge zurückzuzahlen.

§ 17 Entw.

1. Eine dem § 22 entsprechende Vorschrift war in den früheren KnGesetzen nicht enthalten. Zweck und Bedeutung der Neuerung sind aus der nachstehend mitgeteilten Begr. (S. 44) ersichtlich:

„Die Vorschrift bildet eine Ergänzung der Bestimmungen über die Verrichtung kn. Arbeit und soll Arbeitnehmer, die nicht mindestens einen Monat lang kn. Arbeit verrichten, von der PKMitgliedschaft ausschließen, indem die zunächst entstehende V. nachträglich von Anfang an wieder aufgehoben wird. Die Vorschrift hat Bedeutung namentlich für Saisonarbeiter, die bald hier, bald dort arbeiten, deren Beschäftigung auf einem Bergwerk im Einzelfalle aber länger als eine Woche dauert, so daß sie den unständig Beschäftigten nicht zugezählt werden können. Auf die Beschäftigung solcher Arbeiter, die vielfach durch Unternehmer angeworben werden, kann der Bergbau nicht ganz verzichten, so sehr das Bestreben dahin geht, die Unternehmerarbeit einzuschränken; sie finden namentlich in Kokereibetrieben und bei sonstigen Arbeiten über Tage Verwendung. Nach den bisherigen gesetzlichen Bestimmungen brachte ihre Beschäftigung oft Unzuträglichkeiten mit sich, weil auch bei nur kurzer Dauer der Arbeit kn. PKBeiträge zu entrichten waren. Die Aufnahme dieser Arbeiter in die auf ein Dauerverhältnis gegründete PV. ist aber widersinnig. Bisher suchte man sich dadurch zu helfen, daß Verträge zwischen den Werken und den Unternehmern abgeschlossen wurden, wonach die Arbeiter nicht länger als eine Woche beschäftigt werden dürfen. Solche Verträge laufen aber letzten Endes auf eine Umgehung der gesetzlichen Bestimmungen hinaus. Es erscheint deshalb richtiger, das Ges. zu ändern, indem eine Mindestdauer der kn. Beschäftigung vorgeschrieben wird. Mit Rücksicht darauf, daß die Beiträge zu sämtlichen VZweigen als Monatsbeiträge festgesetzt werden sollen, ist die Dauer der Beschäftigung auf einen Monat bemessen. Während dieses Monats bleibt das Versicherungsverhältnis nicht etwa in der Schwebe, sondern es wird unmittelbar durch Aufnahme der kn. Arbeit begründet. Jedoch erlischt es, wenn die Arbeit vor Ablauf eines Monats aufgegeben und nicht binnen eines weiteren Monats kn. Arbeit wieder aufgenommen wird. Die Mitgliederbeiträge sind auf Antrag zurückzuzahlen, die des Arbeitgebers verbleiben der Kasse."

Auch § 22 bezieht sich sowohl auf Arbeiter wie auf Angestellte, wie durch die Fassungsänderung gegenüber dem Entw. (Ausscheiden aus „Beschäftigung" statt „Arbeit") klargestellt ist. (Ber. S. 12.)

2. Der Anspruch auf Rückerstattung erlischt nach § 111 Abs. 2 in sechs Monaten nach Ablauf des Kalenderjahres, in dem das Mitglied die Beiträge entrichtet hat.

§ 23.[1])

Der Reichsarbeitsminister bestimmt, wieweit vorübergehende Dienstleistungen versicherungsfrei [2]) bleiben.

§ 23 ist vom Reichstagsausschuß eingefügt (§ 17a der Ausschußbeschlüsse, Ber. S. 12, 52).

1. Die Vorschrift ist dem § 1232 RVO. nachgebildet und soll die Befreiung von Personen ermöglichen, die aus mehr zufälliger Veranlassung nur kurze Zeit eine an sich versicherungspflichtige Beschäftigung ausüben. U. a. ist an die sog. Werkstudenten gedacht, die während der Ferien in der Grube arbeiten, um Mittel für die Fortsetzung des Studiums zu verdienen. In solchen Fällen würden aus der Beitragsleistung voraussichtlich niemals Ansprüche erworben werden.

2. Nicht nur der Arbeitnehmer, sondern auch der Arbeitgeber ist von Zahlung der PKBeiträge frei.

II. Pflichtleistungen.[1]

§ 24.[2]

(Abs. 1.) Die Leistungen, welche die Pensionskasse nach näherer Bestimmung der Satzung[3])[4]) zu gewähren hat, sind

1. Invalidenpension[5]) für Knappschaftsinvaliden,
2. Witwenpension[6]) für die Witwen[7]) verstorbener Mitglieder und Knappschaftsinvaliden,
3. Waisengeld[8]) für Kinder verstorbener Mitglieder und Knappschaftsinvaliden bis zur Vollendung des 18. Lebensjahrs,[9])
4. ein Beitrag zu den Begräbniskosten[10]) der Knappschaftsinvaliden, deren Ehefrauen und Witwen, Kindern und Waisen[11]) bis zum vollendeten 18. Lebensjahre, sofern nicht Sterbegeld der Krankenversicherung gezahlt wird.[10])

[12]) (Abs. 2.) Den ehelichen Kindern werden gleichgestellt:

1. die für ehelich erklärten Kinder,
2. die an Kindes Statt angenommenen Kinder,
3. die Stiefkinder und die Enkel, die der Verstorbene unmittelbar vor seinem Tode mindestens ein Jahr lang unentgeltlich unterhalten oder für die er Kindergeld (§ 32) bezogen hat,[13])
4. die unehelichen Kinder, wenn die Vaterschaft des Verstorbenen festgestellt ist.[14])

[15]) (Abs. 3.) Ist ein Kind bei Vollendung des 18. Lebensjahrs infolge körperlicher oder geistiger Gebrechen außerstande, sich selbst zu unterhalten, so wird das Waisengeld gewährt, solange dieser Zustand dauert, jedoch nicht über das vollendete 21. Lebensjahr hinaus.

[16]) (Abs. 4.) **Hat eine Waise mehrere Ansprüche auf Waisengeld, so wird das Waisengeld nur nach dem höchsten Betrage gewährt.**

§ 18 Entw. Abs. 2 bis 4 sind vom Reichstagsausschuß eingefügt (Ber. S. 12 bis 14).

1. Die Pflichtleistungen bilden den Grundstock der Leistungen der PV. und sind auf Grund der Satzung bei sämtlichen BezKV. gleichmäßig zu gewähren, vorbehaltlich der Verschiedenheit der Mitgliederklassen der Arbeiterabteilung und der Gehaltsklassen der Angestelltenabteilung (§ 28 Abs. 2). Zu den Pflichtleistungen gehören die Alterspension (§ 26) als Abart und das Kindergeld (§ 32) als Bestandteil der JP. Das G. unterscheidet feste Leistungen und veränderliche Teuerungszulagen (§§ 31, 33 Abs. 1, § 34 Satz 3). Die Mittel für die gesamten Pflichtleistungen werden durch einen für den RKV. einheitlichen, nur nach Mitgliederklassen und Gehaltsklassen abgestuften Beitrag aufgebracht; der zur Deckung der festen Leistungen erforderliche Beitrag wird nach den Grundsätzen der Anwartschaftsdeckung ermittelt, während die Zulagen auf dem Wege der Umlage gedeckt werden. Zu den Pflichtleistungen stehen im Gegensatz freiwillige Leistungen (§§ 39 bis 41) und Heilverfahren (§§ 42 bis 44), die durch die Sondervorschriften der BezKV. geregelt werden und deren Kosten von den BezKV. aufzubringen sind, wenn die Satzung dies nach § 39 Abs. 2 bestimmt.

2. Die im § 24 enthaltene Aufzählung der Pflichtleistungen ist erschöpfend. Andere Leistungen sind nur als freiwillige Leistungen zulässig. Die Gewährung von JP. an Unfallbeschädigte, die die Wartezeit in der PK. nicht erfüllt haben, wird nicht als zu den Aufgaben der PV. gehörig betrachtet. Sie war ursprünglich nur vorgesehen, um Unfallverletzten überhaupt eine Entschädigung zuwenden zu können. Diese Bedeutung ist durch die Unfallversicherung weggefallen; die Vorschrift im § 30 Abs. 3 des Preuß. KnG. vom 17. Juni 1912 ist daher nicht übernommen (vgl. Begr. S. 44).

3. Die Satzung hat vor allem über die Bemessung der Pensionskassenleistungen Bestimmung zu treffen. Für die JP. setzt sie die Steigerungsbeträge fest, nach denen sich auch die Witwenpension richtet; dabei sind Mitgliederklassen für Arbeiter und Gehaltsklassen für Angestellte zu trennen (§ 28 Abs. 2). Waisengeld, Begräbnisbeihilfe und Kindergeld sind in festen Sätzen zu bestimmen, falls sie nicht wie die Witwenpension nach Hundertsätzen der JP. bemessen werden. Die neben den festen Leistungen zu gewährenden veränderlichen TZul. werden gleichfalls durch die Satzung nach näherer Maßgabe des § 31 bestimmt. Wegen der Aufgaben der Satzung im übrigen vgl. Anm. 3b zu § 7. Die Satzung kann selbständig auch gewisse Vorschriften aufstellen, die das Bezugsrecht selbst betreffen, soweit dadurch nicht dessen durch das Ges. selbst bestimmtes Wesen in Frage gestellt wird. Jedoch werden früher für zulässig erachtete Bestimmungen einzelner Satzungen, wonach z. B. in gewissen Fällen die Witwenpension versagt oder die JP. eines Invaliden für die Dauer einer Strafhaft der Ehefrau überwiesen werden konnte, nicht in die Satzung aufzunehmen sein, weil ein derartiges Eindringen in persönliche Verhältnisse der Bezugsberechtigten mit dem Grundgedanken der V., daß durch Beitragszahlung ein Rechtsanspruch auf VLeistungen erworben wird, nicht wohl vereinbar ist.

4. Das Verhältnis der Satzung des RKV. zu den Satzungen der früheren Einzelvereine ist bei Art. 29 EG. behandelt. Aus der bisherigen Rechtsprechung über die Wirkungen einer Satzungsänderung innerhalb desselben Vereins sind folgende Gesichtspunkte von Bedeutung: Grundsätzlich ist entscheidend, unter welcher Satzung der jeweilig in Frage kommende Anspruch zur Entstehung gelangt ist. Für die Rechtsfolgen der Berufsunfähigkeit gilt demnach die Satzung, welche zur Zeit des Eintritts der Berufsunfähigkeit gilt, also nicht die Satzung, die beim Beginn der Mitgliedschaft des betreffenden Mitglieds oder die bei der formellen Anerkennung der Berufsunfähigkeit galt. (E. des OSchG. i. K. vom 11. Juli 1908, RL 5/08, vom 28. Okt. 1908, RL 53/08, vom 20. Jan.

1909, RL 122/08.) Für die Ansprüche der Witwe und der Waisen eines KnInvaliden sowie für die Höhe der zu zahlenden Begräbnisbeihilfe ist die Satzung maßgebend, die zur Zeit des Eintritts der Berufsunfähigkeit galt, sofern nicht die neue Satzung sich rückwirkende Kraft beilegt. (E. des OSchG. vom 17. Febr. 1909, RL 2/09, und vom 16. Febr. 1912, RL 360/11, Kompaß 1909 S. 132, 1912 S. 136.)

5. JP. als Leistung der PK. ist scharf zu unterscheiden von „Invalidenrente" im Sinne des § 1255 RVO. Die Empfänger einer JP. werden im Ges. als „Knappschaftsinvaliden" bezeichnet im Gegensatz zu „Invaliden" als den Empfängern der reichsgesetzlichen Invalidenrente. Abweichend von dem bisherigen Sprachgebrauch der meisten KnSatzungen werden die KnInvaliden nicht mehr als PKMitglieder betrachtet; sie haben daher auch nicht die aus der Mitgliedschaft bei der PK. fließenden allgemeinen Rechte, soweit sie ihnen nicht im Gesetz ausdrücklich beigelegt sind. Vgl. z. B. § 131 Abs. 2, § 132, betr. Wahl zum Ältesten.

6. Witwenpension ist zu unterscheiden von Witwenrente nach § 1258 RVO. Anspruch auf Witwenpension hat, falls die Wartezeit erfüllt und die Anwartschaft erhalten ist, jede Witwe eines KnMitgliedes oder eines KnInvaliden, ohne daß in ihrer Person bestimmte Voraussetzungen erfüllt zu sein brauchten; sie braucht insbesondere nicht selbst berufsunfähig oder invalide zu sein, wodurch sich die Witwenpension wesentlich von der Witwenrente der RVO. unterscheidet.

7. Unter „Witwe" ist eine ihres Ehemannes durch den Tod beraubte Ehefrau zu verstehen. Eine geschiedene Frau ist nicht mehr die Frau im rechtlichen Sinne; beim Ableben ihres geschiedenen Mannes ist sie daher auch nicht dessen Witwe. (E. des OSchG. i. K. vom 17. Dez. 1908, RL 86/08, Z. f. B. Bd. 50 S. 277, Kompaß 1909 S. 62.)

Die rechtskräftige Abweisung des von dem KnMitgliede geltend gemachten Anspruchs auf JP. kann der die Witwenpension beanspruchenden Witwe des Mitglieds nicht entgegengehalten werden. Auch ist die Witwenpension nicht als ein Teil der dem

Ehemann der Witwe erwachsenden JP. anzusehen, welcher nach dem Tode des Ehemannes der Witwe zufällt; der Anspruch der Witwe ist vielmehr ein völlig selbständiger, in ihrer Person entstandener eigener Anspruch der Witwe. (E. des OSchG. vom 24. Aug. 1908, RL 29/08, Kompaß 1908 S. 308, Z. f. B. Bd. 49 S. 546.) Die Witwe eines Anerkennungsgebührenzahlers hat keinen Anspruch auf Witwenpension, wenn die Ehe erst nach dem Ausscheiden aus der kn. V. geschlossen ist. Vgl. Anm. 7 zu § 46.

8. Der in der Landesgesetzgebung gebrauchte Ausdruck „Erziehungsbeihilfe" ist ersetzt durch „Waisengeld", um Verwechselungen mit dem nach § 1291 RVO. für Reichsinvaliden und nach § 32 RKG. für KnInvaliden zu zahlenden Kindergeld zu vermeiden. Auch ist der Ausdruck gewählt zur Unterscheidung von Waisenrente nach § 1259 RVO., § 29 AVG.

9. Der Entw. sah übereinstimmend mit § 1259 RVO. (in früherer Fassung) Gewährung von Waisengeld in der Arbeiterabteilung bis zur Vollendung des 15. Lebensjahres vor (Begr. S. 44). Mit Rücksicht auf die Zusammenziehung der PV. für Arbeiter und Angestellte wurde im Reichstagsausschuß zur Vermeidung unterschiedlicher Behandlung von Arbeiterwaisen und Angestelltenwaisen die Ausdehnung der Bezugsberechtigung bis zum 18. Lebensjahre gefordert. Das Bedenken, daß sich die erwerbstätigen Waisen zum Teil schon in guten Einkommensverhältnissen befinden und daß der Betrag des Waisengeldes neben dem Lohn wirtschaftlich stark zurücktrete, wurde nicht für durchschlagend erachtet; der von Ausschußmitgliedern aufgenommene Vorschlag des Vorl. RWR., Waisengeld bis zum 18. Lebensjahr nur bei erwerbsunfähigen oder in Berufsausbildung befindlichen Kindern zu zahlen, wurde demgemäß abgelehnt. Auch der Gedanke, die Waisenrente im Falle der Erwerbstätigkeit des Empfängers fortfallen oder ruhen zu lassen, fand keine Berücksichtigung, vielmehr hat der Ausschuß das 18. Lebensjahr ohne Beschränkungen als Grenze festgesetzt (Ber. S. 14/15). Inzwischen ist nach dem Vorgange des RKG. durch das Ges. über Änderung des AVG. und der RVO. vom 13. Juli 1923 (RGBl.

S. 636) die Rentenbezugsdauer auch in der JVers. (§ 1259 RVO.) bis zur Vollendung des 18. Lebensjahres erstreckt worden.

Die Gewährung von Waisengeld oder Waisenrente bis zum 18. Lebensjahr (vgl. auch § 41 RVG.) bildet nunmehr die gesetzliche Regel, die nur noch durch die Zahlung der Unfallwaisenrente bis zum 15. Lebensjahr (§ 588 RVO.) durchbrochen wird. Die neuere Gesetzgebung hat damit den früheren Standpunkt, daß der Bezug von Waisengeld im allgemeinen mit der Vollendung des 15. Lebensjahres als dem regelmäßigen Zeitpunkt des Eintritts in eine erwerbstätige Beschäftigung wegfallen soll, verlassen und gleichzeitig den Grundsatz preisgegeben, daß nicht versichert sein kann, wer die Leistungen einer Vers. empfängt. In welchem Maße Vers. und Bezugsberechtigung sich gegenseitig überschneiden können, ist aus dem in Anm. 1 zu § 38 angeführten Beispiele ersichtlich.

Die Frage, ob Waisengeld nach den neuen Vorschriften von Kindern beansprucht werden kann, die bei Inkrafttreten des G. das 15. Lebensjahr überschritten haben und nach den Landesgesetzen nicht mehr waisengeldberechtigt waren, wird zu verneinen sein, da den neuen Vorschriften nicht ausdrücklich rückwirkende Kraft beigelegt ist. Auch für laufende Waisengeldbezüge — bei Kindern, die das 15. Lebensjahr noch nicht vollendet haben — gelten nach allgemeinen Regeln die bisherigen Vorschriften weiter, so daß diese Bezüge an sich nach Vollendung des 15. Lebensjahres in Fortfall zu bringen wären. Es wird sich jedoch empfehlen, in die Satzung eine dem Art. V des G. vom 13. Juli 1923 entsprechende Übergangsvorschrift aufzunehmen, daß die bei Inkrafttreten des RKG. laufenden Waisengeldbezüge erst mit dem Ablauf des Monats wegfallen, in welchem die Waise das 18. Lebensjahr vollendet.

10. Der aus der PK. zu gewährende Beitrag zu den Begräbniskosten ist zu unterscheiden von dem Sterbegeld der KrV., das nach § 14 Abs. 1 RKG., § 201 RVO. an KrKMitglieder gezahlt wird. Für den Fall, daß KnInvaliden der KrK. angehört haben, werden nicht beide Leistungen nebeneinander gewährt.

Der Entw. wollte die Doppelleistung durch die Vorschrift des § 70 Abs. 1 vermeiden, wonach beim Zusammentreffen von RKLeistungen mit Leistungen der KrV. die kn. Leistung nur soweit ausgezahlt werden sollte, als sie den Anspruch aus der KrV. übersteigt. Der Reichstagsausschuß hat den § 70 Abs. 1 gestrichen (Ber. S. 28), bei Beratung des § 18 des Entw. aber anerkannt, daß für eine Zahlung von Begräbnisbeihilfe neben Sterbegeld der KrK. — das sich auf das 20fache des Grundlohns beläuft und satzungsmäßig bis zum 40fachen des Grundlohns erhöht werden kann — kein ausreichendes Bedürfnis besteht (Ber. S. 14). Falls die Begräbnisbeihilfe höher ist als das Sterbegeld, kommt nur der Mehrbetrag der Begräbnisbeihilfe zur Auszahlung.

11. Die Gewährung der Begräbnisbeihilfe außer für Knappschaftsinvalide auch für deren Ehefrauen, Witwen, Kinder und Waisen bis zum vollendeten 18. Lebensjahre — entsprechend der Bezugsdauer der Waisenrente — beruht auf einem Beschluß des Reichstagsausschusses und entspricht dem § 97 Nr. 4 des Sächsischen KnG. vom 17. Juni 1914 (Ber. S. 13). Es handelt sich hierbei um Pflichtleistungen, während Begräbnisbeihilfe für Ehefrauen, Witwen, Kinder und Waisen aktiver RKMitglieder nur als freiwillige Leistung gemäß §§ 39 ff. gewährt werden kann.

12. Durch Abs. 2 ist der Kreis der zum Bezuge des Waisengeldes Berechtigten gegenüber dem Entw., der nur eheliche Kinder berücksichtigen wollte, erheblich erweitert. Nach den Vorschriften des bürgerlichen Rechts stehen den ehelichen Kindern bereits gleich die durch nachfolgende Ehe (§§ 1719 bis 1722 BGB.) oder durch Ehelichkeitserklärung (§§ 1723 bis 1736 BGB.) legitimierten unehelichen Kinder sowie die an Kindes Statt angenommenen (§§ 1741 ff. BGB.). Ferner sind uneheliche Kinder weiblicher RKMitglieder waisengeldberechtigt, weil nach § 1705 BGB. das uneheliche Kind im Verhältnis zur Mutter die rechtliche Stellung des ehelichen Kindes hat. Der Reichstag hat weitergehend Stiefkinder und Enkel sowie uneheliche Kinder in die Waisengeldberechtigung eingezogen. Ähnlich ist der Kreis der Kinder, für die Invalidenkindergeld beansprucht werden kann, im § 32 abgegrenzt. Dem Vorgang des RKG. hat sich das G. vom 13. Juli 1923 sowohl für die JVers. wie für die AV. angeschlossen. — Da Abs. 2 sich nicht ausdrücklich, wie Abs. 3 und 4, auf Waisengeld bezieht, entsteht die Frage, ob für Stiefkinder, Enkel und uneheliche Kinder auch Begräbnisbeihilfe nach Abs. 1 Nr. 4 zu zahlen ist. Diese Frage wird mit Rücksicht auf den Zusammenhang von Abs. 1 und 2 bejaht werden müssen, obwohl Abs. 2 dem § 41 RVG. nachgebildet ist, der ausschließlich von Waisenrente handelt.

13. Ziff. 3 entspricht dem § 41 Abs. 2 Nr. 3 RVG. mit der Änderung, daß neben Stiefkindern nicht allgemein Pflegekinder, sondern nur Enkel aufgeführt sind, die der Verstorbene unmittelbar vor seinem Tode mindestens ein Jahr lang unentgeltlich unterhalten oder für die er Kindergeld nach § 32 bezogen hat. Pflegekinder schlechthin zu berücksichtigen, hat der Ausschuß Bedenken getragen, weil dadurch ein Anreiz zur Annahme von Zieh- oder Pflegekindern geschaffen werden könnte. Die Berücksichtigung der von dem Verstorbenen unterhaltenen Enkel — die zumeist elternlos sein werden — hat in den Vorschriften des § 1291 RVO. ein Vorbild.

14. Ziff. 4, betr. die Gewährung von Waisengeld an uneheliche Kinder, ist dem § 41 Abs. 2 Nr. 4 des RVG. nachgebildet. Abweichend von diesem G. genügt nicht, daß die Vaterschaft glaubhaft gemacht ist, sie muß vielmehr festgestellt sein. In dieser Hinsicht hat der Reichstagsausschuß dem Bedenken Rechnung getragen, daß die Bestimmungen des RVG. durch besondere Kriegsverhältnisse beeinflußt sind und auf kn. Verhältnisse nicht ohne weiteres übertragen werden können. Eine Glaubhaftmachung der Vaterschaft durch hinterlassene Briefe, Aussagen dritter Personen oder dergl. ist im allgemeinen nicht als ausreichend zur Begründung des Anspruchs auf Waisengeld angesehen. Auf der anderen Seite war der Ausschuß im Hinblick auf die besonderen Gefahren des bergmännischen Berufs der Meinung, daß an die Feststellung der Vaterschaft keine zu strengen Anforderungen zu stellen sind. Es wird demnach nicht erforderlich sein, daß der Vater nach § 1718 BGB. die Vaterschaft in einer öffentlichen Urkunde anerkannt hat oder zur Anerkennung der Vaterschaft gerichtlich verurteilt ist, vielmehr können auch andere Beweise genügen, z. B. glaubhafte Aussagen von Arbeitskameraden eines tödlich verunglückten Bergmanns, denen gegenüber sich der Verunglückte kurz vor dem Tode als Vater eines Kindes bezeichnet hat (vgl. Ber. S. 15). Daraus, daß der Ehemann der Mutter nach § 1706 BGB. dem unehelichen Kinde seinen Namen erteilt, erlangt das uneheliche Kind nicht die rechtliche Stellung des ehelichen, jedoch wird es zulässig sein, neben anderen Beweisen auch die Namenserteilung für die Feststellung der Vaterschaft zu verwerten.

15. Abs. 3 bezieht sich sowohl auf die ehelichen wie die ihnen gleichgestellten Kinder und verfolgt den sozialen Zweck, körperlich oder geistig zurückgebliebenen Kindern, die einer besonderen Fürsorge bedürftig sind, das Waisengeld über das 18. Lebensjahr hinaus bis zum 21. Lebensjahr zuzuwenden.

16. Abs. 4 bezieht sich nicht auf das Verhältnis des kn. Waisengeldes zur Waisenrente der JVers. oder AV., sondern nur auf das Verhältnis mehrerer Ansprüche aus der PV. zueinander, wie sich zweifelsfrei aus der ursprünglich beantragten Fassung ergibt: „Treffen die Voraussetzungen für mehrere Waisenrenten aus der PV. zu, so wird die Rente nur einmal, und zwar zum höchsten Betrage, gewährt." (Ber. S. 14.) Waisenrente der JVers. wird daher neben dem kn. Waisengelde gezahlt. Ebenso kann Waisenrente der AV. neben Waisengeld zahlbar sein, z. B. wenn ein kn. berechtigter Angestellter, der zuletzt bei der Reichsanstalt versichert war, sowohl die 10 jährige Wartezeit der AV. wie die kn. Wartezeit erfüllt hat. In diesem Falle besteht Anspruch auf Waisenrente in Höhe von zwei Zehnteln des Ruhegehalts nach § 57 AVG. und daneben Anspruch auf ein in festen Sätzen bemessenes kn. Waisengeld, da das G. abweichend von § 66 Abs. 1 Satz 2 zweiter Halbsatz des Entw. eine Vorschrift über Anrechnung der Waisenrente auf kn. Waisengeld für diesen Fall nicht enthält. (Die TZul. oder Rentenerhöhung wird in den angeführten Fällen nach § 38 nur einmal gezahlt, wenn die Satzung eine entsprechende Bestimmung trifft.) Dagegen wird die Einschränkung des Abs. 4

wirksam, wenn z. B. eine unehelich geborene Waise sowohl aus der Vers. der Mutter wie aus der Vers. des Vaters oder ein angenommenes Kind aus der Vers. seines Vaters und aus der Vers. des Annehmenden berechtigt ist.

1. Invalidenpension.

§ 25.

Invalidenpension erhält

1. wer dauernd [1]) berufsunfähig [2]) [3]) ist,
2. [4]) wer nicht dauernd [5]) berufsunfähig ist, aber mindestens sechsundzwanzig Wochen ununterbrochen berufsunfähig gewesen ist oder nach Wegfall des Krankengeldes berufsunfähig ist,[6]) für die weitere Dauer [7]) der Berufsunfähigkeit.[8])

§ 19 Entw.

1. „Daß die Invalidenpension auf Lebenszeit gewährt wird, ist abweichend von den Landesgesetzen in Anbetracht der Möglichkeit der Entziehung (vgl. § 55) nicht ausgesprochen. Nach Nr. 1 erhält Invalidenpension, wer dauernd berufsunfähig ist. Eine Angabe über die Dauer des Pensionsbezuges ist als entbehrlich fortgelassen; die Invalidenpension wird bis zur etwaigen Entziehung und falls keine wesentliche Veränderung in den Verhältnissen des Pensionsempfängers eintritt, bis zum Tode gewährt." (Begr. S. 44.)

2. Der Begriff der „Berufsunfähigkeit" ist im Ges. nicht bestimmt. „Vielmehr soll die Auslegung, wie bisher, der Rechtsprechung überlassen bleiben, die zweckmäßig an die vom Preußischen OSchG. i. K. in zahlreichen Entscheidungen herausgebildeten Grundsätze anknüpfen wird. Nach diesen Grundsätzen ist Unfähigkeit zur (eigentlich bergmännischen) Berufsarbeit die Unfähigkeit zur Verrichtung einer jeden der wesentlichen bergmännischen Arbeiten unter Tage oder einer diesen wesentlichen bergmännischen Arbeiten gleichwertigen Arbeit auf Bergwerken. Bei Anwendung dieser Grundsätze hat die Entscheidung über

den Eintritt der Berufsunfähigkeit im allgemeinen keine Schwierigkeiten bereitet. Gleichwohl empfiehlt es sich nicht, diese oder eine ähnliche Begriffsbestimmung in das Gesetz zu übernehmen. Schon nach den bisherigen Erfahrungen hat der Begriff der wesentlichen bergmännischen und der gleichwertigen Arbeiten je nach der Entwickelung des Bergbaues und der Ausgestaltung der Arbeitsmethoden geschwankt. Nunmehr führt das Gesetz den erweiterten Begriff der knappschaftlichen Arbeit ein. Bei der Vielgestaltigkeit dieser Arbeit würde eine starre gesetzliche Definition nicht alle Fälle der Wirklichkeit erschöpfen können und die Rechtsprechung in unerwünschter Weise einengen." (Begr. a. a. O.) Wesentliche bergmännische Arbeiten sind die des Hauers, Schleppers, Reparatur- oder Zimmerhauers. Gleichwertige Arbeiten leisten nach der Rechtsprechung u. a. Schießmeister, Förderaufseher, Wetterkontrolleure, Abnehmer oder Aufschieber am Schacht, Wärter einer wichtigen Maschine.

Im übrigen seien aus der Rechtsprechung des OSchG. i. K. noch folgende Entsch. angeführt:

Ist ein PKMitglied zu den wesentlichen bergmännischen Arbeiten nicht mehr fähig, so liegt Berufsunfähigkeit nur dann n i c h t vor,

a) wenn das Mitglied entweder zu so häufig auf Bergwerken vorkommenden, den wesentlichen bergmännischen Arbeiten gleichwertigen Arbeiten oder zu so vielen Arten derartiger Arbeiten noch fähig ist, daß die Beschränkung der Arbeitsfähigkeit des Mitglieds in ihrem wirtschaftlichen Erfolge nicht dem Verluste der Fähigkeit zur Verrichtung der auf Bergwerken vorkommenden Arbeiten als gleichwertig anzusehen ist,

b) wenn das Mitglied eine, wenn auch nur vereinzelt auf Bergwerken vorkommende gleichartige Arbeit tatsächlich dauernd verrichtet oder ihm doch die greifbare Möglichkeit zu solcher Verrichtung gegeben ist. (Entsch. vom 24. Nov. 1910, Z. f. B. 52 S. 284, Kompaß 1911 S. 57.)

Ein Mitglied, bei dem die aktive Mitgliedschaft zur Pensionskasse nur auf seiner Fähigkeit zur dauernden Leistung einer vereinzelt auf Bergwerken vorkommenden Arbeit und auf der Beschäftigung in einer entsprechenden Arbeitsstelle beruht, wird nicht schon dadurch zum Knappschaftsinvaliden, daß es, ohne durch Herabminderung der Arbeitsfähigkeit dazu gezwungen zu sein, seinen Posten aufgibt und damit dann auch die greifbare Möglichkeit verliert, sich seiner Fähigkeit entsprechend im Bergwerksbetriebe weiterzubeschäftigen. (Entsch. vom 28. Sept. 1911, Kompaß 1911 S. 327.)

Die Gesamteinbuße an Erwerbsfähigkeit deckt sich nicht mit der Summe der Prozentsätze der Erwerbsunfähigkeit, die infolge einzelner verschiedener körperlicher Gebrechen vorhanden sind. (Entsch. vom 7. Juli 1909, RL 78/09.)

Die Möglichkeit der Wiederkehr eines Leidens durch die Aufnahme der Grubenarbeit hindert nicht die Reaktivierung. (Entsch. vom 23. Nov. 1909, RL 143/09.)

Die Frage, ob Unfähigkeit zur Berufsarbeit vorliegt, ist lediglich auf Grund der körperlichen Verhältnisse des Mitglieds zu entscheiden. Außerhalb seiner Person liegende Umstände, z. B. Mangel an Gelegenheit zur Ausübung bergmännischer Tätigkeit, können nicht in Betracht kommen. (Entsch. vom 22. April 1909, Z. f. B. Bd. 50 S. 615, Kompaß 1909 S. 207.)

Die tatsächliche Leistung der Berufsarbeit beweist nicht unter allen Umständen die körperliche Fähigkeit dazu im Sinne der gesetzlichen Bestimmungen. (Entsch. vom 24. Nov. 1910, RL 210/10.) Verrichtet jedoch ein Mann jahrelang die schwersten bergmännischen Arbeiten, ohne daß er jemals infolge eines tatsächlich bestehenden Leidens darin irgendwie behindert worden wäre, so ist Unfähigkeit zur Berufsarbeit trotz gegenteiliger ärztlicher Beurteilung nicht anzunehmen. (Entsch. vom 15. Febr. 1911, RL 189/10.)

Als Zeitpunkt des Eintritts der Berufsunfähigkeit ist nicht der Zeitpunkt anzusehen, in welchem der körperliche Zustand einer Person als ein solcher zuerst erkannt oder erkennbar geworden ist, der dauernd die Fähigkeit des Betreffenden zur Berufsarbeit ausschließt, sondern der Zeitpunkt, von dem ab, objektiv betrachtet, die Arbeitsfähigkeit des Betreffenden aus einer die dauernde Arbeitsunfähigkeit bedingenden Ursache aufgehoben gewesen ist. (Entsch. vom 16. Dez. 1908, Z. f. B. Bd. 50 S. 272, Kompaß 1909 S. 60.)

Bei Streitigkeiten über die Fähigkeit zur Berufsarbeit ist das Gericht nicht auf die Beurteilung des Zustandes des Klägers zur Zeit des angefochtenen Bescheides beschränkt, es hat vielmehr den Zustand in der Zeit von der Erhebung des Anspruchs an bis zum Erlasse des Urteils zu beurteilen. (Entsch. vom 16. Febr. 1910, Kompaß 1910 S. 127, Z. f. B. 51 S. 638.)

In Ermangelung einer besonderen Satzungsvorschrift oder Vereinbarung treffen die besonderen Kosten des von einem Pensionsbewerber zu führenden Nachweises der Berufsunfähigkeit den Pensionsbewerber. (Entsch. vom 22. April 1909, Z. f. B. Bd. 50 S. 622, Kompaß 1909 S. 224.) Die aus Anlaß einer ärztlichen Untersuchung zwecks Invalidisierung oder Reaktivierung entstehenden Reisekosten hat das Mitglied selbst zu tragen. (Entsch. vom 26. Juni 1914, Kompaß S. 271.) — Die Erstattung von Lohnausfall in solchen Fällen ist jetzt im § 56 RKG. geregelt.

Die Krankheit des Augenzitterns schließt die Fähigkeit zur dauernden Verrichtung der auf Bergwerken vorkommenden Arbeiten über Tage auch bei künstlicher Beleuchtung dann nicht aus, wenn sie nur in einem solchen Grade vorhanden ist, daß das Augenzittern beim Blick geradeaus nicht auszulösen ist, und daß es, durch Blick nach oben ausgelöst, sofort verschwindet, wenn der Blick wieder geradeaus gerichtet wird. (Entsch. vom 29. Mai 1913, Kompaß S. 188.)

Die Begriffe „wesentlich bergmännische" und „gleichwertige" Arbeiten im Sinne der angeführten Entscheidungen decken sich nicht ohne weiteres mit den gleichlautenden Begriffen in den Vorschriften des § 26 über die Alterspension. Diese Entscheidungen werden daher für die Auslegung des § 26 nur in beschränktem Maße verwertbar sein (vgl. Anm. 4, 5 zu § 26).

3. Bei Feststellung der Berufsunfähigkeit ist die Mitwirkung des Arztes wesentlich. Die Frage ist jedoch keine rein ärztliche, vielmehr greifen medizinische, wirtschaftliche und rechtliche Erwägungen ineinander (vgl. Anm. 2). Die Entscheidung über Eintritt der Berufsunfähigkeit ist eine der wichtigsten Aufgaben der BezKV. bezw. der rechtsprechenden Instanzen.

4. Die Vorschriften der Nr. 2 sind dem § 1255 Abs. 3 RVO. und § 25 Abs. 2 AVG. nachgebildet.

„Diese Regelung bedeutet eine Änderung des bisherigen Rechtszustandes. In Preußen wird bisher auf Grund der Rechtsprechung des OSchG. i. K. (vgl. Entsch. vom 16. Dez. 1908, 16. Febr. 1910 und 31. März 1917, Kompaß 1909 S. 60, 1910 S. 84, 1917 S. 77) auch bei vorübergehender Berufsunfähigkeit Invalidenpension im allgemeinen vom Tage der Erkrankung als dem Zeitpunkt gewährt, von dem ab, objektiv betrachtet, die Arbeitsfähigkeit des Betreffenden aus einer die dauernde Arbeitsunfähigkeit bedingenden Ursache aufgehoben gewesen ist. Dabei wird für den Begriff der Berufsunfähigkeit ein Zustand von gewisser Dauer vorausgesetzt und eine ausreichende Dauer angenommen, wenn die Berufsunfähigkeit über die gewöhnliche Zeitgrenze des Krankengeldanspruchs (26 Wochen) hinaus anhält. Innerhalb der ersten sechsundzwanzig Wochen nach der Erkrankung kommt jedoch die Invalidenpension regelmäßig nicht zur Auszahlung, weil sie bei den meisten Knappschaftsvereinen auf das Krankengeld angerechnet wird und das Krankengeld dem Betrage nach wohl immer höher ist als die Invalidenpension. . . . In den Bezügen der Pensionskassenmitglieder tritt demnach keine Veränderung ein, wenn künftig Invalidenpension erst nach Ablauf von sechsundzwanzig Wochen gezahlt wird; die Mitglieder werden, wie bisher, für die ersten sechsundzwanzig Wochen die Leistungen der Krankenversicherung und vom Beginn der siebenundzwanzigsten Woche ab die Invalidenpension erhalten. Bedenken gegen die in Anpassung an die Reichsversicherungsgesetze beabsichtigte Änderung des bisherigen Rechtszustandes würden daher nur unter dem Gesichtspunkt geltend gemacht werden können, daß die Wartezeit nach dem Entwurf kürzer ist als die Wartezeit der Reichsversicherungsgesetze, und daß nach § 24 des Entwurfes (§ 29 d. G.) als Beitragsmonate ohne Beitragszahlung die vollen Monate angerechnet werden, in denen Berufsunfähigkeit bestanden hat. Eine weitere Verkürzung der ohnehin nur auf die Dauer von drei Jahren bemessenen Wartezeit (vgl. § 27 des Satzungsentwurfs) durch Anrechnung von Krankheitszeiten würde allerdings zu Bedenken Anlaß geben. Der Entwurf schließt aber die Möglichkeit der Erfüllung der Wartezeit durch Krankheitswochen aus, indem er im § 24 Abs. 3 (§ 29 d. G.) ausdrücklich bestimmt, daß zur Erfüllung der Wartezeit nur solche Monate angerechnet werden, für die Beiträge entrichtet worden sind." (Begr. S. 45.)

5. Nicht dauernde oder vorübergehende Berufsunfähigkeit wird im Anschluß an die Rechtsprechung des RVA. (AN. 96 S. 358, RevE. 521), betr. Invalidität im Sinne der JVers., anzunehmen sein, wenn der sie bedingende Zustand nach vernünftigem menschlichen Ermessen in absehbarer Zeit Aussicht auf Beseitigung oder wesentliche Besserung bietet; eine unbestimmte Möglichkeit der Besserung kommt nicht in Betracht. Abgesehen von der Besserungsmöglichkeit ist der Begriff der vorübergehenden Berufsunfähigkeit derselbe wie der der dauernden.

Vorübergehende Berufsunfähigkeit kann in dauernde übergehen. Für die Beurteilung des Übergangs ist es notwendig, das gesamte Krankheitsbild, wie es sich dem nachträglichen Beurteiler zeigt, zu betrachten. Lassen sich nicht zwei Krankheitsphasen unterscheiden, die durch besondere, die zunächst vorhandene Aussicht auf Besserung ausschließende Umstände getrennt sind, so wird die Berufsunfähigkeit vom Beginne der Krankheit an als dauernd anzusehen sein. (Vgl. die Rechtsprechung des RVA. über vorübergehende und dauernde Invalidität, AN. 93 S. 123 Nr. 273.)

Die in dem Entw. vorgesehene Bezeichnung „Krankenpension" ist gestrichen (Ber. S. 15), wie auch die in der Geschäftsführung der VersTräger wenig gebräuchlichen Worte „Krankenrente" und „Witwenkrankenrente“ in den §§ 1255, 1258 RVO. und das Wort „Krankenruhegeld“ im § 25 AVG. durch G. vom 13. Juli 1923 beseitig sind.

6. Bei dieser Vorschrift ist an die Fälle gedacht, in denen ein Krankenkassenmitglied auf Grund einer nach § 188 RVO. erlassenen Satzungsbestimmung nur Anspruch auf Krankengeld für 13 Wochen hat, weil es für dieselbe Krankheit schon einmal für 26 Wochen unterstützt worden ist.

7. Bei vorübergehender Dauer der Berufsunfähigkeit bildet der Beginn der 27. bezw. 14. Woche den VersFall. Auch in diesen Fällen ist die JP. nach § 49 vom ersten Tage des Monats zu zahlen, in dem die Berufsunfähigkeit eingetreten ist, in den also der Beginn der 27. bezw. 14. Woche fällt. Die P. wird demnach häufig mit dem noch bestehenden Anspruch auf Krankengeld zusammenfallen; auch wenn der Beginn der 27. bezw. 14. Woche auf einen Monatsersten fallen sollte, ist Krankengeld durchweg noch für einige Tage zu zahlen, da es regelmäßig erst vom vierten Krankheitstage oder von dem späteren Eintritt der Arbeitsunfähigkeit ab gewährt wird.

8. Bei Übergang vorübergehender in dauernde Berufsunfähigkeit nach längerer Krankheit ist der Betrag der P. neu festzusetzen, weil nach § 29 Krankheitsmonate (außer zur Erfüllung der Wartezeit) anzurechnen sind. Wird der Beginn der Berufsunfähigkeit auf den Beginn der Krankheit zurückbezogen (vgl. § 49 Abs. 1), so sind gegebenenfalls auf die Dauer von sechsundzwanzig Wochen Krankengeld und JP. nebst Teuerungszulage nebeneinander zu gewähren, denn nach den Vorschriften des achten Abschnitts dürfen Leistungen der KrV. nicht auf die der PV. angerechnet werden. Abweichend bestimmt § 1255 RVO. in Verbindung mit § 1309 RVO. i. d. F. d. G. vom 13. Juli 1923, daß eine für vorübergehende Invalidität bewilligte Rente bei Umwandlung in die Dauerrente nicht geändert wird; hier findet also eine Anrechnung von Krankheits- oder Rentenbezugszeiten nicht mehr statt.

§ 26.[1])

Berufsunfähigkeit wird auch als vorhanden angesehen,[2]) [3]) wenn der Antragsteller das fünfzigste Lebensjahr vollendet, fünfundzwanzig Dienstjahre zurückgelegt, während dieser Zeit mindestens fünfzehn Jahre wesentliche bergmännische Arbeiten[4]) verrichtet hat und keine gleichwertige Lohnarbeit mehr verrichtet.[5]) [6]) Eine Lohnarbeit gilt dann als gleichwertig, wenn sie nach der Entlöhnung der höchstgelohnten Arbeit entspricht, die der Berechtigte während seiner Dienstzeit nicht nur vorübergehend verrichtet hat.[7])

§ 20 Entw.

1. Die sog. Alterspension ist eine alte Forderung der Bergarbeiter. Diese haben den Wunsch, daß ihnen nach Erreichung eines bestimmten Lebens- und Dienstalters die Beibringung eines ärztlichen Zeugnisses zum Nachweis der Berufsunfähigkeit erlassen wird, weil der Eintritt der Bergfertigkeit nach allgemeinen Erfahrungen unterstellt werden müsse, und wollen gegen eine Entziehung der Pension gesichert sein, wie sie im Falle wesentlicher Veränderung der Verhältnisse bei der JP. vorgeschrieben ist. Die Begr. des Entw. enthält eine Gegenüberstellung der Gründe für und wider die Alterspension, die sie gegeneinander abwägt; sie erkennt den Wunsch der Bergarbeiter im allgemeinen an, erachtet es aber für bedenklich, die Alterspension unterschiedslos allen im Bergbau beschäftigten Personen einschl. der Arbeitnehmer über Tage und der Büroangestellten zu gewähren, wobei sie auf die Verschiedenheit des durchschnittlichen Invalidisierungsalters in den einzelnen Bezirken hinweist, und erörtert die großen praktischen Schwierigkeiten, die eine verschiedene Behandlung der Arbeitnehmer unter und über Tage, namentlich eine verschiedene Festsetzung der Altersgrenzen, mit sich bringen würde. Schließlich weist sie auf die aus der Alterspension erwachsende Belastung und auf die möglicherweise eintretende Gefahr der Abwanderung noch rüstiger Arbeiter aus dem Bergbau hin (vgl.

die eingehenden Darlegungen auf S. 45 bis 47 der Begr.). Der Entw. hat aus den Ausführungen der Begr. die Folgerung gezogen, daß die Entscheidung über Einführung der Alterspension einschl. Festsetzung der Altersgrenze der Satzung überlassen bleiben müsse, was sich auch unter dem Gesichtspunkte empfehle, daß erst die Satzungsberatungen einen Überblick über die Gesamtheit der Leistungen der PK. und die vom Bergbau zu tragende Belastung ergeben würden.

Der RWR. und der Reichstag haben den Vorschlag des Entw., die Entscheidung über die Alterspension der Satzung zu überlassen, nicht zugestimmt, vielmehr den Standpunkt eingenommen, daß die Alterspension für die mit eigentlicher Bergarbeit beschäftigten Personen als Pflichtleistung im G. selbst bestimmt werden müsse. Der nach Verständigungsverhandlungen zwischen den Vertretern des Bergbaues einstimmig angenommene Vorschlag des RWR. ging dahin, daß für bestimmte in der Satzung näher zu bezeichnende Gruppen von Mitgliedern, die durch ihre Beschäftigung besonderen Schädigungen der Gesundheit oder einer erhöhten Abnutzung der Arbeitskraft ausgesetzt sind, Berufsunfähigkeit anzunehmen ist, wenn der Versicherte das fünfzigste Lebensjahr vollendet und außerdem fünfundzwanzig Dienstjahre in der PK. zurückgelegt hat (vgl. Ber. des Sozialpolitischen Ausschusses des RWR., Nr. 5249 der Drucksachen des Reichstags S. 63). In diesem Vorschlag erscheint die Gewährung der Alterspension für bestimmte Gruppen als Pflichtleistung; daneben sollte es zulässig sein, die Alterspension auch noch für andere Gruppen als satzungsmäßige Leistung zu gewähren. Die Aussprache über die Alterspension im Reichstagsausschuß bewegte sich ungefähr in der gleichen Richtung. Von Regierungsseite wurde ausgeführt, daß man in dem Wunsche, den eigentlichen Bergarbeitern unter Berücksichtigung ihrer schweren Tätigkeit eine Alterspension zu gewähren, einig gehe, daß es aber Bedenken errege, die Alterspension allen auf Bergwerken beschäftigten Personen ohne jeden Unterschied zu gewähren: Nach der amtlichen Statistik sei etwa ein Drittel der den KnV. angehörenden

Arbeiter über Tage beschäftigt; für diesen Teil der Belegschaft sowie für einen großen Teil der Angestellten kämen die Gründe der Gewährung einer Alterspension im wesentlichen in Fortfall. Ferner werde zu Unrecht immer nur auf die Verhältnisse des Allgemeinen KnV. in Bochum Bezug genommen, wo die Invalidität allerdings früh einsetze, denn in anderen Bezirken seien durchschnittliches Lebensalter und durchschnittliches Dienstalter wesentlich höher (vgl. die mit Zahlen belegten Angaben des Regierungsvertreters S. 15/16 des Ber.). In Würdigung dieser Bedenken hatte der Ausschuß zunächst einem Antrage zugestimmt, wonach Berufsunfähigkeit auf Antrag auch als vorhanden angesehen wird, wenn der Antragsteller das fünfzigste Lebensjahr vollendet, fünfundzwanzig Dienstjahre zurückgelegt, während der überwiegenden Dauer dieser Zeit wesentliche bergmännische Arbeiten verrichtet hat und keine gleichwertige Lohnarbeit außerhalb kn. Betriebe mehr verrichtet. Gegen diese Fassung sind von Regierungsseite nochmals ernste Bedenken erhoben, namentlich wegen der Unbestimmtheit des Ausdrucks „überwiegend" und wegen der Worte „außerhalb kn. Betriebe", worauf in der dritten Lesung die in das G. übergegangene Fassung angenommen ist (Ber. S. 18). Eine unterschiedliche Behandlung der PKMitglieder hinsichtlich der Beitragsleistung ist darin nicht vorgesehen, obwohl die zur Alterspension berechtigten Mitglieder die PK. erheblich mehr belasten als die nichtberechtigten.

2. Die Alterspension ist im G. — wie im Entw. — nicht ausdrücklich als solche bezeichnet, sie erscheint nach Anordnung und Reihenfolge der Paragraphen vielmehr als eine besondere Art der JP. Für ihren rechtlichen Charakter trifft auch nach der Fassung des G. zu, was die Begr. S. 45 ausführt: „Die sog. Alterspension ist keine neue Versicherungsleistung, keine Altersrente im gesetzlichen Sinne, sondern eine Abart der JP. Den Versicherungsfall bildet auch bei ihr der vermutete Eintritt der Berufsunfähigkeit und nicht etwa die Erreichung eines bestimmten Lebens- und Dienstalters. Lebens- und Dienstalter werden gewissermaßen als Beweismittel berücksichtigt, indem sie eine durch Gegenbeweis

nicht widerlegbare Vermutung für den Eintritt der Berufsunfähigkeit begründen." Die Gewährung der Alterspension bei Erfüllung der gesetzlichen Voraussetzungen ist eine Pflichtleistung. Sie ist abweichend vom Entw. nicht ausdrücklich von der Stellung eines Antrags abhängig gemacht. Nach § 153 RKG. werden PKLeistungen aber allgemein nur auf Antrag festgestellt, und gerade bei der Alterspension ist ein Antrag naturgemäß erforderlich, weil die für Prüfung des Anspruchs erforderlichen Unterlagen, namentlich der Nachweis der Verrichtung wesentlicher bergmännischer Arbeit während eines Zeitraums von fünfzehn Jahren, beigebracht werden müssen. Die vom Reichstagsausschuß beschlossene Streichung der Worte „auf Antrag" hat deshalb keine wesentliche Bedeutung, zumal das Wort „Antragsteller" stehengeblieben ist. Aus der Streichung wird auch nicht gefolgert werden dürfen, daß, wenn die Voraussetzungen für den Bezug der Alterspension erfüllt sind, der Arbeitnehmer verpflichtet sei, die Pension zu verlangen und zu einer anderen, geringer entlohnten Arbeit überzugehen.

3. Die Empfänger der sog. Alterspension sind, obwohl sie nicht berufsunfähig sind, als „Knappschaftsinvalide" im gesetzlichen Sinne zu betrachten. Alle Vorschriften, die für Knappschaftsinvalide gelten (z. B. über Gewährung von Begräbnisbeihilfe, über Kindergeld, über die Wählbarkeit zum Ältestenamt — § 131 Abs. 2 —), gelten auch für Empfänger der Alterspension. Ebenso tritt zu der Alterspension die TZul. nach den Vorschriften des § 31 hinzu. Dagegen finden die Vorschriften über Entziehung der JP. (§ 55) im allgemeinen keine Anwendung (vgl. Anm. 5 zu § 55).

4. Der nur an dieser Stelle vorkommende und nicht näher erläuterte Begriff der „wesentlichen bergmännischen Arbeiten" ist aus der bisherigen Rechtsprechung über die kn. Invalidisierung entnommen (vgl. Anm. 2 zu § 25 und die dort zitierten Entscheidungen). Die Grundsätze dieser Rechtsprechung werden jedoch bei Auslegung des § 26 nur in beschränktem Maße Verwertung finden können, da der Begriff „wesentliche bergmännische

Arbeit" ebenso wie der Begriff „gleichwertige Arbeit" selbständig aus dem Zwecke und der Bedeutung des § 26 hergeleitet werden müssen.

Wird die Alterspension beantragt, so obliegt nach allgemeinen Grundsätzen dem Antragsteller die Beweislast für die Erfüllung der Voraussetzungen des Anspruchs, namentlich also auch dafür, daß fünfzehn Jahre lang wesentliche bergmännische Arbeiten verrichtet sind. Dieser Nachweis wird für die Vergangenheit nicht leicht zu führen sein, da die Lohnbücher der Zechen im allgemeinen nur kurze Zeit aufbewahrt werden, und die Gefällebücher oder Mitgliedschaftskataster der KnV. keinen Aufschluß über die Art der geleisteten Arbeit geben. Als Beweismittel wird daher, falls Streit entsteht, hauptsächlich nur das Zeugnis von Vorgesetzten, Arbeitskameraden des Antragstellers oder sonstigen unterrichteten Personen in Betracht kommen. Für die Folge wird es sich empfehlen, Beiträge für nach § 26 zu berücksichtigende wesentliche bergmännische Arbeit in den Listen der Zechen und den Gefällebüchern der KnV. besonders kenntlich zu machen und den Versicherten von Zeit zu Zeit eine Aufstellung über diese Beiträge zur Anerkennung zugehen zu lassen, damit Streit bei späterer Stellung des Antrags auf Alterspension möglichst vermieden wird.

5. Die Bestimmung, daß der Empfänger einer JP. keine gleichwertige Arbeit mehr verrichten darf, ist aus dem Entw. übernommen, dessen Begr. (S. 45) u. a. folgendes anführte: „Es ist Absicht des Entw., die Empfänger der Alterspension dem Bergbau für die Verrichtung leichter Arbeiten möglichst zu erhalten, indem er bei Übergang zu gleichwertiger Lohnarbeit den Verlust der Alterspension eintreten läßt. Gleichwertige Lohnarbeit ist Arbeit in anderen Betrieben, die entweder gleich schwer ist wie wesentliche bergmännische Arbeit oder in der gleich hohe Löhne verdient werden." Hier ist der Begriff der „gleichwertigen" Arbeit bereits anders aufgefaßt als im Sinne der Rechtsprechung über kn. Invalidität, wonach die in Anm. 2 zu § 25 aufgeführten Tätigkeiten (Schießmeister, Wetterkontrolleur usw.) trotz des

Abstandes gegenüber dem Hauerlohn als gleichwertig gelten. Aus Bergarbeiterkreisen ist häufig bemängelt worden, daß der Kreis der „gleichwertigen" Arbeiten zu weit gezogen sei, und auch im Ausschuß ist unter Hinweis auf die angeführte Rechtsprechung das Bedenken geltend gemacht, daß einem langjährigen Hauer, der nach Abnahme der Körperkräfte z. B. Förderaufseher geworden ist und diese Tätigkeit fortzusetzen beabsichtigt, die Alterspension versagt werden könnte, weil er noch gleichwertige Arbeit verrichte. Zur Beseitigung dieses Bedenkens ist von Regierungsseite erklärt worden, daß die Frage, was „gleichwertige Lohnarbeit" im Sinne des § 26 zu bedeuten hat, nicht im gleichen Sinne wie bisher bei der Invaliditätsfrage beantwortet werden muß, sondern selbständig aus dem Zwecke und der Bedeutung des § 26, daß also z. B. ein bisher als Hauer beschäftigter Arbeiter, bei dem die sonstigen Voraussetzungen des § 26 vorliegen, dann zum Bezuge der „Alterspension" berechtigt sein wird, wenn er nicht mehr die Arbeiten eines Hauers, sondern die geringer entlohnten Arbeiten eines Schichtlöhners verrichtet (Ber. S. 18).

6. Die Bestimmung bezieht sich auf Lohnarbeit sowohl in kn. wie in nicht kn. Betrieben. Die zunächst beschlossene Beschränkung auf Lohnarbeit „außerhalb kn. Betriebe" hat der Reichstagsausschuß fallen lassen mit Rücksicht auf Bedenken der Regierung, die hauptsächlich darauf beruhten, daß der Alterspensionär, dessen Pension nebst TZul. nach § 31 mindestens 40 v. H. des Hauerdurchschnittslohns beträgt, nicht nebenher noch den vollen Hauerlohn verdienen solle. Der in nicht kn. Betrieben verdiente Lohn wird nur schwer festzustellen und deshalb eine Entziehung der Alterspension wegen Aufnahme gleichwertiger Lohnarbeit in anderen Betrieben nach § 55 Satz 2 nur selten durchführbar sein. Ein durch andere Tätigkeit als Lohnarbeit (z. B. durch den Betrieb eines Geschäfts, einer Gastwirtschaft und dergl.) erzieltes Einkommen ist auf den Bezug der Alterspension ohne Einfluß.

7. Satz 3 ist vom Reichstagsausschuß eingefügt (Ber. S. 18). Die Höhe der in Betracht kommenden Löhne wird durch Einsichtnahme in die Lohntarife, erforderlichenfalls durch besondere

Ermittelungen festzustellen sein. Der Ausdruck „nicht nur vorübergehend" kommt auch sonst in der Gesetzessprache vor (vgl. z. B. § 29 Abs. 2) und steht im Gegensatz zu „überwiegend". Ist ein Bergarbeiter eine Zeitlang, wenn auch nicht während der überwiegenden Dauer seiner Dienstzeit, Hauer gewesen, so ist der von ihm in kn. oder nicht kn. Betrieben verdiente Lohn mit dem Hauerlohn in Vergleich zu ziehen, und er ist zum Bezuge der Alterspension nicht berechtigt, wenn er in seiner Arbeit den Hauerlohn erreicht.

§ 27.[1])

(Abs. 1.) Hat das Mitglied sich die Berufsunfähigkeit beim Begehen einer Handlung, die nach strafgerichtlichem Urteil ein Verbrechen[2]) oder vorsätzliches Vergehen[2]) ist, zugezogen, so kann die Invalidenpension ganz oder teilweise versagt werden.[3])

(Abs. 2.) Die Verletzung bergpolizeilicher Vorschriften gilt nicht als Vergehen im Sinne des vorstehenden Absatzes.[4])

(Abs. 3.) Die Invalidenpension kann den im Inland wohnenden Angehörigen ganz oder teilweise überwiesen werden,[5]) wenn das Mitglied deren Unterhalt bisher ganz oder überwiegend aus seinem Arbeitsverdienste bestritten hat.

(Abs. 4.) Die Invalidenpension kann auch versagt werden, wenn wegen Abwesenheit oder eines andern in der Person des Mitglieds liegenden Grundes kein strafgerichtliches Urteil ergeht.

§ 22 Entw.

1. Der Inhalt des § 27 entspricht dem § 1254 Abs. 2, 3 RVO. Die dem § 1254 Abs. 1 RVO. nachgebildete Vorschrift in § 21 des Entw., daß keinen Anspruch auf IP. hat, wer die Berufsunfähigkeit vorsätzlich herbeiführt, ist vom Reichstagsausschuß als überflüssig gestrichen, weil niemand sich vorsätzlich verstümmle (Ber. S. 18).

2. Vgl. hierzu die Begriffsbestimmung im § 1 des Strafgesetzbuchs für das Deutsche Reich.

3. Die Bezirksverwaltung entscheidet nach freiem Ermessen, ob und in welchem Umfange die JP. versagt werden soll, und erteilt darüber einen anfechtbaren Bescheid nach § 155. Vom Geschäftsausschuß und von den weiteren Instanzen ist gegebenenfalls nachzuprüfen, ob und inwieweit die Versagung angemessen ist.

4. Nach der Höhe der im ABG. angedrohten Strafen stellen sich in Preußen Zuwiderhandlungen gegen bergpolizeiliche Vorschriften als „Vergehen" dar, die in anderen Ländern als „Übertretungen" gelten. Deshalb ist die Vorschrift in § 1254 Abs. 2 RVO. getroffen, um nicht preußische Bergleute gegenüber anderen Bergleuten zu benachteiligen, und aus dem gleichen Grunde hier übernommen.

5. Da die Angehörigen keinen Anspruch auf die Pension haben, ist hier ein formloser Bescheid zu erteilen.

§ 28.

(Abs. 1.) [1]) Die Invalidenpension wird nach monatlichen Steigerungsbeträgen bemessen. Die im Einzelfalle zu gewährende Pension ist gleich der Summe der erdienten Steigerungsbeträge.[2])

(Abs. 2.) Durch die Satzung werden gebildet:

1. für die Arbeiterabteilung drei Mitgliederklassen;[3]) für jede von ihnen wird ein einheitlicher Steigerungsbetrag festgesetzt, und zwar getrennt für männliche und für weibliche Mitglieder;[4])
2. für die Angestelltenabteilung Gehaltsklassen in Anlehnung an die Vorschriften des Angestelltenversicherungsgesetzes;[5]) für jede Gehaltsklasse wird ein einheitlicher Steigerungsbetrag festgesetzt.[6])

[7]) (Abs. 3.) Innerhalb eines Bezirksknappschaftsvereins müssen in der Arbeiterabteilung sämtliche Mitglieder eines Geschlechts derselben Klasse angehören.

Die Klasse wird durch die Sondervorschriften bestimmt. Auf den Antrag des Bezirksvorstandes,[8]) welcher der Zustimmung der Bezirksversammlung [8]) bedarf, kann der Reichsknappschaftsverein [9]) die Einreihung der Mitglieder in verschiedene Klassen zulassen, wenn der Bezirksknappschaftsverein verschiedene Arten knappschaftlicher Betriebe umfaßt; Arbeiter ein und desselben Betriebs müssen jedoch sämtlich derselben Klasse zugeteilt werden.

§ 23 Entw. In Abs. 2 sind entsprechend der Erweiterung des 5. Abschnitts die Angestellten mit einbezogen (Ber. S. 18, 53/54).

1. Das Ges. hat von der Unterscheidung zwischen Grundbetrag und Steigerungsbeträgen, wie sie nach der RVO. (§§ 1287, 1288) bei der Berechnung des Anteils der VersTräger an den Invaliden- und Hinterbliebenenrenten und neuerdings auch bei Berechnung der Leistungen der AV. nach § 55 AVG. vorgenommen wird, abgesehen und ist dem Vorgange der größeren preuß. KnV. gefolgt, die an Stelle der früheren, nach Dienstalterszeiten abgestuften wöchentlichen Steigerungssätze monatliche, für das gesamte Dienstalter gleich bemessene Steigerungssätze eingeführt haben. Die Begr. (S. 48) bemerkt hierzu:

„Bei diesem Verfahren ist der Betrag der Monatspension unschwer aus Steigerungssatz und Beitragszeit zu berechnen; bei einem monatlichen Steigerungssatz von 3 *M* und 25 Beitragsjahren beträgt die Monatspension 3 × 25 = 75 *M*. Diese Art der Berechnung ist außerordentlich klar, einfach, übersichtlich und hat sich sehr bewährt. Durch die Einführung gleicher monatlicher Steigerungssätze wird namentlich den Versicherten selbst die Berechnung der Pension sehr erleichtert, sofern sie nur über die Dauer ihrer PKMitgliedschaft unterrichtet sind. Der Entw. hat das bezeichnete Verfahren übernommen. Die Wiedereinführung des Grundbetrages wäre an sich im Hinblick auf die gesetzliche Freizügigkeit innerhalb des RKV. und auf die beschränkte Zahl von Mitgliederklassen möglich gewesen; sie ist auch von mehreren Seiten gewünscht worden. Der Entw. hat jedoch der Bemessung der Pensionen nur nach monatlichen Steigerungssätzen den Vorzug gegeben, wobei auch erwogen ist, daß künftig der PK. weibliche Mitglieder in größerer Zahl angehören, die durchweg nur kurze Zeit im Bergbau beschäftigt sind und durch Wiedereinführung des Grundbetrages begünstigt würden."

2. Abs. 1 bezieht sich in beiden Sätzen nur auf die feste Pension, neben der eine bewegliche TZul. nach § 31 gewährt wird. Über das zahlenmäßige Verhältnis der festen Pension zur TZul. vgl. Anm. 2 zu § 31, aus der zu entnehmen ist, daß die „Summe der Steigerungsbeträge" voraussichtlich nur einen geringen Bruchteil der Gesamtbezüge des KnInvaliden ausmachen wird.

In der Satzung ist zu bestimmen, welche Steigerungsbeträge für Zeiten der Mitgliedschaft bei den bisherigen KnV. vor dem 1. Jan. 1924 anzurechnen sind. Da die Steigerungsbeträge nur einen geringen Bruchteil des Gesamtbezuges ausmachen, wird es sich empfehlen, die in der Satzung für die verschiedenen Mitgliederklassen festzusetzenden Steigerungsbeträge gleichmäßig für Zeiten vor dem 1. Jan. wie nach dem 1. Jan. 1924 zu berechnen (vgl. auch allgemeine Begr. des Entw. S. 23). Die Anrechnung von Ersatztatsachen, die vor dem 1. Jan. 1924 liegen, ist nach Art. 29 EG. durch die Sondervorschriften der BezKV. zu regeln.

3. Die Beschränkung der Zahl der Mitgliederklassen in der Arbeitnehmerabteilung begründet der Entwurf:

„Bei einigen KnV. besteht gegenwärtig eine große Anzahl von Mitgliederklassen, was zu der vielbeklagten Zersplitterung des Knappschaftswesens wesentlich beigetragen hat und auch die Geschäftsführung der KnV. sehr erschwert. Auf Verringerung der Zahl der Mitgliederklassen muß daher Bedacht genommen werden. Dem Grundgedanken des RKV. würde am meisten die Bildung nur einer Mitgliederklasse mit gleichen Leistungen und gleichen Beiträgen für sämtliche Mitglieder entsprechen. In Anbetracht der großen Verschiedenheit der Löhne und der wirtschaftlichen Verhältnisse in den einzelnen Bergbaubezirken Deutschlands ist dieser Gedanke jedoch, wie bereits in der allgemeinen Begründung angedeutet wurde, nicht durchführbar. Arbeiter mit geringen Löhnen dürfen nicht zu hohen Beiträgen herangezogen werden, die den Löhnen nicht angepaßt sind; auf der anderen Seite geht es nicht an, hohe Pensionen zu zahlen, die zu den früheren Löhnen im Mißverhältnis stehen. Die Einführung mehrerer Mitgliederklassen läßt sich also nicht umgehen. Ihre Zahl ist aber möglichst zu beschränken und deshalb auf drei bestimmt. Innerhalb dieser drei Klassen können die örtlichen Verschiedenheiten genügend Berücksichtigung finden." (Begr. S. 48.)

4. Für Bemessung der Höhe der Steigerungsbeträge der weiblichen Mitglieder im Verhältnis zu denen der männlichen gibt die Begr. (a. a. O.) folgende Anhaltspunkte:

„Der Steigerungssatz für weibliche Mitglieder wird entsprechend der geringeren Lohnhöhe niedriger zu halten sein als der Satz für männliche Mitglieder, wie auch die Beiträge niedriger zu bemessen sind. Für die Bemessung des Unterschiedes wird der Gesichtspunkt als Anhalt dienen können, daß die JP. eines weiblichen PKMitgliedes, das längere Zeit Bergarbeit verrichtet hat, billigerweise nicht niedriger sein darf als die ohne Rücksicht auf Berufsunfähigkeit zu zahlende Pension der Witwe eines männlichen Mitgliedes, das die gleiche Zeit im Bergbau war." Danach würde der Steigerungsbetrag z. B. auf 60 v. H. zu setzen sein, wenn die Witwenpension 60 v. H. der JP. beträgt.

5. In der Angestelltenabteilung ist nach Auffassung der Begr. zu § 62 Abs. 2 des Entw. (S. 56) mit Rücksicht auf die große Verschiedenheit der Einkommen der Angestellten innerhalb desselben BezKV. eine Beschränkung der Klassen wie in der Arbeiterabteilung nicht durchführbar, vielmehr wird die Bildung einer größeren Zahl von Gehaltsklassen nach dem Muster des AVG. für erforderlich gehalten. Da sich jedoch die nach § 16 AVG. gebildeten Gehaltsklassen ständig ändern, indem die unteren Klassen gesperrt und neue Klassen aufgesetzt werden, und da ferner die Bergbauangestellten, von den Lehrlingen und weiblichen Kräften abgesehen, durchweg der jeweils höchsten Klasse angehören, wird möglichste Beschränkung der Klassenzahl auch in der Angestelltenabteilung zu empfehlen sein.

6. Bei Festsetzung der Steigerungsbeträge wird nicht, wie in der Arbeiterabteilung, zwischen männlichen und weiblichen Mitgliedern unterschieden, sondern ein einheitlicher Steigerungsbetrag festgesetzt. Eine Trennung erscheint mit Rücksicht auf die große Zahl der Gehaltsklassen, in die die weiblichen Mitglieder entsprechend ihrem Arbeitsverdienste einzureihen sind, entbehrlich. (Vgl. Begr. zu § 62 Abs. 2, Entw. S. 56.)

7. Abs. 3, der sich nur auf die Arbeiterabteilung bezieht, ist im Entwurf wie folgt begründet:

„Innerhalb des BezKV. müssen die Mitglieder desselben Geschlechts derselben Mitgliederklasse angehören. Welche Mitgliederklasse einzuführen ist, entscheidet unter Berücksichtigung der Höhe der Löhne, der wirtschaftlichen Verhältnisse und sonstiger in Betracht zu ziehender Umstände die Bezirksversammlung, die die Mitgliederklasse in den Sondervorschriften festsetzt. Innerhalb eines BezKV. werden demnach regelmäßig gleiche Beiträge gezahlt und gleiche Leistungen gewährt werden. Da ein BezKV. jedoch knappschaftliche Betriebe der verschiedensten Art mit stark voneinander abweichenden Lohnverhältnissen umfassen kann (Bergbau auf Steinkohle, Braunkohle, Kali, Erze, Tongräbereien usw.), so ist die Möglichkeit vorgesehen, daß die Mitglieder verschiedenen Klassen zugeteilt werden können. Die Anwendung dieser Vorschrift ist aber an erschwerende Voraussetzungen geknüpft: Es bedarf eines Antrages des Bezirksvorstandes, dem die Bezirksversammlung zustimmen muß. Die Entscheidung über den Antrag selbst ist dem RKV. vorbehalten, der die Zulässigkeit der Zuteilung zu verschiedenen Klassen nach der Gesamtheit der in den BezKV. vorliegenden Verhältnissen zu prüfen haben wird. Weiterhin ist, um die Einheitlichkeit der Beiträge und Leistungen wenigstens für die Belegschaft desselben Werkes zu wahren, die einschränkende Bestimmung getroffen, daß Arbeiter ein und desselben Betriebes (und des gleichen Geschlechts) sämtlich der gleichen Klasse zugeteilt werden müssen." (Begr. S. 48.)

8. Mangels abweichender Bestimmungen gelten für die Beschlußfassung des Bezirksvorstandes und der Bezirksversammlung die allgemeinen gesetzlichen Vorschriften (§ 138 in Verb. mit § 118 Abs. 1, § 142 in Verb. mit § 126).

9. Der RKV. entscheidet nach § 116 Abs. 1 durch den Vorstand, der nach § 118 Abs. 1 mit einfacher Stimmenmehrheit beschließt.

§ 29.[1])

(Abs. 1.) Als Beitragsmonate werden, ohne daß Beiträge entrichtet zu werden brauchen, die vollen[2]) Monate angerechnet, in denen das Mitglied wegen einer Krankheit[3]) zeitweise arbeitsunfähig und nachweislich verhindert gewesen ist, seine Berufstätigkeit fortzusetzen.

(Abs. 2.) Diese Monate werden jedoch nur denen angerechnet, die vorher berufsmäßig nicht nur vorübergehend in knappschaftlichen Betrieben beschäftigt gewesen sind.

(Abs. 3.) Zur Erfüllung der Wartezeit werden nur solche Monate angerechnet, für die Beiträge entrichtet worden sind.[4])

§ 24 Entw.

1. Die §§ 29 und 30 regeln die Anrechnung sog. Ersatztatsachen, die jetzt auf Krankheit beschränkt sind: „Die Anrechnung von Krankheitszeiten und sonstiger Ersatztatsachen auf Wartezeit und Dienstalter war bisher durch die Landesgesetze nicht geregelt. Infolgedessen zeigten die einschlägigen Vorschriften der Knappschaftssatzungen große Verschiedenheiten. Der Entwurf trifft nunmehr eine einheitliche Regelung im Anschluß an die Vorschriften der §§ 1393 und 1394 RVO., soweit diese auf Krankheitszeiten Bezug haben. Die Anrechnung von Militär- und Kriegsdienstzeiten hat nur noch für die Vergangenheit Bedeutung, so daß die Vorschriften hierüber in die Übergangsbestimmungen zu ver-

weisen waren." (Begr. S. 48/49.) Nach Verweisung der Übergangsbestimmungen in das EG. ist die Anrechnung sonstiger Ersatztatsachen in Art. 29 daselbst geregelt.

2. „Da die Leistungen nach monatlichen Steigerungssätzen berechnet werden und auch die Beiträge monatlich zu zahlen sind, können nur volle Monate als Krankheitszeiten in Anrechnung kommen. Wenn also ein Mitglied nur an einem Tage des Monats knappschaftliche Arbeit geleistet hat oder etwa am letzten Tage des Monats verstorben ist, so ist dieser Monat nicht anrechnungsfähig, weil er nicht durch Krankheit voll gedeckt wird." (Begr. S. 49.)

Das G. ist hier der Rechtsprechung des RVA. über die Anrechnung von Krankheitswochen in der JVers. gefolgt, aus der folgende Entsch. angeführt seien: Nur ein von Montag bis einschl. Sonntag reichender Zeitraum ist als Beitragswoche anrechnungsfähig (AN. J. u. AV. 95 S. 433 Nr. 223). An dem Mangel des formellen Nachweises der Krankheit für einen Sonn- oder Feiertag darf die Anrechnungsfähigkeit der Krankheitswoche, in die der Sonn- oder Feiertag fällt, nicht scheitern. Nur darf nicht feststehen, daß an diesem Sonn- oder Feiertag versicherungspflichtige Beschäftigung tatsächlich ausgeübt worden ist (AN. 97 S. 269 Nr. 547 und 1900 S. 648 Besch. 811). Bei Festsetzung der früheren sog. Krankenrente können die ersten 26 Wochen vorübergehender Invalidität nur dann voll angerechnet werden, wenn die Krankheit mit einem Montag begonnen hat, in anderen Fällen dagegen nur mit 25 Wochen (AN. 1900 S. 673 Nr. 817). Die Woche, in die der Eintritt der Invalidität fällt, ist nicht anrechnungsfähig, weil die Krankheit nicht die volle Kalenderwoche gedauert hat (AN. 97 S. 381 Nr. 588). Die hier vom RVA. ausgesprochenen Grundsätze werden auf die Anrechnung von Krankheitsmonaten bei der PV. entsprechend zu übertragen sein.

3. Krankheit ist im Sinne der JVers. wie der KrV. jede Beeinträchtigung des Wohlbefindens, ein Zustand der Störung der normalen Körper- oder Geistestätigkeit, der entweder lediglich Heilbehandlung erfordert oder zugleich oder ausschließlich Ar-

beitsunfähigkeit zur Folge hat. Auf die Heilbarkeit der Krankheit kommt es dabei nicht entscheidend an.

4. Die Vorschrift soll verhüten, daß die nur drei Jahre betragende Wartezeit zum Teil durch Krankheit ohne Beitragsleistung erfüllt wird. Hat ein PKMitglied 2½ Jahre Beiträge entrichtet und im Anschluß daran sechs Monate hindurch krankgefeiert, so besteht mangels der Erfüllung der Wartezeit kein Anspruch auf JP. Abweichend hiervon können nach der RVO. für die frühere sog. Krankenrente 26 Wochen einer mit Erwerbsunfähigkeit verbundenen Krankheit zur Erfüllung der Wartezeit von 200 Beitragswochen angerechnet werden (Entsch. des RVA. vom 7. Juli 1914, AN. 14 S. 693 Nr. 1894).

§ 30.[1])

(Abs. 1.) Nicht angerechnet wird eine Krankheit, die sich das Mitglied vorsätzlich oder bei Begehung eines durch strafgerichtliches Urteil festgestellten Verbrechens oder durch schuldhafte Beteiligung bei Schlägereien oder Raufhändeln[2]) zugezogen hat.

(Abs. 2.) Wenn die Krankheit ununterbrochen über ein Jahr dauert, wird die weitere Dauer nicht angerechnet.[3])

(Abs. 3.) Die Genesungszeit[4]) wird der Krankheit gleichgeachtet. Dasselbe gilt[5]) für die Dauer von acht Wochen[6]) bei einer Arbeitsunfähigkeit, die durch eine Schwangerschaft oder durch ein regelmäßig verlaufenes Wochenbett veranlaßt ist.[7])

§ 25 Entw.

1. Vgl. Anm. 1 zu § 29.

2. Schuldhafte Beteiligung bei Schlägereien oder Raufhändeln ist nach der RVO. (§ 192 Nr. 2) auch ein Grund für Versagung des Krankengeldes. Nach der früheren Rechtsprechung zu §§ 192 und 1394 RVO. setzt der Begriff des Raufhandels oder der Schlägerei voraus, daß beim Ausbruch der Tätlichkeiten

mehrere Personen als widerrechtlich Handelnde auftreten. In Übereinstimmung mit Hahn und Rosin wird aber angenommen werden müssen, daß der Begriff des Raufhandels oder der Schlägerei zwar eine Tätigkeit mehrerer, nicht aber notwendig eine wechselseitig widerrechtliche Tätigkeit voraussetzt (vgl. die eingehende Begr. dieser Auffassung bei Hahn, Handbuch der KrV., 8. Aufl., Anm. 7 zu § 192 RVO.), daß es vielmehr genügt, wenn bei wechselseitigen Tätlichkeiten auch nur der Versicherte schuldhaft gehandelt hat.

Der Nachweis einer „schuldhaften Beteiligung" obliegt dem VTräger. Der Nachweis wird dann nicht leicht zu führen sein, wenn ein bei Unruhen infolge Eingreifens der Polizei Verletzter behauptet, ohne seinen Willen in die Unruhen hineingezogen und nur als Neugieriger zugegen gewesen zu sein. Es wird jedoch angenommen werden dürfen, daß ein Neugieriger, der sich bei Vornahme widerrechtlicher Handlungen durch eine größere Volksmenge nicht entfernt, zur Bildung der Menge mit beiträgt und daher für die Gesamthandlung der Menge mitverantwortlich ist.

3. Die Beschränkung der Anrechnung auf ein Jahr tritt auch dann ein, wenn die Art der Krankheit in ihrem Verlauf gewechselt hat, wenn also verschiedene Krankheiten unmittelbar aufeinanderfolgen. Fruchtlose Arbeitsversuche, die zwischendurch gemacht werden sollten, begründen keine die Anwendung des Abs. 2 ausschließende Unterbrechung der Krankheit. Dagegen ist die Anrechnung mehrerer zeitlich getrennter Krankheiten nicht auf das Gesamtmaß von einem Jahre beschränkt (vgl. Rechtsprechung des RVA. zu § 1394 RVO., AN. 99 S. 75 Nr. 778 und 12 S. 1188 Nr. 1657).

4. Genesungszeit ist die an die eigentliche Krankheit sich anschließende Zeit, in welcher der Versicherte wegen der Nachwirkungen der überstandenen Krankheit seine Berufstätigkeit noch nicht fortsetzen kann oder noch schonungsbedürftig ist.

5. Die Vorschrift des Abs. 3 Satz 2 bezweckt, ein zu frühes, der Gesundheit schädliches Arbeiten weiblicher PKMitglieder nach einer Niederkunft zu verhüten (vgl. § 137 Abs. 5 GewO.).

6. Mit Rücksicht auf die Festsetzung der Beiträge als Monatsbeiträge werden die hier erwähnten acht Wochen als zwei volle Beitragsmonate anzurechnen sein, weil sonst nach der Regel des § 29 Abs. 1 immer nur ein Beitragsmonat anrechnungsfähig wäre.

7. Ein ordnungswidriger Verlauf des Wochenbettes ist Krankheit und als solche über zwei Monate hinaus anrechnungsfähig. Darüber, welcher Teil der anrechnungsfähigen Zeit in die Zeit vor oder nach der Niederkunft zu legen ist, enthält das G. keine Vorschriften. Im Zweifel wird die Verteilung so vorgenommen werden können, wie sie für die Versicherte am günstigsten ist.

§ 31.[1])

(Abs. 1.) Zur Invalidenpension tritt eine veränderliche Teuerungszulage hinzu,[2]) welche durch die Satzung nach dem Dienstalter abzustufen[3]) ist. Die Höhe der Teuerungszulage ist für den einzelnen Bezirksknappschaftsverein nach den Lohn- und Gehaltsverhältnissen innerhalb seines Bezirkes[4]) zu bemessen, und zwar wird für Arbeiter der Hauerdurchschnittslohn,[5]) für Angestellte das Durchschnittsgehalt eines revierführenden Steigers[5]) zugrunde gelegt. Invalidenpension und Teuerungszulagen müssen bei fünfundzwanzigjähriger Dienstzeit[6]) mindestens vierzig vom Hundert[7]) der Durchschnittsbeträge erreichen.

(Abs. 2.)[8]) Ausländern im Ausland wird die Teuerungszulage nicht gezahlt. Der Reichsarbeitsminister kann mit Zustimmung des Reichsrats Ausnahmen zulassen.

§ 26 Entw.

1. Die Vorschriften über die Gewährung einer TZul. berühren die grundsätzliche Frage der Aufbringung der Mittel für die PKLeistungen. Hierüber ist in der allgemeinen Begr. zum Entw. (S. 33) folgendes ausgeführt: „Um die dauernde Erfüllbarkeit der PKLeistungen zu gewährleisten, sind die Beiträge nach dem Anwartschaftsdeckungsverfahren zu berechnen, das allein die volle geldliche Sicherheit für die Erfüllung sämtlicher in Aussicht gestellter PKLeistungen bietet. Auf die Einführung dieses Deckungsverfahrens kann um so weniger verzichtet werden, als es für die JVers. sowie für die AV. bereits gesetzlich vorgeschrieben ist." Die Notwendigkeit der Anwartschaftsdeckung ist weiterhin im einzelnen noch in der Anlage 2 a des Entw.: „Die geldliche Sicherstellung der kn. PKLeistungen" (S. 116 bis 119) im einzelnen näher begründet. (Über die Begriffe „Anwartschaftsdeckung", „Umlage" usw. vgl. Anm. 3 zu § 98.) Auf der andern Seite hat aber der Entw. bereits anerkannt, daß eine uneingeschränkte Durchführung der Anwartsschaftsdeckung von wirtschaftlichen und sonstigen Gesichtspunkten aus ernsten Bedenken unterliegt, und deshalb die Einführung eines gemischten Systems zur Aufbringung der Mittel vorgesehen. Hierüber bemerkt die Begr. a. a. O.: „Die Aufbringung der Leistungen nach den Grundsätzen der Anwartschaftsdeckung bedeutet eine starke Belastung des Bergbaues, die durch die teils bereits durchgeführte, zum Teil noch bevorstehende Erhöhung der Beiträge zur KrV., JVers. und AV. noch verschärft wird. Um die Gesamtbelastung in wirtschaftlich erträglichen Grenzen zu halten, sollen die aus der PK. zu gewährenden Leistungen ebenso wie die Deckung geteilt werden, indem nach dem Vorgang bei der Besoldung der Beamten des Reichs und der Länder zwischen festen Bezügen und veränderlichen, der jeweiligen wirtschaftlichen Lage angepaßten TZul. unterschieden wird. Die Mittel für die festen Pensionen sind im Wege der Anwartschaftsdeckung, die Mittel für die Zul. durch Umlage aufzubringen." Dieser grundsätzlichen Stellungnahme des Entw.: Teilung der Leistungen und Teilung der Deckung hat sich der Reichstagsausschuß angeschlossen. Anträge, die darauf abzielten, alle Leistungen ausnahmslos durch Umlage aufzubringen, sind abgelehnt worden. Vgl. Ber. S. 1/2 (allgemeine Ausführungen zu Beginn der zweiten Lesung), S. 18/19 (anfängliche Annahme und spätere Ablehnung des Antrags Nr. 714

Nr. 5 zu § 23), S. 31/32 (Ablehnung des Antrags Nr. 688 zu § 87) und Stenogr. Ber. S. 11300 (Ablehnung des Antrags Nr. 5915 Ziff. 6 zu § 87).

Trotz der grundsätzlichen Zustimmung zu dem Vorschlage des Regierungsentw. sind die Vorschriften über die Gewährung der TZul. vom Reichstag weitgehend umgestaltet worden. Die Regierung hat bei den Ausschußberatungen anerkannt, daß der — aus dem Jahre 1921 stammende — Vorschlag, TZul. nach dem Muster der Besoldungsordnung des Reichs und der Länder zu gewähren, durch die inzwischen eingetretene Geldentwertung und Umgestaltung der wirtschaftlichen Verhältnisse — die u. a. zu wiederholten Neufestsetzungen der Grundgehälter der staatlichen Besoldungsordnungen geführt haben — überholt, und daß nach einer anderen Lösung zu suchen sei. Ein Antrag, die staatlichen Grundsätze für die Pensionsgewährung zu übernehmen und demgemäß an JP. und TZul. bis zu fünfundvierzig Sechzigstel des durchschnittlichen Lohneinkommens aktiver PK.-Mitglieder zu gewähren, ist von der Regierung und von Ausschußmitgliedern unter Hinweis auf die aus einer solchen Regelung erwachsende Belastung und die grundsätzlich anders geartete Stellung des Staates zu seinen Beamten lebhaft bekämpft und vom Antragsteller darauf zurückgezogen worden. Dagegen fand der Wunsch, die Bezüge der Knappschaftsinvaliden in ein gewisses prozentuales Verhältnis zu den Arbeitslöhnen zu bringen, allgemeine Zustimmung. Nur über die Höhe des Hundertsatzes und die Art seiner Festsetzung bestanden Meinungsverschiedenheiten. Die Regierung vertrat den Standpunkt, daß die Bestimmung des Hundertsatzes den Selbstverwaltungsorganen überlassen bleiben müsse. Der Ausschuß war jedoch überwiegend der Meinung, daß den Knappschaftsinvaliden ein Mindestbetrag an Bezügen durch das Gesetz gewährleistet werden müsse, und hat demgemäß unter Ablehnung eines Antrages, die Höhe der Gesamtbezüge auf 30 v. H. des durchschnittlichen Verdienstes aktiver Arbeitnehmer festzusetzen, die in das G. übergegangene Fassung angenommen (Ber. S. 19 bis 21). Damit soll nach Auffassung des Ausschusses das Verhältnis zwischen Lohn und Pension wieder hergestellt werden, wie es vor dem Weltkriege bestanden hat. Von einer gesetzlichen Festlegung der zur Aufbringung der Leistungen erforderlichen Beiträge hat der Ausschuß abgesehen.

2. In welchem Verhältnis sich die Gesamtbezüge des Knappschaftsinvaliden auf JP. und TZul. verteilen sollen, ist im G. nicht angegeben. Auch der Bericht des Reichstagsausschusses gibt hierüber wenig Aufschluß. Bei der grundsätzlichen Auseinandersetzung über die Frage, ob das Anwartschaftsdeckungsverfahren beizubehalten oder schlechthin durch das Umlageverfahren zu ersetzen sei, ist von einem Regierungsvertreter ausgeführt worden, daß der augenblicklichen Geldentwertung durch die Umlage (für die TZul.) Rechnung getragen werden solle, und daß es Sache der Satzung sei, zu bestimmen, welcher Teil der Lasten im Anwartschaftsdeckungsverfahren und welcher Teil im Umlageverfahren aufzubringen ist (Ber. S. 32). Aus dem Inhalt dieser Ausführungen und der Stellung der überwiegenden Mehrheit des Ausschusses zur Frage der Anwartschaftsdeckung überhaupt muß gefolgert werden, daß es den Absichten des G. entspricht, den auf die JP. entfallenden Teil der Gesamtleistung niedrig zu halten und den größten Teil der Bezüge als TZul. zu gewähren. In diesem Sinne hat auch der Abgeordnete Janschek bei der Plenarberatung (zweite Lesung) in der Sitzung des Reichstags vom 11. Juni 1923 (Stenogr. Ber. S. 11276) ausgeführt, dem Anwartschaftsdeckungsverfahren sei bei der Pension zugestimmt, weil die Zusicherung gegeben sei, daß die Renten, die als Pensionen anzusprechen sind, gering bemessen werden, die TZul. dagegen hoch. Bemerkenswert ist, daß in dem neuerlichen G., betr. Änderungen des AVG. und der RVO., vom 13. Juli 1923 die Steigerungsbeträge gleichfalls niedrig angesetzt und gegenüber dem früheren Zustande ermäßigt sind, in der AV. von einem Tausendstel auf ein halbes Tausendstel und in der JVers. von einem Zehntausendstel auf ein Zwanzigtausendstel des Endbetrages der Klassen, so daß auch hier der Hauptteil der Leistungen auf die durch Umlage aufzubringende TZul. entfällt.

3. Die Notwendigkeit, die TZul. nach dem Dienstalter abzustufen, ist im Ausschuß namentlich von der Regierung betont (Ber. S. 21) und folgt daraus, daß die Zulage den weitaus größten Teil der Gesamtleistung ausmachen wird. In den niedrigen Steigerungsbeträgen wird die kürzere oder längere Dauer einer PKMitgliedschaft nur wenig zur Geltung kommen. Deshalb muß auf die Zahl der Dienstjahre auch bei Bemessung der Zulage Rücksicht genommen werden, wenn nicht der Versicherungsgedanke im wesentlichen preisgegeben und eine Einheitspension ohne jede Rücksicht auf Dienstalter und Beitragsleistung gewährt werden soll.

4. Die Bemessung der TZul. nach den Lohn- und Gehaltsverhältnissen innerhalb der einzelnen BezKV. erscheint notwendig und zweckmäßig, weil Gehälter und Löhne in den verschiedenen Bezirken stark voneinander abweichen können. Die in Betracht kommenden Durchschnittssätze werden an Hand der für die verschiedenen Bergbaubezirke abgeschlossenen Lohntarife zu ermitteln sein.

5. Die Berücksichtigung des Hauerdurchschnittslohns bezw. Steigergehalts des betreffenden Bezirks ist zwingend vorgeschrieben. Nach diesem Durchschnitt ist daher die TZul. auch für weibliche PKMitglieder sowie für jugendliche Arbeitnehmer von 17 oder 18 Jahren zu bemessen, die nach Erfüllung der dreijährigen Wartezeit infolge Unfalls oder aus sonstigen Gründen berufsunfähig werden sollten.

6. Daß das G. die Gesamtbezüge eines KnInvaliden mit einem Dienstalter von 25 Jahren als Ausgangspunkt für Berechnung der Bezüge bei geringerem oder höherem Dienstalter bestimmt, ist offenbar durch § 26 beeinflußt, der die Zurücklegung von 25 Dienstjahren als eine der Voraussetzungen für Bewilligung der Alterspension bestimmt. Der Alterspensionär wird demnach stets 40 v. H. des für ihn in Betracht kommenden Durchschnittsbetrages beziehen. Der Betrag von 40 v. H. ist nach dem G. kein Höchstbetrag, sondern ein Mindestbetrag. Für PKMitglieder, die nach Zurücklegung von 25 Dienstjahren den Antrag auf Alterspension (oder JP.)

noch nicht stellen, werden daher bei späterer Invalidisierung höhere Beträge zu zahlen sein.

7. Bei Berechnung der 40 v. H. wird von der nackten JP. auszugehen und ein etwa hinzutretendes Kindergeld außer Ansatz zu lassen sein.

8. Abs. 2 entspricht dem § 58 Abs. 2 Satz 2 AVG. i. d. F. d. G. vom 10. Nov. 1922 und der allgemeinen Vorschrift unter B Art. 4 dieses G.

§ 32.[1])

(Abs. 1.) Die Empfänger einer Invalidenpension erhalten für Kinder unter achtzehn Jahren ein Kindergeld.[2])

[3]) (Abs. 2.) Bei Gewährung dieses Kindergeldes werden den ehelichen Kindern gleichgestellt:

1. die für ehelich erklärten Kinder,
2. die an Kindes Statt angenommenen Kinder, wenn sie vor Eintritt der Berufsunfähigkeit angenommen sind,
3. die Stiefkinder und die Enkel, wenn sie vor Eintritt der Berufsunfähigkeit von dem Knappschaftsinvaliden unentgeltlich unterhalten worden sind,
4. die unehelichen Kinder, wenn die Vaterschaft des Knappschaftsinvaliden festgestellt ist.

[4]) [5]) (Abs. 3.) Für uneheliche Kinder, die das sechzehnte Lebensjahr vollendet haben, sowie für Stiefkinder und Enkel wird das Kindergeld nur gewährt, solange sie von dem Knappschaftsinvaliden unterhalten werden.

§ 27 Entw.

1. Der Entw. wollte aus ähnlichen Erwägungen wie bei der Alterspension die Entscheidung über Gewährung eines zu der JP. hinzutretenden Kindergeldes der Satzung überlassen. Die Begr. anerkennt die hohe soziale Bedeutung dieser Versicherungs-

leistung, weist aber auch auf Bedenken hin, die ihrer Einführung entgegenstehen, namentlich auf die Durchbrechung des Grundsatzes der Gewährung gleicher Leistungen bei gleichen Beiträgen, die nach Erfahrungen aus der Vergangenheit Unzufriedenheit bei kinderlosen Knappschaftsinvaliden hervorrufen könne; sie verneint ferner ein zwingendes Bedürfnis für das Kindergeld bei Knappschaftsinvaliden, die noch arbeiten, weil diese den sog. Soziallohn (Hausstandsgeld und Kindergeld) erhalten, und ebenso bei Knappschaftsinvaliden, die gleichzeitig die JR. der RVO. beziehen, weil zu dieser ein Kinderzuschuß bereits nach § 1291 RVO. hinzutrete (vgl. die eingehenden Darlegungen S. 49, 50 der Begr.). RWR. und Reichstag haben jedoch die im Entw. angeführten Bedenken nicht für durchschlagend erachtet, sondern unter Betonung des sozialen Zweckes die Einführung des Kindergeldes als gesetzlicher Pflichtleistung gefordert. Der RWR. wollte dabei Kinder über 15 Jahre nur dann berücksichtigen, wenn sie erwerbsunfähig sind oder sich in Berufsausbildung befinden, und räumte ferner der Satzung die Ermächtigung ein, zu bestimmen, wann und in welchem Umfange Knappschaftskindergeld neben Kindergeld nach dem IV. Buch der RVO. ruht. (Vgl. Ber. des Sozialpolitischen Ausschusses des RWR., Nr. 5249 der Drucksachen des Reichstags S. 3, 6.) Der Reichstag ist über diese Vorschläge hinausgegangen und hat entsprechend seinen Beschlüssen über die Bezugsdauer des Waisengeldes die Altersgrenze für das Kindergeld allgemein bis zum vollendeten 18. Lebensjahre erstreckt, auch im übrigen die Vorschriften über das Kindergeld denen über das Waisengeld angepaßt. — Das Kindergeld tritt nur zu künftig neu festzusetzenden, nicht zu bereits laufenden Pensionen hinzu. Für laufende Pensionen gelten nach allgemeinen Grundsätzen die bisherigen Vorschriften weiter, soweit nicht das RKG. oder das EG. (vgl. z. B. Art. 38 EG. bezüglich der TZul.) ausdrücklich etwas anderes bestimmen (vgl. auch Anm. 9 zu § 24).

2. Das Kindergeld ist eine gesetzliche Leistung, auf die ein Rechtsanspruch besteht. Die Festsetzung der Höhe ist der Satzung überlassen, die entweder feste Sätze oder Hundertsätze der JP. bestimmen kann. Das Kindergeld bildet einen Bestandteil der JP. und unterliegt den gleichen Grundsätzen wie diese; es wird also auch eine TZul. gewährt werden müssen, obwohl § 32 abweichend von § 33 Abs. 1 Satz 2 und § 34 Satz 3 nicht ausdrücklich auf § 31 verweist.

3. Vgl. Anm. 12 bis 14 zu § 24.

4. Abs. 3 ist dem § 30 Abs. 3 des RVG. nachgebildet. Nach § 1708 BGB. endet die Unterhaltspflicht bei unehelichen Kindern mit der Vollendung des 16. Lebensjahres. Deshalb darf die Kinderzulage über diesen Zeitpunkt hinaus nur dann gewährt werden, wenn der Pensionsempfänger das uneheliche Kind unentgeltlich unterhält, weil er sonst um das Kindergeld bereichert würde. Aus ähnlichen Erwägungen wird auch für Stiefkinder und Enkel (bis zum vollendeten 18. Lebensjahre) das Kindergeld nur gewährt, solange der Knappschaftsinvalide die freiwillige Gewährung von Unterhalt fortsetzt.

5. Eine dem § 24 Abs. 3 entsprechende Vorschrift über die Gewährung von Kindergeld für schwächliche oder gebrechliche Kinder über das 18. Lebensjahr hinaus bis zum vollendeten 21. Lebensjahr ist im § 32 nicht enthalten. Gründe für die Abweichung sind im Ber. nicht angegeben und auch nicht erkennbar, soweit es sich nicht um Stief- oder Pflegekinder und Enkel handelt. In letzter Hinsicht hat der Reichstag wohl vermeiden wollen, durch Gewährung des Kindergeldes über das 18. Lebensjahr hinaus einen Anreiz zur Aufnahme von gebrechlichen Kindern zu gewähren, die kurz vor Vollendung des 18. Lebensjahres stehen.

2. Witwenpension, Waisengeld und Begräbnisbeihilfe.

§ 33.

(Abs. 1.) Die Witwenpension ist durch die Satzung in Hundertteilen der Invalidenpension zu bemessen. § 31 gilt entsprechend.[1])

(Abs. 2.) Heiratet eine Witwe, so ist sie mit dem dreifachen Jahresbetrag ihrer Pension abzufinden.[2]) [3]) Verzichtet sie hierauf, so leben[4]) ihre Ansprüche unter Bedingungen, welche die Satzung[5]) bestimmt, beim Tode des nächsten Ehemannes wieder auf.

§ 28 Entw.

1. Auch bei der Witwenpension besteht der Unterschied zwischen fester Leistung und beweglicher TZul. Durch die Satzung ist ein Hundertsatz der Gesamtbezüge der KnInvaliden festzusetzen. Beträgt die Witwenpension z. B. 60 v. H. der JP., so ist dieser Hundertsatz sowohl von der JP. als auch von der TZul. zu berechnen.

2. Der Entw. wollte eine Abfindung der wiederheiratenden Witwe grundsätzlich ausschließen und nur die Satzung ermächtigen, für gewisse Fälle ein Wiederaufleben der Witwenpension zu bestimmen. Die Begr. (S. 50) bemerkte dazu:

„Die Witwenpension fällt ihrer Natur nach weg, wenn die Witwe wieder heiratet, also aufhört, Witwe zu sein. Die von mehreren Seiten gewünschte Abfindung der wiederheiratenden Witwe hat der Entw. in Übereinstimmung mit § 1298 der RVO nicht eingeführt. Die Abfindung wird nur einen verhältnismäßig geringen Betrag ausmachen, der wirtschaftlich nicht sehr zu Buche schlägt; auch das Bedenken, daß die Versagung der Abfindung das Bestehen wilder Ehen begünstige, kann für ihre Einführung nicht ausschlaggebend sein. Der Entw. sieht es vielmehr als eine wichtigere Aufgabe an, für die wiederverheiratete Witwe zu sorgen, wenn diese zum zweiten Male oder auch noch mehrere Male Witwe wird, und sieht deshalb als satzungsmäßig zulässig die Bestimmung vor, daß die Pension während der zweiten Ehe ruht, und daß beim Tode des zweiten Ehemannes der Anspruch aus der ersten Ehe auflebt. Ähnliche Vorschriften einzelner Knappschaftssatzungen haben sich nach den gemachten Erfahrungen als sehr segensreich erwiesen."

Abweichend von dieser Auffassung hat sich der Reichstag — vorbehaltlich der Möglichkeit eines Verzichts der Witwe (vgl.

Anm. 4) — für die Abfindung, und zwar als Pflichtleistung, entschieden, wobei erwogen ist, daß die Gewährung einer Abfindungssumme die Eingehung einer zweiten Ehe erleichtere und das freie Zusammenleben verhindere (Ber. S. 23.)

3. Es wird als Absicht des G. unterstellt werden müssen, daß der dreifache Jahresbetrag der Witwenpension zuzüglich der TZul. zu gewähren ist, die nach § 33 Abs. 1, § 31 einen Bestandteil der Witwenpension bildet (vgl. Anm. 1). Auch aus dem Mangel einer Vorschrift, wie sie § 63 Satz 2 für die Abfindung von Ausländern trifft, ist zu folgern, daß die TZul. bei Abfindung der Witwe nach § 33 Abs. 2 mit in Ansatz gebracht werden muß. Ferner ist auf den Vorgang bei der Abfindung von Witwen in der UV. zu verweisen. Nach dem G. vom 23. Mai 1923 (RGBl. I S. 295) erhält die wiederheiratende Witwe an Stelle des im § 589 RVO. bezeichneten Betrages drei Fünftel des Jahresarbeitsverdienstes, nach dem ihre Zulage für den Monat der Wiederverheiratung berechnet worden ist. Ist die nach § 33 RKG. abzufindende Witwe eine Ausländerin im Auslande, so greift die allgemeine Vorschrift des § 31 Abs. 2 Platz.

4. Eine dem Satz 2 des Abs. 2 ähnliche Vorschrift über das Wiederaufleben der Witwenpension war schon in dem Entw. enthalten (vgl. die unter Anm. 2 mitgeteilte Stelle der Begr.). Das G. hat die Vorschrift für den Fall des Verzichts der Witwe auf Abfindung übernommen, trotzdem im Ausschuß gegen ein Zurückgreifen auf die Auswirkungen der ersten Ehe das an sich triftige Bedenken erhoben war, daß die wiederheiratende Witwe durch die zweite Heirat restlos alle Beziehungen zum ersten Ehemann löse. Der Ausschuß hat den Gedanken, die Versorgung der Witwe über die zweite Ehe hinaus zu sichern, in den Vordergrund gerückt und hinsichtlich der Zulässigkeit des Verzichts (zur Ermöglichung des Wiederauflebens der Witwenpension) den Standpunkt eingenommen, daß es den interessierten Kreisen selbst überlassen bleiben müsse, ob sie sich abfinden lassen wollen oder nicht (Ber. a. a. O.).

5. Die Satzung wird beispielsweise bestimmen können, daß der Pensionsanspruch aus einer früheren Ehe nicht wieder auflebt, wenn aus der letzten Ehe ein neuer, höherer Pensionsanspruch entstanden ist.

§ 34.[1])

Das Waisengeld und die Begräbnisbeihilfe sind durch die Satzung in Hundertteilen der Invalidenpension oder in festen Sätzen zu bemessen. Werden nach Mitgliederklassen abgestufte feste Sätze gewährt, so sind, falls ein Mitglied mehreren Mitgliederklassen angehört hat, die Sätze der Klasse zu zahlen, der es zuletzt angehört hat. § 31 gilt entsprechend.[2])

§ 29 Entw.

1. „In Übereinstimmung mit dem gegenwärtigen Rechtszustand überläßt es der Entwurf der Satzung, das Waisengeld und die Begräbnisbeihilfe in Hundertteilen der JP. oder in festen Sätzen zu bestimmen. Für den letzteren Fall bleibt der Satzung auch die etwaige Abstufung der Höhe in den einzelnen Mitgliederklassen überlassen. Sind feste Sätze in den Mitgliederklassen verschieden, so haben die Hinterbliebenen eines Wandermitgliedes, das mehreren Klassen angehört hat, nur auf die Leistungen der Klasse Anspruch, der das Mitglied zur Zeit der Pensionierung oder des Todes angehörte." (Begr. S. 50.)

2. Wird das Waisengeld in Hundertsätzen der JP. gewährt, so ist darin zugleich die TZul. enthalten. Bei Bemessung in festen Sätzen wird die Satzung zu bestimmen haben, welcher Betrag auf feste Leistung und welcher Betrag auf TZul. entfällt.

§ 35.[1])

(Abs. 1.) Witwenpensionen und Waisengeld werden auch dann gewährt, wenn das Mitglied oder der Knappschaftsinvalide verschollen ist. Ein Vermißter gilt als verschollen, wenn während eines Jahres keine glaub-

haften Nachrichten von ihm eingegangen sind und die Umstände seinen Tod wahrscheinlich machen.

(Abs. 2.) Ein nach § 143 bestellter Ausschuß[2]) kann von den Hinterbliebenen die eidesstattliche Erklärung verlangen, daß sie von dem Leben des Vermißten keine anderen als die angezeigten Nachrichten erhalten haben.

§ 35 ist vom Reichstagsausschuß eingefügt (§ 29a der Ausschußbeschlüsse, Ber. S. 23, 55).

1. Die §§ 35 und 36 sind den §§ 1265, 1266 RVO. nachgebildet. Mit ihnen in Zusammenhang steht § 59.

2. Der Ausschuß tritt hier, wie überall, an Stelle des VA.

§ 36.[1])

Den Todestag Verschollener stellt der Bezirksknappschaftsverein nach billigem Ermessen fest. Für die auf See Verschollenen gilt als Todestag der Tag des Unterganges des Schiffes. Ist das Schiff als verschollen anzusehen, so gilt als Todestag der Tag der Beendigung des Dienstverhältnisses nach § 53 Abs. 1 der Seemannsordnung.[2])

§ 36 ist vom Reichstagsausschuß eingefügt (§ 29b des Ausschußbeschlüsse, Ber. S. 23, 55).

1. Vgl. Anm. 1 zu § 35.

2. Satz 2 und 3 stimmen wörtlich mit § 1266 RVO. i. d. F. d. G. vom 14. Juli 1923 überein. Die Änderung der RVO. gegenüber der früheren Fassung — wonach für die auf See Verschollenen der § 1100 Abs. 1 RVO. galt — ist durch die Beseitigung der sog. Spitzrenten veranlaßt. Mit dem im G. vom 14. Juli 1923 überall durchgeführten Grundsatz, daß Renten an Hinterbliebene nur für volle Monate gezahlt werden, ist die Vorschrift des § 1100 Abs. 1 RVO. unvereinbar, daß bei Seeverschollenheit die Rente einen halben Monat von dem Tage ab beginnt, bis zu dem die letzte Nachricht über das Fahrzeug reicht. Die neuen Vorschriften

der RVO. waren in das RKG. zu übernehmen, da nach den §§ 49 bis 51 alle Leistungen gleichfalls für volle Monate gewährt werden.

§ 37.[1])

Witwenpensionen, Waisengeld und Begräbnisbeihilfe werden nicht solchen Hinterbliebenen[2]) gewährt, die den Tod des Mitglieds oder des Knappschaftsinvaliden vorsätzlich herbeigeführt haben.

§ 30 Entw.

1. Die Vorschrift ist dem § 1267 RVO., § 35 AVG. nachgebildet und Ausfluß eines allgemeinen Grundsatzes, der auch im bürgerlichen Recht gilt (vgl. § 2339 BGB.).

2. Sind mehrere Berechtigte vorhanden und trifft sie nicht alle die Schuld, so bleibt der Anspruch der unbeteiligten bestehen. (Vgl. Begr. zu § 1252 des Entw. der RVO.).

3. Zusammentreffen mehrerer Teuerungszulagen.

§ 38.

Die Satzung kann bestimmen, daß bei Zusammentreffen der Voraussetzungen für die Invalidenpension, für Witwenpension oder für Waisengeld aus der Pensionsversicherung oder für solche Leistungen und für Renten aus der Invalidenversicherung, oder für solche Leistungen und für Ruhegeld und für Hinterbliebenenrenten aus der Angestelltenversicherung die Teuerungszulage oder Rentenerhöhung nur einmal gewährt wird, und zwar zum höheren Betrage. In diesen Fällen wird die Teuerungszulage von demjenigen Versicherungsträger gezahlt, der die erste Leistung festgesetzt hat.

§ 38 ist vom Reichstagsausschuß eingefügt (§ 30 a der Ausschußbeschlüsse, Ber. S. 23, 55).

1. Die Vorschrift entspricht dem § 78a AVG. und § 1318 RVO. i. d. F. d. G. vom 13. Juli 1923 mit der Abweichung, daß die Zahlung mehrerer TZul. nicht ohne weiteres kraft G. ausgeschlossen, sondern daß es der Satzung vorbehalten ist, über den Ausschluß Bestimmung zu treffen. Die Vorschrift beruht auf dem Gedanken, daß Ansprüche aus verschiedenen Versicherungsverhältnissen an sich selbständig nebeneinanderstehen sollen, daß aber kein Anlaß besteht, die zum Ausgleich der Geldentwertung bestimmte TZul. mehrere Male zu zahlen. Mit § 38 steht in innerem Zusammenhang § 77, wonach die Satzung für den Fall des Zusammentreffens von Leistungen der PV. und UV. bestimmen kann, daß die aus der PK. zu gewährende TZul. um höchstens ein Drittel auf die Gesamtbezüge angerechnet wird. Die Bedeutung dieser Vorschriften sei an nachstehendem Beispiel erörtert, das zugleich zeigt, in welchem Maße eine Häufung von Versicherungsbezügen und ein Überschneiden der Leistungen aus verschiedenen Versicherungen als Folge des Fortfalls der unteren Altersgrenze für die Aufnahme in die PK., der kurzen Wartezeit und der Ausdehnung der Bezugsdauer für das Waisengeld bis zum 18. Lebensjahr eintreten kann:

Der Sohn einer Bergmannswitwe tritt nach Entlassung aus der Schule mit 13½ Jahren als Lehrling in eine Zechenwerkstätte ein. Er unterliegt der KrV., der JVers. und, da er die gesundheitlichen Voraussetzungen nach § 19 erfüllt, auch der PV. Nach drei Jahren (36 Monaten) erleidet er einen Betriebsunfall und wird berufsunfähig, verrichtet aber noch leichte Arbeit, so daß er invalidenversicherungspflichtig bleibt. Nach vier Jahren (200 Beitragswochen) wird er auch invalide im Sinne der RVO. Dieser jugendliche Arbeiter bezieht — solange er arbeitet, neben dem tarifmäßigen Lohn — kn. Waisengeld und Waisenrente der RVO. bis zur Vollendung des 18. Lebensjahres. Mit diesen Bezügen treffen, nachdem er mit 16½ Jahren den Unfall erlitten hat, für die Dauer von 1½ Jahren JP. und UR. und nach Eintritt der Invalidität für die Dauer eines halben Jahres JP., UR. und JR. zusammen. Zu allen diesen Bezügen würde die jeweilige TZul. bezw. Rentenerhöhung hinzutreten und damit ein durch Arbeit wahrscheinlich überhaupt kaum erreichbares Gesamteinkommen erzielt werden, wenn nicht die Satzung von den Bestimmungen der §§ 38, 77 Gebrauch macht. Tut sie das, so würden in dem angeführten Beispiele an TZul. zu zahlen sein: Zul. zum kn. Waisengeld und nach Eintritt der Berufsunfähigkeit zwei Drittel der Zul. zur JP., wobei vorausgesetzt ist, daß die kn. TZul. höher sind als die Rentenerhöhungen der RVO.

2. In der Mehrzahl wird der RKV. die erste Leistung festsetzen, z. B. JP. nach Eintritt der Berufsunfähigkeit, während JR. erst später durch eine LVAnstalt festgesetzt wird. Kn. Waisengeld und Waisenrente werden regelmäßig gleichzeitig festgesetzt; in diesem Falle ist die höhere TZul. zu gewähren. Wird bei sog. Wanderversicherten die erste Leistung von der RVAnstalt für Angestellte festgesetzt, so geht die TZul. zu ihren Lasten. Das bedeutet jedoch keine unbillige Beschwerung der Reichsanstalt, da bei Wanderversicherten häufig auch der RKV. die erste Leistung festsetzen wird, wodurch ein Ausgleich in der Belastung eintritt.

III. Freiwillige Leistungen.[1])

§ 39.

(Abs. 1.) Über freiwillige Leistungen kann die Satzung Bestimmungen treffen.[2])

(Abs. 2.) Die Satzung kann namentlich für die Gewährung freiwilliger Leistungen allgemeine Richtlinien[3]) aufstellen und bestimmen, daß die Bezirksknappschaftsvereine diese Leistungen im Auftrag des Reichsknappschaftsvereins gewähren und die Kosten daraus tragen.

(Abs. 3.) Näheres bestimmen die Sondervorschriften.[4])[5])

§ 31 Entw.

1. Die „freiwilligen Leistungen" stehen im Gegensatz zu den „Pflichtleistungen" (vgl. Anm. zu § 24). Sie sind nicht für den

RKV. einheitlich, vielmehr werden Art und Umfang für jeden BezKV. durch dessen Sondervorschriften bestimmt; dabei sind allgemeine Richtlinien, welche die Satzung des RKV. aufstellt, zu beachten. Die Aufwendungen für die freiwilligen Leistungen gehen zu Lasten der BezKV. Im Abs. 2 des § 39 ist zwar vorgesehen, daß erst die Satzung des RKV. eine dahingehende Bestimmung trifft. Das G. unterstellt aber bereits eine entsprechende Vorschrift der Satzung, denn § 108 Abs. 2 bestimmt schlechthin, daß die BezKV., wenn sie freiwillige Leistungen nach § 39 Abs. 2 gewähren, die Kosten dafür durch Zuschläge zu den sonstigen Beiträgen zu decken haben.

2. Über Art und Gegenstand freiwilliger Leistungen äußert sich die Begr. (S. 50) wie folgt:

„Als freiwillige Leistungen der PK. werden nach den gegenwärtigen KnSatzungen hauptsächlich freie Kur und Arznei für KnInvaliden und deren Angehörige sowie für Witwen und Waisen, ferner Begräbnisbeihilfe für Witwen und Waisen sowie für Ehefrauen und Kinder der KnInvaliden gewährt. Diese Leistungen stehen ihrer Natur nach mit den Aufgaben der KrV. in engem Zusammenhang. Es erscheint deshalb angebracht, wie bereits zu § 12 ausgeführt wurde, die Grundsätze für die Durchführung der KrV. auf die Gewährung freiwilliger PKLeistungen zu übertragen. Demgemäß sind die BezKV. auch in der Bewilligung solcher Leistungen im wesentlichen selbständig mit der Maßgabe, daß sie die entstehenden Kosten durch Zuschläge zu den sonstigen Beiträgen zu decken haben."

Als freiwillige Leistungen sind nicht zulässig:

a) Außerordentliche Unterstützungen. „Derartige einmalige Leistungen, die lediglich das Bedürfnis eines Einzelfalles berücksichtigen und mehr das Gepräge einer Wohltat tragen, sind mit dem Grundgedanken einer auf Leistung und Gegenleistung aufgebauten V. nicht vereinbar; es würde auch kaum möglich sein, die aus der Gewährung außerordentlicher Unterstützungen entstehende Belastung versicherungstechnisch einwandfrei zu berechnen und in den Beiträgen mitzuerfassen. Gegenüber dieser grundsätzlichen Auffassung kann der zugunsten der Unterstützungen angeführte Gesichtspunkt, daß sie ein geeignetes Mittel seien, die Starrheit der satzungsmäßigen Leistungen auszugleichen, um so weniger als ausschlaggebend anerkannt werden, als die Gewährung außerordentlicher Unterstützungen aus dem KrK.-Vermögen der BezKV. zugelassen ist." (Begr. S. 51.)

b) Erstattung von PKBeiträgen zugunsten weiblicher Mitglieder, die sich verheiraten, oder in sonstigen Fällen. „In dem Wesen einer jeden V. ist begründet, daß ein Teil der Versicherungsnehmer Beiträge leistet, von denen er keine Vorteile hat. Dieser Risikenausgleich ist für die Leistungsfähigkeit des Versicherungsträgers von erheblicher Bedeutung; die Ausschaltung der günstigen Risiken würde ganz wesentlich auf die Höhe der Beiträge zurückwirken. Die neuen Versicherungsgesetze haben denn auch durchweg die Beitragserstattung grundsätzlich ausgeschlossen; sie besteht nur noch in der AV. bei Todesfällen weiblicher Angestellter und beim Ausscheiden weiblicher Versicherter aus der versicherungspflichtigen Beschäftigung infolge Heirat". (Kn. nicht berechtigte weibliche Angestellte haben demgegenüber auf Beitragserstattung nach §§ 60, 62 AVG. Anspruch, weil die „Erstattung von Beiträgen" einen Unterabschnitt des zweiten Abschnitts der AVG.: „Gegenstand der Versicherung" bildet und damit zu den gesetzlichen Leistungen zählt.)

c) Auch das Bedürfnis für Einführung einer Witwerpension nach dem Vorbilde der Witwerrente im § 1260 RVO. ist mit Rücksicht auf den verhältnismäßig geringen Umfang der Beschäftigung weiblicher Personen in kn. Betrieben verneint (vgl. Begr. a. a. O.).

3. „Entsprechend den Vorschriften über die KrV. ist auch hier vorgesehen, daß die Satzung Richtlinien für die Gewährung freiwilliger Leistungen aufstellen kann. Damit ist dem RKV. — der bei der Nichtbeachtung der Richtlinien in den Sondervorschriften die nach § 9 Abs. 2 vorgeschriebene Genehmigung versagen könnte — die zur Wahrung der Einheitlichkeit gebotene Einflußnahme auf die Gestaltung der freiwilligen PKLeistungen

nach Umfang, Art und Höhe eingeräumt. Z. B. könnten die Richtlinien für die Gewährung freier Arznei, die gegenwärtig bei einigen KnV. einen bedeutenden Umfang angenommen hat und eine beträchtliche Ausgabe darstellt, in Anbetracht der Unwirtschaftlichkeit dieser V. Beschränkungen vorschreiben oder auch auf ihre allmähliche Beseitigung hinwirken." (Begr. S. 51.)

4. Außer über die Höhe der Zuschläge zu den allgemeinen Beiträgen werden die Sondervorschriften namentlich über die Rechnungsführung nach § 108 Abs. 2 und über die Verwaltung des für die freiwilligen Leistungen bestimmten Vermögensanteils nach § 109 Abs. 2 Bestimmung zu treffen haben.

5. Der Ausdruck „freiwillige" Leistungen ist nicht dahin zu verstehen, daß die Entscheidung über Gewährung oder Nichtgewährung stets in das freie Ermessen der BezKV. gestellt wäre. Sehen die Sondervorschriften z. B. die Gewährung freier Kur und Arznei an KnInvalide vor, so haben diese einen Rechtsanspruch darauf. Über die Unterbringung in Krankenhäusern, über die Bewilligung von Badekuren an Angehörige der Kn.-Invaliden und dergl. wird dagegen von Fall zu Fall zu entscheiden sein. Maßgebend für die Beurteilung, ob auf eine freiwillige Leistung ein Rechtsanspruch besteht oder nicht, ist die Fassung der Sondervorschriften.

§ 40.[1])

(Abs. 1.) **Der Anspruch auf freiwillige Leistungen richtet sich nach den Sondervorschriften des Bezirksknappschaftsvereins, dem das Mitglied zuletzt angehört hat.**[2])

(Abs. 2.) **Sachleistungen, namentlich Krankenpflege und Familienhilfe, erhalten die Berechtigten von dem Bezirksknappschaftsverein, in dessen Bezirk sie wohnen,**[3]) **und zwar höchstens in dem Umfang, in dem dieser seinen Pensionsempfängern Sachleistungen gewährt.**

§ 32 Entw.

1. Die §§ 40 und 41 regeln die Gewährung freiwilliger Leistungen in den Sonderfällen, daß das Mitglied, auf dessen Versicherung der Anspruch beruht, mehreren BezKV. angehört hat, oder daß die Berechtigten aus dem Bereich des BezKV. verziehen. Für diese Fälle ist der im G. sonst anerkannte Grundsatz der Freizügigkeit nicht ohne Einschränkung durchführbar, worüber die Begr. (S. 51) folgendes ausführt:

„Auf dem Gebiete der freiwilligen PKLeistungen bestehen gegenwärtig große Verschiedenheiten, namentlich bei der Familienhilfe aus der PK., die von einzelnen Vereinen im weitesten Umfange ausgebaut ist, während andere Vereine Familienhilfe nur den Angehörigen der KrKMitglieder gewähren. Auch in bezug auf die Art der Leistungen, z. B. Gewährung freier Arznei, bestehen starke Abweichungen. Diese Verschiedenheiten werden voraussichtlich auch nach Inkrafttreten des RKG. fortwirken, weil die bestehenden Verhältnisse eingelebt sind und sich nur schwer ändern lassen. Infolgedessen ist hinsichtlich der freiwilligen PKLeistungen die Durchführung einer völligen Freizügigkeit, wie bei den Pflichtleistungen, nicht möglich, zumal die BezKV. die Kosten durch Zuschläge selbst aufzubringen haben; je nach dem Umfang der freiwilligen Leistungen wird die Höhe der Zuschläge verschieden sein. Die Frage, ob und inwieweit der durch besondere Zuschlagsbeiträge erworbene Anspruch auf freiwillige Leistungen eines BezKV. durch die Verlegung des Wohnsitzes berührt wird, ist aber für die Berechtigten wesentlich und hat erhebliche praktische Bedeutung.... Um einfache Verhältnisse zu schaffen ..., bestimmt der Entwurf, daß sich der Anspruch auf freiwillige PKLeistungen nach den Sondervorschriften desjenigen BezKV. richtet, dem das Mitglied zuletzt angehört hat, und daß Sachleistungen den Berechtigten von dem BezKV. gewährt werden, in dessen Bezirk sie wohnen, und zwar höchstens in dem Umfange wie den Pensionsempfängern dieses Vereins. Damit wird erreicht, daß alle im Bereich eines BezKV. wohnenden Berechtigten gleich behandelt werden, soweit ihr Anspruch überhaupt reicht. Nicht ausgeschlossen ist, daß BezKV. durch ihre Sondervorschriften für die Gewährung von Sachleistungen ein Gegenseitigkeitsverhältnis untereinander vereinbaren."

2. Diese Vorschrift gilt schlechthin, also auch für den Fall, daß die freiwilligen Leistungen eines BezKV., dem das Mitglied früher angehörte, über die des letzten Vereins erheblich hinausgehen sollten.

3. Der hiernach zur Leistung verpflichtete BezKV. hat gegenüber dem Verein, dem das Mitglied, auf dessen V. der Anspruch beruht, angehörte, keinen Ersatzanspruch, obwohl der verpflichtete Verein keine Gegenleistung des Mitglieds in Form von Beitragszuschlägen erhalten hat. Das kann unter Umständen eine starke Belastung solcher Vereine bedeuten, die in der Gewährung freiwilliger Leistungen sehr weit gehen sollten. Die Einräumung eines gesetzlichen Ersatzanspruches im Verhältnis der BezKV. zueinander würde aber mit dem Grundgedanken des RKV. unvereinbar sein. Nicht ausgeschlossen ist, daß BezKV., die ein Gegenseitigkeitsverhältnis vereinbaren, auch über die wechselseitige Erstattung von Mehraufwendungen Vereinbarungen treffen.

§ 41.

(Abs. 1.) Berechtigte, die an Orten wohnen, für die ein Vertragsverhältnis des Reichsknappschaftsvereins mit Ärzten oder Apothekern nicht besteht, erhalten Krankenpflege [1]) auf Erfordern des Bezirksknappschaftsvereins [2]) von der allgemeinen Ortskrankenkasse des Wohnorts. Der Bezirksknappschaftsverein hat der Ortskrankenkasse die aufgewendeten Kosten zu erstatten.

(Abs. 2.) Die Berechtigten, die einer Krankenkasse angehören, haben keinen Anspruch auf Krankenpflege und Familienhilfe, soweit sie bei ihrer Krankenkasse berechtigt sind.[3])

§ 33 Entw.

1. Vgl. Anm. 1 zu § 40. § 41 regelt im besonderen die Krankenpflege, der unter den Sachleistungen besondere Bedeutung zukommt. Nach den gegenwärtig geltenden KnSatzungen haben durchweg die KnInvaliden, bei einigen Vereinen aber auch deren Ehefrauen und Kinder sowie Witwen und Waisen von PKMitgliedern oder KnInvaliden Anspruch auf freie Kur und Arznei. Der Entw. wollte, wie bei der KrV., die Gewährung von Krankenpflege auf Bezirke beschränken, für die ein Vertragsverhältnis mit Ärzten und Apothekern besteht (vgl. Begr. S. 52). Nachdem der Reichstagsausschuß eine solche Regelung für die Familienhilfe der KrV. abgelehnt und die Gewährung der Familienhilfeleistungen an außerhalb des Bezirks wohnende Angehörige der KrKMitglieder den Ortskrankenkassen übertragen hatte, mußte eine entsprechende Regelung auch für freiwillige Leistungen der PV. Platz greifen. Abs. 1 des § 41 entspricht dem § 14 Abs. 3 mit der Abweichung, daß für die Abgeltung der Aufwendungen der Ortskrankenkasse keine Pauschbeträge vorgesehen, sondern die im Einzelfalle nachzuweisenden Aufwendungen der Ortskrankenkasse zu erstatten sind. Gründe für die Abweichung sind in dem Ber. (S. 24) nicht angegeben. Vermutlich hat der Reichstagsausschuß von der Einführung von Pauschbeträgen abgesehen, weil die Leistungen an Krankenpflege je nach den Sondervorschriften der BezKV. sehr verschieden sein können, und weil es sich um verhältnismäßig selten vorkommende Fälle handelt.

2. Den Auftrag an die Ortskrankenkasse hat der BezKV. zu erteilen, der zur Leistung — nach Maßgabe seiner Sondervorschriften — verpflichtet ist, d. i. nach § 40 Abs. 2 der BezKV., in dessen räumlichem Bereich die Berechtigten an einem Orte wohnen, für die kein Vertragsverhältnis mit Ärzten oder Apothekern besteht. Zur Erstattung von Aufwendungen der Ortskrankenkasse kann demnach auch ein BezKV. verpflichtet sein, dem das Mitglied, auf dessen Versicherung der Anspruch beruht, niemals angehört hat.

3. Die Vorschrift ist getroffen, um Doppelleistungen an Krankenpflege und Familienhilfe auszuschließen (Begr. S. 51).

IV. Heilverfahren.[1])

§ 42.

Um die infolge einer Erkrankung[2]) drohende Berufsunfähigkeit eines Mitglieds abzuwenden, kann[3]) ein Heilverfahren[4]) eingeleitet werden. Näheres bestimmt die Satzung.[5])

§ 34 Entw.

1. Die bisherigen Landesgesetze enthalten durchweg keine Vorschriften über Heilverfahren. Bei der großen Bedeutung, die gerade diesem Zweige der sozialen Fürsorge zukommt, lag seine Einbeziehung in die Aufgaben der kn. V. nahe. Ein Heilverfahren kann gewährt werden entweder zur Abwendung drohender Berufsunfähigkeit (§§ 42 bis 44) oder zur Beseitigung bereits eingetretener Berufsunfähigkeit (§ 57). In beiden Beziehungen schließen sich die Vorschriften des G. eng an die RVO. (§§ 1269 bis 1272, 1305, 1306) an.

Für Heilverfahren der PV. gelten im allgemeinen die gleichen Grundsätze wie für freiwillige PKLeistungen. Sie werden von den BezKV. im Auftrage des RKV. gewährt; die Kosten sind von den BezKV. durch Zuschläge zu den sonstigen Beiträgen gemäß § 108 Abs. 2 aufzubringen.

2. Infolge einer Erkrankung kann auch Invalidität im Sinne der RVO. drohen, und zu deren Abwendung kann der RKV. ein Heilverfahren auch als Träger der JVers. nach den Vorschriften der RVO. einleiten. Aus dieser Doppelstellung des RKV. sind jedoch Schwierigkeiten für die Praxis nicht zu erwarten. „Die Grenze der Berufsunfähigkeit im Sinne des Entwurfes und der Invalidität im Sinne der RVO. können im Einzelfalle allerdings flüssig sein. Nach der Erfahrung läßt sich auf Grund der ärztlichen Begutachtung im allgemeinen aber mit ausreichender Sicherheit beurteilen, ob nur Berufsunfähigkeit oder ob auch Invalidität droht. Nur in letzteren Fällen ist ein Heilverfahren zu Lasten der JVers. zu gewähren, während die Kosten von Heilverfahren zur Abwendung drohender Berufsunfähigkeit aus dem von den BezKV.

nach § 96 Abs. 2 (§ 109 Abs. 2 d. G.) selbständig verwalteten Vermögensteil zu bestreiten sind. Sollte ein BezKV., um das von ihm selbst verwaltete Vermögen zu schonen, in einem außergewöhnlichen, den Durchschnitt erheblich übersteigenden Maße Heilverfahren auf Kosten des RKV. bewilligen, so wird einem solchen Mißbrauch durch geeignete Maßnahmen des RKV. entgegengetreten werden können."

3. Die Übernahme eines Heilverfahrens ist nur ein Recht, nicht eine Pflicht des RKV. Ablehnung erfolgt durch formlosen Bescheid. Gegen den ablehnenden Bescheid ist nur die allgemeine Aufsichtsbeschwerde nach § 151 gegeben. In dem allgemeinen Aufsichtsrecht ist jedoch nicht die Befugnis enthalten, die Entschließung des RKV. sachlich zu ändern; die Aufsichtsbehörde kann nur die nochmalige Prüfung eines abgelehnten Antrags veranlassen und auf möglichste Beschleunigung der Entscheidung hinwirken. — Die von RKV. oder BezKV. errichteten oder unterhaltenen Genesungsheime, Heil- und Pflegeanstalten unterstehen der Aufsichtsbehörde (§ 151 RKG. in Verbindung mit § 34 RVO.).

4. Welche Maßnahmen zur Erzielung des Heilerfolgs im einzelnen Falle zu ergreifen sind, steht im pflichtmäßigen Ermessen der entscheidenden Bezirksverwaltung. Anspruch auf Gewährung einer Badekur, auf Überweisung in ein bestimmtes Bad oder dergl. besteht nicht.

5. Die Satzung wird u. a. in Anlehnung an § 1271 RVO. darüber Bestimmung zu treffen haben, welches Hausgeld während eines Heilverfahrens den Angehörigen zu zahlen ist, ob die JP. für die Dauer des Heilverfahrens ganz oder teilweise versagt werden soll und dergl. Außerhalb der Satzung kann der RKV. mit KrKVerbänden, mit Landesversicherungsanstalten und der RVAnstalt für Angestellte Abkommen über die Gewährung von Heilverfahren treffen, wie sie unter den VersTrägern schon bisher vielfach bestehen (vgl. AN. 20 S. 295, AVN. 14 S. 204, 21 S. 121).

§ 43.[1])

Entzieht sich ein Erkrankter ohne gesetzlichen[2]) oder sonst triftigen Grund[3]) dem Heilverfahren, und

wäre die Berufsunfähigkeit durch das Heilverfahren[4]) voraussichtlich verhütet worden, so kann die Invalidenpension auf Zeit ganz oder teilweise[5]) versagt werden,[6]) wenn der Erkrankte auf diese Folge hingewiesen worden ist.

§ 35 Entw.

1. § 43 entspricht im wesentlichen dem § 1272 RVO.

2. Ein gesetzlicher Grund der Weigerung kann z. B. dann vorliegen, wenn dauernde Berufsunfähigkeit besteht oder vorübergehende Berufsunfähigkeit länger als 26 Wochen angehalten hat.

3. Ob ein triftiger Grund vorliegt, ist nach Lage des einzelnen Falles zu beurteilen. Als triftiger Grund wird z. B. anzuerkennen sein, daß nach ärztlichem Gutachten von einem Heilverfahren keine wesentliche Besserung zu erwarten ist.

4. Der Erkrankte ist nicht verpflichtet, operative Maßnahmen zu dulden, die in den Bestand oder die Unversehrtheit des Körpers eingreifen oder, wie jede die Chloroformierung erheischende Operation, nicht ohne Lebensgefahr vorgenommen werden können (vgl. Rechtsprechung des RVA. für die JVers., AN. 93 S. 68 Nr. 224).

5. Über die Bemessung des Grades und der Dauer der Versagung ist von Fall zu Fall zu entscheiden. Die Zeitdauer der Versagung ist im Rechtszuge nachzuprüfen.

6. Über die Versagung entscheidet der Ausschuß nach § 156 durch berufungsfähigen Bescheid, der seinem ganzen Inhalte nach der Nachprüfung durch das KOVA. unterliegt.

§ 44.

§ 39 Abs. 2 gilt auch für das Heilverfahren.

§ 36 Entw.

Eine Bestimmung dahin, daß die BezKV. die Kosten aus Heilverfahren tragen, wird die Satzung hauptsächlich unter dem Gesichtspunkt zu treffen haben, daß die BezKV. finanziell interessiert werden sollen, wodurch sich eine gewisse Gleichmäßigkeit in der Bewilligung von Heilverfahren auf Kosten der PK. erzielen lassen wird. Nach § 108 Abs. 2 sind die Kosten durch Zuschläge zu den sonstigen Beiträgen zu decken. (Vgl. noch die in Anm. 2 zu § 42 mitgeteilte Stelle der Begr.)

V. Allgemeine Vorschriften.

Vorbemerkung.

Die allgemeinen Vorschriften über PV. sind, soweit nicht Besonderheiten dieser V. in Betracht kommen, den Vorschriften des vierten Buches der RVO. über die JVers. angepaßt. Neuerdings sind durch das Gesetz vom 13. Juli 1923 einige der einschlägigen Vorschriften der RVO. geändert, z. B. §§ 1253, 1255, 1318, so daß eine völlige Übereinstimmung mit der Rechtslage nach der RVO. nicht besteht.

§ 45.[1])

Die Leistungen der Pensionskasse werden nach einer Wartezeit von 36 Monaten[2]) gewährt.

§ 37 Entw.

1. Der Entw. wollte nach dem Vorgang der meisten Landesgesetze die Festsetzung der Wartezeit der Satzung überlassen und sah nur eine Höchstdauer vor, die nach den Vorbildern des § 1278 Nr. 1 RVO., § 101 Abs. 1 des Sächsischen KnG. vom 17. Juni 1914 auf 48 Monate bemessen war (Begr. S. 52). In Übereinstimmung mit einem Vorschlag des Vorl. RWR. hat jedoch der Reichstagsausschuß die Wartezeit im Gesetz selbst, und zwar mit 36 Monaten, festgelegt. (Ber. S. 24.)

2. Ersatzzeiten werden zur Erfüllung der Wartezeit nicht angerechnet (§ 29 Abs. 3). Die kurze Wartezeit bedeutet gleichwohl einen großen Vorteil der kn. PV., denn es ist zu berücksichtigen, daß nach Zurücklegung von 36 Beitragsmonaten nicht nur die Steigerungsbeträge gewährt werden, sondern daß zu diesen eine in Prozenten des Hauerdurchschnittslohns bezw. des Steigergehalts bemessene TZul. hinzutritt (vgl. das in Anm. 1 zu § 38 mitgeteilte Beispiel).

§ 46.[1])

Mitglieder der Pensionskasse, die, ohne berufsunfähig[2]) zu sein, aus der knappschaftlichen Beschäftigung ausscheiden,[3]) sind berechtigt, sich das Recht auf Wiederaufnahme[4]) und auf Anrechnung der bis zum Ausscheiden erdienten Steigerungsbeträge[5]) durch Zahlung einer Anerkennungsgebühr[6]) [7]) zu erhalten, welche die Satzung festsetzt.[8])

§ 38 Entw.

1. Die Vorschriften über Zahlung von Anerkennungsgebühren schließen sich an die bisherigen Landesgesetze an und tragen dem auch in der sonstigen Sozialversicherung erkennbaren Bestreben Rechnung, die Erhaltung erworbener Ansprüche zum Vorteil der Versicherten tunlichst zu erleichtern. Von der bisherigen landesgesetzlichen Regelung weicht ab, daß das Recht zur Entrichtung von Anerkennungsgebühren nicht an die Erfüllung der Wartezeit oder an eine bestimmte Dauer der Mitgliedschaft geknüpft ist, sondern ausnahmslos allen PKMitgliedern zusteht (Begr. S. 52).

2. Über den Begriff „Berufsunfähigkeit" vgl. Anm. 2 zu § 25.

3. Ein Ausscheiden aus der Beschäftigung liegt vor, wenn ein bestehendes Lohnarbeitsverhältnis in der Weise gelöst wird, daß entweder eine ausdrückliche oder aus den Umständen zu entnehmende Willenserklärung des Arbeitnehmers festzustellen ist, die Arbeit nicht wieder aufnehmen zu wollen, oder eine Willenserklärung des Arbeitgebers, den Arbeitnehmer nicht weiter als bei sich beschäftigt anzuerkennen. Entscheidend ist die endgültige Einstellung der Arbeit; ob das Vertragsverhältnis rechtlich beendigt ist, ist unerheblich. Im Falle der Beurlaubung eines Mitgliedes aus der Beschäftigung für einen kürzeren, fest begrenzten Zeitraum tritt ein Ausscheiden nicht ein (vgl. E. des OSchG. i. K. vom 24. Nov. 1909 und vom 20. April 1910, Kompaß 1910 S. 51, 177).

4. Unter dem Recht auf Wiederaufnahme ist zu verstehen, daß ein Mitglied, welches die kn. Beschäftigung unterbricht, vor Ablauf der in der Satzung bestimmten Frist für Zahlung der

Anerkennungsgebühr die Beschäftigung aber wieder aufnimmt, ohne weiteres, insbesondere ohne erneuten Gesundheitsnachweis, wiederum PKMitglied wird, sofern nicht bereits Berufsunfähigkeit eingetreten ist. Für das Vorliegen von Berufsunfähigkeit würde gegebenenfalls der RKV. beweispflichtig sein. (Begr. S. 52.)

5. Das G. erwähnt nur die Anrechnung der erdienten Steigerungsbeträge. Es ist aber ohne weiteres zu unterstellen, daß durch Zahlung von AnerkGeb. der Anspruch auf die den erdienten Steigerungsbeträgen entsprechende Pension zuzüglich TZul. erhalten wird, weil die TZul. rechtlich einen Bestandteil der Pension bildet.

6. Die Entrichtung von AnerkGeb. ist einmal erforderlich, damit der RKV. bei Aufstellung der Bilanz übersehen kann, welche V. noch in Kraft sind. Zum anderen soll einem Mitglied, das die kn. Beschäftigung für längere Zeit unterbricht, durch Belastung mit einer wenn auch nur geringen Geldzahlung zum Bewußtsein gebracht werden, daß während der Arbeitsunterbrechung die unmittelbare Verbindung mit dem Bergbau und der kn. V. als einer besonderen Berufsvers. der Bergarbeiter gelöst war. Das erscheint wichtig, um in den Bergarbeitern das Standesgefühl und die Empfindung der Zugehörigkeit zu einer durch soziale Fürsorge bevorzugten Berufsgruppe zu stärken.

7. Die AnerkGebZahler, zu denen ausscheidende Mitglieder auch schon während des Laufes der im § 47 bezeichneten einjährigen Frist gehören, sind in Übereinstimmung mit der Rechtsprechung des OSchG. i. K. (E. vom 16. Dez. 1913, Kompaß 1914 S. 108, und vom 24. Okt. 1916, Kompaß 1917 S. 5) nicht als Mitglieder der PK. anzusehen, ihre Mitgliedschaft endet vielmehr mit der sie begründenden Beschäftigung. Die AnerkGebZahler stehen dem RKV. als forderungsberechtigte Gläubiger gegenüber, denen die durch das frühere VersVerhältnis erworbenen Ansprüche gegen den VersTräger zustehen (vgl. Begr. S. 53).

Aus der Rechtsprechung des OSchG. i. K. sind noch folgende E. hervorzuheben, die auch für die Auslegung und Anwendung des § 46 Bedeutung behalten: Durch Zahlung von AnerkGeb.

können die Ansprüche auf PKLeistungen nicht gesteigert werden, sondern sie werden nur in dem Umfange erhalten, wie sie dem Mitglied zur Zeit des Ausscheidens zustanden (E. vom 27. Febr. 1914, Kompaß 1914 S. 206). Die spezielle Grundlage tatsächlicher Art, aus der das spätere Recht auf eine PKLeistung erwachsen soll (z. B. bei der Witwenpension die Heirat, bei der Erziehungsbeihilfe die Geburt des Kindes), muß beim Beginne der AnerkGebZahlung bereits vorhanden gewesen sein. Demnach besteht für die Witwe eines AnerkGebZahlers, der erst nach dem Ausscheiden aus der kn. Beschäftigung geheiratet hat, kein Anspruch auf Witwenpension; ebenso sind Kinder, die erst nach dem Ausscheiden geboren sind, nicht zum Bezuge des Waisengeldes berechtigt (E. vom 26. März 1914, Kompaß 1914 S. 207).

8. Mit Rücksicht auf die in Anm. 6 geschilderte Zweckbestimmung der AnerkGeb. kann ihr Betrag bei Festsetzung durch die Satzung niedrig gehalten werden; auch der Gesichtspunkt der Deckung entstehender Verwaltungskosten wird zurücktreten können. Immerhin wird sie aber so bemessen werden müssen, daß sie ihre Zweckbestimmung erfüllt und dem Mitgliede fühlbar wird. Nimmt ein Mitglied, das ausgeschieden war, vor Ablauf eines Jahres kn. Beschäftigung wieder auf, so ist es für die zurückliegende Zeit zur Entrichtung der satzungsgemäßen AnerkGeb. verpflichtet. Diese Verpflichtung ist daraus zu folgern, daß die Erhaltung der kn. Rechte grundsätzlich an die Zahlung von AnerkGeb. geknüpft ist, und wird zweckmäßig wie in den jetzt geltenden KnSatzungen so auch in der Satzung des RKV. auszusprechen sein.

§ 47.

Die Rechte aus der Mitgliedschaft nach § 46 erlöschen, wenn der Ausgeschiedene die Anerkennungsgebühr innerhalb Jahresfrist[1]) nicht zahlt.[2]) Zeiten, in denen eine Beitragsstreitigkeit oder ein Verfahren über einen Anspruch aus der Pensionsversicherung schwebt, werden nicht in die Frist eingerechnet.[3])

§ 39 Entw.

1. Abweichend von dem Entw., der die Festsetzung der Frist der Satzung vorbehalten wollte, ist ihre Dauer entsprechend einem Abänderungsvorschlag des RWR. im G. selbst auf ein Jahr festgelegt (Ber. S. 24).

2. Das Erlöschen der Rechte ist schlechthin an die Tatsache der Nichtzahlung von AnerkGeb. geknüpft. Der mehrfach geäußerte Wunsch, die Verlusterklärung von einer vorgängigen Mahnung abhängig zu machen, hat nicht berücksichtigt werden können, weil in vielen Fällen der Aufenthalt des früheren Mitgliedes nicht bekannt ist. Nach der Rechtsprechung des OSchG. i. K. ist aber die Vorschrift über die Zahlung von AnerkGeb. als eine solche des Privatrechts in dem Sinne anzusehen, daß der Fortfall der Rechte durch ein Übereinkommen der Parteien, insbesondere durch nachträgliche Annahme der verspätet angebotenen AnerkGeb. zugunsten des früheren Mitgliedes wieder beseitigt werden kann (E. vom 19. Dez. 1916, Kompaß 17 S. 46). Nachträgliche Annahme von AnerkGeb. wird namentlich bei unverschuldeter Säumnis des Einzahlers, bei Postsperre und ähnlichen vom Willen des Mitgliedes unabhängigen Umständen für zulässig erachtet werden können. Gesetzlich geregelt ist sie zugunsten von Angestellten der Arbeitnehmerverbände im Art. 29 Abs. 2 des EG. (vgl. Anm. 4 daselbst). — Die Zahlung der AnerkGeb. kann, wenn nichts anderes bestimmt ist, mit Rechtswirkung an den KnÄltesten erfolgen; eine Satzungsvorschrift, daß die Gebühr unmittelbar an den KnV. zu zahlen ist, hat nur die Natur einer Ordnungsvorschrift, deren Nichtbeachtung die Zahlung nicht unwirksam macht (E. des OSchG. i. K. vom 14. Okt. 1913, Kompaß 13 S. 361).

3. Satz 2 ist dem § 1444 Abs. 3 RVO. nachgebildet, wonach Zeiten der bezeichneten Art den Weiterlauf der Fristen für die Nachentrichtung von Pflichtbeiträgen und freiwilligen Beiträgen zur JVers. (§§ 1442, 1443 RVO.) hemmen. „Die Übernahme dieser Vorschrift erscheint zum Schutze der AnerkGebZahler angezeigt. Mit der Möglichkeit, daß ein AnerkGebZahler ein Streitverfahren nur zum Schein anhängig macht, um damit den Lauf der Frist zu hemmen, ist in Anbetracht des geringen Betrages

der AnerkGeb. ernsthaft nicht zu rechnen; besondere Vorschriften zur Regelung solcher Fälle erscheinen daher entbehrlich." (Begr. S. 53.)

§ 48.

[1] (Abs. 1.) Tritt ein früheres Pensionskassenmitglied, dessen Rechte nach § 47 erloschen sind, wieder als Mitglied ein, so leben seine früheren Pensionskassenansprüche nach sechsmonatiger Mitgliedschaft wieder auf.[2]

(Abs. 2.) Stirbt ein Mitglied während dieser sechsmonatigen Wartezeit, so sind seinen Angehörigen die Pensionskassenleistungen zu gewähren, die ihnen zuständen, wenn die Ansprüche des Verstorbenen an seinem Todestage nach Abs. 1 wieder aufgelebt wären.[3]

§ 40 Entw.

1. Ähnliche Vorschriften sind bereits in den Landesgesetzen enthalten; sie sollen verhüten, daß Mitglieder, die nur vorübergehend aus ihrer Beschäftigung ausscheiden, ohne AnerkGeb. zu zahlen, ihre Ansprüche dauernd verlieren. Der Entw. sah in Übereinstimmung mit § 34 Abs. 3 des Preuß. KnG. die Dauer eines Jahres für die erneute Mitgliedschaft vor, die als eine Art Bewährungsfrist für den Nachweis der Fähigkeit zu dauernder Verrichtung kn. Arbeit gedacht ist. Im Reichstagsausschuß ist der Antrag gestellt worden, die Worte „nach einjähriger Mitgliedschaft" zu streichen. Ein Regierungsvertreter hat dazu folgendes ausgeführt: „Der Verlust der kn. Rechte trete im allgemeinen nur dann ein, wenn aus Gleichgültigkeit oder Nachlässigkeit die Zahlung von AnerkGeb. länger als ein Jahr unterbleibe. Dabei handle es sich durchweg um Personen (Gewerbetreibende, Gastwirte und dergl.), die dem Bergbau fremd geworden sind. Solche Personen aber ohne weiteres in ihre kn. Rechte wieder einzusetzen, wenn sie — vielleicht nur zum Schein — die Bergarbeit wieder aufnehmen, weil sie sich der Invalidität nahe fühlen, gehe nicht an; an einer Bewährungsfrist von gewisser Dauer müsse vielmehr fest-

gehalten werden. Sollte das frühere Mitglied vor Ablauf der Frist infolge eines Betriebsunfalles berufsunfähig werden, so trete die Unfallvers. ein; für andere Fälle Vorsorge zu treffen, gehe zu weit. Im Falle des Todes vor Ablauf der Bewährungsfrist sei für die Hinterbliebenen durch die Vorschrift des § 40 Abs. 2 des Entw. gesorgt." Der erwähnte Antrag ist darauf abgelehnt, die Dauer der erneuten PKMitgliedschaft jedoch auf sechs Monate verkürzt worden (Ber. S. 25). — Rückwirkende Kraft kommt dieser Verkürzung mangels einer ausdrücklichen Vorschrift im RKG. oder EG. nicht zu. Sind ehemalige PKMitglieder etwa am 1. Juli 1923 wieder eingetreten, so leben ihre Ansprüche erst mit dem 1. Juli 1924 wieder auf, ebenso wie bei Mitgliedern, die am 1. Okt. 1923 oder am 1. Jan. 1924 wieder eingetreten sind.

2. Die Anrechnung von Dienstjahren, die in der Vergangenheit bei einzelnen KnV. vor der Zeit des Bestehens eines Gegenseitigkeitsverhältnisses durch Übertritt zu einem andern Verein verloren sind und auch nach den bisherigen landesgesetzlichen Bestimmungen nicht angerechnet werden konnten, ist im Art. 29 Abs. 3 EG. geregelt (vgl. Anm. 5 daselbst).

3. „Abs. 2 ist aus der Satzung des Saarbrücker KnV. entnommen, nach dessen Erfahrungen die Anwendung dieser Vorschrift zugunsten von Hinterbliebenen sehr segensreich gewirkt hat." (Begr. S. 53.) Von der Vorschrift wird namentlich bei tödlichen Unfällen vor Ablauf der sechsmonatigen Frist Gebrauch zu machen sein (vgl. die in Anm. 1 mitgeteilte Erklärung des Regierungsvertreters).

§ 49.[1]) [2])

(Abs. 1.) Der Anspruch auf Zahlung der Invalidenpension beginnt mit dem ersten Tage des Monats, in dem die Berufsunfähigkeit eingetreten ist.[3])

(Abs. 2.) Läßt sich der Beginn der Berufsunfähigkeit nicht feststellen, so ist der Monat maßgebend, in dem der Antrag auf Bewilligung der Pension [4]) gestellt ist.

§ 41 Entw.

1. Zu §§ 49 bis 51: Zur Vereinfachung der Berechnung ist bestimmt, daß JP., Witwenpension und Waisengeld stets für volle Monate zu zahlen sind. Hierin weicht das G. von den meisten gegenwärtig geltenden KnSatzungen ab. Auch die RVO. und das AVG. in früherer Fassung sahen die Zahlung von Teilbeträgen der Monatsrenten vor, wenn der VersFall im Laufe eines Monats eintrat. Durch G. vom 13. Juli 1923 sind jedoch die sog. Spitzrenten überall beseitigt, so daß das RKG. und die übrigen VersG. in der Rechtslage insoweit übereinstimmen.

2. § 49 entspricht inhaltlich im wesentlichen dem § 1256 RVO. i. d. F. d. G. vom 13. Juli 1923.

3. Der Zeitpunkt des Eintritts der Berufsunfähigkeit ist von der entscheidenden Stelle — Bezirksverwaltung oder Ausschuß (vgl. §§ 155, 156) — zu prüfen und im Pensionsbescheid festzusetzen. Dabei sind die in der Anm. 2 zu § 25 dargelegten Grundsätze der bisherigen Rechtsprechung zu beachten. Fällt der Zeitpunkt, von dem ab bei objektiver Betrachtung die Berufsfähigkeit als dauernd aufgehoben anzusehen ist (vgl. E. des OSchG. i. K. vom 16. Dez. 1908, Kompaß 09 S. 60), in den Lauf eines Monats, vielleicht auf den letzten Tag, so ist die Pension vom ersten Tage dieses Monats ab zu gewähren. In vielen Fällen wird die Feststellung, wann dauernde oder vorübergehende Berufsunfähigkeit eingetreten ist, erst getroffen werden können, nachdem das Mitglied für 26 Wochen Krankengeld bezogen hat. Eine Anrechnung der JP. auf das Krankengeld ist dann abweichend von dem im § 70 Abs. 1 des Entw. gemachten Vorschlage unzulässig (vgl. Vorbem. vor § 76). Ist also ein Mitglied etwa am 31. Jan. erkrankt und nachdem es ausgesteuert war, die Krankheit in dauernde Berufsunfähigkeit übergegangen, so ist die JP., die etwa im Monat August festgesetzt wird, vom 1. Januar ab einschließlich TZul. voll zu zahlen; sie wird also für 30 Tage gewährt, ohne daß Berufsunfähigkeit vorgelegen hat, und trifft überdies für 26 Wochen mit dem Krankengeld zusammen. Geht eine nach sechsundzwanzigwöchiger Krankheit zunächst als vorübergehend angenommene Berufsunfähigkeit in dauernde Berufsunfähigkeit über, so kann die

Pension für dauernde Berufsunfähigkeit nicht vor dem Ersten des Monats beginnen, in dem der die Pension für vorübergehende Berufsunfähigkeit festsetzende Bescheid ergangen ist (vgl. für den Übergang von Krankenrente der RVO. in Invalidenrente AN. 02 S. 290 Nr. 959). In diesem Falle wird Pension erst nach Ablauf der Krankengeldbezugszeit gezahlt, bei Übergang in dauernde Berufsunfähigkeit ist aber die Pension neu zu berechnen, indem die 26wöchige Krankheitszeit mit Beitragsmonaten nach § 29 Abs. 1 berücksichtigt wird. Abweichend hiervon und wohl zweckmäßiger bestimmt jetzt § 1255 Abs. 4 RVO. i. d. F. d. G. vom 13. Juli 1923, daß eine nach Abs. 3 (bei vorübergehender Invalidität) bewilligte Rente nicht geändert wird, wenn der Empfänger die Voraussetzungen des Abs. 1 (dauernde Invalidität) erfüllt.

4. Der Antrag auf Bewilligung der JP. ist bei dem für das Mitglied zuständigen KnÄltesten oder Angestelltenältesten oder bei der Bezirksverwaltung zu stellen (vgl. § 129 Abs. 1, § 131 Abs. 3, § 132 Abs. 2, § 153). Einem bei anderer Stelle, etwa beim VA., gestellten Antrag wird die Rechtswirkung nach Abs. 2 nicht beigelegt werden können; denn eine dem § 1616 RVO. entsprechende Vorschrift — wonach die oberste Verwaltungsbehörde anordnen kann, daß Ansprüche auf Leistung der JVers. auch bei einer anderen Behörde als dem VA. angemeldet werden dürfen — ist im RKG. nicht enthalten. Gibt das VA. einen irrtümlich bei ihm gestellten Antrag auf Kn. Leistungen weiter, so ist für den Beginn der Zahlung der Monat als maßgebend zu betrachten, an dem der weitergegebene Antrag bei der Bezirksverwaltung eingegangen ist.

§ 50.

(Abs. 1.) Der Anspruch auf Zahlung der Witwenpension beginnt für die Witwen der Mitglieder mit dem ersten Tage des Sterbemonats des Ehemanns, für die Witwen der Knappschaftsinvaliden mit dem ersten Tage des nächstfolgenden Monats.[1])

(Abs. 2.) Er endet, wenn die Witwe sich wieder

verheiratet oder stirbt, mit dem Ablaufe des Wiederverheiratungs- oder Sterbemonats.[3])

§ 42 Entw.

1. Abs. 1 deckt sich inhaltlich mit § 1263 Satz 1 RVO. i. d. F. d. G. vom 13. Juli 1923.

2. Abs. 2 entspricht für den Fall der Wiederverheiratung dem § 1298 Satz 1, für den Fall des Todes dem § 1301 RVO. i. d. F. d. G. vom 13. Juli 1923. § 1298 Satz 2 RVO. schreibt zwingend die Abfindung der wiederheiratenden Witwe mit dem Dreifachen ihrer Jahresrente vor; ein Wiederaufleben des Rentenanspruchs für den Fall des Verzichts auf Abfindung ist abweichend von § 33 Abs. 2 RKG. in der RVO. nicht vorgesehen.

§ 51.

(Abs. 1.) Der Anspruch auf Zahlung des Waisengeldes beginnt für Waisen der Mitglieder mit dem ersten Tage des Sterbemonats des Vaters, für Waisen der Knappschaftsinvaliden mit dem ersten Tage des nächstfolgenden Monats.[1])

(Abs. 2.) Werden Halbwaisen zu Vollwaisen, so wird das höhere Waisengeld von dem ersten Tage des nächstfolgenden Monats ab gezahlt.

(Abs. 3.) Der Anspruch endet mit dem Ablauf des Monats, in dem die Waise das achtzehnte Lebensjahr vollendet oder stirbt.[2])

(Abs. 4.) Das Waisengeld wird an den gesetzlichen Vertreter gezahlt.[3])

§ 43 Entw.

1. Abs. 1 entspricht inhaltlich dem § 1263 Satz 1 RVO. i. d. F. d. G. vom 13. Juli 1923. Für nachgeborene Waisen wird auch ohne ausdrückliche gesetzliche Vorschrift in Übereinstimmung mit § 1263 Satz 2 RVO. angenommen werden müssen, daß das Waisengeld mit dem ersten Tage des Geburtsmonats beginnt.

2. Vgl. § 24 Abs. 1, wonach Waisengeld allgemein bis zum vollendeten 18. Lebensjahr gezahlt wird. Liegt der Sonderfall des § 24 Abs. 3 vor, so ist Waisengeld bis zum Ende des Monats zu zahlen, in dem die Waise das 21. Lebensjahr vollendet. Abs. 3 entspricht inhaltlich den §§ 1299, 1301 RVO. i. d. F. d. G. vom 13. Juli 1923. Der Fall, daß die Waise heiratet, ist abweichend von § 1299 RVO. im § 51 nicht berücksichtigt; eintretendenfalls wird daher kn. Waisengeld auch an verheiratete Waisen (bis zum 18. Lebensjahr) zu zahlen sein.

Das Waisengeld wird im allgemeinen durch formlosen Bescheid in Fortfall gebracht werden können; ein anfechtbarer Bescheid (§ 155) ist nur dann zu erteilen, wenn Streit über den Fortfall besteht, z. B. darüber, ob eine Waise von mehr als 18 Jahren unter die Sondervorschrift des § 24 Abs. 3 fällt. Wegen der Frage, ob die bei Inkrafttreten des RKG. laufenden Erziehungsbeihilfen (Waisengeld) bis zur Vollendung des 18. Lebensjahres weiterzuzahlen sind, vgl. Anm. 9 zu § 24.

3. Abs. 4 hat die Bedeutung einer Ordnungsvorschrift und läßt den rechtlichen Charakter des Waisengeldes als einer selbständigen, der Waise selbst zustehenden Leistung unberührt. (Vgl. für die Waisenrente der RVO. E. des RVA. vom 20. März 1915, AN. S. 643 Nr. 2076.)

§ 52.[1])

Länger als ein Jahr rückwärts, von der Stellung des Antrags[2]) gerechnet, werden laufende Leistungen[3]) nicht gezahlt,[4]) sofern nicht der Berechtigte durch Verhältnisse, die außerhalb seines Willens liegen,[5]) verhindert worden ist, den Antrag rechtzeitig zu stellen. Der Antrag ist in diesem Falle binnen drei Monaten zu stellen, nachdem das Hindernis weggefallen ist.

§ 44 Entw.

1. § 52 entspricht dem § 1253 RVO. Durch das Ges. vom 13. Juli 1923 sind die Worte „von der Stellung des Antrages gerechnet" im § 1253 RVO. geändert in: „vom ersten Tage

des Monats an gerechnet, in welchem der Antrag eingegangen ist". Diese aus Beseitigung der Spitzrenten folgende Änderung ist ohne weiteres auch für die in vollen Monatsbeträgen zu zahlenden kn. Leistungen anwendbar.

2. Es kommt auf die Stellung des Antrags bei der zuständigen Stelle an (vgl. Anm. 4 zu § 49).

3. Laufende Leistungen sind Invalidenpension einschließlich Kindergeld, Witwenpension und Waisengeld.

4. Es handelt sich nicht um eine Verjährung, sondern Verwirkung des Anspruchs, die von Amts wegen zu berücksichtigen ist (Ausschlußfrist!).

5. Solche Verhältnisse sind z. B. Mangel eines gesetzlichen Vertreters bei geschäftsunfähigen Personen, höhere Gewalt, schwere Erkrankung, aber nicht unrichtige Belehrung durch Behörden.

§ 53.[1])

Ist beim Tode des Empfängers die fällige Pension oder das fällige Waisengeld noch nicht abgehoben, so sind nacheinander bezugsberechtigt der Ehegatte, die Kinder,[2]) der Vater, die Mutter, die Geschwister, wenn sie mit dem Empfänger in häuslicher Gemeinschaft[3]) gelebt haben oder von ihm ganz oder überwiegend aus seinem Arbeitsverdienst unterhalten worden sind.[4])

§ 45 Entw.

1. Zu §§ 53 und 54: „Die Vorschriften stimmen im wesentlichen mit den §§ 1302 und 1303 der RVO. überein. Außer auf häusliche Gemeinschaft können Ansprüche auch darauf gestützt werden, daß die an Stelle des Verstorbenen eintretenden Berechtigten von dem Verstorbenen ganz oder überwiegend aus seinem Arbeitsverdienst unterhalten worden sind. Diese Milderung erscheint angebracht, weil das Verlangen des Bestehens häuslicher Gemeinschaft, worunter nach der Rechtsprechung ein räumliches Zusammenleben zu verstehen ist, in vielen Fällen, namentlich in Anbetracht des gegenwärtig bestehenden und voraussichtlich noch lange Zeit anhaltenden Wohnungsmangels, eine Härte bedeuten würde." (Begr. S. 53.)

§ 53 regelt den Fall, daß der die Leistung festsetzende Bescheid bereits zugestellt, die Zahlung aber noch nicht erfolgt war, während § 54 den Fall betrifft, daß die Leistung zwar beantragt, aber noch nicht bewilligt war.

2. Mangels ausdrücklicher Vorschrift kommen hier abweichend von § 24 Abs. 2 und § 32 Abs. 2 nur die ehelichen und die rechtlich als ehelich geltenden Kinder (vgl. Anm. 12 zu § 24) in Betracht. Sind mehrere Kinder vorhanden, so sind sie zu gleichen Teilen bezugsberechtigt.

3. Die Streitfrage, ob der Begriff „häusliche Gemeinschaft" unter allen Umständen ein räumliches Zusammenleben, also Gemeinschaft von Tisch und Wohnung, voraussetzt, oder ob eine Gemeinschaft in ethischem Sinne genügt (vgl. z. B. RVA. vom 16. März 1914, AN. S. 694 Nr. 1895), kann für das RKG. auf sich beruhen, weil auch die Gewährung von Unterhalt die Bezugsberechtigung begründet (vgl. die unter 1 angeführte Stelle der Begr.).

4. Sind Bezugsberechtigte im Sinne der §§ 53 und 54 nicht vorhanden, so tritt Erbfolge nach bürgerlichem Recht ein.

§ 54.

Stirbt ein pensionsberechtigtes Mitglied oder eine pensionsberechtigte Witwe, nachdem sie ihren Anspruch erhoben hatten,[1]) so sind zur Fortsetzung des Verfahrens[2]) und zum Bezuge der bis zum Todestage[3]) fälligen Beträge nacheinander berechtigt der Ehegatte, die Kinder,[4]) der Vater, die Mutter, die Geschwister, wenn sie mit dem Berechtigten in häuslicher Gemeinschaft[4]) gelebt haben oder von ihm ganz oder überwiegend aus seinem Arbeitsverdienst unterhalten worden sind.[4])

§ 46 Entw.

1. Als erhoben kann nur der bei der zuständigen Stelle (vgl. Anm. 4 zu § 49) geltend gemachte Anspruch gelten. Die Rechtsnachfolge tritt nicht ein, wenn der Berechtigte stirbt, ohne seinen Anspruch angemeldet zu haben. Auch in solchen Fällen können jedoch Gemeinden und Armenverbände nach § 76 Abs. 4 in Verbindung mit § 1537 RVO. Ersatz aus der Pension beanspruchen.

2. Der Tod des Antragstellers unterbricht das Verfahren. Damit eine Entscheidung ergehen kann, muß das Verfahren durch die nach § 54 Berechtigten oder gegen diese von dem BezKV. aufgenommen werden. Zur Fortsetzung des Verfahrens gehört auch die Einlegung von Rechtsmitteln.

3. Infolge des Grundsatzes, daß die Pensionen ausnahmslos für volle Monate zu zahlen sind (vgl. Anm. 1 zu § 49), stehen die fälligen Beträge den Berechtigten bis zum Ablauf des Sterbemonats zu.

4. Vgl. Anm. 2 bis 4 zu § 53.

§ 55.[1])

Ist ein Knappschaftsinvalide infolge einer wesentlichen Änderung[2]) in seinen Verhältnissen[3]) nicht mehr berufsunfähig, so ist ihm die Pension zu entziehen.[4]) Dies gilt nicht für den Fall des § 26, wenn nicht der Empfänger der Invalidenpension gleichwertige Lohnarbeit aufnimmt.[5])

§ 47 Abs. 1 Entw.; Abs. 2 ist § 56 geworden.

1. „Die Pensionsentziehung oder Reaktivierung ist in Übereinstimmung mit § 1304 RVO. an die Voraussetzung geknüpft, daß ein KnInvalide infolge einer wesentlichen Änderung in seinen Verhältnissen nicht mehr berufsunfähig ist." (Begr. S. 53.)

2. Die wesentliche Veränderung muß bereits eingetreten, nicht etwa nur nach sachverständigem Ermessen in bestimmter Zeit mit Sicherheit zu erwarten sein. Sie muß ausdrücklich festgestellt werden, und zwar auf Grund einer Vergleichung der Verhältnisse des Pensionsempfängers zur Zeit der Invalidisie-

rung mit den Verhältnissen zur Zeit der Reaktivierung; dabei sind auch Leiden zu berücksichtigen, die erst in der Zeit der knappschaftlichen Invalidität entstanden sind (OSchG. i. K. vom 20. April 1915, Kompaß 15 S. 192).

3. Die Entziehung der Pension setzt eine Veränderung der körperlichen oder geistigen Verhältnisse voraus. Sie kommt hiernach in Frage nach Besserung der Krankheit oder der Gebrechen, infolge deren die Pension festgesetzt wurde, oder auch ohne eine objektive Besserung, wenn der Pensionsempfänger sich an den krankhaften Zustand oder das Gebrechen soweit gewöhnt hat, daß die Beeinträchtigung seiner Kräfte nicht mehr in dem früheren Umfange stattfindet. Dagegen kann eine nur veränderte (berichtigte) Kenntnis der an sich unveränderten Verhältnisse oder eine andere Beurteilung eines an sich im wesentlichen unveränderten körperlichen Zustandes nicht als eine die Pensionsentziehung rechtfertigende Veränderung angesehen werden (OSchG. i. K. a. a. O., AN. des RVA. 94 S. 159 Nr. 389). Wegen des Begriffes „Berufsunfähigkeit" vgl. im übrigen die in Anm. 2 zu § 25 wiedergegebene Rechtsprechung.

4. Die Vorschrift ist zwingend. Über die Entziehung entscheidet nach § 156, wenn nicht die Verwaltung des BezKV. mit dem KnInvaliden über den Wegfall der JP. einig ist, der Ausschuß durch berufungsfähigen Bescheid. Im Berufungsverfahren ist der Zustand des Klägers, wie er zur Zeit der Berufungsentscheidung besteht, für diese zugrunde zu legen, also auch eine inzwischen etwa von neuem eingetretene Berufsunfähigkeit zu berücksichtigen. Umwandlung der Pension für vorübergehende Berufsunfähigkeit in eine solche für dauernde Berufsunfähigkeit ist nicht als Entziehung anzusehen. Der Fall der Entziehung liegt auch nicht vor bei einer zeitlich beschränkten Invalidisierung, die in der Form zulässig ist, daß in einem nach Wiedereintritt der Berufsfähigkeit erlassenen Bescheide mit der Festsetzung der Pension gleichzeitig auch der Zeitpunkt des Fortfalls bestimmt wird.

5. „Eine Entziehung der sog. Alterspension ist im allgemeinen unzulässig und wird insbesondere nicht durch eine wesentliche Veränderung in den körperlichen oder geistigen Verhältnissen des Empfängers begründet. Die Alterspension muß aber, wie notwendig aus dem Inhalt des § 20 (§ 26 des Ges.) zu folgern ist und in der Begründung hierzu bereits bemerkt wurde, entzogen werden, wenn der Empfänger der Alterspension eine frühere Berufsarbeit oder gleichwertige Lohnarbeit wieder aufnimmt; mit der Aufnahme solcher Arbeit wird die für das Bestehen von Berufsunfähigkeit streitende Vermutung durch den Empfänger selbst widerlegt, sie bedeutet gewissermaßen eine Zurückziehung des Antrages auf Bewilligung der Alterspension." (Begr. S. 53.) Die endgültige Gestaltung hat Satz 2 durch Annahme eines Antrages 5919 Ziff. 4 in der Vollsitzung des Reichstags vom 12. Juni 1923 (Stenogr. Ber. S. 11299) erfahren.

§ 56.[1])

Wird bei Gewährung oder Entziehung einer Pension eine ärztliche Untersuchung oder Krankenhausbeobachtung[2]) angeordnet, so ist der nachgewiesene Lohnausfall zu erstatten. Hat der Betreffende keinen Familienangehörigen zu unterhalten, so erhält er die Hälfte des Lohnausfalls.

§ 56 ist aus § 47 Abs. 2 Entw. hervorgegangen (§ 47 a der Ausschußbeschlüsse, Ber. S. 26, 57).

1. Der Entw. sah Erstattung von Lohnausfall nur bei Pensionsentziehung vor: „Der bisherige Übelstand, daß Lohnausfall, der durch eine zum Zwecke der Pensionsentziehung angeordnete ärztliche Untersuchung oder Krankenhausbeobachtung entsteht, mangels einer gesetzlichen oder satzungsmäßigen Vorschrift gar nicht oder nur zum Teil erstattet werden kann, ist durch die Vorschrift des Abs. 2 beseitigt; Voraussetzung der Erstattung von Lohnausfall ist aber, daß der KnInvalide bisher den Unterhalt von Angehörigen aus seinem Arbeitsverdienst ganz oder überwiegend

bestritten hat." (Begr. S. 53.) Der Reichstagsausschuß hat den Fall der Pensionsgewährung mit einbezogen und auch ledigen Mitgliedern einen Erstattungsanspruch eingeräumt. Zweck und Bedeutung der Änderungen sind im Reichstagsausschuß von einem Regierungsvertreter wie folgt erläutert: „Bisher habe die Auffassung bestanden, daß ein die Invalidisierung beantragendes PKMitglied zur einwandfreien Feststellung der Berufsunfähigkeit mit beitragen und sich deshalb nötigenfalls auch einer Krankenhausbeobachtung ohne Anspruch auf Entschädigung unterziehen müsse. In Anbetracht der gegenwärtigen Verhältnisse sei jedoch vielleicht eine andere Beurteilung am Platze und der Anspruch auf Erstattung von Lohnausfall bis zu einem gewissen Grade als berechtigt anzuerkennen. Im Falle der Pensionsentziehung sehe der Entwurf Erstattung von Lohnausfall nur für Familienernährer und nicht für Ledige vor, weil einmalige ärztliche Untersuchungen regelmäßig so angesetzt werden, daß kein Lohnverlust entsteht, und bei Beobachtung im Krankenhaus voller Lebensunterhalt gewährt werde. Es könne aber zugegeben werden, daß auch den ledigen Personen bei einem mehrtägigen Aufenthalt im Krankenhause kleinere Ausgaben (für Rasieren, Wäsche und dergl.) erwachsen, und es erscheine deshalb zweckmäßig, die Anregung des Vorl. RWR. zu übernehmen, wonach die Satzung die Höhe des zu erstattenden Betrags für Ledige bestimmt." Abweichend von dem hier erwähnten Vorschlage des RWR. ist der Betrag im Ges. selbst festgelegt, und zwar auf die Hälfte des nachgewiesenen Lohnausfalls (Ber. S. 26).

2. Im Falle der Krankenhausbeobachtung wird für zulässig erachtet werden dürfen, daß von dem nachgewiesenen Lohnausfall ein dem Werte der Verpflegung im Krankenhause entsprechender Betrag abgerechnet wird.

§ 57.[1])

(Abs. 1.) Ein Heilverfahren kann eingeleitet werden, wenn es erwarten läßt, daß dadurch ein Knappschaftsinvalide wieder berufsfähig wird.

[2]) (Abs. 2.) Entzieht sich ein Knappschaftsinvalide ohne gesetzlichen oder sonst triftigen Grund einem Heilverfahren und verhindert er dadurch die Beseitigung der Berufsunfähigkeit oder entzieht er sich ohne Grund einer Nachuntersuchung oder Beobachtung in einem Krankenhause, so kann ihm die Pension auf Zeit ganz oder teilweise entzogen [3]) werden, wenn er auf diese Folge hingewiesen worden ist.

§ 48 Entw.

1. § 57 ist den §§ 1305, 1306 RVO. nachgebildet und regelt die Übernahme von Heilverfahren für Pensionsempfänger, während sich die §§ 42 bis 44 auf aktive PKMitglieder beziehen. Sind die Pensionsempfänger gleichzeitig invalide im Sinne der RVO., so kann der RKV. zur Wiederherstellung der Erwerbsfähigkeit auch als Träger der JVers. Heilverfahren einleiten. Schließlich können Heilverfahren an KnJnvalide, die noch KrKMitglieder sind, auf Kosten der KrV. gewährt werden. Mit Rücksicht auf diese verschiedenen Möglichkeiten ist ein im Reichstagsausschuß gestellter Antrag, nach dem Vorgange des § 8 Abs. 4 RVG. Heilverfahren auch „zur Behebung körperlicher Beschwerden" vorzusehen, nicht weiter verfolgt worden (Ber. S. 26).

2. Vgl. Anm. 2 bis 4 zu § 43.

3. Die Entziehung der Pension wird, wie die Versagung nach § 43, durch berufungsfähigen Bescheid (§ 156) ausgesprochen. Dabei ist die Dauer der Entziehung zu bestimmen; erforderlichenfalls ist diese Bestimmung in der Berufungsinstanz nachzuholen. Nach Ablauf der für die Entziehung bestimmten Zeit tritt der KnJnvalide ohne weiteres wieder in den Genuß seiner Pension.

§ 58.[1])

Ein Bescheid, der die Pension entzieht, wird mit Ablauf des auf die Zustellung folgenden Monats wirksam.[2])

§ 49 Entw.

1. Der Entw. wollte die Entziehung mit Ablauf des Zustellungsmonats wirksam werden lassen und begründete diesen Standpunkt wie folgt: „In Übereinstimmung mit den meisten KnSatzungen bestimmt der Entw., daß ein die Pension entziehender Bescheid mit Ablauf des Monats wirksam wird, in dem er zugestellt ist. Hier liegt eine bewußte Abweichung von der entsprechenden Vorschrift der RVO. im § 1308 vor, wonach die Entziehung der Rente erst mit Ablauf des auf die Zustellung folgenden Monats wirksam wird. Die Abweichung findet darin ihre Begründung, daß es nicht berechtigt sein würde, dem reaktivierten Bergarbeiter, der zur Verrichtung seiner Berufsarbeit fähig ist und nicht, wie unter Umständen der bisherige Empfänger einer Invalidenrente, einen Berufswechsel vornehmen muß, noch für einen längeren Zeitraum, unter Umständen für fast zwei Monate, neben dem Lohn die IP. (nebst TZul.) zu zahlen." (Begr. S. 53.) Der Vorl. RWR. und der Reichstag vertraten jedoch die Auffassung, daß auch der Kn.-Invalide rechtzeitig wissen müsse, wie lange er noch mit der Pension zu rechnen habe. Demgemäß ist Übereinstimmung mit der Fassung des § 1308 RVO. hergestellt (Ber. S. 26).

2. Über die Wirkung der Pensionsentziehung bemerkt der Entw. noch, daß sie „nicht nur den Wiedereintritt der Berufsfähigkeit, sondern auch der Aufnahmefähigkeit zur PK. bedeutet. Ein reaktivierter Bergarbeiter, der vor Ablauf eines Jahres seit der Pensionsentziehung kn. Arbeit wieder aufnimmt, wird also ohne erneute Beibringung des Gesundheitsnachweises wieder PK-Mitglied, sofern er nicht inzwischen erneut berufsunfähig geworden ist, wofür der RKV. beweispflichtig sein würde." (Begr. a. a. O.)

§ 59.[1])

Wird nachgewiesen, daß ein früheres Mitglied, das als verschollen galt,[2]) noch lebt, so wird die weitere Gewährung der Leistungen an seine Angehörigen

eingestellt.[3]) Die zu Unrecht gezahlten Beträge brauchen nicht zurückgefordet zu werden.[4])

§ 50 Entw.

1. Die Vorschrift entspricht dem § 1310 RVO. und § 4 des Preuß. Ges. vom 24. April 1916 (GS. S. 47), betr. die Ergänzung des Knappschafts-Kriegsgesetzes vom 26. März 1915.

2. Vgl. §§ 35, 36.

3. Die Vorschrift ist zwingend. Die Einstellung erfolgt durch anfechtbaren Bescheid (§ 155).

4. Vgl. die ähnliche Vorschrift in § 66.

§ 60.[1])

(Abs. 1.) Das Recht auf laufende Leistungen[2]) ruht, solange der Berechtigte eine Freiheitsstrafe von mehr als einem Monat verbüßt oder in einem Arbeitshaus oder einer Besserungsanstalt untergebracht ist.

(Abs. 2.) Hat der Empfänger einer Invalidenpension[3]) im Inland Angehörige, die er ganz oder überwiegend aus seinem Arbeitsverdienst unterhalten hat, so wird ihnen die Invalidenpension überwiesen.[4])

§ 51 Entw.

1. Zu §§ 60 bis 62: Die Vorschriften sind den §§ 1312 bis 1314 RVO. nachgebildet.

2. Laufende Leistungen sind JP., Witwenpension und Waisengeld einschl. TZul.

3. Witwenpension und Waisengeld können nicht überwiesen werden.

4. Der Überweisungsanspruch kann nur von berechtigten Angehörigen geltend gemacht werden. Die Entscheidung erfolgt durch anfechtbaren Bescheid (§ 155).

§ 61.

Das Recht auf laufende Leistungen ruht, solange

1. der Berechtigte[1]) sich freiwillig[2]) gewöhnlich im Ausland aufhält,

2. der berechtigte Ausländer wegen der Verurteilung in einem Strafverfahren aus dem Reichsgebiet ausgewiesen[3]) ist. Dasselbe gilt für einen berechtigten Ausländer, der aus Anlaß der Verurteilung in einem Strafverfahren aus dem Gebiet eines Landes ausgewiesen[3]) ist, solange er sich nicht in einem andern Lande aufhält.

§ 52 Entw.

1. Es macht (abweichend von Nr. 2) keinen Unterschied, ob der Berechtigte Inländer oder Ausländer ist.

2. Freiwillig ist der Aufenthalt im Auslande, wenn seine Verlegung dorthin auf dem Willen des Berechtigten oder des gesetzlichen Vertreters (bei Waisen) beruht. Unfreiwillig ist der durch behördliches Eingreifen erzwungene Aufenthalt (§ 61 Nr. 2). Nach der Rechtsprechung des RVA. zu § 1313 RVO. (AN. 13 S. 735 Nr. 1762) liegt ein unfreiwilliger Aufenthalt u. a. vor, wenn der Berechtigte aus zwingenden gesundheitlichen Gründen ins Ausland gegangen ist und nicht zurückkehren kann.

3. Ausweisung aus dem Reichsgebiet findet nur in den Fällen des § 39 Nr. 2, der §§ 181 a, 284, 362 RStrGB. statt. Wegen anderer Straftaten kann nur die Ausweisung aus dem Landesgebiet von der Landespolizeibehörde verfügt werden.

§ 62.

Die Reichsregierung kann mit Zustimmung des Reichsrats das Ruhen der Leistungen ausschließen für ausländische Grenzgebiete oder für solche auswärtigen Länder, deren Gesetzgebung Deutschen oder ihren Hinterbliebenen eine entsprechende Fürsorge gewährleistet.

§ 53 Entw.

Das Ges. steht grundsätzlich auf dem Standpunkt, daß kein Anlaß besteht, die Ausländer hinsichtlich der kn. Leistungen anders zu behandeln wie hinsichtlich der sonstigen VersLeistungen (Begr. S. 54), hat aber die Vorschrift des § 1314 RVO. übernommen, um Erleichterungen namentlich für Grenzgebiete schaffen zu können.

§ 63.[1])

Mit dem dreifachen oder, wenn es sich um Waisengeld handelt, mit dem anderthalbfachen Betrage seiner Jahresbezüge ist abzufinden[2]) der berechtigte Ausländer im Falle des § 61 Nr. 1. Die Teuerungszulage (§§ 31, 33 Abs. 1, § 34) bleibt außer Ansatz.[3])

§ 54 Entw.

1. Auch hinsichtlich der Abfindung von Ausländern hat das Ges. die Grundsätze der RVO. übernommen und entsprechend dem § 1316 die Abfindung zwingend vorgeschrieben, während das Landesgesetz (vgl. z. B. § 30 Abs. 5 des Preuß. KnG.) die Abfindung von Ausländern, die keinen Wohnsitz im Deutschen Reiche besitzen oder ihren Wohnsitz im Deutschen Reiche aufgeben, in das Ermessen der Vereine stellte. (Vgl. Begr. S. 54.)

2. Es steht nicht im Belieben des BezKV., statt der Abfindungsbeträge Pensionen oder Waisengeld ins Ausland zu zahlen. Die Abfindung ist durch anfechtbaren Bescheid (§ 155) festzustellen.

3. Daß bei der Abfindung die TZul. außer Ansatz bleibt, entspricht dem durch das Ges. vom 23. Juli 1921 eingefügten Satz 2 des § 1316 RVO.

§ 64.[1])

Die gleiche Abfindung kann mit ihrer Zustimmung[2]) den Ausländern gewährt werden,

1. **die abgesehen von den Fällen des § 61 Nr. 2, auf Grund der Anordnung einer deutschen Behörde das Reichsgebiet verlassen haben,[3])**
2. **die zum Bezuge der Leistungen auf Grund eines von der Reichsregierung nach § 62 erlassenen Beschlusses berechtigt sind.**

§ 55 Entw.

1. § 64 entspricht dem § 1317 RVO.

2. Die Abfindung ist hier in das Ermessen des BezKV. gestellt und bedarf der Zustimmung des berechtigten Ausländers.

3. Es handelt sich um Fälle, in denen die Anordnung nicht durch ein Strafverfahren veranlaßt ist.

§ 65.[1])

Ergibt die erneute Prüfung eines Anspruchs auf knappschaftliche Leistungen daß die Leistung mit Unrecht abgelehnt, entzogen, eingestellt oder zu niedrig festgestellt worden ist, so kann eine neue Feststellung getroffen werden.[2])

§ 56 Entw.

1. Die §§ 65 und 66 sind den §§ 1319, 1320 RVO. nachgebildet und im Interesse der PKMitglieder aufgenommen (vgl. Begr. S. 54).

2. Der RKV. ist an sich durch die Rechtskraft eines ablehnenden Bescheides, einer Pensionsentziehung usw. gegen erneute Ansprüche geschützt, er kann aber auf die Geltendmachung des Einwandes der Rechtskraft verzichten. Ein neuer Bescheid kann nicht von der Aufsichtsbehörde erzwungen werden, wird aber ohne weiteres zu erteilen sein, wenn sich ergibt, daß ein früherer Bescheid objektives Unrecht enthält. Abweichend von der bisherigen Auffassung wird für zulässig erachtet werden dürfen, daß auch während eines schwebenden Berufungsverfahrens über den mit der Berufung verfolgten Anspruch ein neuer Bescheid erteilt wird.

§ 66.

Leistungen, die vor rechtskräftiger Entscheidung nach dem Gesetze[1]) gezahlt werden mußten, brauchen[2]) nicht zurückgefordert zu werden.

§ 57 Entw.

1. Vgl. § 1690 Abs. 2, § 1710, § 1715 Abs. 1 Satz 2 RVO. in Verbindung mit § 158 RKG. Hauptsächlich handelt es sich

um Fälle, in denen auf Grund eines Urteils des KOVA., das später in der Revisionsinstanz aufgehoben wird, vorläufig Kn. Leistungen zu gewähren sind.

2. Die Entscheidung über die Zurückforderung steht im Ermessen des BezKV. Eine Wiedereinziehung überhobener Beträge wird möglichst schonend zu bewirken sein. Vgl. noch die ähnliche Vorschrift im § 59 Satz 2.

Sechster Abschnitt.

Invalidenversicherung.

Vorbemerkung.

Der Entw. enthielt die Vorschriften über JVers. im siebenten und über AV. im sechsten Abschnitt. Im Zusammenhang mit der anderweitigen Regelung der AV. sind die beiden Abschnitte umgestellt worden (vgl. Vorbemerkung vor § 19).

Die JVers. bildet einen selbständigen Versicherungszweig neben der PV. der Arbeiter. Ihre Einbeziehung in die Aufgaben des RKV. ist im Entw. hauptsächlich damit begründet, daß mit Rücksicht auf die Eigenart der Verhältnisse des Bergbaues — die sich u. a. in einer verhältnismäßig scharfen Abgrenzung des in Betracht kommenden Personenkreises gegenüber anderen Berufsgruppen ausdrückt — sowie ferner mit Rücksicht auf die zahlreichen Wechselbeziehungen der PV. mit den übrigen Vers. die Zusammenfassung aller VersZweige (mit alleiniger Ausnahme der UV.) bei einem einzigen VersTräger notwendig und zweckmäßig erscheine (Begr. S. 31). Dem RKV. ist durch das G. die Eigenschaft einer Sonderanstalt im Sinne der §§ 1360 ff. RVO. für sämtliche im Bergbau beschäftigte Personen beigelegt, soweit diese der JVers. unterliegen. Die bisher bei LVAnstalten oder Sonderanstalten versicherten Bergarbeiter Kn. Betriebe scheiden mit Inkrafttreten des RKG. bei diesen Anstalten aus und werden fortan beim RKV. versichert. (Vgl. Art. 39 bis 41 EG.)

§ 67.

Nach der Reichsversicherungsordnung richtet sich, ob und für welche Arbeitnehmer die Beschäftigung in einem knappschaftlichen Betriebe die Versicherungspflicht oder Versicherungsberechtigung beim Reichsknappschaftsvereine begründet.[1]) § 11 Abs. 3 gilt entsprechend.[2])

§ 67 Entw.

1. „Der Kreis der kn. beschäftigten Personen, die für den Fall der Invalidität und des Alters sowie zugunsten der Hinterbliebenen bei dem RKV. als Sonderanstalt versichert sind, wird hier, ebenso wie im § 11 für die KrV., durch eine allgemeine Bezugnahme auf die RVO. begrenzt.“ (Begr. S. 57). Für die VersPflicht gelten die §§ 1226 ff., für die VersBerechtigung (Selbstvers. und Weiterverf.) die §§ 1243 und 1244 RVO. i. d. F. d. G. vom 10. Nov. 1922 und 13. Juli 1923. Angestellte gehören jetzt nur noch der AV. an; die früher in gewissen Umfange bestehende Doppelvers. in der JVers. und der AV. ist durch Ges. vom 10. Nov. 1922 beseitigt. — Lehrlinge unterliegen der JVers. nach § 1226 Nr. 4 nur, soweit sie nicht nach dem AVG. versicherungspflichtig sind. Für die JVers. kommen demnach nur die auf Zechenwerkstätten beschäftigten Lehrlinge in Betracht, während Bürolehrlinge der AV. unterliegen.

2. „Die Pflicht zur Meldung der Versicherten, deren Regelung die RVO. im § 1447 für das Einzugsverfahren der obersten Verwaltungsbehörde, im übrigen der VAnstalt, der Gemeinde oder dem Gemeindeverband überlassen hat, ist hier durch Bezugnahme auf § 11 Abs. 3 dem Arbeitgeber übertragen, der die bei ihm beschäftigten Personen gleichzeitig für sämtliche VersZweige anzumelden haben wird.“ (Begr. a. a. O.) Vgl. noch Anm. 7, 10 zu § 11.

§ 68.[1])

(Abs. 1.) Versicherungsfrei sind die in den §§ 1234 bis 1236 der Reichsversicherungsordnung[2]) bezeichneten Personen.

(Abs. 2.) Auf ihren Antrag werden von der Versicherungspflicht befreit die in den §§ 1237 bis 1239 der Reichsversicherungsordnung[3]) bezeichneten Personen sowie Empfänger einer Invalidenpension aus der Pensionskasse des Reichsknappschaftsvereins. Über den Antrag entscheidet ein nach § 143 bestellter Ausschuß. Auf Beschwerde entscheidet das Knappschaftsoberversicherungsamt endgültig. Die Befreiung wirkt vom Eingang des Antrags an.[4])

§ 68 ist vom Reichstagsausschuß eingefügt (§ 67 a der Ausschußbeschlüsse, Ber. S. 26, 59).

1. Die Aufnahme des § 68 ist hauptsächlich durch die Neuregelung der VersFreiheit in der RVO. (durch G. vom 10. Nov. 1922) veranlaßt.

2. Außer den in §§ 1234, 1235 RVO. bezeichneten Personengruppen, die für kn. Betriebe kaum in Betracht kommen, ist nach § 1236 RVO. versicherungsfrei, wer invalide ist oder wer eine Invaliden-, Witwen- oder Witwerrente nach den Vorschriften der RVO. oder eine Witwerrente nach den Vorschriften des AVG. bezieht (vgl. die entsprechende Vorschrift im § 10 a AVG. i. d. F. d. G. vom 10. Nov. 1922).

3. Die §§ 1237 bis 1239 RVO. regeln die Befreiung von der JVersPflicht. Durch G. vom 10. Nov. 1922 ist dem § 1237 folgender Abs. 2 hinzugefügt: „Auf seinen Antrag wird von der VersPflicht auch befreit, wer Ruhegeld aus der AV. bezieht." Diese Vorschrift ist, weil es sich bei dem Ruhegeld der AV. und der kn. JP. im allgemeinen um den gleichen VersFall handelt, im RKG. dahin ergänzt, daß auch Empfänger einer JP. aus der PK. des RKV. auf ihren Antrag von der VersPflicht befreit werden können. Gegen diese Ausdehnung der Befreiungsmöglichkeit auf KnJnvaliden ist im Reichstagsausschuß unter Berufung auf angebliche Erfahrungen bei Befreiungen von der KrVPflicht das Bedenken geäußert worden, daß die Unternehmer, um die Beiträge zur JVers. zu sparen, dazu übergehen

könnten, KrInvalide nur noch zu beschäftigen, wenn sie den Antrag auf Befreiung von der IVers.Pflicht stellen. Die Regierung hat solche Bedenken für unbegründet erachtet und darauf hingewiesen, daß nicht für Angestellte und Arbeiter verschiedenes Recht geschaffen werden könne. Um die geäußerten Bedenken aber zu zerstreuen, sind nach ihrem Vorschlag die Vorschriften über Befreiung von der IVersPflicht beim RKV. den Vorschriften über Befreiung von der KrVPflicht in der aus Anm. 4 ersichtlichen Weise angepaßt (Ber. S. 26/27).

4 Die in Abs. 2 Satz 2 bis 4 vorgesehene Behandlung der Befreiungsanträge entspricht im allgemeinen dem Verfahren nach der RVO. (vgl. §§ 1240 bis 1241) mit der Maßgabe, daß an Stelle des VA. der Ausschuß und an Stelle des OVA. das KOVA. tritt. Zu beachten ist die Vorschrift des § 138 Abs. 3, wonach bei der Abstimmung über die Befreiung von der KrV.-Pflicht (§ 11 Abs. 2) und der IVersPflicht (§ 68 Abs. 2) eine getrennte Abstimmung in den Gruppen der Arbeitgeber und Versicherten und eine Mehrheit in beiden Gruppen des Bezirksvorstandes erforderlich ist. Hier liegt eine gewisse Unstimmigkeit im G. vor. Während im § 11 Abs. 2 die Entscheidung über Befreiung von der KrVPflicht ausdrücklich dem Vorstande übertragen ist, entscheidet nach § 68 Abs. 2 Satz 2 ein nach § 143 bestellter Ausschuß. Die Vorschrift über die Abstimmung des Ausschusses hätte nicht im § 138, sondern an anderer Stelle, etwa im § 143 Abs. 2, getroffen und auch wohl anders gefaßt werden müssen, weil der Ausschuß im allgemeinen nur aus zwei Vertretern von jeder Seite bestehen wird. Die unzutreffende Fassung des G. nötigt zu der Annahme, daß einem Antrage auf Befreiung von der IVersPflicht sämtliche Mitglieder des Ausschusses zustimmen müssen, falls dieser aus vier Personen besteht.

§ 69.[1])

(Abs. 1.) Versicherungsberechtigte können sich nur beim Reichsknappschaftsvereine freiwillig versichern und

beim Ausscheiden aus der Beschäftigung nur bei ihm die Versicherung fortsetzen.[2])

(Abs. 2.) **Versicherungspflichtige, die aus ihrer Beschäftigung ausscheiden, ohne sonst versicherungspflichtig zu werden, können sich gleichfalls nur beim Reichsknappschaftsvereine weiterversichern.**[3])

§ 68 Entw.

1. Im § 69 „ist der Inhalt des § 1371 RVO. wiedergegeben, der auf den RKV. als gesetzliche Sonderanstalt an sich schon anwendbar ist, dessen Wiederholung mit dem vollen Wortlaut im RKG. sich aber zur Vermeidung von Zweifeln empfiehlt." (Begr. S. 57.)

2. Die hier in Betracht kommenden Vorschriften des § 1243 RVO. über die Selbstversicherung und deren Fortsetzung haben für den RKV. nur sehr geringe Bedeutung. Die frühere Nr. 1 des § 1243 — wonach Betriebsbeamte, Werkmeister und andere Angestellte mit einem Jahresarbeitsverdienst bis zu 3000 ℳ freiwillig in die Vers. eintreten konnten — ist fortgefallen, weil Angestellte nur noch der AV. angehören. Eine praktische Anwendung des § 1243 RVO. in Verbindung mit § 69 Abs. 1 RKG. ist nur für den Fall denkbar, daß Personen, die mit vorübergehenden Dienstleistungen im Sinne der zu § 4 Abs. 1 des IVersGes. (§ 1232 RVO.) ergangenen Bek. vom 27. Dez. 1899 (RGBl. S. 725) beschäftigt werden (z. B. die auf Zechen beschäftigten sog. Werkstudenten), der Vers. freiwillig beitreten und sie beim Ausscheiden aus der Beschäftigung fortzusetzen wünschen.

3. Die sog. Weiterversicherung ist im § 1244 RVO. geregelt. Voraussetzung für die Weiterversicherung beim RKV. ist das Ausscheiden aus versicherungspflichtiger Beschäftigung in einem kn. Betriebe. Ob das Ausscheiden die Folge des Austritts aus einem kn. Betriebe oder des Aufrückens in ein nicht versicherungspflichtiges Dienstverhältnis ist, ist belanglos. Arbeitern, die in das Angestelltenverhältnis aufrücken, kann die Weiterversicherung im allgemeinen nicht empfohlen werden. Denn nach den Vorschriften des G. vom 10. Nov. 1922 über die Wanderversicherten

wird stets nur e i n e Rente (Grundbetrag, Steigerungsbeträge und KZul.) gewährt, nach Wahl des Berechtigten die der AV. oder der JVers.; die Wahl der Leistungen der AV. ist aber durchweg günstiger als die der JVers., zumal die zu den Leistungen der AV. im Falle der Weiterversicherung lediglich hinzutretenden Steigerungsbeträge der JVers. kaum eine den Beiträgen dieser Vers. entsprechende Gegenleistung bilden. (Vgl. auch Anm. 2A zu § 70.) Das Recht zur Weiterversicherung beim RKV. hört auf, wenn der Vers. anderswo (bei einer LVAnstalt oder Sonderanstalt) versicherungspflichtig wird.

§ 70.[1])

Der Reichsknappschaftsverein gewährt als Sonderanstalt die Invaliden- und Hinterbliebenenversicherung nach der Reichsversicherungsordnung.[2]) [3])

§ 69 Entw.

1. „Mit dieser Vorschrift wird dem RKV. kraft Ges. die Stellung einer Sonderanstalt im Sinne der §§ 1360 ff. der RVO. beigelegt. Einer Zulassung durch den Reichsrat bedarf es nicht. Diese ist überflüssig, weil die Voraussetzungen der §§ 1361 bis 1366, von denen die RVO. die Zulassung von Sonderanstalten abhängig macht, bereits in dem Entw. selbst zwingend vorgeschrieben sind, so die Gleichwertigkeit der Leistungen im § 69 (§ 70 d. G.), die Gleichheit der Beiträge und deren Verhältnis zu den Beiträgen der RVO. im § 94 (§ 106 d. G.), die Beteiligung von Vertretern der Versicherten an der Verwaltung im 10. Abschnitt und die Regelung des Verfahrens nach den Vorschriften der RVO. im 12. Abschnitt. Auf den RKV. als gesetzliche Sonderanstalt finden auch alle übrigen Vorschriften der RVO. über Sonderanstalten Anwendung, so die §§ 1364, 1366 bis 1371, 1372 mit den darin angezogenen Vorschriften i. d. F. d. G. vom 23. Juli 1921, RGBl. S. 984 (vgl. jetzt auch Art. 51 Nr. 44 und 45 EG. z. RKG.), § 1373 und § 1374, soweit nicht Abs. 1 des § 1374 durch Streichung der Vorschriften über Gemeinvermögen aufgehoben ist." (Begr. S. 57.)

2. Über die Leistungen der JVers. ist nachstehend ein kurzer Überblick gegeben:

Gegenstand der Versicherung ist der Anspruch auf Gewährung einer Rente für den Fall der Invalidität und der Anspruch der Hinterbliebenen des Versicherten auf bestimmte Bezüge.

Im einzelnen handelt es sich um folgende Ansprüche:

A. Regel- oder Hauptleistungen.

1. Invalidenrente.

Invalidenrente erhält der Versicherte, der das Alter von 65 Jahren vollendet hat oder — ohne Rücksicht auf Lebensalter — infolge von Krankheit oder anderen Gebrechen dauernd invalide ist sowie die Wartezeit erfüllt und die Anwartschaft aufrechterhalten hat (§ 1251 RVO. i. d. F. d. G. vom 10. Nov. 1922). Unter gewissen Umständen geht der Anspruch auf die Rente ganz oder teilweise verloren (§ 1254 RVO.). Als invalide gilt, wer nicht mehr imstande ist, durch eine Tätigkeit, die seinen Kräften und Fähigkeiten entspricht und ihm unter billiger Berücksichtigung seiner Ausbildung und seines bisherigen Berufs zugemutet werden kann, ein Drittel dessen zu erwerben, was körperlich und geistig gesunde Personen derselben Art mit ähnlicher Ausbildung in derselben Gegend durch Arbeit zu verdienen pflegen (§ 1255 RVO. i. d. F. d. G. vom 10. Nov. 1922 und 13. Juli 1923). Für nicht dauernd Invalide s. § 1255 Abs. 3 i. d. F. d. G. vom 13. Juli 1923.

Hat ein Versicherter Beiträge zur JVers. und zur AV. entrichtet (Wanderversicherter) und die Wartezeit sowohl für die Invalidenrente aus der JVers. als auch für das Ruhegeld aus der AV. erfüllt, so kann er, wenn die Anwartschaft nicht erloschen ist, entweder die Invalidenrente oder das Ruhegeld wählen. Die Wahl der einen oder der anderen Vers. ist für den Versicherten und seine Hinterbliebenen dauernd bindend (§ 1254a RVO. i. d. F. d. G. vom 10. Nov. 1922). Einzelheiten s. in der Ver. des RAM. über das Wahlrecht der Wanderversicherten vom 21. Dez. 1922 (RGBl. I S. 961 und 23 S. 62).

2. Bezüge der Hinterbliebenen:

a) Witwenrente. Diese erhält die dauernd invalide Witwe nach dem Tode ihres versicherten Mannes (Näheres s. § 1258 a. a. O.).

b) Waisenrente. Diese erhalten die Kinder (Enkel) Versicherter unter 18 Jahren nach näherer Vorschrift der §§ 1259 bis 1261 RVO. i. d. F. d. G. vom 13. Juli 1923.

c) Witwerrente nach näherer Vorschrift des § 1260 Abs. 1 RVO.

Zu 2a bis c: Hat der Wanderversicherte selbst keine Wahl getroffen, so können seine Hinterbliebenen im Falle der Erfüllung der Wartezeit für die Hinterbliebenenrenten sowohl der JVers. als auch der AV. die Hinterbliebenenrenten aus einer dieser Vers. wählen. Das Wahlrecht steht der Witwe oder dem Witwer zu. Sind nur Waisen vorhanden, so steht ihnen das Wahlrecht gemeinschaftlich zu; haben sie mehrere gesetzliche Vertreter, so entscheidet der Vertreter der jüngsten Waise (§ 1254a RVO. i. d. F. d. G. vom 10. Nov. 1922).

3. Rentenerhöhung.

Zu den Renten, die sich aus Grundbetrag und Steigerungsbeträgen zusammensetzen, wird eine Rentenerhöhung nach den Vorschriften des § 1287 Abs. 2 RVO. i. d. F. d. G. vom 13. Juli 1923 gewährt.

B. Ersatzleistungen.

1. Landwirtschaftlichen Rentenempfängern kann an Stelle eines Teiles der Rente unter bestimmten Voraussetzungen eine Sachleistung durch die Gemeinde gewährt werden. (Näheres s. § 1275 RVO.)

2. Unterbringung in einem Invaliden- oder Waisenhaus oder einer ähnlichen Anstalt (§ 1277 Abs. 1 a. a. O.).

3. Zahlung einer Abfindung in Höhe des dreifachen und, soweit es sich um eine Waisenrente handelt, des anderthalbfachen Betrages der Jahresrente an die berechtigten Ausländer, die sich gewöhnlich im Auslande aufhalten, oder nach dem Ermessen des Versicherungsträgers mit ihrer Zustimmung an berechtigte Ausländer, die auf Grund der Anordnung einer deutschen Behörde

das Reichsgebiet verlassen (soweit es sich nicht um eine Ausweisung infolge eines Strafverfahrens handelt), sowie an berechtigte Ausländer, die sich in solchen ausländischen Grenzgebieten aufhalten oder Angehörige solcher Staaten sind, für die das Ruhen der Rente ausgeschlossen ist. Die Rentenerhöhung bleibt dabei außer Ansatz (§§ 1316, 1317 RVO.).

C. Mehrleistungen.

1. Laufende Barleistungen:

a) Der Versicherungsträger braucht Rentenbeträge nicht zurückzufordern, die er vor rechtskräftiger Entscheidung nach dem Gesetze zahlen mußte (§ 1320 a. a. O.).

b) Freiwillige neue Festsetzung von Leistungen, die mit Unrecht ganz oder teilweise abgelehnt, eingestellt oder zu niedrig festgestellt worden sind (§ 1319 a. a. O.).

2. Sachleistungen:

a) Gewährung eines Heilverfahrens für versicherte Invalidenrenten- und Witwenrentenempfänger zur Abwendung einer drohenden Invalidität oder — in diesem Falle auch für erwerbsunfähige Witwer — zur Wiederherstellung der Erwerbsfähigkeit; bei Unterbringung in einer Heilanstalt die Gewährung eines Hausgeldes für die Angehörigen der bezeichneten Personen (§§ 1269, 1305, § 1271 RVO. i. d. F. nach Art. 51 Nr. 39 EG. z. RKG.).

b) Mit Genehmigung der Aufsichtsbehörde Aufwendung von Mitteln, um allgemeine Maßnahmen zur Verhütung des Eintritts vorzeitiger Invalidität unter den Versicherten oder zur Hebung der gesundheitlichen Verhältnisse der versicherungspflichtigen Bevölkerung zu fördern oder durchzuführen (§ 1274 RVO.).

3. In diesem Zusammenhang ist noch das Ges. über Notstandsmaßnahmen zur Unterstützung von Empfängern von Renten aus der IVers. und AV. vom 7. Dez. 1921 (RGBl. S. 1533) zu erwähnen. Danach erhalten deutsche Rentenempfänger auf Antrag Unterstützungen, die aus allgemeinen öffentlichen Mitteln bestritten werden. Es handelt sich um eine

Maßnahme der sozialen Fürsorge, nicht um Leistungen einer Versicherung. Zu dem Ges. sind zahlreiche Nachtragsverordnungen ergangen, in denen die jeweilige Höhe der Unterstützungen in Anpassung an die wirtschaftlichen Verhältnisse festgesetzt ist.

Siebenter Abschnitt.

Angestelltenversicherung.

Vorbemerkung.

Im Entw. trug der Abschnitt die Überschrift „Pensionsversicherung der Angestellten". Die Überschrift im Ges. „Angestelltenversicherung" ist gewählt, weil die PV. derjenigen Angestellten, die bestimmte gesundheitliche Voraussetzungen erfüllen, zusammen mit der PV. der Arbeiter im 5. Abschnitt behandelt ist, während der 7. Abschnitt hauptsächlich nur noch Vorschriften für solche Angestellte enthält, die lediglich der Vers. nach dem AVG. unterliegen, weil sie den gesundheitlichen Voraussetzungen für die PV. nicht genügen. (Vgl. auch Vorbemerkung zu § 19.)

Über die Gründe für die Neuregelung der Vers. der Bergbauangestellten und ihre Einbeziehung in die Aufgaben des RKV. enthält der Entw. folgende allgemeinen Ausführungen:

„In den bisherigen Landesgesetzen war die Vers. der Bergbauangestellten nicht gesetzlich vorgeschrieben, sondern den einzelnen KnV. oder der Reichsgesetzgebung überlassen. Infolgedessen zeigt die AV. im Bergbau ein buntscheckiges Bild. Eine Reihe von KnV. ist als Ersatzkassen der AV. zugelassen, ein Teil hat Zuschußkassen errichtet, andere wieder Zulagekassen, und ein großer Teil schließlich hat die AV. schlechthin der RVAnstalt für Angestellte überlassen. Auch die KnV., die Ersatzkassen sind, umfassen in der Regel nicht sämtliche Angestellte, sondern nur diejenigen, die bestimmten Erfordernissen bezüglich des Alters und der Gesundheit genügen. Die Angestellten, die diese Voraussetzungen nicht erfüllen, fallen der RVAnstalt für Angestellte anheim.

Die Ersatzkassenvers. ist auch nicht eine selbständige Vers. der Angestellten, sondern in weitestem Maße abhängig von der RVAnstalt. Der kn. Ersatzkasse gehört der Angestellte nur solange an, als er im Bergbau beschäftigt ist. Scheidet er hier aus, so muß er zur RVAnstalt übertreten, und die für ihn angesammelten Rücklagen müssen an diese abgeführt werden. Für die Wandermitglieder fällt somit das Vermögen immer der RVAnstalt anheim. Die Abführung des angesammelten Vermögens muß selbst dann erfolgen, wenn ein Angestellter zwischen mehreren kn. Ersatzkassen wechselt. Diese Einrichtung hat sich schlecht bewährt. In dem Entw. ist nun eine grundsätzliche Änderung vorgesehen. Das RKG. soll alle Versicherungszweige der Bergarbeiter einheitlich regeln und im RKV. zusammenfassen. Entsprechend diesem Grundgedanken soll auch die gesamte Vers. der Bergbauangestellten gestaltet werden.

Der RKV. soll der Träger der AV. der Bergbauangestellten werden und nicht mehr in Abhängigkeit von der RVAnstalt stehen, er soll vielmehr als vollkommen selbständiger Versicherungsträger gleichwertig neben dieser aufgebaut werden. Auch darin, daß die KnV. als Ersatzkassen nicht alle Angestellten, sondern nur solche Versicherte aufnehmen, die gewisse Voraussetzungen bezüglich des Alters und der Gesundheit erfüllen, soll ein Wandel geschaffen werden. Der RKV. wird sämtliche Angestellte ohne Auswahl und Berücksichtigung des versicherungstechnischen Wagnisses versichern. Das macht eine Scheidung der Angestellten in zwei Klassen erforderlich. Angestellte, die bestimmte Voraussetzungen nicht erfüllen, sollen zwar Mitglieder des RKV. sein, aber nur die Leistungen nach dem AVG. erhalten und die dort vorgeschriebenen Beiträge zahlen. Im G. werden sie als kn. nicht berechtigte Angestellte bezeichnet. Die Angestellten dagegen, welche den Erfordernissen an Lebensalter und Gesundheit genügen — im G. als „knappschaftlich berechtigte Angestellte" bezeichnet —, erhalten sog. kn. Leistungen." (Begr. S. 55.)

Über die Teilnahme der Angestellten an der Verwaltung bemerkt die Begr. (a. a. O.) schließlich noch:

„Die Verfassung war in den KnV. bisher derart, daß die Angestellten wenig mitwirken konnten. Auch die Beschlüsse, die die Angestellten betrafen, wurden von den Arbeitern getroffen. Hierin sieht der Entw. eine Verbesserung vor, indem bei der Verwaltung des RKV. die Angestellten zur Mitwirkung herangezogen werden sollen. Die näheren Bestimmungen hierüber finden sich im X. Abschnitt: Verfassung."

Diese Grundgedanken sind durch die Änderung des G. gegenüber dem Entw. nicht berührt worden. Der Unterschied zwischen kn. berechtigten und kn. nicht berechtigten Angestellten tritt zwar äußerlich nicht mehr hervor — er war zunächst infolge der vom Reichstagsausschuß bei Beratung des § 16 des Entw. in erster Lesung beschlossenen Streichung des Gesundheitsnachweises fortgefallen —, besteht aber tatsächlich weiter fort, weil nach § 20 unter die Vorschriften des fünften Abschnitts über PV. nur solche Angestellte fallen, die den im § 19 bezeichneten Erfordernissen über Gesundheit genügen. Auch der Grundsatz des Entw., daß der RKV. Träger der AV. für sämtliche im Bergbau beschäftigte Angestellte ohne Auswahl und ohne Berücksichtigung des VersWagnisses wird, ist vom G. übernommen. Die Vorschrift des § 74, daß der RKV. für die bei ihm versicherten Angestellten Träger der AV. ist und als solcher der RVAnstalt gleichsteht, hat demnach eine über den siebenten Abschnitt hinausreichende Bedeutung, indem sie auch für die kn. berechtigten Angestellten im Sinne des fünften Abschnitts gilt. Schließlich ist auch der Gedanke, den Angestellten einen ihrer Zahl und Bedeutung entsprechenden Anteil an der Verwaltung einzuräumen, entsprechend der Absicht des Entw. im G. durchgeführt (vgl. § 113 Abs. 1 Satz 3, § 119, § 123 Abs. 2 Satz 2, § 127, § 129 Abs. 1, § 132, § 133 Abs. 1 Satz 2, 3, § 134 Abs. 1 Satz 2, §§ 135, 136, § 143 Abs. 2 Satz 1, § 144, § 146 Nr. 1).

§ 71.

Nach dem Angestelltenversicherungsgesetze richtet sich, ob und für welche Angestellte die Beschäftigung

in einem knappschaftlichen Betriebe die Versicherungspflicht oder die freiwillige Versicherung beim Reichsknappschaftsvereine begründet.[1][2]) § 11 Abs. 3 gilt entsprechend.[3])

§ 58 Entw. (§ 69 a der Ausschußbeschlüsse, Ber. S. 27, 59).

1. § 71 schließt sich i. d. F. ganz an § 67 an. Durch allgemeine Bezugnahme auf das AVG. wird hier der Kreis der in kn. Betrieben beschäftigten Angestellten bestimmt, für die der RKV. lediglich als Träger der AV. nach dem AVG. eintritt; in Betracht kommen namentlich die §§ 1 bis 14 AVG. i. d. F. d. G. vom 10. Nov. 1922 und 13. Juli 1923 über die VersPflicht und die §§ 15 und 15 a über die freiw. Vers. Die Voraussetzungen für die Vers. dieser Angestellten beim RKV. stimmen mit den Voraussetzungen der PV. nach § 20 darin überein, daß der zu vers. Angestellte in einem kn. Betriebe beschäftigt und „Angestellter" im Sinne des AVG. sein muß, auch die maßgebende Verdienstgrenze — unter Beachtung des § 1 a Abs. 2 AVG. — nicht überschreiten darf. Auf die allgemeinen Ausführungen zum § 20 (vgl. Anm. 2, 3) kann deshalb hier verwiesen werden. Die bedeutsamste Abweichung vom § 20 besteht darin, daß die im § 19 bezeichneten Erfordernisse über die Gesundheit nicht erfüllt zu sein brauchen. Ferner brauchen die unter § 71 fallenden Angestellten, sofern sie der KrVPflicht unterliegen, dieser nicht beim RKV. zu genügen; Angestelltenmitglieder von Ersatzkassen der KrV. können also kn. nicht berechtigte Mitglieder der Angestelltenabteilung werden. Schließlich ist, abweichend vom § 20 (vgl. daselbst Anm. 5), eine freiw. Fortsetzung der Vers. und ein freiw. Eintritt in die Vers. nach §§ 15, 15 a AVG. zulässig.

2. Wegen Vers. der Lehrlinge vgl. Anm. 1 zu § 67.

3. Vgl. Anm. 7, 10 zu § 11.

§ 72.[1])

(Abs. 1.) Versicherungsfrei sind die in den §§ 9, 10, 10 a des **Versicherungsgesetzes** für Angestellte in der Fassung des Gesetzes vom 10. November 1922 (Reichs-Gesetzbl. I S. 849) bezeichneten Personen sowie die Empfänger einer Invalidenpension aus der Pensionskasse des Reichsknappschaftsvereins.

(Abs. 2.) Auf ihren Antrag werden von der Versicherungspflicht befreit die im § 11 des Versicherungsgesetzes für Angestellte in der Fassung des Gesetzes vom 10. November 1922 (Reichs-Gesetzbl. I S. 849) bezeichneten Personen. Über die Befreiung entscheidet ein nach § 143 bestellter Ausschuß.[2]) Auf Beschwerde entscheidet das Knappschaftsoberversicherungsamt endgültig. Die Befreiung wirkt vom Eingang des Antrags an.

§ 72 ist vom Reichstagsausschuß eingefügt (§ 69 b der Ausschußbeschlüsse, Ber. S. 27, 59).

1. Abs. 1 und 2 des § 72 stimmen wörtlich mit Abs. 2 und 3 des § 20 überein. Auf die Anm. 8 bis 10 daselbst wird verwiesen.

2. Für die Befreiung von der AVPflicht wie für die Befreiung von der PV. nach § 20 Abs. 3 ist, abweichend vom § 138 Abs. 3, eine getrennte Abstimmung innerhalb des Ausschusses nicht vorgeschrieben; er entscheidet daher nach § 118 Abs. 1, der auch auf Abstimmungen des Ausschusses Anwendung findet, mit einfacher Stimmenmehrheit.

§ 73.[1])

(Abs. 1.) Zum freiwilligen Eintritt in die Versicherung Berechtigte können sich nur beim Reichsknappschaftsverein versichern und bei Fortfall der Voraussetzungen für die Selbstversicherung nur bei ihm die Versicherung fortsetzen.[2])

(Abs. 2.) Versicherungspflichtige, die aus ihrer Beschäftigung ausscheiden, ohne sonst versicherungs-

pflichtig zu werden, können sich nur beim Reichsknappschaftsvereine weiterversichern.

§ 73 ist vom Reichstagsausschuß eingefügt (§ 69 c der Ausschußbeschlüsse, Ber. S. 27, 59).

1. Vgl. die entsprechende Vorschrift des § 68 für die JVers. und Anm. 2, 3 daselbst.

2. Auch für die AV. ist die Selbstversicherung (vgl. § 15 a AVG.) nur von geringer Bedeutung. Sie kommt praktisch nur in Betracht bei Personen, die vorübergehende Dienstleistungen verrichten (§ 8 AVG.), und bei Personen, die zu ihrer wissenschaftlichen Ausbildung für den zukünftigen Beruf gegen Entgelt tätig sind (§ 10 Abs. 1 Nr. 4 AVG.). Unter die letztere Gruppe können z. B. Bergbaubeflissene und Bergreferendare fallen.

3. Das Recht zur Weiterverf. beim RKV. hört auf, wenn der Vers. infolge anderweitiger Beschäftigung bei der Reichsanstalt versicherungspflichtig wird.

§ 74.[1]

Der Reichsknappschaftsverein ist für die bei ihm versicherten Angestellten Träger der Angestelltenversicherung und steht als solcher der Reichsversicherungsanstalt für Angestellte gleich. Er gewährt die Leistungen nach dem Angestelltenversicherungsgesetze.[2]) [3])

§ 60 Entw. Satz 2 ist vom Reichstagsausschuß eingefügt (§ 69 d der Ausschußbeschlüsse, Ber. S. 27, 59).

1. Die Begr. zu § 60 des Entw. enthält folgende auch für die Stellung des RKV. nach dem Ges. zutreffenden Ausführungen:

„Der RKV. ist als Träger der reichsgesetzlichen Vers. mit der RVAnstalt gleichberechtigt. Er wird also nicht Ersatzkasse im Sinne des AVG., sondern selbständiger Träger der AV. für die Gesamtheit der im Bergbau beschäftigten Angestellten und ist den Vorschriften des AVG. über die Ersatzkassen nicht unterworfen. Namentlich findet eine Überweisung von Deckungskapitalien beim Übergang eines Angestellten vom RKV. zur

RVAnstalt oder einer Ersatzkasse nicht statt." (Begr. S. 55.) Träger der AV. — unter Ausschluß der Reichsanstalt — ist der RKV. auch für die kn. berechtigten Angestellten (s. Vorbem. vor § 71). Da § 108 Abs. 1 getrennte Rechnungsführung für die verschiedenen VersZweige vorschreibt, ist die Trennung auch für die PV. der Angestellten nach § 20 und für die AV. nach § 71 durchzuführen. Neben der Angestelltenabteilung der PK. des RKV. (vgl. § 20 Abs. 1 Satz 1) wird deshalb eine besondere Abteilung für kn. nicht berechtigte Angestellte zu bilden sein. Die Schaffung getrennter Abteilungen erscheint auch deshalb erforderlich, weil die Angestelltenabteilung der PK. mit dem Vermögen ins Leben tritt, welches von den bisherigen als Ersatzkassen zugelassenen KnV. angesammelt ist und nach Art. 37, 8 EG. auf den RKV. übergeht (vgl. Anm. 2 zu Art. 37), während die Abteilung für kn. nicht berechtigte Angestellte zunächst kein Vermögen haben wird.

Das Verhältnis des RKV. als Trägers der AV. (für kn. berechtigte und kn. nicht berechtigte Angestellte) zur RVAnstalt für Angestellte ist in den §§ 79 bis 82 geregelt. Für das Verhältnis des RKV. zu den bisherigen für Angestellte im Bergbau bestehenden VersEinrichtungen sind Art. 28 Abs. 2, Art. 36 EG. von Bedeutung.

2. Die kn. nicht berechtigten Angestellten erhalten schlechthin die Leistungen des AVG., wie sie auch nur Beiträge nach dem AVG. zahlen (vgl. § 107 Abs. 1). Über die Leistungen des AVG. gibt nachstehende Zusammenstellung einen Überblick:

Gegenstand der Vers. ist der Anspruch auf Gewährung von Ruhegeld und Hinterbliebenenrenten.

A. Laufende Barleistungen.

1. Ruhegeld erhält, wer die Berufsunfähigkeit oder das gesetzliche Alter von 65 Jahren nachweist sowie die Wartezeit erfüllt und die Anwartschaft aufrechterhalten hat (§ 21, § 25 AVG. i. d. F. d. G. vom 13. Juli 1923, RGBl. I S. 636). Das Ruhegeld besteht aus Grund- und Steigerungsbetrag. (Näheres s. § 55 AVG. i. d. F. d. G. vom 13. Juli 1923.)

2. Witwenrente erhält die Witwe nach dem Tode ihres versicherten Ehemannes (§ 28 AVG.). Bezüglich der Höhe s. § 57 Abs. 1 i. d. F. d. G. vom 13. Juli 1923.

3. Waisenrente erhalten die ehelichen Kinder des versicherten Vaters nach seinem Tode. Diese Leistung wird auch den den ehelichen Kindern gleichgestellten Kindern gewährt. (Näheres s. § 29 i. d. F. d. G. vom 13. Juli 1923.)

4. Witwenrente nach näherer Vorschrift des § 30 AVG.

5. Rentenerhöhung. Diese tritt zu dem Ruhegeld, den Witwen-, Waisen- und Witwerrenten hinzu. (Näheres s. § 58 Abs. 1 i. d. F. d. G. vom 13. Juli 1923.)

B. Einmalige Leistungen.

1. Beitragserstattung (als Abfindung) beim Tode einer weiblichen Versicherten in Höhe der Hälfte der für sie bis zu ihrem Tode entrichteten Beiträge (§ 60 AVG. i. d. F. d. G. vom 10. Nov. 1922, RGBl. I S. 849 ff.).

2. Beitragserstattung beim Ausscheiden einer weiblichen Versicherten aus der versicherungspflichtigen Beschäftigung infolge Verheiratung. Erstattet wird die Hälfte der für die Versicherte bis zu dem Ausscheiden geleisteten Beiträge (§ 62 i. d. F. d. G. vom 13. Juli 1923).

3. Abfindung der Witwe im Falle ihrer Wiederverheiratung in Höhe des dreifachen Jahresbetrages ihrer Rente (§ 64 AVG.).

4. Beitragserstattung innerhalb eines Jahres nach dem Tode des Versicherten. Voraussetzung ist, daß der Versicherungsfall innerhalb der ersten 15 Jahre nach dem 1. Jan. 1913 eintritt, ohne daß ein Anspruch auf Leistungen nach dem AVG. oder aus der JVers. geltend gemacht werden kann. Der Anspruch beträgt vier Zehntel der für den Verstorbenen eingezahlten Beiträge. (§ 398 i. d. F. d. G. vom 10. Nov. 1922.)

C. Ersatzleistungen.

1. Trunksüchtigen, die nicht entmündigt sind, können ganz oder teilweise Sachleistungen gewährt werden (§§ 45, 46 AVG.).

2. Unterbringung in einem Invaliden- oder Waisenhaus oder einer ähnlichen Anstalt (§ 44 Abs. 1 AVG.).

3. Zahlung einer Abfindung an die Berechtigten, die den inländischen Wohnsitz aufgeben, in Höhe der Hälfte des Kapitalwertes der ihnen gewährten Bezüge (§ 47 AVG.).

D. Mehrleistungen.

1. Laufende Barleistungen.

a) Die RVAnstalt braucht Ruhegeld und Renten nicht zurückfordern, die sie vor rechtskräftiger Entscheidung nach dem Gesetze zahlen mußte (§ 80 AVG.).

b) Neufeststellung von Leistungen, die mit Unrecht abgelehnt, entzogen, wegen Ruhens oder aus sonstigen Gründen eingestellt oder zu niedrig festgestellt worden sind (§ 79 AVG.).

2. Sachleistungen.

a) Gewährung eines Heilverfahrens für Ruhegeldempfänger zur Abwendung drohender Berufsunfähigkeit oder zur Wiederherstellung der Berufsfähigkeit (§ 36 AVG.).

b) Gewährung von Hausgeld an die Angehörigen eines Versicherten bei Unterbringung in einer Heilanstalt (§ 38 Abs. 1 AVG.).

3. Die Mehrleistungen der PV. gegenüber der AV. sind in Anm. 1 zu § 20 zusammengestellt.

§ 75.[1])

(Abs. 1.) Durch die Versicherung beim Reichsknappschaftsvereine werden bei der Reichsversicherungsanstalt für Angestellte erworbene Anwartschaften erhalten und umgekehrt.[2])

(Abs. 2.) Für den Anspruch auf die Leistungen nach dem Angestelltenversicherungsgesetze wird die Zeit der Mitgliedschaft in der Angestelltenabteilung des Reichsknappschaftsvereins auf die Wartezeit nach dem Angestelltenversicherungsgesetz angerechnet.[3])

§ 64 Entw.

1. § 75 betrifft die Ansprüche sog. Wandermitglieder im Verhältnis zwischen RKV. und RVAnstalt. Abs. 1 ist sowohl auf kn. berechtigte wie kn. nicht berechtigte, Abs. 2 dagegen nur auf kn. nicht berechtigte Angestellte zu beziehen.

2. Hier ist hinsichtlich der Erhaltung der Anwartschaften ein gesetzliches Gegenseitigkeitsverhältnis zwischen RKV. und Reichsanstalt festgelegt. Daß auch durch Vers. bei der Reichsanstalt erworbene Anwartschaften kn. berechtigter Angestellter durch die Mitgliedschaft beim RKV. erhalten werden, liegt in der Natur der Dinge, weil die Vers. beim RKV. die umfassendere ist. Hat ein solches Mitglied die Wartezeit beider Vers. erfüllt, so ist bei Festsetzung der kn. Leistungen die Zeit der Vers. bei der Reichsanstalt (durch Anrechnung der hierauf entfallenden Steigerungsbeträge) zu berücksichtigen.

3. Im Abs. 2 ist die Gegenseitigkeit beschränkt. Hat ein kn. nicht berechtigter Angestellter Beiträge sowohl zum RKV. wie zur Reichsanstalt entrichtet, so werden die Vers. bei beiden Vers.-Trägern für die Wartezeit zusammengerechnet. Dagegen können Dienstzeiten, die lediglich in der AV. zurückgelegt worden sind, nicht für die Erfüllung der Wartezeit der PV. in Anrechnung kommen, weil die Leistungen der PV. über die der AV. hinausgehen. Die Wartezeit für die kn. Leistungen kann nur durch Mitgliedschaft in der Arbeiterabteilung oder in der Angestelltenabteilung der Pensionskasse des RKV. erfüllt werden. Unter Angestelltenabteilung des RKV. im Sinne des § 75 Abs. 2 kann daher auch nur die nach den Ausführungen zu § 74 (Anm. 1) zu schaffende besondere Abteilung für kn. nicht berechtigte Angestellte verstanden werden.

Achter Abschnitt.

Beziehungen des Reichsknappschaftsvereins zu anderen Trägern der Reichsversicherung und zu anderen Verpflichteten.

Vorbemerkung.

Der achte Abschnitt hat gegenüber dem Entw. weitgehende Änderungen erfahren, die zum Teil formeller, zum Teil sachlicher Art sind. In formeller Hinsicht waren namentlich die durch das G.

vom 10. Nov. 1922 über Änderungen des AVG. und der RVO. getroffenen neuen Vorschriften zu berücksichtigen; auch machte der anderweitige Aufbau der AV. Umstellungen und Streichungen notwendig. Sachliche Änderungen waren namentlich durch die grundsätzliche Stellungnahme des Reichstags zu der Frage der Doppelleistungen bedingt. Der Entw. führte zu dieser Frage folgendes aus: „Für die Regelung des Verhältnisses mehrerer Ansprüche aus dem RKG. zueinander sowie der Beziehungen des RKV. zu anderen VersTrägern und zu anderen Verpflichteten sind grundsätzlich die Vorschriften der RVO. und, soweit die AV. in Betracht kommt, die des AVG. übernommen. ... Von den grundlegenden Vorschriften der Reichsversicherungsgesetze über das Verhältnis mehrerer VersAnsprüche zueinander abzuweichen, erscheint nicht angängig. Das RKG. als Sondergesetz kann namentlich nicht die vielumstrittene Frage lösen, ob es richtig ist, die Leistungen mehrerer Vers. unverkürzt nebeneinander zu gewähren, oder ob an dem Grundsatz der Vermeidung von Doppelleistungen, soweit er im fünften Buche der RVO. durchgeführt ist, festgehalten werden muß. Die Entscheidung dieser grundsätzlichen Frage muß den Reichsversicherungsgesetzen vorbehalten bleiben; etwaige künftige Änderungen dieser G. werden ohne weiteres auch für den RKV. als Träger der Vers. gelten." Diese Stellungnahme des Entw. wurde schon dadurch stark beeinträchtigt, daß durch die nach seiner Ausarbeitung ergangenen Ges. vom 23. Juli 1921 und 21. Juli 1922 (RGBl. 1921 S. 984, 1922 I S. 654) einschlägige Vorschriften der RVO., und zwar § 1311 sowie § 1522 Abs. 1 Satz 2 und 3, Abs. 2 und 3, § 1523 und § 1524 letzter Satz beseitigt sind. Die Beseitigung ist damit begründet, daß das Ruhen der JR. neben UR. sowie die Versagung der JR. beim Zusammentreffen mit UR. große Unzufriedenheit unter den Betroffenen erregt habe. Dadurch ist der frühere Grundsatz des fünften Buches der RVO., Doppelleistungen tunlichst zu vermeiden, in erheblichem Grade durchbrochen.

Die im Reichstagsausschuß zum achten Abschnitt des RKG. gestellten Anträge bewegten sich gleichfalls in der Richtung, die auf eigener Beitragsleistung der Vers. beruhenden Leistungen selbständig nebeneinanderzustellen und jede Anrechnung auszuschließen. Infolge der Stellungnahme des Ausschusses konnte der im § 70 Abs. 1 des Entw. enthaltene Vorschlag, beim Zusammentreffen von Leistungen der KrV. und der PV. neben den KrKLeistungen nur ein etwaiges Mehr der PKLeistungen zu gewähren, in dieser Form nicht aufrechterhalten werden; der Vorschlag ist daher in den der Beratung des § 70 des Entw. zugrunde gelegten Antrag (vgl. Antrag 643, S. 28 des Ber.) nicht übernommen worden. Damit ist anerkannt, daß die Leistungen in der KrV. und der PV. nebeneinander zu gewähren sind; nur hinsichtlich der einmaligen Leistung des Sterbegeldes ist im § 24 Abs. 1 Nr. 4 die dort in Anm. 10 näher besprochene Ausnahme gemacht. Die Beschlüsse des Reichstags haben die vielleicht nicht beabsichtigte Wirkung, daß im Falle der Zuerkennung der JP. für dauernde Berufsunfähigkeit Pension und TZul. (bis zu 40 v. H. des Hauerlohns und darüber) für 26 Wochen mit Krankengeld zusammentreffen können, wodurch unter Umständen das Lohneinkommen des aktiven Arbeiters überschritten wird (vgl. Anm. 3 zu § 49). Auch für den Fall des Zusammentreffens von Leistungen der PV. und der UV. sind die Vorschläge des Entw., die den Wünschen der Versicherten entgegenkommen wollten, als nicht weitgehend genug vom Reichstag abgelehnt; hierfür ist gleichfalls im G. der Grundsatz der Doppelleistung ausgesprochen und nur die Satzung ermächtigt, die Anrechnung eines Teils der TZul. zu bestimmen. (Näheres s. bei § 77.)

Da die Beziehungen der kn. Vers. zur UV. von besonderer Wichtigkeit sind, sei hier zunächst noch ein kurzer Überblick über die Leistungen der UV. gegeben:

Gegenstand der Vers. ist der Ersatz des Schadens, der durch Körperverletzung oder Tötung in gewerblichen und landwirtschaftlichen Betrieben sowie in Seeschiffahrtsbetrieben entsteht (§§ 555, 930, 1065 RVO.).

A. Laufende Leistungen.

a) Krankengeldzuschuß. — Ist der Verletzte auf Grund der Reichsversicherung gegen Krankheit versichert, so sind ihm mindestens die Regelleistungen der KrK. zu gewähren, jedoch mit der Maßgabe, daß das Krankengeld vom Beginne der fünften Woche ab mindestens zwei Drittel des maßgebenden Grundlohns beträgt. (Näheres s. §§ 573, 1083 RVO. i. d. F. nach Art. 51 Nr. 22, 34 EG. z. RKG.) Das, was die KrK. hiernach über ihre sonstige gesetzliche oder satzungsmäßige Pflicht hinaus gewähren muß, hat, wenn dem Verletzten über die dreizehnte Woche hinaus eine Entschädigung zu leisten ist, die Berufsgenossenschaft, andernfalls der Unternehmer zu ersetzen (§§ 576, 1083 RVO. i. d. F. nach Art. 51 Nr. 26, 34 EG. z. RKG.).

Für Unfallverletzte, die auf Grund der RVO. bei einer gesetzlichen KrK. (§ 225 RVO.) oder einer Ersatzkasse oder beim RKV. gegen Krankheit versichert oder (§ 574 Nr. 2 RVO.) zwar infolge Erwerbslosigkeit aus der Kasse ausgeschieden sind, aber nach § 214 RVO. noch Anspruch an die Kasse haben, hat die KrK. zu sorgen, soweit nicht etwa der Träger der UV. freiwillig die Fürsorge übernommen hat (§ 1513 RVO.).

b) Krankenhilfe. — Ist der Verletzte nicht gegen Krankheit versichert, so hat ihm der Unternehmer für die ersten dreizehn Wochen Krankenhilfe zu gewähren. Das Nähere hierüber ergeben die §§ 577, 1084 i. d. F. nach Art. 51 Nr. 24, 34 EG. z. RKG., 942 RVO.

c) Verletzten- bezw. Hilflosenrente. — Dem Unfallverletzten ist für die Dauer der völligen oder teilweisen Erwerbsunfähigkeit eine nach dem Grade der Erwerbsunfähigkeit und nach dem Arbeitsverdienste abgestufte Rente vom Beginne der vierzehnten Woche nach dem Unfall oder, wenn das Krankengeld vor Ablauf der dreizehnten Woche wegfällt, von dem Tage des Wegfalls des Krankengeldes zu gewähren (§ 558 Nr. 2, §§ 559, 561, 562 RVO., § 563 RVO. i. d. F. der hierzu ergangenen Verordnungen über Erhöhung der Zulagen und Festsetzung von Geldbeträgen i. d. UV., §§ 582, 930, 931, 1065, 1066 RVO.).

d) Hinterbliebenenrenten (Witwe § 588 RVO., Kinder §§ 588, 592 RVO., Witwer § 592 RVO., Verwandte der aufsteigenden Linie § 593 RVO., elternlose Enkel § 594 RVO.) für die Hinterbliebenen des durch Betriebsunfall Getöteten vom Todestage an in Höhe eines Bruchteils des Jahresarbeitsverdienstes des Getöteten (§ 586 Nr. 2, §§ 587 bis 595, §§ 950, 1098 RVO.). Die Kinderrenten nach §§ 588, 592 werden bis zur Vollendung des 15. Lebensjahres gezahlt. Voraussetzung für die Gewährung der Kinderrente, der Witwerrente, der Rente für die Verwandten aufsteigender Linie und der Rente für elternlose Enkel ist, daß der Verstorbene die Familienangehörigen ganz oder überwiegend bezw. wesentlich aus seinem Arbeitsverdienst unterhalten hat. Diese Renten werden im Gegensatz zur Witwen- und Kinderrente nach § 588 nur für die Dauer der Bedürftigkeit gewährt.

e) Zulagen. Unfallrentner — Verletzte und Hinterbliebene — erhalten unter gewissen Voraussetzungen Zulagen (§ 563 RVO. i. d. F. der unter c erwähnten Verordnungen).

B. Einmalige Leistungen.

a) Witwenabfindung im Falle der Wiederverheiratung (§§ 589, 950 Abs. 1, § 1098 Abs. 2 RVO.). Sie beträgt drei Fünftel des Jahresarbeitsverdienstes, nach dem die Zulage für den Monat der Wiederverheiratung gerechnet worden ist (vgl. Art. I d. G. über Abfindung von Witwen i. d. UV. vom 23. Mai 1923, RGBl. I S. 295).

b) Sterbegeld in Höhe des fünfzehnten Teiles des Jahresarbeitsverdienstes, mindestens 1 200 000 ℳ (§ 586 Nr. 1, §§ 950, 1097 Abs. 2 RVO. i. d. F. nach § 2 der zweiten Ver. über Erhöhung der Versicherungsgrenze und des Sterbegeldes i. d. UV. vom 29. Juni 1923, RGBl. I S. 551).

C. Sachleistungen.

a) Vom Beginne der vierzehnten Woche nach dem Unfall ist dem Verletzten Krankenbehandlung nach näherer Vorschrift der §§ 558 Nr. 2, 930, 1065 RVO. zu gewähren. Krankenbehandlung umfaßt ärztliche Behandlung und Versorgung mit Arznei, anderen Heilmitteln sowie mit den Hilfsmitteln, die erforderlich sind, um den Erfolg des Heilverfahrens zu sichern oder die Folgen der Verletzung zu erleichtern (Krücken, Stützvorrichtungen und dergl.) (§§ 558 Nr. 1, 930, 1065 RVO.; vgl. auch §§ 603, 952, 1112).

b) Soziale Fürsorge für Schwerbeschädigte nach Maßgabe des Ges. über die Beschäftigung Schwerbeschädigter vom 6. April 1920 (RGBl. S. 458) i. d. F. der Bek. vom 12. Jan. 1923 (RGBl. I S. 57).

D. Ersatzleistungen.

a) Sachleistungen durch die Gemeinde statt Gewährung eines Teiles der Rente an landwirtschaftliche Rentenempfänger unter bestimmten Voraussetzungen (§ 953 RVO.).

b) Unterbringung in einem Invaliden- oder Waisenhaus oder einer ähnlichen Anstalt statt Gewährung der Rente (§§ 607, 952, 1114 RVO.).

c) Heilanstaltspflege — in der See-UV. auch an Bord des Fahrzeuges — in Verbindung mit Hausgeld im Betrage der Angehörigenrente (§§ 597, 598, 951, 1102 RVO.).

d) Abfindung

1. an Stelle einer Verletztenrente von 20 oder weniger v. H. nach Ermessen des Versicherungsträgers (§§ 616, 955, 1117 RVO.),
2. an Stelle der Rente eines Ausländers, der seinen gewöhnlichen Aufenthalt im Inlande aufgibt oder sich gewöhnlich im Auslande aufhält, nach Ermessen des Versicherungsträgers (§§ 617, 955, 1117 RVO.).

E. Mehrleistungen.

a) Laufende Barleistungen:

1. Die Genossenschaft braucht eine Entschädigung nicht zurückzufordern, die sie vor rechtskräftiger Entscheidung nach dem Gesetze zahlen mußte (§§ 620, 955, 1117 RVO.).

2. Neufestsetzung von Leistungen, die mit Unrecht ganz oder teilweise abgelehnt, eingestellt oder zu niedrig festgestellt worden sind (§§ 619, 955, 1117 RVO.).

3. Zeitweise Erhöhung der Teilrente bis zur Vollrente bei unverschuldeter Arbeitslosigkeit des Verletzten infolge des Unfalles (§§ 562, 930, 1065 RVO.).

4. Zubilligung der Rente, wenn eine nach Wegfall des Krankengeldes verbliebene Beschränkung der Erwerbsfähigkeit voraussichtlich vor Ablauf der dreizehn Wochen endigen wird (§ 582 Abs. 2, §§ 948, 1094 RVO.).

5. Gewährung einer Witwenrente, wenn die Ehe erst nach dem Unfall geschlossen wurde (§ 590 Abs. 2, §§ 950, 1098 RVO.).

6. Gewährung einer Waisenrente bei Tötung einer Ehefrau, deren Ehemann sich ohne gesetzlichen Grund von der häuslichen Gemeinschaft ferngehalten und seiner Unterhaltspflicht gegen die Kinder entzogen hat (§ 592 Abs. 2, §§ 950, 1098 RVO.).

7. Gewährung einer besonderen Unterstützung an die in einer Heilanstalt untergebrachten Verletzten und deren Angehörige bei Bedürftigkeit; die Satzung kann die Unterstützung auch allgemein zubilligen (§§ 602, 952, 1112 RVO.). Die Unterstützung kann auch in Form einer einmaligen Leistung gewährt werden.

8. Zahlung der nach längeren Zeitabschnitten zu entrichtenden Renten über das gesetzliche Ende hinaus noch für den Zeitabschnitt (§§ 613, 955, 1115 RVO.).

b) Sachleistungen.

I. Laufende:

1. Mit Zustimmung des Verletzten Hilfe und Wartung durch Krankenpfleger, Krankenschwestern oder andere Pfleger (Hauspfleger) (§§ 599, 952, 1103 RVO.).

2. Gewährung eines Heilverfahrens, auch von Heilanstalts- oder Hauspflege, vor Ablauf der dreizehnten Woche, wenn der Verletzte weder gegen eine KrK. noch gegen einen Unternehmer Anspruch auf Krankenhilfe hat (§§ 580, 946, 1092 RVO.). Die Berufsgenossenschaften usw. sind außerdem befugt, jederzeit ein neues Heilverfahren eintreten zu lassen, wenn zu erwarten ist, daß es die Erwerbsfähigkeit des Unfallrentners erhöht (§§ 603, 952, 1112). Übrigens kann auch der Verletzte sowie die KrK., der RKV. oder die Ersatzkasse, der er angehört, die Wiederaufnahme

des Heilverfahrens beantragen (§ 604 i. d. F. nach Art. 51 Nr. 23 EG. z. RKG., §§ 952, 1112). Ist der Verletzte durch seine KrK., den RKV. usw. in einer Heilanstalt mit genügenden Heileinrichtungen untergebracht, so darf er während des Heilverfahrens ohne seine Zustimmung in keine andere Heilanstalt gebracht werden (§ 605 i. d. F. nach Art. 51 Nr. 27 EG. z. RKG., §§ 952, 1113). Diese Zustimmung ist während des ganzen Heilverfahrens, also sowohl während der ersten dreizehn Wochen als auch später, notwendig (Motive zum GUVG. S. 55).

II. Einmalige:

Die Beschaffung von Arbeitsgelegenheit für Unfallverletzte nach Maßgabe der Vorschriften der §§ 843 Nr. 3, 1029, 1198 RVO.

§ 76.[1])

(Abs. 1.) Was im Fünften Buche der Reichsversicherungsordnung für Krankenkassen (§ 225 der Reichsversicherungsordnung) vorgeschrieben ist, gilt auch für den Reichsknappschaftsverein als Träger der Krankenversicherung.[2])

(Abs. 2.) Auf den Reichsknappschaftsverein als Träger der Invalidenversicherung[3]) sind entsprechend anzuwenden die Vorschriften des Fünften Buches der Reichsversicherungsordnung über die Beziehungen der Träger der Kranken- und Unfallversicherung zu den Trägern der Invalidenversicherung (§§ 1518 bis 1526 der Reichsversicherungsordnung) sowie über die Beziehungen zu anderen Verpflichteten, soweit sie in den §§ 1527, 1531, 1536 bis 1543 geregelt sind.

(Abs. 3.) Auf den Reichsknappschaftsverein als Träger der Angestelltenversicherung[4]) sind entsprechend anzuwenden die Vorschriften des Versicherungsgesetzes für Angestellte in der Fassung des Gesetzes vom 10. November 1922 (Reichs-Gesetzbl. I S. 849), zweiter Abschnitt, Titel XVII über das Verhältnis zu anderen

Ansprüchen, soweit die Vorschriften in den §§ 81 bis 88, 90, 91 enthalten sind.

(Abs. 4.) Für den Reichsknappschaftsverein als Träger der Pensionsversicherung [5]) gelten die §§ 1524, 1525, 1527, 1531, 1536 bis 1538, 1541 bis 1543 der Reichsversicherungsordnung entsprechend. Ersatzansprüche gegen den Reichsknappschaftsverein sind bei diesem anzumelden.[6])

(Abs. 5.) Über Ersatzansprüche wird im Spruchverfahren nach der Reichsversicherungsordnung entschieden. Bei Ersatzansprüchen gegen den Reichsknappschaftsverein bestimmt sich die Zuständigkeit des Versicherungsamts nach dem Sitze des Bezirksknappschaftsvereins oder der besonderen Krankenkasse; für das Rechtsmittel der Berufung ist das Knappschaftsoberversicherungsamt, für das Rechtsmittel der Revision der Knappschaftssenat des Reichsversicherungsamts zuständig.[7])

§ 76 beruht auf den Beschlüssen des Reichstagsausschusses (§ 70 der Ausschußbeschlüsse, Ber. S. 28, 60).

1. Im § 76 sind die Beziehungen des RKV. zu anderen Trägern der Reichsversicherung und zu anderen Verpflichteten mit Ausnahme der im § 77 geregelten Beziehungen zwischen PV. und KV. behandelt.

2. Abs. 1 betrifft die Beziehungen des RKV. als Trägers der KrV. zur UV., zu Gemeinden und Armenverbänden und zu anderen Verpflichteten.

I. Krankenversicherung und Unfallversicherung.

Für die Beziehungen dieser Vers. zueinander gelten künftig die gleichen Vorschriften wie bei KrK. im Sinne des § 225 RVO., nämlich §§ 1501 bis 1512, §§ 1512 a und 1512 b (G. vom 27. März 1923), §§ 1513 bis 1515 RVO. und § 1517 i. d. F. nach Art. 51 Nr. 50 EG. z. RKG.; § 1516 fällt nach Art. 51 Nr. 49 EG.

fort. Bisher waren im zweiten Abschnitt des fünften Buches der RVO. (§§ 1528 bis 1530, 1538 bis 1540) besondere Vorschriften über die Beziehungen der KnV. als Träger der KrV. zur UV. enthalten, die jetzt durch §§ 1501 ff. ersetzt werden. Nach Art. 51 Nr. 49 EG. z. RKG. fallen die §§ 1528 bis 1530 ganz fort, die übrigen Vorschriften werden durch Art. 51 Nr. 51 und 52 so gefaßt, daß sie auf den RKV. als Träger der KrV. keine Anwendung mehr finden. Der Ausschluß der Anwendung des § 1539, wonach Ersatzansprüche binnen einer Ausschlußfrist von sechs Monaten anzumelden sind, bedeutet eine Veränderung der Rechtslage zuungunsten des RKV., da der nunmehr anwendbare § 1508 RVO. eine dreimonatige Anmeldefrist vorsieht. Die BezKV. und bes. KrK. werden daher geeignete Vorkehrungen treffen müssen, um die Rechtzeitigkeit der Anmeldung ihrer Ersatzansprüche zu sichern.

Aus den §§ 1501 ff. RVO. in ihrer Anwendung auf den RKV. sei nachstehend das Wichtigste hervorgehoben:

a) Im Falle der Vorleistung des RKV. (durch die BezKV. und bes. KrK.) kann dieser unter gewissen Voraussetzungen für seine Leistungen Ersatz aus den Leistungen der UV. fordern. Zu den Voraussetzungen gehören u. a.: Einheit des Leistungsgrundes — die Leistung der KrK. muß mit dem Unfall in ursächlichem Zusammenhang stehen, indem der Unfall mindestens eine erheblich ins Gewicht fallende von mehreren Ursachen bildet —, Identität der Person und Gleichzeitigkeit der Ansprüche. Ersatz kann der RKV. nur aus entsprechenden Leistungen der UV. beanspruchen, und zwar Sterbegeld aus Sterbegeld (§ 1502), Kosten der Krankenpflege mit einem Pauschsatz von drei Achteln des Grundlohnes aus allgemeinen Mitteln des Trägers der UV. (§ 1503), Kosten des Unterhalts im Krankenhause bei Krankenhauspflege mit der Hälfte des Grundlohnes aus der URente (§ 1503 Abs. 2 Satz 2), sonstige Leistungen, insbesondere Krankengeld und Hausgeld, aus der URente (§ 1505). Der Anspruch auf Ersatz aus der URente ist nur begründet bis zum halben Betrage der Rente, die auf die Zeit fällt, für welche die Ansprüche auf Leistungen der KrV. und Rente zusammentreffen (§ 1506). Auf rückständige Rentenbeträge und auf solche für die Zeit des vollständigen Unterhalts in einer Anstalt kann in voller Höhe, auf andere nur bis zur halben Höhe zugegriffen werden (§ 1507). Auf die Zulagen zu Renten der UV. erstreckt sich der Ersatzanspruch nicht (§ 9 Abs. 3 des G. über Zulagen in der UV. i. d. F. d. G. vom 12. Febr. 1923, RGBl. I S. 116).

b) Im Falle der Vorleistung des Trägers der UV. kann der RKV. auf seine Leistungen soviel anrechnen, als er, falls er für diese Zeit schon selbst geleistet hätte, einen Anspruch auf Ersatz aus der UEntschädigung haben würde (§ 1510). Die Sondervorschriften der BezKV. oder bes. KrK. können bestimmen, daß für die Zeit, für welche URente oder Heilanstaltspflege von dem Träger der UV. gewährt wird, Krankengeld nur insoweit zu zahlen ist, als es den Betrag der URente übersteigt; dabei wird der Unterhalt in der Heilanstalt gleich der Vollrente angesetzt (§ 1511). Darüber, ob die BezKV. oder bes. KrK. von der Vorschrift des § 1511 Gebrauch machen sollen, wird zweckmäßig bei Aufstellung von Richtlinien in der Satzung des RKV. nach § 14 Abs. 2 RKG. Bestimmung zu treffen sein.

c) Ist festgestellt, daß der Träger der UV. auf Grund eines Unfalls Rente oder Sterbegeld zu zahlen hat, so hat er nach näherer Bestimmung der §§ 1512 a, 1512 b (Ges. vom 27. März 1923) dem RKV. die Kosten für Krankenpflege (§ 182 Nr. 1 RVO.) zu erstatten, die dieser dem Verletzten innerhalb der ersten dreizehn Wochen nach dem Unfall gewährt hat.

d) Hat der Träger der UV. nach § 1513 das Heilverfahren übernommen, so hat der RKV. dem Träger der UV. insoweit Ersatz zu leisten, als der Kranke von ihm nach Ges. oder Sondervorschriften Krankenhilfe beanspruchen könnte und der Träger der UV. dann nicht selbst ersatzpflichtig wäre. Dabei gelten als Ersatz für Krankenpflege drei Achtel des Grundlohns, nach welchem sich das Krankengeld des Berechtigten bestimmt.

e) Streit über Ersatzansprüche wird nach näherer Bestimmung des § 76 Abs. 5 RKG. im Spruchverfahren der RVO. entschieden.

II. Krankenversicherung und öffentliche Unterstützung.

Hierfür gelten die §§ 1527, 1531 bis 1533, 1538 bis 1540 i. d. F. nach Art. 51 Nr. 51 und 52 EG. z. RKG. Die Verpflichtung der Gemeinden usw. zur Gewährung von Armenpflege und öffentlichen Unterstützungen wird durch die RVO. und das RKG. an sich nicht berührt, jedoch steht den Trägern der öffentlichen Fürsorge Anspruch auf Ersatz aus den Vers.-Leistungen zu. Voraussetzungen des Ersatzanspruchs sind: Einheit des Leistungsgrundes, Gewährung der Armenunterstützung auf Grund gesetzlicher Pflicht, Hilfsbedürftigkeit des armenrechtlich Unterstützten, Identität der Person und Gleichzeitigkeit der Armenpflegeleistung mit dem Anspruch gegen die KrK. Grundsätzlich finden auch die Armenunterstützungen ihren Ersatz aus gleichartigen Leistungen der KrV., insbesondere Begräbniskosten aus dem Sterbegeld (§ 1533 Nr. 1), Leistungen der Krankenpflege aus den entsprechenden Leistungen der KrV. (§ 1533 Nr. 2), sonstige Leistungen aus Krankengeld, Wochengeld, Schwangerengeld und Stillgeld. Ersatzanspruch besteht nur bis zur Hälfte der auf die Zeit der Armenunterstützung fallenden laufenden Leistungen der KrV. Zugriff in voller Höhe ist zulässig auf etwa aufgelaufene rückständige Beträge und auf solche für die Zeit des vollständigen Unterhalts in einer Anstalt; im übrigen unterliegen die laufenden Leistungen dem Zugriff nur in halber Höhe (§ 1533 Nr. 3, § 1507). Abweichend von § 1508 ist der Ersatzanspruch des Trägers der Armenlast binnen einer Ausschlußfrist von sechs Monaten nach Ablauf der Unterstützung bei der KrK. geltend zu machen (§ 1539 RVO.). Streit über Ersatzansprüche wird nach näherer Bestimmung des § 76 Abs. 5 RKG. im Spruchverfahren der RVO. entschieden.

III. Krankenversicherung und zivilrechtliche Entschädigungsansprüche.

Hierfür gelten § 1542 i. d. F. d. Bek. vom 22. Mai 1920 (RGBl. S. 1069), § 1543 RVO. Soweit Vers. gesetzlich, z. B. auf Grund der §§ 823, 825, 831, 833, 836 bis 839, 618 BGB., aus dem Reichshaftpflichtgesetz, aus § 120 a der GewO. oder auf Grund des Reichsgesetzes über den Verkehr mit Kraftfahrzeugen, von Dritten Ersatz eines Schadens verlangen können, der ihnen durch Krankheit, Unfall, Invalidität, Berufsunfähigkeit oder durch den Tod des Ernährers erwachsen ist, geht, um eine doppelte Entschädigung des auf gleicher Ursache beruhenden Schadens zu verhindern, der Anspruch des Entschädigungsberechtigten auf den RKV. insoweit unmittelbar kraft Ges. über, als er dem Entschädigungsberechtigten nach dem RKG. oder der RVO. Leistungen zu gewähren hat. Die frühere Streitfrage, ob gleiches bei Ansprüchen gilt, die aus Schwangerschaft und Niederkunft erwachsen sind, ist durch Satz 2 des Abs. 1 im § 1542 in verneinendem Sinne entschieden.

IV. Krankenversicherung und Invalidenversicherung.

An sich folgt schon aus § 76 Abs. 1, daß §§ 1518 bis 1520 RVO. gelten. Die Anwendbarkeit dieser Vorschriften ist aber im § 76 Abs. 2 noch besonders ausgesprochen (vgl. Anm. 3 zu I).

3. Hier kommen die Beziehungen des RKV. als Trägers der JVers. zur KrV. und UV., zu öffentlichen Unterstützungen und zu zivilrechtlichen Entschädigungsansprüchen in Betracht.

I. Invalidenversicherung und Krankenversicherung.

Es gelten die §§ 1518 bis 1520 RVO. über die Gewährung von Heilverfahren durch den Träger der JVers.; § 1521 ist durch Art. 51 Nr. 49 EG. z. RKG. beseitigt. Die praktische Bedeutung der Vorschriften ist gering, weil der RKV. Träger sowohl der KrV. als auch der JVers. ist, und die Durchführung des Heilverfahrens wie die Durchführung der KrV. den BezKV. obliegt. Ersatzansprüche aus der Gewährung von Heilverfahren und Streitigkeiten hierüber, die nach § 1520 Abs. 2 RVO. im Spruchverfahren zu entscheiden wären, können nicht entstehen; auf Grund des § 108 Abs. 1 ist nur eine getrennte Buchung der die KrV. und die JVers. belastenden Aufwendungen für Heilverfahren vorzunehmen. Aus § 1518 RVO. ist die Vorschrift des Abs. 1 Satz 2 anwendbar, daß für die Dauer eines vom Träger der JVers. gewährten Heilverfahrens die JR. ganz oder teilweise versagt werden kann. § 1519 wird gar nicht oder nur selten zur Anwendung kommen; wenn die JR. eines ehemaligen KnMitgliedes von einer LVAnstalt festgesetzt wird, ist regelmäßig anzunehmen, daß das Mitglied vor der Festsetzung der JR. noch einer anderen KrK. als dem RKV. angehört hat, so daß diese andere Kasse die „letzte“ Kasse im Sinne des § 1519 sein würde.

Im übrigen besteht der Grundsatz der Doppelleistung. Krankengeld wird also neben der JR. gezahlt, sei es, daß Vers., die bereits Krankengeld empfangen haben, von Beginn der Erkrankung ab die Dauerrente zuerkannt wird, sei es, daß ein noch der KrK. angehörender Invalide krankfeiert (vgl. Begr. S. 58).

II. Invalidenversicherung und Unfallversicherung.

Nach Beseitigung der Vorschriften über Versagung der JR. neben UR. durch G. vom 21. Juli 1922 haben Bedeutung nur noch die §§ 1524 bis 1526, wonach der RKV. für ein Heilverfahren, das er wegen einer durch Unfall verursachten Krankheit einleitet, einen Ersatzanspruch gegen den Träger der UV. hat.

III. Invalidenversicherung und öffentliche Unterstützung.

Hier kommen die §§ 1536 bis 1541 RVO. in Anwendung. Die Voraussetzungen für einen Ersatzanspruch des Trägers der Armenfürsorge sind die gleichen wie in der KrV. (vgl. oben Anm. 2 zu II); nur Einheit des Leistungsgrundes wird nicht gefordert. Ersatz darf nur aus den Renten beansprucht werden (§ 1536). Der Ersatzanspruch besteht auch, wenn der Hilfsbedürftige stirbt, ohne die Rente beantragt zu haben (§ 1537). Für den Umfang des Ersatzanspruches und das Maß des Zugriffs gelten entsprechend die §§ 1506, 1507 (vgl. oben Anm. 2 zu I a).

IV. Invalidenversicherung und zivilrechtliche Entschädigungsansprüche.

Es gelten die §§ 1542, 1543 RVO. Auf Anm. 2 zu III wird verwiesen.

4. Abs. 3 bezieht sich auf den RKV. nur als Träger der AV. im Sinne des AVG. Die Beziehungen der PV. (einschl. der kn. berechtigten Angestellten) zu den sonstigen VersZweigen sind im Abs. 4 behandelt. Die im Abs. 3 angezogenen Paragraphen betreffen Ersatzansprüche von Gemeinden und Armenverbänden (§§ 81 bis 88, 90 AVG.) und den Übergang zivilrechtlicher Entschädigungsansprüche (§ 91 AVG.). Die Voraussetzungen für Ersatzansprüche des Trägers der Armenlast sind die gleichen wie in der IVers. (vgl. oben Anm. 3 zu III). Ersatz wird gewährt für Begräbniskosten ausschließlich aus der Kapitalabfindung nach § 60 AVG.; im übrigen darf nur auf Ruhegeld oder Renten zugegriffen werden, und zwar auf rückständige Beträge bis zu ihrer vollen Höhe, auf andere Rentenbeträge bis zur halben Höhe (§§ 83, 84). Abweichend von § 89 AVG. wird Streit über Ersatzansprüche nicht im Verwaltungsstreitverfahren, sondern gemäß § 76 Abs. 5 RKG. im Spruchverfahren der RVO. entschieden. Die Abweichung dürfte hauptsächlich auf der Erwägung beruhen, daß der RKV. als Träger sowohl der KrV. wie der AV. von einem Armenverbande auf Ersatz in Anspruch genommen werden kann, und daß die Einführung verschiedener Rechtsverfahren bei Streit mit demselben VersTräger untunlich sein würde.

§ 91, betr. Übergang zivilrechtlicher Entschädigungsansprüche, entspricht den §§ 1542, 1543 RVO. (vgl. oben Anm. 2 zu III).

Über das Verhältnis der AV. zur KrV. sind im AVG. oder im RKG. keine Vorschriften enthalten. Die Leistungen sind nebeneinander zu gewähren, z. B. Krankengeld neben Ruhegeld, wenn ein Ruhegeldempfänger der KrK. angehört und krankfeiert.

Für das Verhältnis der AV. zur IVers. sind die schon an anderer Stelle (vgl. Anm. 2 A 1 zu § 70) erwähnten Vorschriften über die Wanderversicherten maßgebend. In Betracht kommen namentlich §§ 24 a, 55 a AVG., §§ 1254 a, 1279 a, 1280 Abs. 2 Satz 2, § 1281 Nr. 1 a, § 1290 a RVO. i. d. F. d. G. vom 10. Nov. 1922. S. auch Anm. 3 zu § 79 und Anm. 2 zu § 80.

Über das Verhältnis der AV. zur UV. bestehen keine gesetzliche Vorschriften mehr, nachdem die früheren Vorschriften der §§ 73, 74, 267, 268 AVG. durch G. vom 10. Nov. 1922 aufgehoben sind. Die Leistungen beider Vers. werden nebeneinander gewährt.

5. Abs. 4 behandelt die Beziehungen der PV. zu den übrigen VersZweigen wie folgt:

I. Pensionsversicherung und Unfallversicherung (für den Fall der Gewährung von Heilverfahren aus der PV.; im übrigen vgl. § 77).

Die §§ 1524 und 1525 RVO. gelten entsprechend (vgl. oben Anm. 3 zu II). § 1526 ist in § 76 Abs. 4 RKG. nicht mit angeführt; daß Streit über Ersatzansprüche im Spruchverfahren der RVO. entschieden wird, folgt aber aus § 76 Abs. 5.

II. Pensionsversicherung und öffentliche Unterstützung.

Für das Verhältnis zu Gemeinden und Armenverbänden gelten die §§ 1536 bis 1538 RVO. entsprechend. Voraussetzungen für den Ersatzanspruch sind also die gleichen wie in der JVers. (Einheit des Leistungsgrundes ist nicht erforderlich). Ersatz kann nur aus den den Renten der JVers. entsprechenden kn. Leistungen: JP., Witwenpension und Waisengeld beansprucht werden. Für den Umfang des Ersatzanspruches und das Maß des Zugriffs gelten die §§ 1506 und 1507 RVO. entsprechend (vgl. oben Anm. 2 zu I a). Da § 1539 RVO. im § 76 Abs. 4 RKG. nicht mit angeführt ist, bleibt die Frage offen, innerhalb welcher Frist ein Ersatzanspruch der Armenverbände auf PKLeistungen geltend zu machen ist. Man wird eine Ausschlußfrist von sechs Monaten annehmen müssen, da keinerlei Grund für eine Abweichung von § 1539 ersichtlich ist und in sehr vielen Fällen Ersatz aus der JVers. und der PV. gleichzeitig beansprucht wird.

III. Pensionsversicherung und zivilrechtliche Entschädigungsansprüche.

Die §§ 1542 und 1543 RVO. sind für entsprechend anwendbar erklärt. Damit ist eine in der Landesgesetzgebung bisher oft empfundene Lücke ausgefüllt. Nach dem bisherigen, jetzt fortfallenden § 1544 RVO. gelten die §§ 1542 und 1543 für KnV. nur als Krankenkassen; von einer Ausdehnung der Vorschriften auf die KnV. als Pensionskassen hat die RVO. abgesehen, um nicht in die Zuständigkeit der Landesgesetzgebung einzugreifen oder durch Einbeziehung anderer als reichsgesetzlicher VersTräger Vorschriften zu treffen, die über ihren Rahmen hinausgehen würden (vgl. Begr. S. 59 Ziff. 8). Die Aufführung der §§ 1542 und 1543 im § 76 Abs. 4 stellt nunmehr den Rechtsübergang nach § 1542 (vgl. oben Anm. 2 zu III) auch hinsichtlich der PKLeistungen sicher.

Über das Verhältnis der PV. zur JVers. enthält das fünfte Buch der RVO. und das RKG. keine Vorschriften. Die Leistungen bestehen nebeneinander, wie sich aus dem Aufbau der beiden Vers. im Rahmen des Ges. ergibt. Die bisherigen §§ 1321 und 1322 RVO., die eine Ermäßigung der JP. und kn. Hinterbliebenenbezüge beim Zusammentreffen mit reichsgesetzlichen Bezügen gleicher Art zulassen, fallen entsprechend der Absicht des Entw. (Begr. S. 59 Ziff. 5) und eines im Reichstagsausschuß zu § 70 Abs. 2 gestellten Antrags (Ber. S. 28, 29) durch Art. 51 Nr. 41 und 42 EG. z. RKG. fort.

6. Satz 2 des Abs. 4 hat nur die Bedeutung einer Ordnungsvorschrift und schließt nicht aus, daß der RKV. den BezKV. oder bes. KrK. die Entgegennahme von Ersatzansprüchen und die Entscheidung hierüber überträgt.

7. Abs. 5 gilt für sämtliche Ersatzansprüche, die aus der Anwendung der in Abs. 1 bis 4 angezogenen Vorschriften entstehen können. Die Bestimmung, daß sich bei Ersatzansprüchen gegen den RKV. die Zuständigkeit des VA. nach dem Sitze des BezKV. oder der bes. KrK. richtet, schließt eine Änderung der §§ 1773, 1774 RVO. in sich. Sie ist zur Erleichterung des Geschäftsverkehrs der BezKV. und bes. KrK. getroffen, die ohne eine solche Vorschrift bei Streit über Ersatzansprüche von Gemeinden oder Armenverbänden vor den VA. des Wohnorts oder Beschäftigungsorts des Vers. Recht nehmen müßten; diese VA. können vom Sitz der kn. Stelle weit entfernt liegen und werden dann mit Anwendung des RKG. kaum jemals befaßt sein. Aus ähnlichen Erwägungen ist im Interesse einer einheitlichen Rechtsprechung die Zuständigkeit des KOVA. und des KnSenats beim RVA. für den Rechtsmittelzug festgelegt.

§ 77.[1])

Die laufenden[2]) Leistungen der Pensionskasse des Reichsknappschaftsvereins an Knappschaftsinvaliden, Witwen oder Waisen gelangen auch dann voll zur Auszahlung, wenn die Berufsunfähigkeit oder der Tod durch einen nach dem Dritten Buche der Reichsversicherungsordnung entschädigten Betriebsunfall hervorgerufen ist, jedoch kann die Satzung bestimmen, daß die Teuerungszulage (§ 31) um höchstens ein Drittel auf die Gesamtbezüge angerechnet wird.[3]) Die Anrechnung ist nur statthaft, wenn Gesamtbezüge und Lohn den Durchschnittsverdienst der Lohngruppe übersteigen, welcher der Knappschaftsinvalide vor dem Unfall angehört hat.[4])

§ 71 Entw.

1. § 77 betrifft die Beziehungen der PV. zur UV., soweit sie nicht bereits (für den Fall der Gewährung von Heilverfahren durch den RKV.) im § 76 Abs. 4 behandelt sind.

Das Verhältnis der PKLeistungen zu den Leistungen der UV. ist bisher in den §§ 1528, 1529 RVO. geregelt, wonach KnV. für die aus Anlaß eines Betriebsunfalls gewährten Leistungen Ersatz aus der UEntschädigung beanspruchen und im Falle der Vorleistung der Berufsgenossenschaft die UEntschädigung auf ihre Leistungen anrechnen können. Die Anwendung dieser Vorschriften hat vielfach Unzufriedenheit erregt, weil die Versicherten glauben, die Leistungen beider Vers., zu denen Beiträge entrichtet würden, in Anspruch nehmen zu können. Der Entw. wollte den Wünschen der Vers. entgegenkommen und schlug in der Erwägung, daß eine zu starke Häufung von VersBezügen neben Arbeitseinkommen vermieden werden müsse, eine Regelung auf mittlerer Linie dahin vor, daß sich die Leistungen der PK., wenn die Berufsunfähigkeit oder der Tod durch einen Betriebsunfall hervorgerufen oder wesentlich mitbedingt ist, auf die Hälfte und, falls die UEntschädigung niedriger ist als die Hälfte, um den Betrag der UEntschädigung ermäßigen. Nach diesem Vorschlag hätte jeder UInvalide, jede UWitwe und jede UWaise neben der UR. von der satzungsmäßigen Kn. Pension soviel erhalten, als durch die persönlichen Beiträge des Mitgliedes erdient ist, während die andere, durch Beiträge des Arbeitgebers aufgebrachte Hälfte dem RKV. verblieb. Eine solche Regelung hätte der in der neueren Gesetzgebung vertretenen Auffassung Rechnung getragen, daß VersLeistungen, die auf eigener Beitragsleistung der Vers. beruhen, nicht gekürzt werden sollen, und hätte auch die von Mitgliedern des Reichstagsausschusses gerügten angeblichen Mißstände bei der Handhabung der bisherigen Anrechnungsvorschriften beseitigt. Der Reichstag ist jedoch dem Vorschlage des Entw. nicht gefolgt, sondern hat sich grundsätzlich für die Nebeneinandergewährung der Leistungen ausgesprochen, obwohl von der Reichsregierung in drei Lesungen die ernstesten Bedenken hiergegen geltend gemacht worden sind. In der dritten Lesung des Ausschusses sind die Bedenken von einem Regierungsvertreter wie folgt zusammengefaßt: „Bei der jetzigen (vom Ausschuß beschlossenen) Fassung wird die Möglichkeit geschaffen, daß ein UInvalide, der gleichzeitig KnPension und TZul. bezieht und noch Invalidenarbeit verrichtet, eine größere Gesamteinnahme hat als zur Zeit seiner vollen Arbeitsfähigkeit. Da die Zahl der beschäftigten Invaliden groß ist, z. B. im Allgemeinen KnV. Bochum 70 v. H. aller Invaliden beträgt, werden derartige Fälle ziemlich häufig sein. Es kann aber nicht Zweck der Sozialversicherung sein, einem in seiner Arbeits- und Erwerbsfähigkeit Beeinträchtigten höhere Einnahmen zu verschaffen als dem voll Arbeitsfähigen. Eine solche Bevorzugung der UInvaliden muß auch Verstimmung bei den Krankheitsinvaliden erregen, die vielleicht viel länger im Bergbau gearbeitet und Beiträge gezahlt haben, aber viel geringere Leistungen erhalten. Sie muß auch bei anderen gewerblichen Arbeitern Unzufriedenheit hervorrufen. Diese werden zwar anerkennen, daß die Bergleute bessergestellt werden müssen, weil sie bei der Knappschaft ganzversichert gewesen sind, aber diesem Standpunkt trägt der § 71 in der Regierungsfassung vollkommen Rechnung. Schließlich darf doch die hohe Belastung nicht außer acht bleiben, die durch die Beschlüsse zweiter Lesung herbeigeführt wird; sie wird sehr hoch sein und die sonst schon hohe Belastung durch das G. wesentlich steigern. Die für diesen Zweck ausgegebenen Mittel werden aber besser zu anderen, notwendigen Aufbesserungen verwendet als zu den im § 71 bezeichneten, die wenigstens häufig über die Grenzen des Notwendigen hinausgehen." (Ber. S. 29.) Den Bedenken der Regierung ist schließlich bis zu einem gewissen Grade dadurch Rechnung getragen, daß in der Vollsitzung des Reichstags vom 12. Juni 1923 (Stenogr. Ber. S. 11299) die Bestimmung über die Zulässigkeit der Anrechnung der TZul. bis zu einem Drittel auf Grund einer Satzungsvorschrift aufgenommen ist. (Vgl. noch Anm. 1 zu § 38.)

2. Infolge ausdrücklicher Beschränkung des § 77 auf laufende Leistungen entsteht die Frage, ob Begräbnisbeihilfe der PK. (einmalige Leistung) neben Sterbegeld der UV. zu zahlen ist. Bisher hat die Rechtsprechung angenommen, daß ein KnV. für Begräbnisbeihilfe aus der PK. nach §§ 1528, 1502 RVO. Ersatz aus dem Sterbegeld der UV. beanspruchen kann (AN. 17 S. 468 Nr. 346). Infolge Beseitigung des § 1528 RVO. ist jetzt jedoch die Rechtsgrundlage für den Ersatzanspruch weggefallen; es wird demnach auch Begräbnisbeihilfe neben Sterbegeld der UV. gezahlt werden müssen.

3. Die Änderung des bisherigen Rechtszustandes hat die Wirkung, die auch vom Entw. beabsichtigt war (vgl. Begr. S. 60), daß erheblich an Schreib- und Rechenarbeit gespart wird. Künftig wird ein Schriftverkehr oder eine Auseinandersetzung wegen kn. PKLeistungen mit dem Träger der UV. nicht mehr stattfinden; die Geltendmachung von Ersatzansprüchen bleibt vielmehr auf KrKLeistungen beschränkt. Auch wenn die Satzung die Anrechnung eines Teils der TZul. bestimmen sollte, bleibt diese Anrechnung auf die Leistungen der UV. ohne Einfluß, da sie lediglich eine Ermäßigung der kn. Leistungen bewirkt. Falls Berufsunfähigkeit oder Tod erst nachträglich als UFolge anerkannt werden und entgegen der Satzungsvorschrift Zulagen in voller Höhe gezahlt sein sollten, können die überhobenen Beträge im Wege der Aufrechnung nach § 182 RKG. gedeckt werden.

4. Nach den oben mitgeteilten Ausführungen des Regierungsvertreters wird der Fall, daß ein wegen Unfalls invalidisierter Bergarbeiter an UR. nebst TZul., JP. nebst Zul. und Lohneinkommen insgesamt mehr bezieht als ein voll erwerbsfähiger Arbeiter, nicht gerade selten sein. Falls daher, wie vermutet werden darf, dem Schlußsatz des § 77 die Absicht einer Einschränkung der vorausgehenden Vorschrift über Anrechnung der TZul. zugrunde liegen sollte, etwa dahin, daß eine Anrechnung nur zulässig ist, i n s o w e i t die Gesamtbezüge den Durchschnittsverdienst der bisherigen Lohngruppe übersteigen, so wird diese Absicht durch die vorliegende Fassung nicht verwirklicht. Der Schlußsatz bezieht sich auch nur auf die JP.; die Anrechnung der TZul. auf Witwenpension und Waisenrente durch Satzungsvorschrift ist ohne Beschränkung zulässig.

§ 78.[1])

(Abs. 1.) Versorgungsgebührnisse auf Grund des Reichsversorgungsgesetzes oder anderer Militärversorgungsgesetze dürfen vorbehaltlich des § 13 Abs. 2 des Reichsversorgungsgesetzes [2]) nicht auf Leistungen des Reichsknappschaftsvereins angerechnet werden.

(Abs. 2.) Für Ersatzansprüche des Reichsknappschaftsvereins an das Reich aus der Gewährung von Heilbehandlung, Krankengeld und Hausgeld gilt das Reichsversorgungsgesetz.[3])

§ 73 Entw.

1. „Die während des Krieges ergangenen sog. Knappschafts-Kriegsgesetze der Länder (vgl. z. B. §§ 8 und 1 der Preuß. Ges. vom 26. März 1915, GS. S. 61, und vom 24. April 1916, GS. S. 47/48) haben durch ausdrückliches Verbot die Anrechnung von Militärpensionen und Militärhinterbliebenenrenten, die aus Anlaß des Krieges gewährt werden, auf kn. Pensionen und Erziehungsbeihilfen ausgeschlossen. Die Anrechnung anderer, vor dem Kriege bewilligter Militärpensionen ist nach der Rechtsprechung des OSchG. i. K. (vgl. E. vom 16. Mai 1916, Kompaß 16 S. 160) nicht unzulässig. Der Entw. bestimmt nun allgemein, daß Versorgungsgebührnisse auf Grund des RVG. und anderer Militärversorgungsgesetze auf Leistungen des RKV. nicht angerechnet werden dürfen." (Begr. S. 60.)

2. Bei einer Krankheit, die Folge einer Dienstbeschädigung im Sinne des RVG. ist, besteht an sich sowohl die Leistungspflicht des Reichs wie der gesetzlichen KrK. (vgl. Anm. 3). Im allgemeinen wird Heilbehandlung durch die KrK. gewährt (§ 8 Abs. 3 RVG. i. d. F. vom 30. Juni 1923, RGBl. I S. 523). Neben Krankengeld werden die Bezüge der Reichsversorgung nicht gekürzt. Ein aus der KrK. gewährtes Hausgeld oder Krankengeld wird aber auf das Hausgeld der Reichsversorgung angerechnet (§ 13 Abs. 1, 2 a. a. O.). Auch auf das Sterbegeld der Reichsversorgung ist ein auf Grund anderer gesetzlicher Vorschriften zu zahlendes Sterbegeld (also Sterbegeld nach §§ 201 ff. RVO. und Begräbnisbeihilfe nach § 24 Abs. 1 Nr. 4 RKG.) anzurechnen (§ 34 Abs. 4 RVG.).

3. „In welchem Umfange der RKV. als Träger der KrV. Dienstbeschädigten im Sinne des RVG. Leistungen zu gewähren hat, bestimmt sich nach den §§ 8 ff. des RVG. Die Vorschriften desselben Gesetzes (vgl. §§ 14 ff.) gelten für den Ersatzanspruch des RKV. an das Reich aus der Gewährung von Heilanstaltspflege, Krankengeld oder Hausgeld, und zwar sowohl in den Fällen, in denen der RKV. dienstbeschädigten Mitgliedern der KrK. die gesetzlichen und satzungsmäßigen Leistungen gewährt hat, als auch in den Fällen, in denen er nur nach den Vorschriften des RVG. (z. B. durch Fortsetzung der Heilbehandlung nach Ablauf der 26. Woche gemäß § 8 Abs. 3 Satz 2 des RVG.) eingetreten ist."

§ 79.[1] [2]

(Abs. 1.) Hat ein Versicherter außer Beiträgen zum Reichsknappschaftsverein auch Beiträge zur Invalidenversicherung oder zur Angestelltenversicherung oder zu beiden Versicherungen entrichtet,[3] so setzt der

Reichsknappschaftsverein die Leistungen fest,[4]) wenn an ihn zuletzt Beiträge entrichtet wurden.

(Abs. 2.) War der Versicherte auch bei einer oder mehreren Ersatzkassen versichert, so sind sie vor Erteilung des Bescheids zu hören. Jede von ihnen ist berechtigt, Rechtsmittel einzulegen und Abschrift der Entscheidung gegen Erstattung der Kosten zu verlangen.[5]) Über das Rechtsmittel[6]) wird in dem Verfahren entschieden, das dieses Gesetz vorschreibt.

(Abs. 3.) Die zur Entscheidung berufene Stelle kann die Ersatzkasse beiladen.[7]) Hat sie ein Rechtsmittel nicht eingelegt, so ist sie an den Kosten des Verfahrens und den Kosten, die der unterlegenen Partei auferlegt werden, nicht zu beteiligen.[8])

§ 79 ist vom Reichstagsausschuß eingefügt (§ 73a der Beschlüsse, Ber. S. 30, 61).

1. Zu §§ 79 bis 82: Die Vorschriften sollen klarstellen, welcher VTräger bei Wanderversicherten für die Feststellung der Leistungen zuständig ist; ferner sollen sie ein möglichst einfaches Rechtsverfahren bei Streit einführen (vgl. Ber. S. 28).

2. Die Bedeutung des § 79 ist im Ausschuß von einem Regierungsvertreter wie folgt erläutert:

„Als Grundsatz wird . . . vorangestellt, daß der RKV. die Leistungen festsetzt, wenn an ihn zuletzt Beiträge entrichtet wurden. Da der RKV. Träger der Invaliden- und Angestelltenversicherung ist, setzt er die Leistungen auch auf Grund der zu anderen Trägern dieser Versicherungszweige geleisteten Beiträge fest, nur soll er entsprechend der Vorschrift des G. vom 10. Nov. 1922 Ersatzkassen, die beteiligt sind, vorher hören. Die übrigen Vorschriften des Abs. 2 sehen ein einfaches Verfahren bei Streit vor und regeln die Frage der Kostentragung in solchen Fällen."

3. Beispiel: Ein aus dem Arbeiterstande hervorgegangener Angestellter war 10 Jahre bei einer LVAnstalt, 5 Jahre bei der Reichsanstalt, 5 Jahre bei einer Ersatzkasse der AV. und 10 Jahre

beim RKV. (als kn. berechtigtes Mitglied) versichert. Der RKV. setzt die gesamten Leistungen fest, und zwar die Leistungen der AV. mit Grundbetrag und den Steigerungsbeträgen, die auf die Zeit der V. bei der Reichsanstalt und der Ersatzkasse entfallen; dazu treten nach § 55 a AVG. als Ergänzung die Steigerungen der JVers. für anrechnungsfähige Beitragswochen dieser V. Die kn. Leistungen werden nach der Summe der beim RKV. erdienten Steigerungsbeträge festgesetzt (§ 28 Abs. 1). Unter der Voraussetzung, daß die Satzung des RKV. eine dem § 38 entsprechende Bestimmung trifft, wird nur die nach dem Durchschnittsgehalt des revierführenden Steigers zu bemessende kn. TZul. und nicht etwa auch die Rentenerhöhung der AV. und der JVers. (vgl. § 58 Abs. 1, § 78 a AVG. i. d. F. d. G. vom 13. Juli 1923) gewährt.

4. Für die Festsetzung gelten die Vorschriften des RKG. Da die Leistung einheitlich festzusetzen ist, können nicht zwei verschiedene Verfahren Platz greifen, indem etwa über die Leistungen der JVers. und AV. nach Begutachtung durch den Ausschuß ein berufungsfähiger Bescheid nach §§ 160 und 161 und über die kn. Leistungen ein anfechtbarer Bescheid nach § 155 ergeht. Vielmehr wird über die gesamten Leistungen von der Verwaltung nach § 155 zu entscheiden sein, wenn es sich nicht um Festsetzung der JV. handelt und der Fall des § 156 vorliegt.

5. Abs. 2 Satz 1 und 2 ist dem § 372 i Abs. 1 AVG. i. d. F. d. G. vom 10. Nov. 1922 nachgebildet, Zustellung des Bescheides an die Ersatzkasse jedoch nicht vorgeschrieben.

6. Unter Einlegung von Rechtsmitteln wird hier auch die Anrufung des Ausschusses nach § 155 Abs. 3 in dem Fall zu verstehen sein, daß die Verwaltung des BezKV. über Leistungen entscheidet, bei denen die Ersatzkasse beteiligt ist.

7. Die zur Entscheidung berufenen Stellen sind Ausschuß, KOVA. und Knappschaftssenat beim RVA.

8. Beigeladene VTräger sind im allgemeinen an den Kosten eines Streitverfahrens zu beteiligen (vgl. für Preußen Erlaß vom 10. Sept. 1912, HMBl. S. 458). Deshalb ist hier für den

15*

Fall, daß die beigeladene Ersatzkasse kein Rechtsmittel einlegt, eine Ausnahmevorschrift getroffen. Die Ersatzkasse ist weder zu beteiligen an den Kosten des KOVA. und des Knappschaftssenats beim RVA., die nach § 165, § 166 Abs. 3 auf die VTräger nach Maßgabe ihres Anteils an den erledigten Streitsachen zu verteilen sein werden (vgl. Begr. zu § 156 Entw. S. 77), noch an außergerichtlichen Kosten, welche die unterlegene Partei dem Gegner nach § 1670 RVO. in Verbindung mit § 158 Abs. 2 RKG. zu erstatten hat; die Anwendung des § 1802 RVO. scheidet in dem Falle, daß die Ersatzkasse kein Rechtsmittel einlegt, ohnehin aus.

§ 80.[1])

(Abs. 1.) Setzt für einen Versicherten, der nicht zuletzt beim Reichsknappschaftsvereine versichert gewesen ist, ein anderer Träger der Invalidenversicherung eine Invaliden- oder Hinterbliebenenrente fest, so setzt er auch die entsprechende Pensionsleistung des Reichsknappschaftsvereins fest.[2]) Lehnt der andere Versicherungsträger den Antrag auf Bewilligung der reichsgesetzlichen Leistungen ab, so hat er den Antrag auf Bewilligung der Pensionsleistungen des Reichsknappschaftsvereins an diesen abzugeben.[3])

(Abs. 2.) Setzt für einen Versicherten, der nicht zuletzt beim Reichsknappschaftsvereine versichert gewesen ist, die Reichsversicherungsanstalt für Angestellte ein Ruhegeld oder eine Hinterbliebenenrente fest, so setzt sie auch die entsprechende Pensionsleistung des Reichsknappschaftsvereins fest.[4]) Wird in diesem Falle die Leistung aus der Angestelltenversicherung durch das Oberversicherungsamt oder durch das Reichsversicherungsamt festgesetzt, so setzt dieses auch die entsprechende Pensionsleistung des Reichsknappschaftsvereins fest.[4])

(Abs. 3.) Alle übrigen Pensionsleistungen setzt der Reichsknappschaftsverein fest.

§ 80 ist vom Reichstagsausschuß eingefügt (§ 73 b der Beschlüsse, Ber. S. 30, 61).

1. „Der Paragraph regelt die Fälle, daß nicht zuletzt Beiträge an den RKV. entrichtet sind. Ist eine LVAnstalt angegangen worden, so wird der VFall in der JVers. den der PV. des RKV. mit treffen; die VAnstalt soll deshalb auch die Pensionsleistungen gleich mit festsetzen. Lehnt dagegen die LVAnstalt den Antrag ab, so soll sofort der RKV. benachrichtigt werden, damit er seinerseits die Leistungen festsetzen kann, um den Versicherten nicht bis zur Austragung des Streits über den ablehnenden Bescheid der LVAnstalt auf die kn. Bezüge warten zu lassen.

Wird der Antrag bei der RVAnstalt für Angestellte gestellt, so entscheidet sie, ob der Antragsteller berufsunfähig ist, d. h. sie trifft die gleiche Entscheidung wie der RKV. Lehnt sie den Antrag ab, so würde ihn auch der RKV. ablehnen müssen. Also auch hier kann die RVAnstalt die Pensionsleistungen sofort mit festsetzen; eine Abgabe des Antrags bei Ablehnung an den RKV. ist entbehrlich." (Ausschußber. S. 28.)

2. Der Fall kann z. B. eintreten, wenn ein PKMitglied (Arbeiter oder Angestellter), das vor Eintritt der Berufsunfähigkeit aus der kn. Beschäftigung ausgeschieden ist, anderweitig eine die JVersPflicht bei einer LVAnstalt begründende Tätigkeit aufgenommen hat und in dieser Tätigkeit einen Unfall erleidet, durch den sowohl Berufsunfähigkeit wie Invalidität eintritt. Voraussetzung für die Festsetzung von Pensionsleistungen ist in diesem Falle, daß AnerkGeb. zum RKV. gezahlt sind, weil mangels ausdrücklicher Vorschrift die JVers. nicht den Anwartschaftsverlust in der PV. des RKV. hindert. Die LVAnstalt setzt die kn. Pensionsleistungen auf Grund der ihr vom BezKV. einzureichenden Unterlagen (vgl. § 81 Abs. 1) in dem für sie maßgebenden Verfahren fest. Über das Rechtsmittel der Berufung entscheidet nicht das KOVA., sondern das nach § 1678 RVO. zuständige OVA.

3. Die Vorschrift trifft nur den Fall, daß kn. Leistungen für einen Arbeiter festzustellen sind. Wird der Antrag eines Angestellten an den RKV. abgegeben, so hat der BezKV. die JP. einschließlich der Steigerungsbeträge der JVers. festzusetzen; eine etwaige Fortsetzung des Verfahrens über die reichsgesetzlichen Leistungen könnte nur für den Fall Bedeutung haben, daß nach Festsetzung der JP. noch Beiträge zur JVers. entrichtet sind, die nach § 55 a Abs. 2 AVG. durch Ergänzungsbescheid zu berücksichtigen wären.

4. Die kn. Pensionsleistungen sind auf Grund der vom BezKV. einzureichenden Unterlagen nach der Summe der erdienten Steigerungsbeträge festzusetzen. Die Reichsanstalt entscheidet in dem für sie geltenden Verfahren (§§ 229 ff. AVG.). Als TZul. wird, wenn die Satzung des RKV. eine dem § 38 entsprechende Bestimmung trifft, je nach der Höhe die Rentenerhöhung der AV. oder die TZul. nach § 31 RKG. gewährt.

§ 81.

(Abs. 1.) In den Fällen des § 80 Abs. 1 und 2 hat jeder Versicherungsträger den Reichsknappschaftsverein vor Erteilung des Bescheids zu hören.[1]) Dieser kann Rechtsmittel einlegen und Abschrift der Entscheidung gegen Erstattung der Kosten verlangen. Über das Rechtsmittel wird in dem Verfahren entschieden, das für den festsetzenden Versicherungsträger gilt.[2])

(Abs. 2.) Die zur Entscheidung berufene Stelle kann den Reichsknappschaftsverein beiladen. Hat er ein Rechtsmittel nicht eingelegt, so ist er an den Kosten des Verfahrens und den Kosten, die der unterlegenen Partei auferlegt werden, nicht zu beteiligen.[3])

§ 81 ist vom Reichstagsausschuß eingefügt (§ 73 c der Beschlüsse, Ber. S. 30, 62).

1. Die Mitwirkung des RKV. wird sich nicht darauf beschränken, daß er gehört wird. Vielmehr wird der BezKV. der LVAnstalt

oder der Reichsanstalt die gesamten Unterlagen für die Festsetzung der Pensionsleistungen (Berechnung der Summe der Steigerungsbeträge, Berechnung der kn. TZul. in Hundertsätzen des Hauerlohns oder Steigergehalts usw.) zu übermitteln haben.

2. Die Entscheidung obliegt den Instanzen der RVO. oder des AVG. je nach Festsetzung durch eine LVAnstalt oder durch die Reichsanstalt.

3. Vgl. Anm. 8 zu § 79. Kosten des Verfahrens, an denen der RKV. nicht zu beteiligen ist, sind z. B. die nach § 80 RVO. zu entrichtenden Pauschbeträge zu den Kosten der OVA. oder die Kosten der Kammern für AV. (§§ 168 a, 168 b AVG.).

§ 82.[1])

In den Fällen des § 79 Abs. 1, 2, § 80 Abs. 1, 2 erstatten die beteiligten Versicherungsträger dem festsetzenden die ihnen obliegenden Leistungen nach näherer Bestimmung des Reichsarbeitsministers.[2])

§ 82 ist vom Reichstagsausschuß eingefügt (§ 73 d der Beschlüsse, Ber. S. 30, 62).

1. Die Vorschrift ist dem § 55 a Abs. 3 AVG., § 1290 a Satz 2 RVO. nachgebildet.

2. Die Verrechnung unter den beteiligten VersTrägern wird ähnlich wie in der Ver. des RAM. vom 25. Jan. 1923 (RGBl. I S. 73) über die Verrechnung von Beiträgen der Wanderversicherten zu regeln sein (durch Überweisung des Kapitalwerts der Steigerungsbeträge).

Neunter Abschnitt.

Aufbringung und Verwaltung der Mittel.

I. Allgemeines.

§ 83.

(Abs. 1.) Die Arbeitgeber und die Versicherten bringen die Mittel für die Versicherung auf.[1])

(Abs. 2.) **Für die Gewährung des Reichszuschusses zu den Leistungen der Invaliden- und Hinterbliebenenversicherung gilt die Reichsversicherungsordnung.[2])**

§ 74 Entw.

1. Wie Anm. 2 zu § 1 hervorhebt, hat das RKG. unter Ablehnung des Gedankens einer allgemeinen Volksfürsorge an dem Versicherungsprinzip festgehalten. Demgemäß bestimmt § 83 Abs. 1, daß die Mittel für die V. von den Arbeitgebern und den Versicherten aufgebracht werden.

2. Soweit der RKV. als Sonderanstalt die JVers. durchführt, besteht natürlich, wie bei den übrigen Trägern dieser V., der Anspruch auf den Reichszuschuß in der durch § 1285 RVO. bestimmten Höhe. Für die Verteilung der VLeistungen auf das Reich und die VTräger einschließlich des RKV. gelten nach Beseitigung der Vorschriften über Gemeinlast und Sonderlast die §§ 1403 bis 1406 RVO. i. d. F. d. G. vom 23. Juli 1921 (RGBl. S. 984).

§ 84.[1])

Die Beiträge oder Beitragsanteile[2])[3]) erheben die Bezirksknappschaftsvereine oder besonderen Krankenkassen. Die Satzung und die Sondervorschriften regeln das Nähere.[4])

§ 75 Entw.

1. Die Beitragserhebung ist eine der wichtigsten Aufgaben, die für sämtliche VZweige den BezKV. und neben diesen für die KrV. den bes. KrK. als örtlichen Verwaltungsstellen des RKV. obliegt.

2. Das G. spricht hier und an anderen Stellen von „Beiträgen" und „Beitragsanteilen", weil bei der KrK. und der PK. zwischen Beiträgen der Versicherten und Beiträgen der Arbeitgeber, die gleich hoch sind, unterschieden wird (vgl. §§ 88, 90, 97, 98), während die von der RVO. für die JVers. in einer Summe festgesetzten Beiträge den Anteil des Arbeitgebers und des Versicherten (je die Hälfte des gesetzlichen Beitrags) umfassen (vgl.

§§ 1387, 1432, 1439, 1458, 1491 RVO.); ebenso zerfallen die Beiträge des AVG. in den Anteil des Arbeitgebers und des Versicherten (vgl. §§ 170 ff., § 342 AVG.).

3. Die Erhebung von Eintrittsgeldern zur KrK. oder PK. ist abweichend von den früheren Gesetzen im RKG. nicht mehr vorgesehen und daher unzulässig.

4. Die Regelung der Beitragserhebung im einzelnen ist der Satzung des RKV. und den Sondervorschriften der BezKV. überlassen, was der Entw. wie folgt begründet:

„Gegenwärtig werden die Beiträge zur PK. und zur KrK. in einigen Bezirken als Wochenbeiträge, in anderen als Monatsbeiträge erhoben. Die größeren KnV. lassen durchweg die PK.-Beiträge monatlich entrichten, weil sie die JP. nach monatlichen Steigerungssätzen bemessen. Der Allgemeine KnV. in Bochum erhebt auch die Beiträge zur KrK. nach vollen Kalendermonaten zu 25 Arbeitstagen und die Beiträge zur JVers. in Monatsbeiträgen in der den Beiträgen der RVO. entsprechenden Höhe. Diese monatliche Entrichtung der Beiträge zu sämtlichen VZweigen hat sich sehr bewährt. Die Einziehung und Abführung der Beiträge durch den Arbeitgeber ist sehr vereinfacht, desgleichen die Verbuchung in den sog. Gefällebüchern; z. B. erübrigt sich die Eintragung von Krankheitszeiten, die nicht einen Monat andauern. Ebenso wird die Berechnung der Beitragszeiten für die Feststellung der Leistungen erleichtert. Irrtümer und Fehler in der Berechnung, Abführung und Verbuchung der Beiträge, die erfahrungsgemäß häufig dadurch entstehen, daß während eines Monats, je nach der Zahl der Wochen, 4 oder 5 Beiträge zu entrichten sind, werden vermieden. Die Einforderung von AnerkGeb. fällt fast ganz fort, während bei wöchentlicher Beitragsentrichtung die Gebühr für jede sog. Fehlwoche gefordert werden muß, und dergl. Vereinfachungen mehr. Wegen dieser Vorzüge hat sich der Entw. grundsätzlich für die monatliche Beitragsentrichtung bei sämtlichen VZweigen entschieden. Diese Regelung kann für die Versicherten allerdings dadurch nachteilig werden, daß der volle Monatsbeitrag zu sämtlichen V.

entrichtet werden muß, wenn der Versicherte auch nur einen geringen Bruchteil des Monats, vielleicht nur einen Tag, gearbeitet hat. Bei der zu erwartenden Höhe der Beiträge kann der Fall eintreten, daß der von dem Versicherten verdiente Lohn zu ihrer Deckung nicht ausreicht. Um hier Erleichterungen zu schaffen, ist der Allgemeine KnV. in Bochum dazu übergegangen, in Fällen, in denen der Versicherte weniger als 25 Tage arbeitet, den KrKBeitrag zu zerlegen, indem für 6 Tage ¼, für 12 Tage ²/₄, für 18 Tage ³/₄ und für mehr als 18 Tage ⁴/₄ des monatlichen KrKBeitrages erhoben werden. In ähnlicher Weise werden, um eine unbillige Belastung der Versicherten zu vermeiden, auch die Beiträge zur PK. und zur JVers. nach geeigneten Zeitabschnitten in Teilbeträge zerlegt werden können. Die nähere Ausführung des hier angedeuteten Gedankens muß aber der Satzung und vornehmlich den Sondervorschriften der BezKV. überlassen bleiben, weil für eine zweckentsprechende Regelung in weitgehendem Maße die Verhältnisse innerhalb der einzelnen BezKV. zu berücksichtigen sind; von sehr erheblicher Bedeutung für die Regelung der Beitragserhebung kann z. B. sein, ob die Entlohnung der Arbeiter wöchentlich oder monatlich geschieht." (Begr. S. 61.)

§ 85.[1])

(Abs. 1.) Die Arbeitgeber sind verpflichtet, die Beiträge oder Beitragsanteile der Versicherten[2]) von diesen einzuziehen und zugleich mit ihren eigenen Beiträgen oder Beitragsanteilen an den Bezirksknappschaftsverein oder die besondere Krankenkasse abzuführen. Sie haften für die Einziehung und Abführung wie für eine eigene Schuld.[3]) Eingezogene, aber nicht abgeführte Beiträge sind dem Versicherten anzurechnen.[4])

(Abs. 2.) Die Versicherten sind verpflichtet, sich ihre Beiträge oder Beitragsanteile bei den Lohn- oder Gehaltszahlungen einbehalten zu lassen. Die

Einbehaltungen sind auf die Lohn- oder Gehaltszeiten möglichst gleichmäßig zu verteilen.[5]) [6])

[7]) (Abs. 3.) **Ist ein Versicherter nicht während des ganzen Beitragszeitraums beschäftigt gewesen, so müssen mindestens drei Viertel des zur Auszahlung kommenden Lohnes oder Gehalts von Abzügen frei bleiben. Der nicht gedeckte Beitrag oder Beitragsanteil ist bei den nächsten Lohn- oder Gehaltszahlungen einzubehalten. Näheres bestimmen die Satzung und die Sondervorschriften.**

§ 76 Entw.

1. § 85 entspricht inhaltlich den allgemeinen Vorschriften der §§ 393 bis 395, §§ 1426 ff., § 1432 RVO.

2. Abweichend von den Landesgesetzen (vgl. z. B. § 43 des Preuß. KnG.) ist eine Verpflichtung der Arbeitgeber, auch Ordnungsstrafen, die gegen Mitglieder verhängt werden, von diesen einzuziehen, nicht vorgesehen. In Betracht kommen namentlich Strafen, die auf Grund des § 189 RKG. in Verbindung mit § 529 RVO. festgesetzt werden, oder sonstige Strafen zur Ahndung von Verstößen gegen die Satzung oder die Sondervorschriften. Strafen dieser Art werden künftig, wie nach der RVO., nur auf Grund der §§ 146, 28 RVO. wie Gemeindeabgaben beigetrieben werden können, wofern ihnen nicht durch die Satzung die Eigenschaft außerordentlicher Beiträge beigelegt wird, was unbedenklich zulässig erscheint.

3. Die Haftung des Arbeitgebers erstreckt sich nur auf die von den beitrittspflichtigen, dagegen nicht auf die von den beitrittsberechtigten Mitgliedern zu entrichtenden Beiträge. Auch haftet der Arbeitgeber nur bis zu dem Betrage des von ihm jeweils zu zahlenden verdienten Lohns des Mitglieds (E. des OSchG. i. K. vom 25. Okt. 1911, Kompaß 12 S. 49).

4. Satz 3 des Abs. 1 ist vom Reichstagsausschuß eingefügt (Ber. S. 30). Abweichend von dieser Vorschrift hatte bisher die Rechtsprechung angenommen, daß aus der ungenügenden Erfüllung der Verpflichtung des Arbeitgebers, die Beiträge der bei ihm beschäftigten Mitglieder einzuziehen und an den KnV. abzuführen, Rechte der Mitglieder gegen den KnV. nicht entstehen (OSchG. i. K. vom 24. Aug. 1908, RL 20/08).

5. Die Zulässigkeit der Einziehung durch Einbehaltung bei den Lohnzahlungen ist mit Rücksicht auf die allgemeinen Vorschriften über Lohnpfändung und auf § 394 BGB. ausdrücklich hervorgehoben. Streitigkeiten, die wegen der Anrechnung der Beiträge auf den Lohn entstehen sollten, sind für die KrV. und PV. nach § 157, für die JVers. nach § 160 Abs. 2 und für die AV. nach § 161 Abs. 2 zu entscheiden.

6. Für die rechtliche Stellung der Beiträge im Konkurse und bei der Zwangsvollstreckung in das unbewegliche Vermögen gilt folgendes:

a) Nach § 61 der Konkursordnung i. d. F. d. Bek. vom 20. Mai 1898 (RGBl. S. 612) rangieren „die Forderungen der öffentlichen Verbände . . . wegen der nach Gesetz oder Verfassung zu entrichtenden Abgaben und Leistungen aus dem letzten Jahre vor der Eröffnung des Verfahrens“ in der dritten Klasse. Zu den öffentlichen Verbänden im Sinne dieser Vorschrift gehört unzweifelhaft der RKV.

b) Für die Zwangsvollstreckung gelten die Beiträge als öffentliche Lasten im Sinne des § 10 Abs. 1 Nr. 3 und des § 156 Abs. 1 des Reichsgesetzes über die Zwangsversteigerung und die Zwangsverwaltung vom 24. März 1897 i. d. F. d. Bek. vom 20. Mai 1898 (RGBl. S. 713), gewähren also ein Recht auf Befriedigung in der dritten Klasse. Dies gilt nicht nur, wie früher aus Art. 15 ff. des Preuß. Ausführungsgesetzes vom 23. Sept. 1899 (GS. S. 291) zu folgern war, für die Fälle der Zwangsversteigerung und Zwangsverwaltung eines Bergwerkseigentums, eines unbeweglichen Bergwerksanteils und einer selbständigen Kohlenabbaugerechtigkeit, sondern schlechthin für alle kn. Betriebe, weil der Begriff des kn. Betriebes im RKG. neu bestimmt ist, und zwar unabhängig von der Berggesetzgebung der Länder. Die angeführten Bestimmungen des preuß. Ausführungsgesetzes sind nach Art. 55

EG. z. RKG. als entsprechend abgeändert bezw. aufgehoben anzusehen.

7. Eine zu starke Beitragsbelastung der Versicherten, die nicht den ganzen Monat beschäftigt sind, soll nach Anm. 4 zu § 84 schon durch Zerlegung der Monatsbeiträge vermieden werden. Das G. trifft darüber hinaus in § 85 Abs. 3 noch unmittelbare Schutzbestimmungen für die Versicherten, die zugleich eine Weiterentwicklung des schon im § 85 Abs. 2 ausgedrückten Gedankens enthalten, daß bei der Einbehaltung der Beiträge vom Lohn schonend vorgegangen werden soll. Die Vorschrift des § 1433 RVO., wonach Abzüge, die bei einer Lohnzahlung unterblieben sind, nur bei der nächsten Lohnzahlung nachgeholt werden dürfen, ist nicht übernommen, weil die Beitragsrückstände unter Umständen so hoch sein können, daß zu ihrer Deckung auch auf spätere Lohnzahlungen zugegriffen werden muß. Die Reihenfolge, in der bei der Beitragsdeckung die verschiedenen VZweige zu berücksichtigen sind (Vorrang der PKBeiträge vor den anderen Beiträgen usw.), wird zweckmäßig durch die Satzung oder die Sondervorschriften bestimmt. Die Regelung des Abs. 3 schließt nicht aus, daß Beitragsausfälle zum Nachteil des RKV. entstehen, z. B. bei Personen, die nur kurze Zeit kn. Arbeit verrichten und dann zu einer anderen Beschäftigung übergehen. Solche Beitragsausfälle können jedoch unbedenklich getragen werden, weil durch vorübergehende Beschäftigung im allgemeinen keine Ansprüche auf laufende Leistungen des RKV. erworben werden (vgl. Begr. S. 61).

§ 86.[1])

Unterbleibt die Anmeldung nach § 11 Abs. 3, § 19 Satz 3, § 67 Satz 2, § 71 Satz 2, so kann der Vorstand des Bezirksknappschaftsvereins oder der besonderen Krankenkasse die Zahl der Versicherten, für welche Beiträge zu entrichten sind, nach seinem Ermessen bestimmen.[2])

¹) § 77 Entw.

1. Die Vorschrift ist aus § 42 Abs. 3 des Preuß. KnG. übernommen; sie bildet neben den im § 198 angezogenen Strafvorschriften der §§ 530 und 1487 RVO. ein geeignetes Mittel, die ordnungsmäßige Erfüllung der Meldepflicht des Arbeitgebers zu sichern (vgl. Begr. S. 62).

2. Die Fassung deckt auch den Fall der unvollständigen Anmeldung. Der Ausdruck „nach Ermessen" ist nicht gleichbedeutend mit „willkürlich" (RekBesch. vom 29. Juni 1878, Z. f. B. Bd. 19 S. 399).

§ 87.[1])

Bei Arbeitsunfähigkeit[2]) sind für volle[3]) Kalendermonate, für die Krankenhilfe gewährt wird, keine Beiträge zu entrichten,[4]) wenn nicht Anspruch auf Lohn oder Gehalt auch während der Krankheit besteht. Dasselbe gilt während des Bezugs des Wochen- und des Schwangerengeldes.[5]) Für die Angestelltenversicherung gelten die Vorschriften des Angestelltenversicherungsgesetzes.[6])

§ 78 Entw.

1. Nach § 383 RVO. sind bei Arbeitsunfähigkeit für die Dauer der Krankenhilfe keine Beiträge zu entrichten. Ebenso entfällt nach § 1393 RVO. i. d. F. d. G. vom 10. Nov. 1922 die Beitragsentrichtung zur JVers. für volle Krankheitswochen, da für jede dieser Wochen ein Steigerungssatz von 30 Pf. gerechnet wird. „Der hiernach in der RVO. durchgeführte Grundsatz der Beitragsbefreiung für Krankheitszeiten muß auch von dem RKG. übernommen und folgerichtig auf die Beiträge zur PK. ausgedehnt werden, nachdem im § 24 (§ 29 d. G.) bereits bestimmt ist, daß für volle Krankheitsmonate die Steigerungssätze der PK. anzurechnen sind. Da es jedoch unberechtigt sein würde, Krankheitszeiten ohne Beitragsentrichtung auch solchen Versicherten anzurechnen, die während der Krankheit Lohn oder Gehalt weiterbeziehen und bei Fortfall des Beitragsabzuges mehr an Entgelt erhalten würden als vor der Erkrankung, ist die

Beitragsbefreiung auf die Fälle beschränkt, in denen Lohn oder Gehalt nicht weitergezahlt wird." (Begr. S. 62.)

2. Vgl. Anm. 1a zu § 14.

3. „In Übereinstimmung mit dem Inhalt des § 24 (§ 29 d. G.) ist die Freistellung von Beiträgen nur für volle Monate zugelassen, in welche die Krankheit fällt und für welche Krankenhilfe gewährt wird. Ist ein Monat nicht voll durch Krankheit gedeckt und hat während der übrigen Zeit, vielleicht auch nur an einem Tage, Beschäftigung stattgefunden, so ist entsprechend dem Grundsatz, den das RVA. in der Revisionsentscheidung 443 (AN., Invaliditäts- und Altersversicherung, 1895 S. 223) für den Wochenbeitrag der JVers. aufgestellt hat, der volle Monatsbeitrag zu entrichten; ohne diese Beitragsentrichtung würde der Monat nicht anrechnungsfähig sein." (Begr. a. a. O.)

4. Beiträge, die entgegen dieser Vorschrift erhoben sind, müssen zurückgezahlt werden. Wegen Entscheidung von Streitigkeiten s. Anm. 5 zu § 85.

5. Die früher gleichlautende Vorschrift der RVO. ist durch G. vom 27. März 1923 dahin geändert, daß für eine Versicherte während des Bezuges von Wochen- und Schwangerengeld Beiträge solange nicht zu entrichten sind, als sie nicht gegen Entgelt arbeitet. Die Rechtslage nach dem RKG. und der RVO. stimmt also nicht völlig überein.

6. Für die AV. (der nicht kn. berechtigten Angestellten) von den Grundsätzen des AVG. abzugehen, besteht kein Grund. Es bewendet also bei den Vorschriften der §§ 170 ff. des erwähnten G. i. d. F. vom 10. Nov. 1922 sowie bei dem aus § 172 abzuleitenden Grundsatz, daß Krankheitszeiten als Beitragszeiten für die Bemessung der Leistungen nicht anzurechnen sind (vgl. Begr. a. a. O.).

II. Beiträge zur Krankenkasse.

§ 88.

(Abs. 1.) **Die Beiträge der Arbeitgeber und der Versicherten müssen gleich hoch sein.**[1])

(Abs. 2.) Versicherungsberechtigte haben neben den eigenen Beiträgen auch die der Arbeitgeber zu tragen.[2])

§ 79 Entw.

1. „An dem von der RVO. (§ 381) abweichenden Grundsatz der meisten bisherigen Knappschaftsgesetze, daß die Beiträge zur KrK. ebenso wie zur PK. von Arbeitgebern und Versicherten in gleicher Höhe zu entrichten sind (Halbierung der Beiträge), hat der Entw. festgehalten." (Begr. S. 62.)

2. Versicherungsberechtigte Personen (vgl. §§ 176, 313, 313 a, 314 RVO.) haben doppelte Beiträge aus eigenen Mitteln zu bestreiten und stehen, soweit es sich um die Durchführung der V. handelt, zu ihrem Arbeitgeber — soweit ein solcher überhaupt vorhanden ist — in keinem Rechtsverhältnis.

§ 89.

[1]) **(Abs. 1.) Bei Familienhilfe (§ 205 b der Reichsversicherungsordnung) kann ein Zusatzbeitrag erhoben werden; diesen setzen die Sondervorschriften allgemein fest. Die §§ 88, 90 bis 95 gelten hierfür nicht.**

(Abs. 2.) Festsetzungen dieser Art bedürfen der Zustimmung der Aufsichtsbehörde (§ 151).[2])

§ 89 ist vom Reichstagsausschuß eingefügt (§ 79 a der Ausschußbeschlüsse, Ber. S. 30, 62).

1. Die Vorschrift ist dem § 384 Abs. 2 und 4 RVO. nachgebildet und steht im Zusammenhang mit § 14 Abs. 3, betr. Gewährung der Familienhilfe an Familienangehörige, die an Orten wohnen, für die kein Vertragsverhältnis des RKV. mit Ärzten oder Apothekern besteht. Abs. 1 weicht insofern erheblich von der RVO. ab, als nach § 384 Abs. 2 „von den Versicherten mit Familienangehörigen" ein Zusatzbeitrag erhoben werden kann. Diese Vorschrift der RVO. ist damit begründet, daß es die an sich erwünschte Einführung der Familienhilfe fördern und den eigenen Wünschen der Mitglieder mit Familienangehörigen

entsprechen kann, wenn sie die Mehrkosten daraus ganz oder zum Teil durch Zusatzbeiträge übernehmen. Der Reichstagsausschuß hat sich jedoch auf den Standpunkt gestellt, daß den Versicherten mit Familienangehörigen keine höheren Beiträge zugemutet werden dürfen, daß die Kosten der Familienunterstützung vielmehr allgemein getragen werden müßten (Ber. S. 31.) Falls die Sondervorschriften einen Zusatzbeitrag festsetzen, ist er also schlechthin von sämtlichen KrKMitgliedern zu entrichten, ohne Rücksicht darauf, ob sie Familienangehörige haben oder nicht und an welchen Orten die Angehörigen wohnen. Das soll auch durch das Wort „allgemein" im zweiten Halbsatz zum Ausdruck gebracht werden (vgl. Anm. 6 zu § 14).

2. Die Aufsichtsbehörde tritt hier an die Stelle des OVA.

§ 90.[1])

Die Beiträge der Versicherten sind in einem Bruchteil des Arbeitslohns, Gehalts oder Grundlohns oder in einem festen Satze so zu bemessen, daß sie unter Hinzurechnung der Beiträge der Arbeitgeber und sonstiger Einnahmen[2]) der Krankenkasse ausreichen, deren gesetzlichen und durch die Sondervorschriften bestimmten Ausgaben zu decken[3]) und außerdem eine Rücklage im Mindestbetrage der durchschnittlichen Jahresausgabe der letzten drei Jahre anzusammeln und auch die Rücklage so hoch zu ergänzen.[4])

§ 80 Entw.

1. § 90 entspricht den bisherigen landesgesetzlichen Vorschriften (vgl. z. B. § 37 des Preuß. KnG.), jedoch ist nach dem Vorbild des § 385 RVO. die Erhebung der Beiträge auch in Bruchteilen des Grundlohns vorgesehen, die jetzt wohl gebräuchlichste Form der Beitragserhebung.

2. Sonstige Einnahmen sind: Schenkungen, Zinsen aus dem angesammelten Vermögen und Geldstrafen, die zur KrK. fließen, z. B. die nach § 189 in Verbindung mit § 529 RVO. festgesetzten

Geldstrafen gegen Mitglieder wegen Verstoßes gegen die Krankenordnung oder gegen Anordnungen des Arztes.

3. Die KrKBeiträge sind so zu bemessen, daß sie die gesamten Ausgaben der KrKVerwaltung einschließlich der Verwaltungskosten, namentlich aber die gesetzlichen Regelleistungen und etwaige Mehrleistungen, decken. Ein Rückgriff auf das Vermögen der PK. des RKV. zur Deckung von KrKVerbindlichkeiten ist schlechthin unzulässig (vgl. Begr. zu § 11 des Entw. S. 40).

4. Die Vorschrift über die Ansammlung einer Rücklage entspricht dem § 364 RVO. Zweck der Rücklage ist, eine vorübergehende erhebliche Steigerung der Ausgaben, wie sie z. B. bei Epidemien vorkommen kann, auszugleichen, ohne daß eine Erhöhung der Beiträge notwendig wird. Für die Anlegung der Bestände gelten nach § 109 RKG. die Vorschriften der RVO. in ihrer neuen Fassung (vgl. Anm. 1 zu § 109). Die Anlegung muß so erfolgen, daß wenigstens ein namhafter Betrag sofort flüssig gemacht werden kann. Die Rücklage ist von dem Stammvermögen der Kasse getrennt zu halten und zu verrechnen.

§ 91.

(Abs. 1.) Die Bezirksknappschaftsvereine oder besonderen Krankenkassen[1]) setzen die Beiträge als Monatsbeiträge fest.[2])

(Abs. 2.) Die Festsetzung bedarf der Genehmigung des Reichsknappschaftsvereins.[3])

§ 81 Entw.

1. Die Festsetzung der KrKBeiträge ist den BezKV. oder bes. KrK. übertragen, weil sie in der Durchführung der KrV., namentlich in der Bewilligung von Mehrleistungen, im wesentlichen selbständig sind (vgl. Anm. 1 zu § 12).

2. Die Beiträge sind als Monatsbeiträge festzusetzen, wobei jedoch eine Zerlegung nach kürzeren Zeitabschnitten aus den in der Anm. 4 zu § 84 angeführten Gründen zulässig ist (vgl. Begr. S. 62).

3. Der Entw. sah eine Mitwirkung des RKV. bei der Festsetzung der Beiträge nicht vor, um auch insoweit die Selbständigkeit der KrKVerwaltung nicht zu beschränken. Der Reichstag hat die Einfügung des Abs. 2 beschlossen, obwohl von Regierungsseite darauf hingewiesen war, daß eine schnelle Anpassung der Beiträge an veränderte wirtschaftliche Verhältnisse (Erhöhung des Grundlohns und dergl.) notwendig werden könne, und daß die Beweglichkeit der Festsetzung durch die Genehmigung des RKV. stark beeinträchtigt werde (Ber. S. 31).

§ 92.[1])

Die Mittel der Krankenkasse dürfen nur zu den durch die Sondervorschriften bestimmten Leistungen,[2]) zur Füllung[3]) der Rücklage, zu den Verwaltungskosten[4]) und für allgemeine Zwecke der Krankheitsverhütung[5]) verwendet werden.

§ 82 Entw.

1. § 92 entspricht dem § 363 Abs. 1 RVO., der zur Herbeiführung einer gleichen Rechtslage für die KrV. des RKV. übernommen ist.

2. Unter den Begriff der Leistungen im Sinne der Vorschrift fallen nicht nur solche, die einem einzelnen Versicherten nach Maßgabe der Sondervorschriften gewährt werden, sondern auch Aufwendungen allgemeiner Art, die allen Versicherten zugute kommen und die Gewährung der Leistungen erleichtern sollen, also Zwecken der KrV. dienen. Daher ist der Bau von Krankenhäusern gestattet, da die Gewährung der Krankenhauspflege Aufgabe der KrK. ist (vgl. für das frühere Recht in Preußen Erlaß des Ministers des Innern vom 25. Mai 1898, Ministerialblatt für die innere Verwaltung S. 146).

Eine umfassende Tätigkeit für Personen, die der KrV. nicht angehören, obliegt den BezKV. oder bes. KrK. bei Durchführung des RVG. (vgl. §§ 8 ff. daselbst). Die Kosten der zu gewährenden Heilbehandlung werden ganz oder zum Teil vom Reich erstattet (§ 14 a. a. O.).

3. Im amtlichen Text findet sich an dieser Stelle der Druckfehler „Erfüllung" statt „Füllung".

4. Wegen der Verwaltungskosten vgl. Anm. 4 zu § 108.

5. Hier kommen nur Maßnahmen allgemeiner Art in Betracht, die der Gesamtheit zugute kommen (Bekämpfung der Volkskrankheiten, Wohnungsfürsorge und dergl.). Vorbeugende Maßnahmen, die die Entstehung künftiger Krankheiten bei einem einzelnen Mitglied verhindern sollen, würden die Mittel der KrK. zu sehr belasten und sind daher unzulässig. Solche Maßnahmen sind vom Aufgabenkreise der KrK. ausgeschlossen und bleiben den Trägern der JVers. überlassen. Aufwendungen für allgemeine Maßnahmen der bezeichneten Art sind auch nur soweit zulässig, als nach Deckung aller gesetzlicher Pflichtleistungen die Beiträge dafür ausreichen.

§ 93.[1])

Reichen die Mittel einer besonderen Krankenkasse nicht zur Deckung der laufenden Ausgaben[2]) aus, so sind die Arbeitgeber zur Leistung der erforderlichen Vorschüsse verpflichtet.

§ 83 Entw.

1. Die §§ 93 und 94 gelten nur für besondere KrK. und sind aus dem Preuß. KnG. übernommen. Nach der Absicht des Entw. sollten sie u. a. eine Maßnahme gegen die Errichtung bes. KrK. in Fällen bilden, in denen die vom Entw. angenommenen Voraussetzungen hierfür nicht vorliegen. Diese Bedeutung tritt stark zurück, nachdem die Bildung bes. KrK. durch die Reichstagsbeschlüsse zu § 13 sehr erschwert worden ist (vgl. Anm. 1 zu § 13).

2. § 93 verpflichtet den Arbeitgeber zur Leistung von Vorschüssen für sämtliche laufenden Ausgaben, falls die Mittel unzureichend sind, geht also weiter als § 94, der sich nur auf die Sicherstellung der gesetzlichen Regelleistungen bezieht.

§ 94.

Werden die gesetzlichen Regelleistungen[1]) einer besonderen Krankenkasse nicht durch die Beiträge gedeckt,

nachdem diese für die Versicherten zehn vom Hundert [2]) des durchschnittlichen Arbeitslohns, Gehalts oder Grundlohns, wonach die Beiträge bemessen werden, erreicht haben, so müssen die Arbeitgeber die Zuschüsse zur Deckung der gesetzlichen Regelleistungen aus eigenen Mitteln leisten.

§ 84 Entw.

1. Vgl. Anm. 1 zu § 14.

2. Nach dem Vorgange des § 390 RVO. i. d. F. der Bek. vom 22. Mai 1920 (RGBl. S. 1069) ist hier die Zuschußpflicht des Arbeitgebers wie bei Betriebskrankenkassen usw. vorgesehen, wenn Beiträge in Höhe von 10 v. H. unzureichend sind. Der früher 6 v. H. betragende Satz in § 390 RVO. ist erhöht, um die Lasten der durch die Bek. vom 22. Mai 1920 erweiterten Wochenhilfe zu decken.

§ 95.

(Abs. 1.) Genügen die Beiträge nicht dem § 90, so sind sie zu erhöhen oder die Leistungen bis auf die gesetzlichen Regelleistungen zu mindern; laufende Leistungen bleiben unberührt.[1])

(Abs. 2.) Näheres bestimmen der Reichsknappschaftsverein und die Sondervorschriften.[2])

§ 85 Entw.

1. Abs. 1 entspricht dem Grundgedanken des § 391 Abs. 1 RVO.

2. Abweichend von der RVO. sind Maßnahmen der Aufsichtsbehörde nicht vorgesehen. Gegebenenfalls wird der Vorstand des RKV. kraft seiner allgemeinen Aufsichtsbefugnis gegenüber den BezKV. einzugreifen haben; etwa erforderliche Änderungen der Leistungen oder Beiträge sind dann von den BezKV. mit Genehmigung des RKV. durch die Sondervorschriften zu beschließen. (Begr. S. 62.)

§ 96.[1])

Die Bezirksknappschaftsvereine und besonderen Krankenkassen haben der Aufsichtsbehörde (§ 151) alljährlich einen Rechnungsabschluß sowie die geforderten statistischen Nachweisungen einzureichen. Näheres bestimmt der Reichsarbeitsminister.[2])

§ 96 ist vom Reichstagsausschuß eingefügt (§ 85a der Ausschußbeschlüsse, Ber. S. 31, 63).

1. Die Vorschrift ist dem § 367 RVO. nachgebildet, von einer Einzelaufzählung der einzureichenden Nachweisungen jedoch abgesehen.

2. Die für KrK. im Sinne des § 225 RVO. maßgebenden Vorschriften, z. B. Ver. vom 25. Nov. 1922 über Abänderung der Rechnungsführung bei KrK. (Zentrbl. S. 1036) gelten nicht ohne weiteres; vielmehr erläßt der RAM. besondere Vorschriften.

III. Beiträge zur Pensionskasse.

§ 97.[1])

Die Beiträge der Arbeitgeber und der Mitglieder[2]) müssen gleich hoch sein.

§ 86 Entw.

1. „Die Beiträge zur PK. sind als Monatsbeiträge in gleicher Höhe für Arbeitgeber und für Mitglieder vom RKV. festzusetzen." (Begr. S. 62.)

2. Die Entrichtung freiwilliger Beiträge kommt abweichend von § 88 Abs. 2 nicht in Frage.

§ 98.

(Abs. 1.) Die Mitgliederbeiträge sind in einem Bruchteil des Arbeitslohns, Gehalts oder Grundlohns oder in einem festen Satze als Monatsbeiträge zu bestimmen.[1]) Der Beitragsmonat umfaßt den Zeitraum vom ersten bis zum letzten Tage des Kalendermonats.[2])

(Abs. 2.) Die Höhe der Beiträge ist derart zu bemessen, daß sie unter Hinzurechnung von weiteren Einnahmen der Pensionskasse und nach allen sonstigen für die Leistungsfähigkeit des Reichsknappschaftsvereins in Betracht kommenden Umständen die dauernde Erfüllbarkeit der Leistungen aus § 28 ermöglichen.[3])

§ 87 Entw.

1. Auch bei der PK. ist, wie bei der KrK., wahlweise die Bestimmung der Beiträge in Bruchteilen des Arbeitslohns, Gehalts oder Grundlohns der Mitglieder oder in festen Sätzen zugelassen. Ob sich die Praxis für feste Sätze entscheiden wird, wie die Begr. S. 63 annimmt, erscheint zweifelhaft. Nachdem die Gesamtbezüge gleitend gestaltet sind (vgl. § 31), wird zu überlegen sein, ob auch die Beiträge, einschl. der nach dem Anwartschaftsdeckungsverfahren zu berechnenden (vgl. Anm. 3), so bemessen werden können, daß durch sie ein bestimmter Prozentsatz des jeweiligen durchschnittlichen Hauerlohns oder Steigergehalts gedeckt wird.

2. „Entsprechend dem Vorgang in § 1387 Abs. 3 RVO. empfiehlt es sich, zur Vermeidung von Zweifeln Beginn und Ende der Beitragsperiode im Gesetz selbst genau zu bestimmen. Der Beitragsmonat umfaßt jeweils den Zeitraum vom ersten bis zum letzten Tage des Kalendermonats. Wird innerhalb dieser Zeitspanne an irgendeinem Tage, ohne Unterschied, ob Sonn- oder Feiertag oder Werktag, kn. Arbeit verrichtet, so ist dadurch sowohl für das Mitglied wie für den Arbeitgeber die Verpflichtung zur Leistung des vollen Monatsbeitrags zur PK. begründet, wofern nicht die Satzung oder die Sondervorschriften des BezKV. auf Grund des § 75 (§ 84 d. G.) Satz 2 etwas anderes bestimmen. Daß auch — unter dem gleichen Vorbehalt — für einen nicht voll durch Krankheit gedeckten Monat der volle Monatsbeitrag entrichtet werden muß, ist bereits in der Begründung zu § 78 (§ 87 d. G.) ausgeführt." (Begr. a. a. O.)

3. Abs. 2 bezieht sich, wie aus dem Hinweis auf „die dauernde Erfüllbarkeit der Leistungen aus § 28" gefolgert werden muß,

nur auf die zur Deckung der festen Leistungen erforderlichen Beiträge, während über die Aufbringung der Leistungen zur Deckung der TZul. nach § 31 im G. keine besonderen Vorschriften getroffen sind. Der Entw. hatte, vielleicht klarer als das G., im § 87 Abs. 1 Satz 2 ausdrücklich bestimmt, daß die Beiträge in die zur Deckung der Ausgaben der PK. mit Ausnahme der TZul. erforderlichen veränderlichen Beiträge zerfallen, und diese Unterscheidung auch im Abs. 2 dahin zum Ausdruck gebracht, daß die festen Beiträge im Anwartschaftsdeckungsverfahren zu berechnen und die veränderlichen Beiträge derart zu bestimmen sind, daß sie den Gesamtbetrag der TZul. decken, der für einen durch die Satzung festzulegenden Zeitraum aufzubringen ist. Die jetzige Fassung des G. beruht auf einem im Reichstagsausschuß in dritter Lesung gestellten und angenommenen Antrage (Ber. S. 32). Aus den Erörterungen des Ausschusses ergibt sich zweifelsfrei, daß der Unterschied zwischen festen und veränderlichen Beiträgen nicht beseitigt ist, und daß der Ausschuß trotz Streichung des Wortes „Anwartschaftsdeckungsverfahren" im Wortlaut des Entw. für die Aufbringung der festen Leistungen unter Ablehnung des Umlageverfahrens und des bisher bei den KnV. zumeist üblichen Kapitaldeckungsverfahrens nach Perioden an dem Anwartschaftsdeckungsverfahren festgehalten hat.

Zum Verständnis der Verhandlungen bedarf es einer kurzen Erläuterung des Wesens und der Bedeutung der verschiedenen Beitragsverfahren: Bei dem Umlageverfahren wird der Betrag der in einem abgelaufenen Zeitraum, z. B. einem Jahre, erwachsenen Ausgaben auf die Beitragspflichtigen umgelegt; es wird also in jedem Jahre lediglich die auf dieses Jahr fallende Rate der bereits bewilligten Pensionen aufgebracht. Bei dem Kapitaldeckungsverfahren nach Perioden werden die Beiträge für eine bestimmte Reihe von Jahren im voraus berechnet, und zwar unter Zugrundelegung der rechnungsmäßigen Kapitalwerte derjenigen Pensionen, die in dieser Periode voraussichtlich zu bewilligen sein werden; es wird also durch die Beiträge eines jeden Jahres das Kapital aufgebracht, das ausreicht, aus seinen Zinsen und durch seine allmähliche Aufzehrung die im Laufe dieses Jahres neu entstehenden Pensionen bis zum Fortfall der letzten Pensionsrate zu entrichten. Bei dem Prämiendurchschnittsverfahren oder Anwartschaftsdeckungsverfahren werden die Beiträge auf der Grundlage bemessen, daß der Gesamtwert aller zu erwartenden Beiträge gleichkommt dem Gesamtwert aller zu erwartenden Pensionen; es wird also durch die Beiträge das Kapital aufgebracht, das ausreicht, um aus seinen Zinsen und durch seine allmähliche Aufzehrung alle durch die jeweiligen Beitragszahlungen entstehenden Anwartschaften auf Pensionskassenleistungen zu realisieren.

Die verschiedene Grundlage der vorgenannten drei Verfahren tritt zunächst bei der Beitragserhebung in die Erscheinung: Zur Bestreitung der gleichbleibenden PKLeistungen werden beim Umlageverfahren anfänglich geringe Beiträge erhoben, die indessen dem Anschwellen der tatsächlichen Ausgaben entsprechend rasch und stark steigen. Beim Kapitaldeckungsverfahren werden zunächst mäßig hohe Beiträge erhoben, die später dem Steigen des Kapitalwerts der zu bewilligenden Pensionen entsprechend langsam und mäßig steigen. Beim Anwartschaftsdeckungsverfahren werden die Beiträge in dauernd gleichbleibender Höhe erhoben; sie gehen anfänglich über die nach dem Kapitaldeckungsverfahren und namentlich nach dem Umlageverfahren zu erhebenden Beiträge erheblich hinaus, bleiben indessen später in entsprechendem Maße hinter den nach diesen Verfahren zu erhebenden Beiträgen zurück. Weiter tritt die verschiedene Grundlage der drei Verfahren im Falle der Aufhebung einer PK. in die Erscheinung. In einem solchen Falle würden beim Anwartschaftsdeckungsverfahren sowohl das zur Deckung der bereits bewilligten Pensionen erforderliche Kapital (Deckungskapital) als auch ein weiteres Kapital vorhanden sein, das ausreichen würde, die bis zum Tage der Aufhebung der PK. erwachsenen Anwartschaften auf künftige PK.-Leistungen seinerzeit zu realisieren (Prämienreserve). Beim Kapitaldeckungsverfahren nach Perioden würde nur das zur

Deckung der bereits bewilligten Pensionen erforderliche Kapital vorhanden sein, die Anwartschaften auf künftige PKLeistungen dagegen würden ausfallen. Bei dem Umlageverfahren wäre überhaupt nichts vorhanden, so daß nicht nur die Anwartschaften auf künftige PKLeistungen, sondern auch die bereits bewilligten Pensionen völlig ausfallen müßten.

Die neuere VersGesetzgebung (JVers. und AV.) ist auf dem Anwartschaftsdeckungsverfahren aufgebaut. In letzter Zeit wird die Beibehaltung dieses Verfahrens lebhaft bekämpft und die Aufbringung der sozialen VersLeistungen im Wege der Umlage gefordert. Die Gegner des Anwartschaftsdeckungsverfahrens machen hauptsächlich geltend, daß die Not der Zeit es nicht zulasse, Lasten der Zukunft auf die Gegenwart zu übernehmen, und daß es durchaus unwirtschaftlich sei, große Kapitalien anzusammeln, die wegen der mangelnden Möglichkeit einer kaufmännisch befriedigenden Anlegung entwertet würden. Die Anhänger des Deckungsverfahrens betonen demgegenüber den der sozialen Gesetzgebung zugrunde liegenden Versicherungsgedanken: Die besondere soziale Wirkung der V. bestehe darin, daß sie dem Arbeiter das Gefühl der Sicherheit im Kampf um das tägliche Brot gebe. Diese Sicherheit mache den Arbeiter innerlich frei und steigere seine Arbeitsfreude; sie sei aber nur dann vorhanden, wenn auch die Pensionslast der Zukunft gedeckt werde. Nicht unsichere Mildtätigkeit und schematisierende Fürsorge sei anzustreben, sondern die Gewährung hinreichender, auf eigener Beitragsleistung der Versicherten aufgebauter, unbedingt sicherer Leistungen. Der Kampf „Umlage oder Deckung" hat auch in die Verhandlungen über das RKG. stark hineingespielt. Schon in den Vorverhandlungen des Allgemeinen Deutschen Knappschaftsverbandes ist die Anwartschaftsdeckung als entbehrlich bezeichnet, weil der gesamte deutsche Bergbau Garant der kn. V. sei. In der Anlage 2a des Entw. (Nr. 4394 der Drucksachen S. 116 bis 119) ist von Vers.-Verständigen dargelegt, weshalb auch gegenüber diesem Hinweis die Beiträge für die PKLeistungen nach dem Anwartschaftsdeckungsverfahren zu bemessen sind. Bei den Beratungen im

Reichstagsausschuß ist zu § 23 des Entw. ein Antrag gestellt, durch den die Bemessung der Pensionen nach Steigerungsbeträgen beseitigt werden sollte. Zur Begr. hat der Antragsteller ausgeführt, daß er das VersPrinzip aus dem G. beseitigen und die nötigen Mittel im Umlageverfahren aufbringen wolle. Trotz scharfen Widerspruchs der Regierung hat der Ausschuß dem Antrag zunächst zugestimmt. Mit Rücksicht auf die weittragende Bedeutung dieses Beschlusses wurden die Beratungen des Ausschusses für kurze Zeit unterbrochen. In der entstehenden Pause wurde ein Weg zur Einigung gesucht und dadurch gefunden, daß der § 23 des Entw. in der Fassung der zweiten Lesung wieder hergestellt wurde (Ber. S. 19). Ebenso sind bei Beratung des § 87 Anträge gestellt, die die Beseitigung der Anwartschaftsdeckung und Einführung des Umlageverfahrens bei Ansammlung eines genügend hohen Betriebskapitals und eines angemessenen Reservefonds zum Ziele hatten. Die Anträge sind in zweiter und dritter Lesung abgelehnt, nachdem die Reichsregierung erklärt hatte, daß sie an dem Anwartschaftsdeckungsverfahren als dem Eckpfeiler der V. festhalten müsse, und nachdem auch aus der Mitte des Ausschusses ausgeführt worden war, daß mit der allgemeinen Einführung des Umlageverfahrens im RKG. am Charakter der Sozialversicherung überhaupt gerüttelt und die Axt an die Arbeiterversicherung gelegt würde. Für die Ablehnung der Anträge ist die schon damals geplante Änderung der Vermögensanlegung bei den VersTrägern mitbestimmend gewesen (Ber. S. 31/32). Schließlich sind auch die in der Vollsitzung des Reichstags vom 12. Juni 1923 gestellten Anträge auf Beseitigung des Anwartschaftsdeckungsverfahrens abgelehnt (Stenogr. Ber. S. 11300). Das Anwartschaftsdeckungsverfahren bleibt also für die Aufbringung der festen Leistungen maßgebend. In welchem Verhältnis feste Leistungen und TZul. zueinander stehen sollen, ist im G. nicht angegeben. Von Regierungsseite ist ausgeführt, daß es Sache der Satzung sei, zu bestimmen, welcher Teil der Lasten im Anwartschaftsdeckungsverfahren und welcher Teil im Umlageverfahren aufzubringen ist (vgl. hierzu auch Anm. 2 zu § 31).

§ 99.[1])

(Abs. 1.) Genügen die Beiträge nicht dem § 98 Abs. 2, so sind sie entsprechend zu erhöhen oder die Pensionskassenleistungen entsprechend zu mindern.

[2]) (Abs. 2.) Die Minderung kann sich auch auf die schon bewilligten oder rechtskräftig festgestellten Pensionskassenleistungen erstrecken, wenn sie nicht schon vor Inkrafttreten der Minderung fällig geworden sind.

[3]) (Abs. 3.) Unterläßt der Reichsknappschaftsverein, die nach Abs. 1, 2 erforderliche Abänderung der Satzung zu beschließen, so hat der Reichsarbeitsminister die Beschlußfassung anzuordnen. Wird die Anordnung nicht befolgt, so ändert der Reichsarbeitsminister von sich aus die Satzung von Amts wegen mit rechtsverbindlicher Wirkung.

[3]) (Abs. 4.) Müssen zur Aufrechterhaltung oder Wiederherstellung der Leistungsfähigkeit der Pensionskasse ihre Einnahmen schleunig vermehrt oder ihre Ausgaben vermindert werden, so kann der Reichsarbeitsminister, vorbehaltlich des im Abs. 3 vorgeschriebenen Verfahrens, sofort vorläufig die Beiträge erhöhen oder die Pensionskassenleistungen vermindern.

§ 88 Entw.

1. § 99 gibt im wesentlichen den § 41 des Preuß. KnG. wieder, soweit dieser auf die PKBeiträge Bezug hat, und lehnt sich zugleich nach Fassung und Inhalt an die §§ 387 und 391 RVO. (Begr. S. 63) an.

2. „Der Fall des Abs. 2, der auch die Minderung bereits bewilligter oder rechtskräftig festgestellter PKLeistungen zuläßt, soweit letztere nicht bereits vor Inkrafttreten der Minderung fällig geworden sind, wird voraussichtlich kaum eintreten, nachdem neue, von dem Preuß. KnG. abweichende Deckungsgrundsätze

eingeführt worden sind: gleichwohl empfiehlt sich die Übernahme auch dieser Vorschrift des preußischen Ges., weil sich die Entwickelung des Bergbaues in der Zukunft nicht mit Sicherheit voraussehen läßt, und weil eine Leistungsminderung auch bei freiwilligen PK-Leistungen der BezKV. notwendig werden kann." (Begr. a. a. O. Vgl. auch Anm. 1 zu § 100.)

3. Während § 95 Maßnahmen der Aufsichtsbehörde wegen Erhöhung der Krankenkassenbeiträge oder Minderung der Leistungen nicht vorsieht (vgl. Anm. 2 zu § 95), sind für die Pensionskasse die in § 99 Abs. 3 und 4 näher bezeichneten Anordnungen des RAM. gegenüber dem RKV. zu treffen, wenn die Einnahmen der PK. die Ausgaben nicht decken und die Satzung nicht geändert wird. „Eine Übertragung dieser Maßnahmen auf die Landesbehörden ist nach dem Inhalt des § 144 (§ 151 d. G.) Abs. 3 nicht angängig." (Begr. a. a. O.)

§ 100.[1])

§ 99 Abs. 1, 2 gilt entsprechend, wenn bei einem Bezirksknappschaftsvereine die nach § 108 Abs. 2, 3 zu erhebenden Zuschläge unzureichend sind. Die Erhöhung der Zuschläge oder die Minderung der im § 39 Abs. 2, § 44 bezeichneten Leistungen ist durch Abänderung der Sondervorschriften zu beschließen.[2])

§ 89 Entw.

1. Nach § 108 Abs. 2, 3 haben die BezKV. die Kosten aus freiwilligen Leistungen der PV. und Heilverfahren sowie ihre Verwaltungskosten selbst aufzubringen und durch Zuschläge zu den allgemeinen Beiträgen zu decken. Wie sich die allgemeinen Beiträge und Zuschläge zu dem für den einzelnen BezKV. maßgebenden Gesamtbeitrag zusammensetzen, ist in der Anlage 2b der Regierungsvorlage (Drucksache Nr. 4394 S. 119) näher dargelegt. Danach kommen als Zuschläge in Betracht:

a) ein Beitrag zur Deckung der TZul. für die bei Inkrafttreten des G. vorhandenen Pensionsempfänger;

b) ein Beitrag zur Deckung der Verwaltungskosten und der Nebenleistungen des BezKV.;

c) ein Beitrag zur Tilgung des in der Bilanz für den BezKV. nach dem Kapitaldeckungsverfahren sich etwa ergebenden Fehlbetrags (vgl. Art. 31 EG.).

Auch diese Beiträge sind so zu berechnen, daß sie die daraus zu bestreitenden Aufwendungen decken. Ist das nicht der Fall, so müssen entweder die Zuschläge erhöht oder die Nebenleistungen gemindert werden. Die Vorschriften des § 99 Abs. 1, 2 sind deshalb für entsprechend anwendbar erklärt.

2. „Kommt ein BezKV. der Verpflichtung, zur Herstellung des Gleichgewichts zwischen Zuschlägen und Aufwendungen seine Sondervorschriften zu ändern, nicht nach, so ist es Sache des RKV., durch Zurückziehung der Genehmigung zu den Sondervorschriften deren Änderung zu erzwingen. Auch wird es zu den Aufgaben der im § 151 Abs. 3 bezeichneten Landesbehörde gehören, gegebenenfalls auf eine Änderung der Sondervorschriften hinzuwirken." (Begr. S. 63.)

§ 101.[1])

Beiträge zur Pensionskasse sind unwirksam, wenn sie nach Ablauf von zwei Jahren, falls aber die Beitragsleistung ohne Verschulden des Mitgliedes[2]) unterblieben ist, nach Ablauf von vier Jahren seit der Fälligkeit[3]) entrichtet werden.[4])

§ 101 ist vom Reichstagsausschuß eingefügt (§ 89 a der Beschlüsse, Ber. S. 33, 63).

1. Zu §§ 101 und 102: Die Vorschriften sind dem § 1442 Abs. 1 und § 1444 RVO. nachgebildet; sie dürften in das RKG. aufgenommen sein, weil es in der Praxis mehrfach als Mangel empfunden ist, daß die bisherigen KnG. keine entsprechenden Vorschriften enthielten.

2. Ob ein Verschulden des Mitgliedes vorliegt, muß von Fall zu Fall entschieden werden. In der Rechtsprechung zu § 1442

RVO. ist ein Verschulden nicht angenommen, wenn die Beitragsleistung im Hinblick auf die unrichtige Belehrung einer amtlichen Stelle (z. B. Auskunft des VA., Belehrung durch den Kontrollbeamten) oder im Hinblick auf eine früher ergangene Entscheidung in einer Streitsache des Vers. unterblieben ist (AN. 04 S. 361 Nr. 1118, 04 S. 362 Nr. 1119).

3. Nach § 86 Abs. 2 sind die Beiträge der Mitglieder gelegentlich der Lohn- oder Gehaltszahlungen einzuziehen. Daraus wird jedoch nicht gefolgert werden dürfen, daß die Beiträge (der Arbeitgeber und Mitglieder) bei der Lohnzahlung fällig seien, vielmehr wird die Fälligkeit durch den Zeitpunkt bestimmt werden, zu dem die Beiträge nach der Satzung oder den Sondervorschriften an den BezKV. abzuführen sind. Von diesem Zeitpunkt ab läuft die zweijährige oder vierjährige Frist.

4. Von den Ausschlußfristen des § 101 ist die Verjährungsfrist nach § 111 Abs. 1 zu unterscheiden. § 101 behandelt nur die von den Vers. ausgehende freiwillige Nachbringung von Beiträgen, § 111 dagegen das Recht des RKV., rückständige Beiträge zwangsweise beizutreiben. Die Fristen sind von verschiedener Art und nach der tatsächlichen Gestaltung auch von verschiedener Dauer. Ist sowohl die Ausschlußfrist des § 101 wie die Verjährungsfrist des § 111 verstrichen, so können Beiträge weder gefordert noch geleistet noch angenommen werden.

§ 102.[1])

(Abs. 1.) Der Entrichtung der Beiträge im Sinne des § 101 steht gleich

1. die von dem Bezirksknappschaftsverein an den Arbeitgeber gerichtete Mahnung,[2])
2. die Bereiterklärung des Arbeitgebers oder des Mitglieds zur Nachentrichtung gegenüber dem Bezirksknappschaftsvereine,

wenn demnächst die Beiträge in einer angemessenen Frist[3]) entrichtet werden.

(Abs. 2.) Zeiträume, in denen eine Beitragsstreitigkeit oder ein Verfahren über einen Anspruch aus der Pensionsversicherung schwebt,[4]) werden in die Fristen des § 101 nicht eingerechnet.[5])

(Abs. 3.) Diese Tatsachen (Abs. 1, 2) unterbrechen[6]) auch die Verjährung rückständiger Beiträge (§ 111).

§ 102 ist vom Reichstagsausschuß eingefügt (§ 89 b der Beschlüsse, Ber. S. 33, 63).

1. Vgl. Anm. 1 zu § 101.

2. Ein förmliches Mahnverfahren ist nicht erforderlich, vielmehr genügt einfache Aufforderung zur Entrichtung der Beiträge.

3. Die Dauer der Frist ist je nach Lage des Einzelfalles zu bemessen.

4. Das Verfahren schwebt von der Anmeldung des Anspruchs bis zur rechtskräftigen Entscheidung.

5. Es handelt sich hierbei um eine den §§ 202 ff. BGB. nachgebildete Hemmung des Laufs oder Ablaufs der Ausschlußfristen des § 101; die Zeit, während deren die Hemmung bestand, ist den Fristen hinzuzurechnen.

6. Die Unterbrechung der Verjährung bedeutet — abweichend von der Hemmung der Ausschlußfristen nach Abs. 2 —, daß die Verjährungsfrist wieder von Anfang an zu laufen beginnt.

§ 103.[1])

Tritt ein Mitglied von der Arbeiterabteilung zur Angestelltenabteilung über, so ist der Beitrag zur Angestelltenabteilung vom ersten Tage des folgenden Monats ab zu entrichten.[2])

§ 91 Entw.

1. Die Vorschrift ist getroffen, um die Entrichtung doppelter Beiträge, die an sich aus § 98 Abs. 1 Satz 2 zu folgern sein würde (vgl. Anm. 2 zu § 98), für den Fall zu verhüten, daß der Übergang in den Lauf eines Monats fällt (vgl. Begr. S. 63). Fällt der Übergang auf den ersten Tag eines Monats, so wird der Angestelltenbeitrag schon für diesen Monat zu zahlen sein.

2. Vgl. die ähnliche Vorschrift für den Übergang von der RVAnstalt zum RKV. im § 107 Abs. 2 Satz 1 und Anm. 4 daselbst.

§ 104.[1])

Die Bezirksknappschaftsvereine buchen getrennt die Beiträge für die Arbeiterabteilung und die Angestelltenabteilung.[2])

§ 92 Entw.

1. An späterer Stelle des G. — im § 108 Abs. 1 — ist der allgemeine Grundsatz ausgesprochen, daß die Rechnungsführung für die verschiedenen Zweige der Vers. getrennt vorzunehmen ist. Hieraus folgt, daß die Beiträge der PV. getrennt von denjenigen der AV. zu buchen sind. An dieser Stelle bestimmt das G. nach dem Vorgang des § 28 Abs. 1 des Preuß. KnG. noch besonders, daß die Beiträge für die Angestelltenabteilung gesondert von den Beiträgen für die Arbeiterabteilung gebucht und verwaltet werden müssen. Die Arbeiterabteilung kann also nicht zur Deckung von Verbindlichkeiten der Angestelltenabteilung herangezogen werden und umgekehrt. „Die getrennte Buchung und Verwaltung der Beiträge ist auch wegen der verschiedenen Vermögenslage der beiden Abteilungen notwendig: Die Angestelltenabteilung wird nicht nur ohne Fehlbetrag aus der Vergangenheit, sondern mit dem Vermögen ins Leben treten, das aus den nach dem Anwartschaftsdeckungsverfahren berechneten Beiträgen für die Angestelltenmitglieder der bisher als Ersatzkassen zugelassenen KnV. angesammelt ist." (Begr. S. 64.) Vgl. auch Art. 37 EG.

2. Aus der Stellung des § 104 in dem Unterabschnitt III: „Beiträge zur Pensionskasse" folgt, daß der Begriff „Angestelltenabteilung" hier nur auf kn. berechtigte Angestellte zu beziehen ist, die den gesundheitlichen Voraussetzungen für die Aufnahme in die PK. genügen. An anderer Stelle, z. B. im § 75 Abs. 2, bezieht sich der Ausdruck auf kn. nicht berechtigte Angestellte (vgl. Anm. 3 zu § 75 und Anm. 1 zu § 74). Derselbe Ausdruck kommt also im G. mit verschiedener Bedeutung vor.

§ 105.[1])

Tritt ein Mitglied während eines Beitragsmonats in einen anderen Bezirksknappschaftsverein über, so hat für den Übergangsmonat der Arbeitgeber, der das Mitglied in dem Monat zuerst beschäftigt hat, die vollen Beiträge nach den Sätzen des für ihn zuständigen Bezirksknappschaftsvereins zu zahlen.

§ 93 Entw.

1. „Gibt ein RKMitglied im Laufe eines Monats die Beschäftigung in einem kn. Betriebe auf, so sind durch die bisher verrichtete Arbeit die Beiträge einschließlich der Zuschläge zugunsten desjenigen BezKV. fällig geworden, innerhalb dessen die Arbeit verrichtet wurde. Es erscheint folgerichtig, daß der bisherige Arbeitgeber die Beiträge an den für ihn zuständigen BezKV. in der durch dessen Sondervorschriften bestimmten Höhe entrichtet, und zwar ohne Rücksicht darauf, ob das Mitglied etwa, was im Augenblick der Abkehr noch nicht feststeht, jedenfalls dem bisherigen Arbeitgeber nicht bekannt zu sein braucht, kn. Beschäftigung in einem anderen BezKV. wieder aufnimmt. Ist dies der Fall, so tritt die Beitragspflicht des neuen Arbeitgebers nach den für ihn in Betracht kommenden Sätzen erst mit dem ersten des auf den Übergang folgenden Monats ein. (Vgl. die ähnliche Regelung im § 1426 Abs. 2 RVO.) Das Recht des ersten Arbeitgebers, den von ihm abgeführten Beitrag des Mitgliedes von dessen Lohnguthaben einzubehalten, richtet sich nach § 76 (§ 85 d. G.) Abs. 3." (Begr. S. 64.)

2. Ohne Unterschied, ob Arbeiter oder Angestellter.

IV. Beiträge zur Invaliden- und Hinterbliebenenversicherung.

§ 106.

(Abs. 1.) Die Beiträge werden in der durch die Reichsversicherungsordnung vorgeschriebenen Höhe als Monatsbeiträge berechnet.[1]) § 98 Abs. 1 Satz 2 gilt entsprechend.[2])

(Abs. 2.) Tritt ein Versicherter während eines Beitragsmonats von einer Landesversicherungsanstalt oder Sonderanstalt zum Reichsknappschaftsverein über oder umgekehrt, so findet für den Übergangsmonat § 1290 der Reichsversicherungsordnung bei Berechnung der Versicherungsleistungen keine Anwendung.[3])
§ 94 Entw.

1. Die Bestimmung ist getroffen, um Gleichmäßigkeit der Beitragsentrichtung zu sämtlichen Versicherungszweigen innerhalb der kn. V. zu erzielen. Da die RVO. die Beiträge zur IVers. als Wochenbeiträge festsetzt, sind die gesetzlichen Wochenbeiträge in Monatsbeiträge umzurechnen. Nähere Bestimmungen hierüber sowie über eine etwaige Zerlegung des Monatsbeitrags für den Fall, daß versicherungspflichtige Arbeit nicht während eines ganzen Monats verrichtet wird, sind gemäß § 85 Abs. 3 in der Satzung oder in den Sondervorschriften des BezKV. zu treffen (vgl. Begr. S. 64). Ebenso wird dort zu regeln sein, wie im Falle der Zerlegung Teilbeträge bei Feststellung der VersLeistungen zusammenzurechnen, und ferner, wie bei Arbeitern, die nur vorübergehend kn. beschäftigt waren und für die eine LVAnstalt die Leistungen festsetzt, die Monatsbeiträge in die Wochenbeiträge der RVO. zurückzurechnen sind.

2. Durch Bezugnahme auf § 98 Abs. 1 Satz 2 ist klargestellt, daß auch für die IVers. der Beitragsmonat die Zeit vom ersten bis zum letzten Tage des Kalendermonats umfaßt (vgl. Anm. 2 zu § 98).

3. „Tritt ein Vers. durch Beschäftigungswechsel während eines Beitragsmonats von einer LVAnstalt oder einer anderen Sonderanstalt zum RKV. über oder umgekehrt, so ist der Monatsbeitrag zum RKV. auch dann zu zahlen, wenn für den Vers. Wochenbeiträge zu einem anderen VersTräger bereits gezahlt worden sind oder nach den Vorschriften der RVO. (§§ 1426, 1387 Abs. 3) oder nach der Satzung einer Sonderanstalt noch entrichtet werden müssen. Es erscheint billig, daß ein solcher Vers. bei Feststellung der VersLeistungen den zum RKV. entrichteten Monatsbeitrag

auch dann angerechnet erhält, wenn in denselben Monat Wochenbeiträge zugunsten anderer VersTräger hineinfallen. Da für LVAnstalten — abweichend von den Sonderanstalten (vgl. § 1372 RVO.) — § 1290 RVO. zwingend vorschreibt, daß für jede Beitragswoche nur ein Beitrag zählt und überzählige Marken ausscheiden, ist für die gedachten Fälle die Anwendung des § 1290 ausdrücklich ausgeschlossen." (Begr. S. 64.)

V. Beiträge zur Angestelltenversicherung.

§ 107.[1])

(Abs. 1.) Die Beiträge werden nach den Vorschriften des Angestelltenversicherungsgesetzes erhoben.[2]) § 98 Abs. 1 Satz 2 gilt entsprechend.[3])

(Abs. 2.) Tritt ein bisher bei der Reichsversicherungsanstalt für Angestellte oder bei einer Ersatzkasse versicherter Angestellter zum Reichsknappschaftsverein über, so ist der Beitrag zum Reichsknappschaftsvereine vom ersten Tage des folgenden Monats ab zu entrichten. Für die in den Übergangsmonat fallende Zeit knappschaftlicher Beschäftigung sind Beiträge an die Reichsversicherungsanstalt nach § 185 des Versicherungsgesetzes für Angestellte in der Fassung des Gesetzes vom 10. November 1922 (Reichsgesetzbl. I S. 849) oder an die Ersatzkasse zu entrichten.[4])

§ 107 ist durch Zusammenziehung der §§ 90 und 91 des Entw. entstanden (§ 94 a der Ausschußbeschlüsse, Ber. S. 33, 64).

1. Der lediglich aus dem § 107 bestehende V. Unterabschnitt des neunten Abschnitts ist infolge Umstellung der AV. vom Reichstagsausschuß eingefügt worden (Ber. S. 33).

2. Entsprechend dem Grundsatz, daß kn. nicht berechtigte Angestellte nur die Leistungen der AV. nach dem AVG. beziehen (vgl. Anm. 2 zu § 74), können sie auch nur zu den Beiträgen der AV. herangezogen werden. Für die Höhe der Beiträge sind schlechthin die Vorschriften des AVG. maßgebend; sie werden jedoch abweichend von §§ 176 ff. AVG. nicht in Marken, sondern bar entrichtet.

3. Vgl. Anm. 2 zu § 98.

4. Durch die Bestimmungen des Abs. 2 soll doppelte Beitragsleistung beim Wechsel des VersTrägers vermieden werden. Tritt ein Angestellter im Laufe eines Monats zum RKV. über, so wäre an sich der volle Monatsbeitrag zu entrichten, weil der Beitragsmonat nach Abs. 1 Satz 2 in Verbindung mit § 98 Abs. 1 Satz 2 den Zeitraum vom ersten bis zum letzten Kalendertag umfaßt und die volle Beitragspflicht besteht, wenn innerhalb dieses Zeitraums der Angestellte auch nur an einem Tage kn. beschäftigt gewesen ist (vgl. Anm. 2 zu § 98). Nach § 185 AVG. i. d. F. d. G. vom 10. Nov. 1922 haben aber Versicherungspflichtige, die nur einen Teil des Kalendermonats bei einem Arbeitgeber beschäftigt sind, hinsichtlich der Beitragsentrichtung selbst die Pflichten der Arbeitgeber gegenüber der Reichsanstalt oder der Ersatzkasse zu erfüllen. Für die Zeit der Beschäftigung vor dem Übergang zum RKV. würden also ohne die Bestimmungen des Abs. 2 Beiträge sowohl zur Reichsanstalt oder Ersatzkasse wie zum RKV. zu entrichten sein. Das erscheint unberechtigt. Die Beitragspflicht beim RKV. beginnt daher erst vom ersten Tage des folgenden Monats. Für die in den Übergangsmonat fallende Zeit kn. Beschäftigung bleibt der Angestellte selbst zur Beitragsentrichtung gegenüber der Reichsanstalt oder Ersatzkasse nach § 185 AVG. verpflichtet; er ist natürlich berechtigt, nach § 185 Abs. 1 Satz 2 von dem kn. Arbeitgeber bei der Gehaltszahlung den verhältnismäßigen Anteil der Arbeitgeberhälfte des Beitrags zu verlangen. Durch diese Regelung ist eine doppelte Beitragsentrichtung vermieden und andererseits ein lückenloser Anschluß in der Beitragszahlung gesichert (vgl. Begr. zu § 91 S. 63).

VI. Rechnungsführung. Vermögen.

§ 108.

(Abs. 1.) Die Bezirksknappschaftsvereine besorgen die Rechnungsführung getrennt für die verschiedenen Zweige der Versicherung.[1])

[2]) (Abs. 2.) Gewähren die Bezirksknappschaftsvereine nach § 39 Abs. 2, § 44 die dort bezeichneten Leistungen, so haben sie die Kosten dafür durch Zuschläge zu den sonstigen Beiträgen (§§ 97 ff.) zu decken. Die Rechnungsführung für diese Leistungen und Beiträge geht ebenfalls getrennt. Die Satzung und die Sondervorschriften bestimmen Näheres.

[3]) (Abs. 3.) Die Satzung kann bestimmen, daß die Bezirksknappschaftsvereine und besondern Krankenkassen ihre Verwaltungskosten selbst tragen und nach Abs. 2 decken.

§ 95 Entw.

1. „Diese Vorschrift ist eine selbstverständliche Folge der Vereinigung mehrerer VersZweige bei dem RKV." Eine Vermischung der Vermögen der verschiedenen VersZweige ist schlechthin unzulässig; diese müssen vielmehr getrennt voneinander gebucht und verwaltet werden. „Die Einheitlichkeit der Haftung des RKV. als eines einzigen Rechtssubjekts für sämtliche VersLeistungen wird durch die Vorschrift nicht berührt. Praktisch ist jedoch die Haftung des buchmäßig gesonderten Vermögens einer Abteilung, z. B. der PK., für die Leistungen einer anderen Abteilung, z. B. der Invaliden- und Hinterbliebenenversicherungskasse, ohne Bedeutung, weil die getrennt zu erhebenden und zu verwaltenden Beiträge einer jeden Abteilung so bemessen sind, daß sie die dauernde Erfüllbarkeit der Leistungen dieser Abteilung sicherstellen." (Begr. S. 64.)

2. „Die Belastung der BezKV. mit den Kosten freiwilliger Leistungen, einschließlich Heilverfahren, entspricht der ihnen auf

diesem Gebiete eingeräumten Selbständigkeit." (Begr. a. a. O.) Vgl. auch Anm. 1 zu § 12 und Anm. 1 zu § 100. Auch die Zuschläge und die daraus zu bestreitenden Aufwendungen sind gesondert zu buchen. Die Trennung ist um so mehr erforderlich, als die Verwaltung des Vermögensanteils, der für die Leistungen nach § 39 Abs. 2, § 44 bestimmt ist, nach § 109 Abs. 2 den BezKV. obliegt.

3. „Ebenso erscheint es richtig, die BezKV. an einer verständigen und sparsamen Geschäftsführung dadurch zu interessieren, daß sie die bei ihnen entstehenden Verwaltungskosten ganz oder zum Teil durch Erhebung von Zuschlägen zu den allgemeinen Beiträgen, also aus eigenen Mitteln, zu decken haben. Der (der Regierungsvorlage beigefügte) Entw. einer Satzung des RKV. bestimmt im § 41, daß die BezKV. die gesamten ihnen erwachsenden Verwaltungskosten tragen. Von der gleichen Voraussetzung geht die Beitragsberechnung der Versicherungsmathematiker aus (vgl. Anl. 2 b zu F)." (Begr. a. a. O.)

§ 109.

(Abs. 1.) Für die Anlegung des Vermögens gelten die Vorschriften der Reichsversicherungsordnung. Die Satzung bestimmt Näheres.[1])

(Abs. 2.) Die Bezirksknappschaftsvereine und besondern Krankenkassen verwalten das Vermögen der Krankenkasse sowie den Vermögensanteil, der für die Leistungen nach § 39 Abs. 2, § 44 bestimmt ist, im Auftrage des Reichsknappschaftsvereins selbständig.[2])

§ 96 Entw.

1. Der Entw. wollte die Regelung der Vermögensverwaltung der Satzung des RKV. überlassen (vgl. Begr. S. 65). Der Reichstag hat jedoch im Hinblick auf die zur Zeit seiner Beratung schon schwebenden allgemeinen Erörterungen über eine anderweitige Anlegung des Vermögens der Träger der Sozialversicherung beschlossen, die Vorschriften der RVO. gelten zu lassen mit der Maßgabe, daß die Satzung des RKV. Näheres bestimmt (Ber.

S. 33). Die Neuordnung der Vermögensanlegung ist inzwischen durch das G. vom 13. Juli 1923 erfolgt (vgl. §§ 26, 27, § 27a bis § 27f RVO. in neuer Fassung). Die Gründe für die Neuordnung sind im Entw. des erwähnten G. (Nr. 5774 der Drucksachen des Reichstags, I. Wahlperiode 1923 S. 8) wie folgt dargelegt: „Das Vermögen der VersTräger ist seit Einführung der Sozialversicherung nur vereinzelt nach kaufmännischen Grundsätzen verwaltet worden. In der Regel sind verfügbare Mittel zu niedrigem Zinsfuß, der oft unter dem rechnungsmäßig für die Beitragsbemessung notwendigen lag, angelegt worden. Daneben waren Berufsgenossenschaften, die Träger der JVers. (einschl. Sonderanstalten) und die RVAnstalt für Angestellte gesetzlich gezwungen, mindestens ein Viertel ihres Vermögens in Anleihen des Reichs und der Länder anzulegen. Durch ihre rege Beteiligung an der Zeichnung von Kriegsanleihe sind namentlich die Träger der JVers. verschiedentlich in eine schwierige finanzielle Lage gekommen. Die Vorschriften des AVG. und der RVO., die in der Regel eine Anlegung des Vermögens in mündelsicheren Werten verlangten und nur mit Genehmigung der Aufsichtsbehörde Ausnahmen zulassen, sind im Entw. einheitlich gestaltet und erheblich erweitert worden. Es ist zu erwarten, daß die VersTräger den Bedürfnissen des wirtschaftlichen Bedarfs künftig besser nachkommen können und erhebliche Zinserträge aus den Vermögensanlagen erzielen.“ Über die Frage der Anlegung des Vermögens in Aktien bemerkt die Begr. a. a. O. S. 10 noch folgendes: „Vielfach ist der Wunsch hervorgetreten, Aktien und verbriefte Forderungen gegen inländische kaufmännische, industrielle oder landwirtschaftliche Unternehmungen zuzulassen. Es mag zutreffen, daß die Aktien und Obligationen gutgeleiteter leistungsfähiger Unternehmungen die gleiche Sicherheit bieten wie die Anleihen von Reich und Ländern, allein es steht anderseits fest, daß diese Werte außerordentlichen Kursschwankungen unterliegen, wodurch die RVAnstalt der Gefahr erheblicher Verluste ausgesetzt sein würde. Der Entw. sieht deshalb davon ab, eine Anlegung des Vermögens in Aktien, Industrieobligationen und ähnlichen Werten zuzulassen, und beschränkt sich darauf, nur die Anlegung in kurzfristigen, durch Sicherheitsleistung gesicherten Geldforderungen (z. B. durch Pfandbestellung) zu gestatten. Als Pfänder kommen Edelmetall oder Primawechsel, die das Giro einer sicheren Bank tragen, in Betracht." Den hier niedergelegten Grundsätzen ist der Reichstag im allgemeinen beigetreten; die frühere Forderung der mündelsicheren Anlage des Vermögens der VersTräger ist also gefallen. Bei den Beratungen des 6. Ausschusses ist der Gesichtspunkt der Wertbeständigkeit der Anlage besonders betont (vgl. Ausschußbericht Nr. 6031 der Aktenstücke des Reichstags S. 7307/08) und demgemäß auch in dem grundlegenden § 26 RVO. bestimmt worden, daß das Vermögen verzinslich und, soweit Anlagemöglichkeit vorhanden ist, auch wertbeständig angelegt werden muß. Die Anlegung kann also in Forderungen erfolgen, für deren Erwerb, Verzinsung und Tilgung nicht ein fester Markbetrag gilt, sondern der jeweilige Wert eines wirtschaftlichen Gutes, z. B. von Roggen, Kali, Kohle usw., oder der jeweilige Wert ausländischer Zahlungsmittel. Ferner ist durch die neuen Vorschriften der Erwerb inländischer Grundstücke, die Beteiligung an gemeinnützigen Unternehmungen usw. zugelassen. Auf Grund der Annahme, daß nicht bei allen Vers.-Trägern die notwendige Vorsicht und Sachkunde vorausgesetzt werden dürfen, sind jedoch Vermögensanlegungen der letzteren Art an die Genehmigung der Aufsichtsbehörde geknüpft mit der Maßgabe, daß der RAM. allgemeine Anordnungen treffen, insbesondere Höchstbeträge für die Gesamtanlagen festsetzen kann (§ 27 c RVO.). Nach § 27 a ist die Beleihung von Gruben, Brüchen und Bergwerken nicht zulässig. Für besondere Fälle kann die oberste Verwaltungsbehörde Ausnahmen zulassen. Von dieser Ausnahmevorschrift wird zugunsten der Beleihung kn. Betriebe voraussichtlich in erheblichem Umfange Gebrauch zu machen sein; dabei wird an Stelle der obersten Verwaltungsbehörde zweckmäßig der RAM. treten.

2. Um die Selbständigkeit der BezKV. auf dem Gebiete der KrV. und der Gewährung freiwilliger Leistungen der PV. sicherzustellen, bestimmt Abs. 2, daß sie das Vermögen der KrK. sowie den für freiwillige Leistungen der PK. bestimmten Vermögensanteil selbständig verwalten. Da es sich rechtlich um Vermögen des RKV. handelt, ist der praktisch bedeutungslose Vorbehalt gemacht, daß die Verwaltung im Auftrage des RKV. ausgeübt wird. Im übrigen wird die Vermögensverwaltung im Rahmen der gesetzlichen Vorschriften des näheren noch durch die Satzung des RKV. zu regeln sein (vgl. Begr. S. 65).

§ 110.[1])

(Abs. 1.) Rückstände [2]) werden wie Gemeindeabgaben beigetrieben.[3]) Nach den landesgesetzlichen Vorschriften regelt sich auch, ob Einwendungen die Zahlungspflicht aufschieben.

(Abs. 2.) Soweit es nicht schon landesgesetzlich vorgeschrieben ist, kann die Satzung bestimmen, daß dem Beitreibungsverfahren ein Mahnverfahren vorangeht und dafür eine Mahngebühr erhoben wird. Diese wird wie die Rückstände beigetrieben. Die Festsetzung ihres Betrags bedarf der Genehmigung des Reichsarbeitsministers.

(Abs. 3.) Rückstände haben das Vorzugrecht des § 61 Nr. 1 der Konkursordnung.[4]) [5])

§ 99 Entw.

1. § 110 entspricht dem § 28 RVO.

2. Rückstände im Sinne dieser Vorschrift sind nur Beträge, die der RKV. oder die BezKV. zu fordern berechtigt sind, wie Beiträge, Kosten, Vorschüsse, Zuschüsse, gegen Mitglieder verhängte Ordnungsstrafen, Anerkennungsgebühren. Nicht dazu gehören Rückstände an Pensionen oder Renten.

3. Das Verfahren der Beitreibung richtet sich nach den für Gemeindeabgaben geltenden landesgesetzlichen Vorschriften, in Preußen nach den Ver. vom 15. Nov. 1899 und 18. März 1904, betr. das Verwaltungszwangsverfahren wegen Beitreibung von

Geldbeträgen (GS. 1899 S. 545, 1904 S. 36), sowie den dazu ergangenen Ausführungsanweisungen vom 28. Nov. 1899 und vom 4. Juli 1904 (HMBl. S. 438). Zur Einleitung der Zwangsbeitreibung bedarf es keines vollstreckbaren Titels, sondern nur des Ersuchens des BezKV. oder der bes. KrK.

4. Die Rückstände rangieren in der ersten Klasse des § 61 der Konkursordnung mit rückständigen Forderungen des Haus-, Dienst- usw. Personals an Lohn, Kostgeld und anderen Bezügen.

5. Über die rechtliche Stellung rückständiger Beiträge bei der Zwangsvollstreckung in das unbewegliche Vermögen vgl. Anm. 6 zu § 85.

§ 111.[1])

(Abs. 1.) **Der Anspruch auf Rückstände [2]) verjährt, soweit sie nicht absichtlich hinterzogen worden sind, in zwei Jahren [3]) nach Ablauf des Kalenderjahrs der Fälligkeit.**

[4]) (Abs. 2.) Der Anspruch auf Rückerstattung von Beiträgen verjährt in sechs Monaten nach Ablauf des Kalenderjahrs, in dem sie entrichtet worden sind.

[5]) (Abs. 3.) **Der Anspruch auf Leistungen nach diesem Gesetze verjährt für die Krankenversicherung in zwei Jahren nach dem Tage der Entstehung, im übrigen in vier Jahren nach der Fälligkeit.[6])**

§ 100 Entw.

1. § 111 entspricht im allgemeinen dem § 29 RVO.

2. Rückstände s. Anm. 2 zu § 110.

3. Die Frist ist eine Verjährungsfrist nicht des bürgerlichen, sondern des öffentlichen Rechts. Die Verjährung ist daher nicht wie nach § 222 BGB. nur im Wege der Einrede geltend zu machen, sondern von Amts wegen zu berücksichtigen. Die Beitreibung verjährter Rückstände darf nicht veranlaßt werden.

4. Die in Abs. 2 des § 29 RVO. vorbehaltene Geltung des § 1446 Abs. 2 und der §§ 1462, 1464 RVO., betr. Beiträge zur IVers., die in der irrtümlichen Annahme der VersPflicht entrichtet

sind, ist vom G. nicht übernommen, da diese Vorschriften auf Sonderanstalten keine Anwendung finden. Ein im Reichstagsausschuß gestellter Antrag, die Geltung des Abs. 2 auf irrtümlich geleistete Beiträge zu beschränken, ist abgelehnt worden (Ber. S. 33).

5. Im Abs. 3 ist übereinstimmend mit § 223 Abs. 1 RVO. vorgesehen, daß Ansprüche auf Leistungen der KrV. in zwei Jahren nach dem Tage der Entstehung verjähren, während alle übrigen Ansprüche auf VersLeistungen, und zwar abweichend von § 35 Abs. 1 des Preuß. KnG. auch die Ansprüche an die PK., in vier Jahren nach der Fälligkeit verjähren (Begr. S. 65).

6. Ansprüche auf Pensionen und Renten werden erst fällig, wenn sie nach ordnungsmäßiger Anmeldung in dem gesetzlich vorgeschriebenen Verfahren festgestellt sind; von dem Zeitpunkt der Feststellung ab läuft die Verjährung (vgl. Helms in Arbeiterversorgung 1921 S. 621).

Zehnter Abschnitt.

Verfassung.[1])

I. Reichsknappschaftsverein.

1. Die Verfassung des RKV. beruht auf den beiden Grundgedanken der reinen Selbstverwaltung und der Parität zwischen Werksbesitzern und Arbeitnehmern (vgl. Begr. S. 7). Beide Gedanken sind nicht neu, sind vielmehr, wenn auch im einzelnen mit Unterschieden, seit der in der Mitte des 19. Jahrhunderts erfolgenden Umbildung der Knappschaften, insbesondere auch seit dem Preußischen Gesetze über die Vereinigung der Berg-, Hütten- und Salinenarbeiter vom 10. April 1854 (GS. S. 139) in der Mehrzahl der deutschen Knappschaftsvereine in Geltung gewesen. Von dem bewährten Grundsatze der Selbstverwaltung bei der neuen Organisation des RKV. abzugehen und eine Einrichtung mit behördlichem Gepräge, ähnlich den LVAnstalten und der RVAnstalt für Angestellte, zu schaffen, lag keine Veranlassung vor. Eine solche Verfassung würde auch dem ganzen Geiste der kn. V. widersprechen und das alte Recht der Versicherten, im weitesten Maße an der Verwaltung ihres VTrägers mitzuwirken, schädigen (Begr. S. 65). Die Selbstverwaltung tritt namentlich in den Vorschriften über den Erlaß der Satzungen (§§ 7, 8, 14) und Sondervorschriften (§ 9) und über die Befugnisse der Aufsichtsbehörde (§§ 8 Abs. 2, 151, 152 in Verbindung mit §§ 30 ff. RVO.) in Erscheinung. Dem Grundsatze der Parität entspricht es, daß der RKV. zu gleichen Teilen von den Arbeitgebern und den Versicherten verwaltet wird. Die Verwaltung erfolgt durch die aus diesen beiden Gruppen gewählten Vertreter. Über die Wahlen, namentlich der Versichertenvertreter, gibt das Gesetz eingehende Vorschriften, die insbesondere bezwecken, einen Ausschluß dar Minderheitsparteien von der Verwaltung zu verhüten, und zu diesem Zwecke im weitesten Umfange die Wahl nach den Grundsätzen der Verhältniswahl sichern. Wie in den früheren Landesgesetzen, so ist auch im RKG. die bewährte Einrichtung der „Knappschaftsältesten" beibehalten und in besonderer Weise ausgestaltet worden.

Hauptorgane des RKV. sind der Vorstand und die Hauptversammlung. Sie führen die Verwaltung des Vereins. „Die praktische Arbeit, den Verkehr mit den Versicherten und die Ausführung sämtlicher VGeschäfte überträgt der RKV. Unterstellen, den BezKV., die gewissermaßen als Nachfolger der bisher bestehenden KnV. arbeiten. Die BezKV. selbst können wieder dort, wo ein besonderes Bedürfnis es verlangt, für die Durchführung der KrV. in bes. KrK. zerlegt werden." (Begr. S. 65.)

„Die Ausführung der Beschlüsse des RKV. und der BezKV. und bes. KrK. kann natürlich nicht durch die ehrenamtlichen Mitglieder der verschiedenen Organe erfolgen. Das Gesetz schreibt deswegen die Bildung einer Verwaltung beim RKV. aus leitenden Beamten und gleicheingerichteten Verwaltungen bei den BezKV. vor. Diesen leitenden Beamten muß, damit sie arbeiten können, die Befugnis, den Vorstand zu vertreten, eingeräumt werden." (Begr. S. 65.) Auch die Einrichtung dieser „Verwaltung" ist nichts Neues; namentlich das Preuß. KnG. hatte in seinem § 56 bereits vorgeschrieben, daß die laufende Verwaltung durch die Satzung einem oder mehreren Vorstandsmitgliedern oder Beamten (der Verwaltung) übertragen werden könne, und hatte die Tätigkeit und Befugnisse dieser Verwaltung des näheren geregelt (zu vgl. Steinbrinck-Reuß, Anm. 2 zu § 56). Dementsprechend bestehen bei den meisten größeren Vereinen derartige Verwaltungen.

Die im Entw. vorgeschlagene Bildung eines „Reichsknappschaftsrats" ist vom Reichstage im Einverständnis mit der Regierung abgelehnt worden (Ber. S. 37 zu §§ 116 und 117). Auch der RWR. hatte sich für den Wegfall dieses Organs ausgesprochen (Ber. des Sozialpolitischen Ausschusses des RWR., Drucksache Nr. 300, 1920/22, S. 4 und 7).

§ 112.

Organe[1]) des Reichsknappschaftsvereins sind der Vorstand und die Hauptversammlung. Die Mitglieder des Vorstandes und der Hauptversammlung werden nach den Grundsätzen der Verhältniswahl gewählt.[2]) [3]) [4])

§ 101 Entw.

1. Es entspricht dem deutschen bürgerlichen Rechte, insbesondere den §§ 26, 32 BGB., daß als Organe des RKV. der zur Geschäftsführung und Vertretung des Vereins berufene Vorstand und neben und über ihm als höchstes Organ des Vereins eine Mitgliederversammlung, hier Hauptversammlung genannt, eingesetzt werden. Diese Regelung entspricht auch den bisherigen landesgesetzlichen Regelungen. Im einzelnen ergeben sich die Befugnisse und die Aufgaben dieser Organe aus den Vorschriften der §§ 113 ff.

2. Der Satz 2 fehlte im Entw. Er beruht auf den Beschlüssen des Sozialpolitischen Ausschusses des Reichstags (Ber. S. 33 und 34). Er beschränkt sich, entsprechend seiner Stellung im System, auf die beiden Organe des RKV. und überläßt die weiteren Vor-

schriften über die übrigen Wahlen, namentlich innerhalb der BezKV., den späteren Abschnitten (z. B. §§ 129, 131, 134, 140).

3. Die Grundsätze der „Verhältniswahl" dürfen, nachdem dies Wahlsystem durch seine gegenüber dem Mehrheitswahlsystem bestehenden, allgemein anerkannten Vorzüge bei den Wahlen der Reichs- und Landesvertretungen, bei den meisten Wahlen innerhalb der sozialen VTräger, bei den Wahlen der Betriebsräte (§ 18 Abs. 2 des Betriebsrätegesetzes vom 20. Febr. 1920) und bei zahlreichen anderen Wahlen zur Geltung gelangt ist, als bekannt vorausgesetzt werden. Sie ist nur dort anwendbar, wo mehrere Personen gewählt werden sollen; handelt es sich nur um e i n e zu wählende Person, so ist die Verhältniswahl begrifflich ausgeschlossen. Die früher vielfach vertretene Ansicht, daß die Anwendung der Verhältniswahl davon abhängig sei, daß mindestens drei Personen zu wählen seien, ist neuerdings auch in der Gesetzgebung aufgegeben worden (z. B. Preußisches Gesetz, betr. die Einführung der Grundsätze der Verhältniswahl für die Wahl der Vertrauenspersonen des Ausschusses zur Auswahl der Schöffen und Geschworenen, vom 3. März 1922, GS. S. 40).

Aus der reichen Literatur über die Verhältniswahl sind zu erwähnen: Dr. Ernst Cahn: Das Verhältniswahlsystem in den modernen Kulturstaaten, Berlin 1909; Luschka: Die Verhältniswahl im deutschen Verwaltungsrecht, Karlsruhe 1905; Stiller: Die Grundlagen und Ziele der Verhältniswahl, Berlin 1903; Schulz: Die Wahl, insbesondere die Verhältniswahl, in der sozialen Versicherung u. a. m.

4. Die nähere Ausgestaltung der Wahlvorschriften nach den Grundsätzen der Verhältniswahl ist Aufgabe der im Gesetz (§§ 124, 134 Abs. 2) vorgeschriebenen Wahlordnungen. Als Beispiele kommen in Frage: aus früherer Zeit einmal die „Vorschläge zur Regelung des Wahlverfahrens bei den Gewerbegerichten nach den Grundsätzen der Verhältniswahl", sodann die „Muster zur Aufstellung von Ortsstatuten für Kaufmannsgerichte" (Ministerialblatt der Preußischen Handels- und Gewerbeverwaltung

1902 S. 165 und 1904 S. 417), aus neuester Zeit insbesondere die vom RVA. erlassenen Wahlordnungen für die Wahl der nichtständigen Mitglieder des RVA. vom 10. Dez. 1922 (AN. 38 S. 460 ff.), für die Wahl der nichtständigen Mitglieder der Landesversicherungsämter vom 10. Dez. 1922 (a. a. O. S. 472 ff.), für die Wahlen der Beisitzer der OVA. vom 11. Dez. 1922 (a. a. O. S. 484 ff.), für die Wahlen der Vertreter der Versicherten für die Unfallverhütung bei der Knappschaftsberufsgenossenschaft vom 12. Dez. 1922 (a. a. O. S. 506 ff.). Für die Wahlen zu der im EG. (Art. 3) vorgesehenen Gründungsversammlung hat der Reichskommissar zur Durchführung des RKG. unterm 17. Juli 1923 eine Wahlordnung erlassen (Deutscher Reichsanzeiger vom 19. Juli 1923, Nr. 166).

§ 113.[1])

(Abs. 1.) Vorstand und Hauptversammlung bestehen je zur Hälfte aus Vertretern der Arbeitgeber und der Versicherten.[2]) Die Zahl der Vertreter sowie die Verteilung der Versichertenvertreter auf Arbeiter und Angestellte bestimmt die Satzung.[3]) Die Zahl der Angestelltenvertreter in der Hauptversammlung muß mindestens drei betragen.

(Abs. 2.) Für die Vertreter werden Ersatzmänner in gleicher Zahl gewählt.[4])

§ 102 Entw.

1. Die Fassung des § 113 beruht auf den Beschlüssen des Sozialpolitischen Ausschusses (Ber. S. 34).

2. Die Vorschrift, daß die Hauptorgane des Vereins je zur Hälfte aus Vertretern der Arbeitgeber und der Versicherten bestehen müssen, also der Grundsatz der „Parität", entspricht dem bisherigen Rechte (zu vgl. Preuß. KnG. § 53 Abs. 1, Bayrisches allgemeines Berggesetz § 238 und Sächsisches KnG. vom 17. Juni 1914 § 173). Wegen des Vorsitzenden vgl. § 127.

3. „Die Verteilung der Teilnahme der Versicherten an den Organen auf Arbeiter und Angestellte konnte im Gesetze selbst

nicht bestimmt werden, da das Zahlenverhältnis von Angestellten und Arbeitern in den verschiedenen Gegenden sehr verschieden ist; zum Schutz der Angestellten ist aber eine Mindestzahl festgelegt worden." (Begr. S. 66.) Aufgabe der Satzung wird es sein, für eine den tatsächlichen Verhältnissen Rechnung tragende Berücksichtigung der Angestellten zu sorgen. Entsprechende Vorschläge enthält der dem Gesetzentwurfe beigefügte vorläufige Satzungsentwurf in seinen §§ 45, 48.

4. „Die Vorschrift, daß Ersatzmänner zu wählen sind, ergibt sich aus praktischen Erwägungen, damit nicht für jeden Fortfall eines ordentlichen Mitglieds eine Ersatzwahl erforderlich wird." (Begr. S. 66.)

§ 114.[1])

Die Mitglieder des Vorstandes und ihre Ersatzmänner werden in getrennter Wahl von den Vertretern der Arbeitgeber und von den Versicherten in der Hauptversammlung gewählt.[2]) Mindestens zwei Drittel der Vertreter der Versicherten müssen Knappschaftsälteste oder Angestelltenälteste sein. Ein Drittel kann aus ehemaligen Mitgliedern des Reichsknappschaftsvereins oder der früheren Knappschaftsvereine entnommen werden, die freiwillige Beiträge zur Krankenversicherung oder Anerkennungsgebühren zur Erhaltung der Ansprüche auf Pensionskassenleistungen zahlen.[3]) [4])

§ 103 Entw.

1. Die von der Fassung des Entw. mehrfach abweichende Fassung des § 114 verdankt ihre Entstehung den Beschlüssen des Sozialpolitischen Ausschusses des Reichstags (Ber. S. 34), auf denen namentlich die Sätze 2 und 3 beruhen. Diese beiden Sätze durchbrechen den bisher in zahlreichen Knappschaftsgesetzen (zu vgl. Preuß. KnG. § 53 Abs. 1, § 61 Abs. 1, Bayrisches Berggesetz Art. 238 u. a.) festgehaltenen Grundsatz, daß nur Knappschafts-

älteste zu Mitgliedern des Vorstandes gewählt werden können, und ermöglichen die Wahl anderer, im Satz 3 bezeichneter Personen. Dadurch, daß diese Personen bestimmten Erfordernissen genügen müssen, ist eine, wenn auch nur lose, Beziehung dieser Personen zum Knappschaftswesen hergestellt und insoweit auch dem Grundsatze der Selbstverwaltung Rechnung getragen. Hinsichtlich der übrigen Erfordernisse der Wählbarkeit zum Versichertenvertreter vgl. §§ 130, 131. Zu vgl. auch Art. 29 Abs. 2 des EG. zum RKG.

2. Und zwar nach den Grundsätzen der Verhältniswahl (vgl. § 112 und Anm. 3 daselbst).

3. Wegen der freiwilligen Zahlung von Beiträgen zur KrV. vgl. § 88 Anm. 2 sowie § 381 Abs. 2 RVO., wegen der Anerk.-Geb. § 46. Übergangsbestimmung hierzu vgl. Art. 29 Abs. 2 EG. Wählbarkeit vgl. § 130 Anm. 2.

4. Es dürfte sich empfehlen, schon hier, wo zum ersten Male im Gesetz die Bildung der Organe erwähnt wird, eine Übersicht über die Bildung der Organe zu geben, soweit sie auf die Gruppe der Versicherten entfallen. Soweit sie auf die Gruppe der Arbeitgeber entfallen, bedarf es einer solchen Übersicht nicht, weil das Gesetz in dieser Beziehung — folgend dem Entw. — von Einzelvorschriften absieht.

Aufbau der knappschaftlichen Organe auf der Seite der Versicherten.

(Alle Wahlen erfolgen, soweit nichts Besonderes bemerkt ist, nach den Grundsätzen der Verhältniswahl und getrennt von den Wahlen der Arbeitgeber.)

I. Zunächst werden innerhalb der einzelnen BezKV. von den wahlberechtigten Arbeitern und Angestellten (§ 131, 132)

die Ältesten

gewählt. (Wählbarkeit vgl. §§ 130, 131, 132 und [nach § 130 Abs. 1] die Satzungsbestimmungen.) Ihre Zahl bestimmen die BezKV., die außerdem die Verteilung auf Knappschaftsälteste und Angestelltenälteste vornehmen. Wahlordnung § 138 Abs. 2 Ziffer 2.

II. Die Ältesten wählen nach § 140 Abs. 1 aus ihrer Mitte die Versichertenvertreter und deren Ersatzmänner (§ 133 Abs. 2) in der

Bezirksversammlung.

Von diesen müssen mindestens drei Angestelltenvertreter sein (§ 133 Abs. 1). Im übrigen bestimmen die Sondervorschriften die Verteilung.

III. Die Ältesten in der Bezirksversammlung wählen ihrerseits die Versichertenvertreter im

Bezirksvorstande

(§ 134), und zwar mindestens $^2/_3$ aus ihrer Mitte, höchstens $^1/_3$ aus anderen, den Erfordernissen der §§ 114 Satz 3, 130 entsprechenden Personen. Die Verteilung auf Angestellte und Arbeiter erfolgt durch die Sondervorschriften (§ 133). Der BezKV. stellt eine Wahlordnung fest (§ 134 Abs. 2).

IV. Außerdem wählen die Versichertenvertreter in der Bezirksversammlung die Vertreter der Versicherten und ihre Ersatzmänner (§§ 123 Abs. 1 und 141 Ziffer 1) in der

Hauptversammlung

des RKV (§ 123). Wählbar sind nur Vertreter der Versicherten in der Bezirksversammlung (§ 123 Abs. 1). Verhältniswahl bei der Wahl mehrerer Vertreter (§ 123 Anm. 4). Die Zahl der von den einzelnen BezKV. zu entsendenden Vertreter und ihre Verteilung auf Angestellte und Arbeiter wird nach § 123 Abs. 2 bestimmt. Wahlordnung vgl. § 124.

V. Die Versichertenvertreter in der Hauptversammlung wählen sodann die Mitglieder und Ersatzmänner (§ 114) des

Vorstandes

des RKV. (§§ 114, 125), und zwar mindestens $^2/_3$ aus Knappschafts- oder Angestelltenältesten, höchstens $^1/_3$ aus anderen, den Erfordernissen des § 114 Satz 3 und des § 130 entsprechenden Personen. Zahl und Verteilung dieser Personen bestimmt die Satzung (§ 113).

Die gesamten Wahlen müssen nach Maßgabe des Art. 16 EG. durchgeführt werden und spätestens am 31. Dez. 1924 beendet sein.

§ 115.

Der Vorstand hat das Ergebnis jeder Wahl und jede Änderung in seiner Zusammensetzung binnen einer Woche dem Reichsarbeitsminister anzuzeigen.[1])

§ 104 Entw.

1. Der RAM. muß als Aufsichtsbehörde (§ 151) jederzeit über die Zusammensetzung des Vorstandes unterrichtet sein. Es ist deshalb die dem § 6 der RVO. entsprechende Vorschrift des § 115 getroffen worden. Bei Nichtbeachtung dieser Vorschrift würde nach § 151 Abs. 1 des Ges. und § 31 Abs. 3 RVO. die Aufsichtsbehörde die Befugnis haben, die Mitglieder des Vorstandes durch Geldstrafen zur Befolgung der Vorschrift anzuhalten.

§ 116.[1])

(Abs. 1.) Der Vorstand besorgt sämtliche Geschäfte des Reichsknappschaftsvereins, die nicht durch Gesetz[2]) oder Satzung[3]) der Hauptversammlung vorbehalten oder den Bezirksknappschaftsvereinen übertragen sind.[4])

(Abs. 2.) Der Vorstand vertritt den Reichsknappschaftsverein gerichtlich und außergerichtlich. Er hat die Stellung eines gesetzlichen Vertreters.[5])[6])

(Abs. 3.) Zum Nachweis seiner Vertretungsmacht erhält der Vorstand eine Bescheinigung des Reichsarbeitsministers über die den Vorstand bildenden Personen.[7])

(Abs. 4.) Die Satzung kann bestimmen, daß auch einzelne Vorstandsmitglieder den Reichsknappschaftsverein vertreten können.[8])[9])

§ 105 Entw.

1. Der § 116 bestimmt die Tätigkeit des Vorstandes. Er gibt diesem, entsprechend dem § 26 BGB., die Stellung eines gesetzlichen Vertreters des Vereins mit der Vollmacht, alle Ge-

schäfte des Vereins zu besorgen, soweit sie nicht durch Gesetz oder Satzung der Hauptversammlung vorbehalten oder den BezKV. übertragen sind. Angesichts dieser Regelung war eine Hervorhebung besonderer, dem Vorstande übertragener Obliegenheiten, wie sie im § 55 Abs. 3 des Preuß. KnG. erfolgt ist, entbehrlich. — Mit der bezeichneten Einschränkung hat der Vorstand Vertretungsmacht gegen Dritte.

2. Zu vgl. § 125.

3. Die Satzung kann danach bestimmte Geschäfte der Hauptversammlung vorbehalten.

4. Ob Anlaß vorliegt, durch die Satzung Einschränkungen der Vertretungsmacht vorzuschreiben, muß abgewartet werden; der dem Gesetzentwurf beigefügte Satzungsentwurf enthält solche nicht.

5. Diese Ausdrucksweise ist dem § 26 Abs. 2 BGB. nachgebildet: der Vorstand ist nicht gesetzlicher Vertreter der Vereins, sondern „hat die Stellung eines gesetzlichen Vertreters". Der Vorstand bildet einen Teil der Vereinsorganisation selbst und steht daher dem Vereine nicht wie einer fremden dritten Person gegenüber, etwa wie ein Bevollmächtigter dem Vollmachtgeber oder der Vormund dem Mündel gegenüber. Man wollte das durch die Fassung ausdrücken, daß alle Befugnisse eines gesetzlichen Vertreters dem Vorstande zustehen (Staudinger, Kommentar zum BGB., Bd. I Anm. 8 zu § 26).

6. Der Verein ist nach § 31 BGB. für den Schaden verantwortlich, den der Vorstand, ein Mitglied des Vorstandes oder sein sonstiger verfassungsmäßiger Vertreter durch eine in Ausführung der ihnen zustehenden Verrichtungen begangene, zum Schadensersatz verpflichtende Handlung einem Dritten zufügt. Da diese Vorschrift eine ganz allgemeine, auch für juristische Personen des öffentlichen Rechts geltende Vorschrift über die außervertragliche Haftung einer juristischen Person enthält (§ 89 BGB.), so ist sie auch hier anzuwenden.

7. Gebührenfrei nach §§ 186, 187 (Begr. S. 66.)

8. Abs. 4 ist der in der Praxis bewährten Vorschrift des § 55 Abs. 1 im Preuß. KnG. nachgebildet.

9. Die früher für das preußische Knappschaftswesen wichtige Frage, ob die KnV. zum Erwerbe von Grundstücken der Genehmigung der Aufsichtsbehörde bedurften (KnG. von Steinbrinck-Reuß, Anm. 9 zu § 55), ist für den RKV. dadurch im verneinenden Sinne entschieden, daß dessen Rechtsfähigkeit auf einem neben dem BGB. bestehenden Reichsgesetze beruht (Art. 7 § 1 Abs. 2 des Preußischen Ausführungsgesetzes zum BGB.), für die BezKV. dadurch erledigt, daß sie nicht mehr selbständige juristische Personen sind.

§ 117.

Die Vorstandsmitglieder haften für getreue Geschäftsführung wie Vormünder ihren Mündeln.[1] [2])

§ 106 Entw.

1. Die Vorschrift des § 117 entspricht dem § 63 des Preuß. KnG. sowie dem § 202 Abs. 2 des Sächsischen KnG. Die Haftung der Vorstandsmitglieder wird demnach durch § 1833 BGB. wie folgt geregelt:

„Der Vormund ist dem Mündel für den aus einer Pflichtverletzung entstehenden Schaden verantwortlich, wenn ihm ein Verschulden zur Last fällt. Das gleiche gilt von dem Gegenvormunde.

Sind für den Schaden mehrere nebeneinander verantwortlich, so haften sie als Gesamtschuldner. Ist neben dem Vormunde für den von diesem verursachten Schaden der Gegenvormund oder ein Mitvormund nur wegen Verletzung seiner Aufsichtspflicht verantwortlich, so ist in ihrem Verhältnisse zueinander der Vormund allein verpflichtet."

2. Als Verschulden im Sinne dieses Paragraphen gilt nicht nur Vorsatz, sondern auch Fahrlässigkeit, d. h. die Außerachtlassung der im Verkehr erforderlichen Sorgfalt (§ 276 Abs. 1 BGB.). Der Vormund haftet also nicht nur für diejenige Sorgfalt, die er in eigenen Angelegenheiten anzuwenden pflegt (Staudinger,

Kommentar zum BGB., Bd. IV, Anm. 2b zu § 1833). Wegen des Gesamtschuldverhältnisses vgl. § 421 BGB. Es liegt vor, wenn mehrere eine Leistung in der Weise schulden, daß jeder die ganze Leistung zu bewirken verpflichtet, der Gläubiger aber die Leistung nur einmal zu fordern berechtigt ist. In diesem Falle kann der Gläubiger die Leistung nach seinem Belieben von jedem der Schuldner ganz oder zu einem Teile fordern. Bis zur Bewirkung der ganzen Leistung bleiben sämtliche Schuldner verpflichtet. Einzelheiten s. §§ 422, 423, 424, 425, 426 BGB.

§ 118.[1])

(Abs. 1.) Der Vorstand beschließt, soweit nichts anderes bestimmt ist, mit einfacher Stimmenmehrheit.[2])

(Abs. 2.) Eine Mehrheit von zwei Dritteln der dem Vorstand angehörenden Stimmen ist erforderlich bei der Auslegung von Satzungsbestimmungen.[3])

(Abs. 3.) Eine getrennte Abstimmung in den Gruppen der Arbeitgeber und Versicherten und eine Mehrheit in beiden Gruppen ist erforderlich

1. bei der Abstimmung über die Errichtung besonderer Krankenkassen (§ 13 Abs. 3),
2. bei der Anstellung leitender Angestellten.[4])

(Abs. 4.) Über einen abgelehnten Antrag ist auf Verlangen der Antragsteller innerhalb eines Monats nochmals abzustimmen. Wird der Antrag wiederholt abgelehnt, so kann, wenn die Entscheidung von erheblicher Wichtigkeit für den Reichsknappschaftsverein ist, die Entscheidung des Reichsarbeitsministers angerufen werden. Die Entscheidung kann nur mindestens ein Drittel der Vertreter der Arbeitgeber oder der Versicherten im Vorstand und nur innerhalb eines Monats vom Tage der wiederholten Abstimmung ab beantragen.[5])[6])

§ 107 Entw.

1. Die vom Entw. vielfach abweichende Fassung des § 118 beruht auf den Beschlüssen des Sozialpolitischen Ausschusses des Reichstags (Ber. S. 34/35).

2. Regelmäßig entscheidet also beim Vorstand — abweichend von der Hauptversammlung (§ 126) — die einfache Stimmenmehrheit, und zwar der erschienenen Vorstandsmitglieder. Abweichungen hiervon sind in Abs. 2 und 3 vorgeschrieben. Nach Abs. 2 ist eine Mehrheit von zwei Dritteln der dem Vorstande angehörenden Mitglieder bei der Auslegung von Satzungen erforderlich, nach Abs. 3 muß in den beiden dort bezeichneten Fällen eine getrennte Abstimmung in den Gruppen der Arbeitgeber und der Versicherten (sog. itio in partes) stattfinden und bei ihr innerhalb jeder Gruppe die Mehrheit erzielt werden. — Entsprechende Vorschriften bestehen für die Beschlüsse des Bezirksvorstandes (zu vgl. § 138).

3. Eine „Auslegung der Satzungen", d. h. eine Feststellung des Sinns und der Tragweite einer Satzungsbestimmung, findet, streng genommen, bei jedem einzelnen Fall der Anwendung einer Satzungsbestimmung auf eine bestimmte Frage statt. Im Sinne des Abs. 2 wird aber von einer „Auslegung von Satzungsbestimmungen" nur geredet werden können, wenn es sich darum handelt, bei Zweifeln an der richtigen Auslegung eine gewissermaßen grundsätzliche und für die Vereinsorgane maßgebende Entscheidung über den Sinn, die Bedeutung, die Tragweite einer Satzungsbestimmung zu treffen. Ähnlich § 1693 RVO. und § 1799 RVO., wo die Fälle einer „noch nicht festgestellten Auslegung gesetzlicher Vorschriften von grundsätzlicher Bedeutung" geregelt werden.

4. „Leitende Angestellte" vgl. § 121.

5. Der Abs. 4 schließt sich eng an den Abs. 2 des § 107 des Entwurfs an.

„Bei der Zusammensetzung des Vorstandes ist es sehr leicht möglich, daß bei einem Antrag Stimmengleichheit herauskommt. Um den Grundsatz der gleichen Stimmberechtigung aller Mitglieder nicht zu verletzen, ist es nicht angängig, im Vorstand irgendein Mitglied, etwa den Vorsitzenden, mit einer ausschlaggebenden Stimme auszustatten. Damit aber ein weiteres Arbeiten möglich ist, gibt das Gesetz in dem engbegrenzten Falle, daß die Entscheidung von erheblicher Wichtigkeit für den RKV. ist, die Möglichkeit, den RAM. zur endgültigen Entscheidung anzurufen." (Begr. S. 66.)

Eine ähnliche Vorschrift befindet sich im § 54 Abs. 1 bis 3 des Preuß. KnG. Der Abs. 4 des § 118 weicht indessen von dem Vorschlage des Entw. insofern ab, als die wiederholte Abstimmung über einen abgelehnten Antrag nur „auf Verlangen der Antragsteller" stattfindet, während nach dem Entw. diese Abstimmung in allen Fällen, gewissermaßen von Amts wegen, herbeizuführen war. Es wird also vorkommendenfalls in geeigneter Weise dafür gesorgt werden müssen, daß ein Antragsteller vorhanden ist.

6. Die Entscheidung des RAM. muß sich darauf beschränken, zu bestimmen, ob der Antrag angenommen ist oder nicht. Zu Änderungen ist der RAM. nicht ermächtigt.

§ 119.[1])

Bei der Beschlußfassung über Angelegenheiten, die ausschließlich die Arbeiterabteilung der Pensionskasse berühren, enthalten sich die Angestelltenvertreter der Abstimmung und umgekehrt. Dabei stimmen von der Arbeitgeberseite nur so viele Vertreter wie von der Versichertenseite; wer hiernach nicht mitzustimmen hat, entscheidet das Los.

§ 108 Entw.

1. „Der Vorstand hat über Angelegenheiten der Arbeiterabteilung und der Angestelltenabteilung der PK. zu entscheiden. Manche Angelegenheiten der einen Abteilung berühren die andere Abteilung nicht im mindesten. § 108 schreibt deshalb vor, daß in diesen Fällen nur die Beteiligten zu entscheiden haben; zur Wahrung der Parität kann natürlich auch nur die entsprechende Anzahl von Arbeitgebern an der Beschlußfassung teilnehmen." (Begr. S. 66.)

§ 120.[1])

Der Vorstand kann die Erledigung bestimmter Aufgaben besonderen Ausschüssen übertragen.[2]) Solche Ausschüsse werden nach § 113 zusammengesetzt; ihre Mitglieder werden in getrennter Wahl von den Vertretern der Arbeitgeber und der Versicherten im Vorstand nach den Grundsätzen der Verhältniswahl aus deren Mitte gewählt.

§ 109 Entw.

1. Die Befugnis des Vorstandes zur Bildung von Ausschüssen für die Erledigung bestimmter Aufgaben ist praktisch sehr wichtig, weil dadurch eine gründliche Prüfung der Aufgaben unter gleichzeitiger Schonung der Arbeitskräfte ermöglicht wird. Welche Aufgaben unter diese Befugnis fallen, ist nicht gesagt, der Vorstand kann also außer den Ausschüssen, deren Bildung das Gesetz selbst vorschreibt (§§ 16, 20, 35, 68, 72), noch andere Ausschüsse bilden und wird dies häufig tun. Die im § 125 der Hauptversammlung vorbehaltenen Ausschüsse sind der Bildung durch den Vorstand entzogen.

2. Ob den Ausschüssen die Erledigung einzelner bestimmter Aufgaben oder die ständige Bearbeitung und Erledigung bestimmter, vielleicht ständig wiederkehrender Angelegenheiten übertragen werden soll, bleibt dem Ermessen des Vorstandes überlassen. Die nach Vorschrift des Gesetzes gebildeten, mit der Erledigung bestimmter Aufgaben betrauten Ausschüsse sind in allen Fällen befugt, die ihnen übertragenen Aufgaben selbständig zu erledigen.

§ 121.[1]) [2])

Die Satzung kann bestimmen, daß die Besorgung laufender Geschäfte des Vorstandes einem oder mehreren Vorstandsmitgliedern oder leitenden Angestellten[3]) „der Verwaltung" übertragen wird. In die Geschäftsführung des Reichsknappschaftsvereins ist

ein Vertrauensmann der Versicherten zu übernehmen.[4]) **Er wird vom Vorstande des Vereins auf Grund einer Vorschlagsliste der beteiligten Versichertenverbände gewählt, die mindestens drei Namen enthalten muß.**[5])

§ 110 Entw.

1. Zu vgl. die Vorbemerkung zu diesem Abschnitt. Die Verwaltung hat also die laufenden Geschäfte des Vorstands zu besorgen, d. h. die mit der regelmäßigen Geschäftsführung verbundenen, zu ihrer Aufrechterhaltung notwendigen Geschäfte.

2. Die Fassung des § 121 beruht auf den Beschlüssen des Sozialpolitischen Ausschusses des Reichstags (Ber. S. 36/37).

3. Der Ausdruck „Beamten" des Entw. ist hier, wie überall, durch den Ausdruck „Angestellten" ersetzt worden. Es entspricht das dem in den §§ 147 bis 150 des Ges. abweichend von den §§ 138 bis 143 des Entw. neu geregelten Dienstverhältnis sämtlicher bei den RKV. vorhandenen Angestellten. (Das Nähere bei §§ 147 ff.)

4. Die von der Regierung bekämpften Sätze 2 und 3 des § 121 bedeuten eine völlige Neuheit im Knappschaftswesen, indem sie einen „Vertrauensmann der Versicherten" in die Geschäftsführung des RKV. einschieben. Daß diese Einschiebung sachlich großen Bedenken unterliegt, und welchen, ist im Sozialpolitischen Ausschusse dargelegt worden (Ber. S. 96). Sie kann aber auch durch ihre Fassung zu Meinungsverschiedenheiten Anlaß geben. Was unter „Geschäftsführung des Reichsknappschaftsvereins" zu verstehen ist, ist zweifelhaft; das Gesetz kennt zwar als Organ eine „Verwaltung" (§ 121), aber nirgendwo eine „Geschäftsführung". Ebenso zweifelhaft ist, welche Stellung der Vertrauensmann hat, welche Rechte ihm zustehen, welche Pflichten ihm obliegen, und ob er zu den Versicherten, deren Vertrauensmann er ist, in irgendeinem besonderen geschäftlichen Verhältnis, z. B. auch wegen seiner Gehaltsbezüge, stehen soll. Es wird Aufgabe der Satzung oder sonstiger Bestimmungen (Dienstanweisung, Vertrag usw.) sein, diese und andere Zweifel durch bestimmte und klare Vorschriften zu beseitigen, da sonst Unzuträglichkeiten

zu befürchten sind. In dem Bericht des Sozialpolitischen Ausschusses sind keinerlei Angaben über diese Punkte enthalten.

5. Welche „beteiligten Versichertenverbände“ die Vorschlagsliste aufzustellen haben, ist nötigenfalls durch die Satzung festzustellen, da sonst Zweifel möglich sind (vgl. hierzu Anm. 11 zu § 2). Eine Wahl nach den Grundsätzen der Verhältniswahl ist hier, wo es sich nur um e i n e zu wählende Person handelt, selbstverständlich ausgeschlossen. Im § 143 Abs. 3 gebraucht das G. den Ausdruck „Arbeitnehmerverbände“, ohne indessen, soweit ersichtlich, damit sachlich etwas anderes zu meinen, als hier im § 121.

§ 122.

(Abs. 1.) Nach außen sind Erklärungen für den Reichsknappschaftsverein verbindlich, wenn sie von einer oder mehreren den Vorstand vertretenden Personen nach näherer Bestimmung der Satzung gezeichnet sind.[1])

(Abs. 2.) In welcher Form Erklärungen mit verbindlicher Wirkung für Arbeitgeber und Versicherte abzugeben und bekanntzumachen sind, bestimmt die Satzung.[2])

§ 111 Entw.

1. „Selbstverständlich kann die Zeichnungsbefugnis für den Vorstand nur den leitenden Beamten (der Verwaltung), die besonders sorgfältig ausgewählt werden, übertragen werden.

Damit die Beschlüsse des Vorstandes nach außen in bindenden Erklärungen in Erscheinung treten können, muß dieser die Personen bezeichnen, die befugt sind, solche Erklärungen abzugeben. Der Satzung kann es überlassen bleiben, die Form dieser Erklärungen zu bestimmen.“ (Begr. S. 66.)

2. Solche Erklärungen werden häufig notwendig werden. Die Satzung wird dafür sorgen müssen, daß die Bek. derartiger Erklärungen in einer Weise erfolgt, die den Beteiligten eine sichere Kenntnis ihres Inhalts vermittelt (bestimmte Zeitungen, Anschlag auf den Werken und dergl.).

§ 123.[1])

(Abs. 1.) **Die Mitglieder der Hauptversammlung und ihre Ersatzmänner werden in getrennter Wahl aus den Vertretern der Arbeitgeber und der Versicherten in den Bezirksversammlungen der Bezirksknappschaftsvereine gewählt.[2])**

(Abs. 2.) **Jeder Bezirksknappschaftsverein entsendet mindestens einen Vertreter von jeder Seite. Im übrigen bestimmt die Satzung eine Mindestzahl von versicherten Arbeitern und versicherten Angestellten, für die ein Vertreter von jeder Seite zu entsenden ist. Kein Bezirksknappschaftsverein darf mehr als die Hälfte der Gesamtzahl der Vertreter haben.[3]) [4])**

§ 112 Entw.

1. Zu §§ 123 bis 126. Das oberste Organ des RKV. ist die Hauptversammlung. Der Umfang ihres Geschäftskreises erfährt durch § 116 Abs. 1 eine wesentliche Einschränkung: alle Geschäfte des RKV., die ihr nicht ausdrücklich durch Gesetz oder Satzung vorbehalten sind, werden durch den Vorstand besorgt. Danach bleibt die Tätigkeit der Hauptversammlung auf die im § 125 aufgeführten und die etwa in der Satzung bestimmten Geschäfte beschränkt.

2. Zu vgl. § 141 Ziffer 1. Wegen des Vorsitzenden der Hauptversammlung vgl. § 127 Satz 2.

3. „Die großen BezKV. erhalten einen ihrer Größe entsprechenden Einfluß durch eine größere Zahl von Vertretern. Damit aber nicht ein Bezirksverein, der hiernach eine größere Zahl von Vertretern bekommen könnte als alle übrigen Bezirksvereine zusammen, die anderen Bezirksvereine überstimmt, ist die Schutzvorschrift aufgenommen, daß kein BezKV. mehr als die Hälfte der Gesamtzahl der Vertreter in der Hauptversammlung haben kann." (Begr. S. 66.)

4. Für die Wahl der Mitglieder zur Hauptversammlung ist durch § 112 zwingend die Verhältniswahl vorgeschrieben. Da

diese aber nur möglich ist, wenn es sich um die Wahl mehrerer Personen handelt, muß die Vorschrift des § 112 bei dem § 123 notwendigerweise insoweit eingeschränkt werden, daß die Grundsätze der Verhältniswahl nur bei denjenigen Wahlen Anwendung finden, wo es sich um die Wahl von mehr als einem Vertreter handelt.

§ 124.

Eine Wahlordnung des Reichsknappschaftsvereins regelt die Wahlen zur Hauptversammlung.[1]) [2])

§ 113 Entw.

1. „Die Wahlordnung, die nach den gemachten Erfahrungen jederzeit abänderbar sein muß, ist von der Hauptversammlung selbst zu erlassen." (Begr. S. 66.)

2. Der Abs. 2 des Entw. ist vom Sozialpolitischen Ausschuß des Reichstags gestrichen worden. Diese Streichung bedeutet aber keine sachliche Änderung, sondern hat nur redaktionelle Bedeutung (Ber. S. 37). Daß die Wahl der Versichertenvertreter zur Hauptversammlung nach den Grundsätzen der Verhältniswahl erfolgen muß, ergibt sich schon aus § 112. Die näheren Vorschriften über die Vorschlagslisten und sonstige Einzelheiten der Wahl bleiben der Wahlordnung überlassen.

§ 125.

(Abs. 1.) Der Hauptversammlung bleibt vorbehalten:[1])

1. Erlaß und Änderung der Satzung,[2])

2. die Wahl des Vorstandes,[3])

3. die Wahl je eines Ausschusses [4])

a) zur Prüfung und Abnahme der Jahresrechnung,

b) zur Ausübung der Befugnis, Ansprüche des Reichsknappschaftsvereins gegen Vorstandsmitglieder oder Angestellte aus deren Geschäftsführung durch besondere Beauftragte zu verfolgen,

c) zur Begutachtung allgemeiner knappschaftlicher Fragen,

4. die Festsetzung der Teuerungszulagen (§§ 31, 33, 34).

(Abs. 2.) Für die Zusammensetzung der Ausschüsse (Abs. 1 Nr. 3) und die Wahl ihrer Mitglieder gilt § 120 entsprechend.[5])

§ 114 Entw.

1. Die hier bezeichneten Angelegenheiten können also der Hauptversammlung auch durch die Satzung nicht entzogen werden. Sie entsprechen im allgemeinen den Vorschlägen des Entw., haben aber im Sozialpolitischen Ausschuß des Reichstags durch die Nummer 3 Ziff. c die hier angegebene Erweiterung erfahren.

2. Zu vgl. § 7.

3. Zu vgl. § 114.

4. Auch die Hauptversammlung hat, wie der Vorstand, die Befugnis — und zwar für die unter 3 a bis c bezeichneten Gegenstände die ausschließliche Befugnis —, Ausschüsse zu bilden. Auch diese Ausschüsse erledigen die ihnen übertragenen Geschäfte selbständig (zu vgl. Anm. 1 zu § 120).

5. Also Verhältniswahl und getrennte Wahl der Vertreter der Arbeitgeber- und Versichertenvertreter.

§ 126.

Beschlußfassungen und Wahlen erfolgen in der Hauptversammlung für jeden der beiden Teile besonders.[1]) Beschlüsse werden mit einfacher Stimmenmehrheit auf beiden Seiten gefaßt.[2]) Anträge, denen nicht von beiden Seiten zugestimmt wird, gelten als abgelehnt.

§ 115 Entw.

1. Es gilt also für diese Beschlußfassungen und Wahlen die sog. „itio in partes“; beide Teile haben getrennt für sich zu beschließen und zu wählen, innerhalb jedes der beiden Teile muß die Mehrheit der Stimmen für den Beschluß oder die Wahl sein.

Nur wenn dies der Fall ist, ist der Beschluß oder die Wahl zustande gekommen. Auch in dieser Vorschrift gelangt der Gedanke der vollen Parität zum Ausdruck. Selbstverständlich kann es vorkommen, daß auch bei diesem Verfahren Beschlüsse oder Wahlen durch die Hauptversammlung nicht getätigt werden können, daß also auch hier der im § 118 für die Vorstandsbeschlüsse geregelte Fall eintritt. Eine dem § 118 entsprechende Regelung ist indessen bei § 126 nicht erfolgt: einmal erschien diese Regelung „wegen der Zusammensetzung und der Aufgaben der Hauptversammlung" nicht möglich, sodann aber war sie entbehrlich wegen der in den §§ 151 und 152 der Aufsichtsbehörde beigelegten Befugnisse, die für den besonders wichtigen, im Art. 6 EG. bezeichneten Fall einen ganz besonderen Inhalt erhalten haben (zu vgl. Begr. S. 66/67).

2. Das Gesetz sieht davon ab, das bei der Abstimmung innerhalb der beiden Teile maßgebende Stimmenverhältnis noch einer besonderen Festsetzung durch die Satzung zu unterwerfen, wie es z. B. der § 61 Abs. 2 des Preuß. KnG. getan hatte. Es genügt, wenn in jedem Teile einfache Stimmenmehrheit vorhanden ist. Diese Regelung ist eine folgerichtige Weiterentwickelung der im § 123 Abs. 2 getroffenen Bestimmung (vgl. Anm. 3 zu § 123).

§ 127.[1] [2]

Der Vorstand des Reichsknappschaftsvereins wählt den Vorsitzenden und zwei stellvertretende Vorsitzende aus den Vorstandsmitgliedern der Arbeitgeber, Arbeiter und Angestellten. Diese sind zugleich Vorsitzende der Hauptversammlung.

§ 118 Entw.

1. Die Fassung des § 127 beruht auf den Beschlüssen des Sozialpolitischen Ausschusses des Reichstags (Ber. S. 37). Sie schließt sich dem bereits im Entw. ausgedrückten Gedanken an, daß die in zahlreichen Landesknappschaftsgesetzen enthaltene Vorschrift, nur ein Arbeitgeber sei zum Vorsitzenden wählbar,

wegen des Grundsatzes gleicher Beteiligung der Arbeitgeber und der Versicherten aufzugeben sei, überläßt aber, abweichend vom Entw., die Wahl des Vorsitzenden nicht dem freien Ermessen des Vorstandes, sondern schränkt sie in der aus dem Texte ersichtlichen Weise ein. Es muß danach ein Arbeitgeber, ein Arbeiter und ein Angestellter zu den Vorsitzenden oder stellvertretenden Vorsitzenden gehören.

2. § 127 Satz 1 gilt nach § 144 auch entsprechend für den Vorsitzenden des Bezirksvorstandes und seine Stellvertreter.

§ 128.

(Abs. 1.) Die Wahlzeit dauert vier Jahre.[1])

[2]) (Abs. 2.) Die Gewählten bleiben nach Ablauf dieser Zeit im Amte, bis ihre Nachfolger eintreten.

(Abs. 3.) Wer ausscheidet, kann wieder gewählt werden.[3])

§ 119 Entw.

1. Der Entw. hatte vorgeschlagen, daß alle zwei Jahre von jeder Seite die Hälfte der Gewählten ausscheiden solle; die erstmalig Ausscheidenden solle das Los bestimmen. Der Sozialpolitische Ausschuß des Reichstags hat diesen Vorschlag nicht angenommen, sondern den Abs. 2 des § 119 Entw. in zweiter Lesung gestrichen, nachdem er in erster Lesung die Frage, ob es zweckmäßig sei, alle zwei Jahre die Hälfte der Gewählten ausscheiden zu lassen, bejaht hatte. Gründe für die Streichung ergeben sich aus dem Berichte nicht (Ber. S. 37).

2. Der Abs. 2 entspricht dem Abs. 3 des § 119 Entw. mit der Maßgabe, daß die Gewählten nach Ablauf der Wahlzeit solange im Amte bleiben, bis ihre Nachfolger eintreten — statt „gewählt sind" — (Ber. S. 37).

Die Fassung beruht auch hier auf den Beschlüssen des Sozialpolitischen Ausschusses (Ber. S. 37).

3. Der § 128 bezieht sich nach der Begr. (S. 67) nur auf den Vorstand. Wegen der Ältesten vgl. § 131 Abs. 5, wegen der Organe der BezKV. § 144.

II. Bezirksknappschaftsvereine.

§ 129.[1])

(Abs. 1.) Die Verwaltung eines jeden Bezirksknappschaftsvereins führen unter Mitwirkung von Knappschaftsältesten und Angestelltenältesten der Bezirksvorstand und die Bezirksversammlung.[2])

(Abs. 2.) Besondere Krankenkassen müssen einen besonderen Vorstand und eine besondere Hauptversammlung haben.[3])

(Abs. 3.) Die Mitglieder der Organe der Bezirksknappschaftsvereine und der besonderen Krankenkassen werden nach den Grundsätzen der Verhältniswahl gewählt.[4])

§ 120 Entw.

1. Zu §§ 129 bis 145. Die Vorschriften über die Verfassung der BezKV. schließen sich einerseits den Vorschriften über die Verfassung des RKV., andererseits den bisherigen, in der Praxis bewährten Vorschriften der hauptsächlichsten Landesgesetze über die Verfassung der KnV. tunlichst an. Sie sehen dementsprechend die Bildung der beiden Organe: Bezirksvorstand und Bezirksversammlung, vor allem aber auch eine besonders geregelte Mitwirkung der Ältesten — geteilt in die als „Knappschaftsälteste" bezeichneten Vertreter der Arbeiter und die als „Angestelltenälteste" bezeichneten Vertreter der Angestellten — vor. Wesentlich für die den BezKV. zu gebende Verfassung war der Umstand, daß sie der ihnen obliegenden sachgemäßen Erledigung aller die Knappschaftsmitglieder betreffenden Angelegenheiten gewachsen, insbesondere auch in der Lage sein muß, den wichtigen, den BezKV. durch den zwölften Abschnitt zugewiesenen Aufgaben voll gerecht zu werden (zu vgl. insbesondere §§ 155 und 156 und die dortigen Anmerkungen).

Die Eigenschaft einer juristischen Person haben die BezKV. nicht. Insofern unterscheiden sie sich rechtlich wesentlich von den bisherigen rechtsfähigen KnV. Ihre Stellung entspricht vielmehr der Stellung der bei den Berufsgenossenschaften, insbesondere auch bei der Knappschaftsberufsgenossenschaft, gebildeten, durch die RVO. §§ 678 Ziff. 2, 679, 713 u. a. und die Satzungen der Berufsgenossenschaften (zu vgl. Satzung der Knappschaftsberufsgenossenschaft §§ 25 bis 29 u. a.) geordneten Sektionen (zu vgl. Begr. S. 32, 39). Trotz des Mangels der Rechtsfähigkeit überträgt das Ges. aber den BezKV. zahlreiche Aufgaben, wie z. B. die KrV., die Gewährung der freiwilligen Leistungen, die Verwaltung gewisser Vermögensteile, in mehr oder weniger ausgedehnter Weise (zu vgl. Begr. S. 39, 40), und da ihnen die Feststellung der den Mitgliedern zu gewährenden Leistungen auf allen Gebieten der Versicherung ebenso wie die Auszahlung der Leistungen übertragen ist, haben sie den Mitgliedern gegenüber auch nach den Vorschriften des neuen Ges. ungefähr dieselbe wichtige Stellung und Tätigkeit, wie sie den bisherigen KnV. zukam (zu vgl. insbesondere §§ 6, 12 ff., 39 ff., 91, 109, 153 ff., 168 ff. sowie die dortigen Anmerkungen).

2. Diese Organe entsprechen den im § 112 genannten Organen des RKV. Wegen der Ältesten vgl. §§ 130 bis 132.

3. Wegen der Rechtsstellung der „besonderen Krankenkassen" vgl. §§ 9 und 10 sowie § 146, wegen der Errichtung vgl. § 13.

4. Vgl. Anm. 3 zu § 112.

§ 130.

(Abs. 1.) Wählbar als Älteste, als Vertreter der Versicherten und als Vertreter der Arbeitgeber im Bezirksvorstand und in der Bezirksversammlung sind nur volljährige Deutsche, die den in der Satzung bestimmten besonderen Voraussetzungen genügen.[1] [2])

(Abs. 2.) Nicht wählbar ist:

1. wer infolge strafgerichtlicher Verurteilung die Fähigkeit zur Bekleidung öffentlicher Ämter verloren hat oder wegen eines Verbrechens oder Vergehens, das den Verlust dieser Fähigkeit zur Folge haben kann, verfolgt wird, wenn gegen ihn das Hauptverfahren eröffnet ist,

2. wer infolge gerichtlicher Anordnung in der Verfügung über sein Vermögen beschränkt ist.

(Abs. 3.) Wählbar als Vertreter der Arbeitgeber sind auch Personen, die mit der Leitung knappschaftlicher Betriebe betraut oder in der Verwaltung dieser Betriebe angestellt sind sowie die Mitglieder des Aufsichtsrats einer Aktiengesellschaft oder Gesellschaft mit beschränkter Haftung, die knappschaftliche Unternehmungen betreibt.[3])

§ 121 Entw.

1. „Das G. stellt eine Reihe besonderer Voraussetzungen für die Wählbarkeit zum Ältesten und zum Arbeitgebervertreter auf. Hierzu kann die Satzung noch weitere Voraussetzungen vorschreiben. Als solche können in Betracht kommen: Erreichung eines höheren Lebensalters als die Volljährigkeit, Unbescholtenheit, körperliche Gesundheit, Unabhängigkeit vom Publikum und gewisse Erfahrungen auf dem Gebiete des Knappschaftswesens." (Begr. S. 67.) Durch die Sondervorschriften können weitere Voraussetzungen nicht vorgeschrieben werden.

2. Die Vorschriften über die Wählbarkeit der Ältesten und Versichertenvertreter sowie der Arbeitgebervertreter im Bezirksvorstande und in der Bezirksversammlung gelten auch für die Versicherten- und Arbeitgebervertreter in der Hauptversammlung des RKV. Es folgt dies aus § 123 Abs. 1. Auf die im § 114 bezeichneten Mitglieder des Vorstandes und ihre Ersatzmänner, soweit sie den Arbeitgebern angehören und den Ältesten entnommen sein müssen, finden die Vorschriften des § 130 ebenfalls Anwendung; das Gleiche gilt von den im § 114 Satz 3 bezeichneten Vorstandsmitgliedern, die wegen ihrer Eigenschaft als „Versichertenvertreter" (§§ 113 und 114 Satz 3) unter § 130 fallen.

3. Der Kreis der als Arbeitgebervertreter wählbaren Personen ist gegenüber der früheren, namentlich der preußischen Gesetzgebung (zu vgl. § 53 Abs. 1 und 4, § 61 Abs. 1 des Preuß. KnG.) erweitert worden.

§ 131.

(Abs. 1.) Die Knappschaftsältesten werden innerhalb von Sprengelwahlgruppen von den volljährigen versicherten Arbeitern, welche die bürgerlichen Ehrenrechte haben, in geheimer und unmittelbarer Abstimmung[1]) nach den Grundsätzen der Verhältniswahl aus ihrer Mitte gewählt.[2])[3]) Zum Knappschaftsältesten kann jedoch nur gewählt werden, wer mindestens ein Fünftel der in dem Sprengel abgegebenen Stimmen erhalten hat, bei geringerer Stimmenzahl nur dann, wenn andere vorgeschlagene Bewerber des Sprengels nicht mehr Stimmen erhalten haben. Ist ein solcher Bewerber auf der Vorschlagsliste der Wählergruppe nicht vorhanden, welcher der Sitz in dem Sprengel bei der Verteilung zugefallen ist, so wird der Sitz der Wählergruppe zugeteilt, die in dem Sprengel die größte Stimmenzahl aufweist. Sprengelwahlgruppen und Wahlverfahren bestimmt die Satzung. Die Knappschaftsältesten müssen vorbehaltlich des Abs. 2 Mitglieder der Arbeiterabteilung der Pensionskasse, der deutschen Sprache in Wort und Schrift mächtig sein und innerhalb des Sprengels wohnen. Für besondere Krankenkassen können die Sondervorschriften bestimmen, daß die Knappschaftsältesten bei ihnen gewählt werden.

(Abs. 2.) Knappschaftsinvaliden können gewählt werden, wenn sie Pflichtbeiträge oder freiwillige Beiträge zur Krankenversicherung zahlen.

(Abs. 3.)[4]) Die Knappschaftsältesten haben im allgemeinen das Recht und die Pflicht, die Befolgung der Satzung und der Sondervorschriften durch die versicherten Arbeiter zu überwachen und die Rechte der Arbeiter gegenüber dem Reichsknappschaftsvereine wahrzunehmen.

(Abs. 4.) Die Satzung, die Sondervorschriften oder eine besondere Dienstanweisung[5]) regeln ihre Dienstobliegenheiten.

(Abs. 5.) Die Wahlzeit dauert vier Jahre. § 128 Abs. 2, 3 gilt entsprechend.

§ 122 Entw.

1. Aktiv wahlberechtigt sind also alle diejenigen Arbeiter, welche
   volljährig,
   versichert,
   im Besitze der bürgerlichen Ehrenrechte

sind. Versichert sind diejenigen, welche einer oder mehreren der Abteilungen des RKV. angehören.

2. Wählbar sind diejenigen nach Anm. 1 aktiv wahlberechtigten Arbeiter, welche den allgemeinen Erfordernissen des § 130 entsprechen und außerdem
   der deutschen Sprache in Wort und Schrift mächtig sind,
   innerhalb des Sprengels wohnen,
   den etwa in der Satzung bestimmten besonderen Voraussetzungen (§ 130 Abs. 1) genügen (Begr. S. 67).

Außerdem unter den gleichen Voraussetzungen die in Abs. 2 bezeichneten Knappschaftsinvaliden.

Wegen des Satzes 2 in Abs. 1 vgl. Anm. 3.

3. Hinsichtlich der Wahl weicht die jetzige, auf den Beschlüssen des Sozialpolitischen Ausschusses des Reichstags beruhende Fassung von der Fassung des Entw. (§ 123 Abs. 1) insofern ab, als sie die Verhältniswahl auch für die Knappschaftsältesten verbindlich vorschreibt. Der Entw. hatte die Entscheidung, ob die Verhältniswahl anwendbar sei, der Satzung überlassen wollen.

„Die Verhältniswahl ist bei der Ältestenwahl nicht ausgeschlossen, aber nur schwer durchführbar, da der Bezirksverein in Unterbezirke (Sprengel) eingeteilt wird und für jeden Bezirk nur ein Ältester zu wählen ist. Nach den bisherigen Erfahrungen läßt sich die Verhältniswahl nur dadurch ermöglichen, daß mehrere Sprengel zu einem Wahlbezirk vereinigt, die Wahlvorschläge für den ganzen Bezirk aufgestellt und die gesamten im Wahlbezirk abgegebenen Stimmen nach dem Verhältnis der auf die einzelnen Listen entfallenden Stimmen auf die Sprengel verteilt werden. Ein solches Verfahren ist aber sehr umständlich und im Ergebnis unbefriedigend, weil es immer vorkommen wird, daß ein Ältester für einen Bezirk bestimmt werden muß, der in diesem Bezirk nur die Minderheit vertritt. Die Verhältniswahl wird daher voraussichtlich nur dann eingeführt werden können, wenn es gelingt, die bezeichneten Mängel durch ein geeigneteres Verfahren zu beseitigen.“ (Begr. S. 67.)

Die hier geäußerten Bedenken wurden auch im Sozialpolitischen Ausschusse von der Regierung und auch aus dem Ausschusse selbst wiederholt, sie sind aber nicht für begründet erachtet, vielmehr ist die Verhältniswahl durch Ges. vorgeschrieben worden (Ber. S. 38). Da diese unmöglich ist, wenn es sich, wie bei den bisherigen Sprengelwahlen, lediglich um eine zu wählende Person handelt, so mußte im § 131 die Bildung von Sprengelwahlgruppen, d. h. Vereinigungen mehrerer Ältestensprengel zu Wahlgruppen, angeordnet werden. Außerdem ist durch den erst bei der zweiten Beratung des Ges. (in der Vollsitzung des Reichstags vom 12. Juni 1923, Stenogr. Ber. S. 11300) eingeschalteten Satz 2 des Abs. 1 eine Vorschrift aufgenommen, durch welche die bei dem jetzt vorgeschriebenen Wahlverfahren zu befürchtende Möglichkeit berücksichtigt werden soll, daß eine Person zum Ältesten gewählt wird, die nur sehr wenige Stimmen aus ihrem Sprengel erhalten hat und deshalb nicht als Vertrauensmann der Sprengelgenossen angesehen werden kann. Unter Beachtung dieser Vorschriften hat nunmehr die Satzung das Wahlverfahren zu bestimmen. Wenn ihr auch die Bildung der Sprengelwahlgruppen übertragen worden ist, so wird sie sich darauf beschränken müssen, etwa erforderliche allgemeine Richtlinien aufzustellen und deren Ausführung den Sondervorschriften vorzuschreiben; die Satzung selbst ist gar nicht in der Lage, für die einzelnen BezKV. die Sprengelwahlgruppen festzusetzen, zumal letztere voraussichtlich häufig geändert werden müssen.

4. Der von den Rechten und Pflichten der Knappschaftsältesten handelnde Abs. 3 ist dem § 52 Abs. 4 Satz 1 des Preuß. KnG. nachgebildet worden.

5. Die hier gedachte „Dienstanweisung" für die Ältesten soll zwar nach der Begr. (S. 67) durch den Bezirksvorstand ergehen, es ist aber nicht ausgeschlossen, daß der Vorstand des RKV. die allgemeinen, bei allen BezKV. zu beachtenden Grundsätze auch hinsichtlich dieser Dienstanweisung aufstellt.

§ 132.

(Abs. 1.) Für die Wahl der Angestelltenältesten gilt § 131 Abs. 1 entsprechend; die Mitglieder der Angestelltenabteilung der Pensionskasse sind zur Teilnahme an der Wahl berechtigt und wählbar.[1]) Angestellteninvaliden oder Empfänger von Ruhegeld der Angestelltenversicherung können als Angestelltenälteste gewählt werden, wenn sie die Voraussetzung des § 131 Abs. 2 erfüllen.[2])

[3]) (Abs. 2.) Die Angestelltenältesten haben gegenüber den versicherten Angestellten die im § 131 Abs. 3 bezeichneten Aufgaben. § 131 Abs. 4, 5 gilt entsprechend.

§ 123 Entw.

1. Es gelten für die Wahlen der Angestelltenältesten also die Vorschriften des § 131 Abs. 1, sowohl hinsichtlich der aktiven und der passiven Wahlfähigkeit als auch hinsichtlich des Wahlverfahrens. Nur tritt an Stelle der Mitgliedschaft bei der Arbeiterabteilung der PK. die bei der Angestelltenabteilung dieser Kasse. Auch die Angestelltenältesten müssen innerhalb des Sprengels wohnen. Die Bildung der Sprengelwahlgruppen ist Aufgabe der Satzung (zu vgl. Anm. 3 zu § 131). § 130 gilt auch für die Wählbarkeit der Angestelltenältesten.

2. Zu vgl. Anm. 2 zu § 131.

3. Zu Abs. 2 vgl. Anm. 4 und 5 zu § 131.

§ 133.[1][2])

(Abs. 1.) Bezirksvorstand und Bezirksversammlung bestehen je zur Hälfte aus Vertretern der Arbeitgeber und der Versicherten. Die Zahl der Vertreter sowie die Verteilung der Versichertenvertreter auf Arbeiter und Angestellte bestimmen die Sondervorschriften. Die Zahl der Angestelltenvertreter in der Bezirksversammlung muß mindestens drei betragen.

(Abs. 2.) Für die Vertreter werden Ersatzmänner in gleicher Zahl gewählt.

§ 124 Entw.

1. „Hierzu gelten dieselben Bemerkungen, die zu § 102 gemacht sind. Die ganze Einrichtung der Bezirksvorstände und der Bezirksversammlungen ist dem Vorbilde des Vorstandes und der Hauptversammlung des RKV. nachgebildet." (Begr. S. 67.)

2. Auch im § 133 erscheinen an Stelle der „Ältesten" und „Angestelltenältesten" des Entw. die „Vertreter der Versicherten" und die „Angestelltenvertreter". Das ist eine Folge der Beschlüsse zu § 114 Satz 3 und § 134 Satz 3.

§ 134.[1][2])

(Abs. 1.) Die Vertreter der Arbeitgeber im Bezirksvorstand und ihre Ersatzmänner werden von den Arbeitgebern aus deren Mitte, die Vertreter der Versicherten und ihre Ersatzmänner von den Ältesten in der Bezirksversammlung nach den Grundsätzen der Verhältniswahl gewählt. Mindestens zwei Drittel der Vertreter der Versicherten müssen Knappschaftsälteste oder Angestelltenälteste sein. § 114 Satz 3 gilt entsprechend.

(Abs. 2.) Eine Wahlordnung des Bezirksknappschaftsvereins regelt die Wahl.

§ 125 Entw.

1. „Über die Wahl der Arbeitgebervertreter hat das Ges. keine besonderen Vorschriften erlassen, da sie nicht erforderlich erschienen.“ (Begr. S. 67.)

2. Der Entw. regelte die Wahlen zum Bezirksvorstand und zur Bezirksversammlung in der Weise, daß die Ältesten zu beiden Organen unmittelbar durch die Versicherten nach den Grundsätzen der Verhältniswahl in zwei verschiedenen Wahlen gewählt werden sollten. Der Sozialpolitische Ausschuß des Reichstags hat demgegenüber die Wahl der Versichertenvertreter der Bezirksversammlung übertragen, deren Älteste nach den Grundsätzen der Verhältniswahl die Mitglieder des Bezirksvorstandes unter Beachtung der Sätze 2 und 3 des Abs. 1 zu wählen haben.

Für die Vertreter der Arbeitgeber im Bezirksvorstande ist es bei der Bestimmung geblieben, daß sie von den Arbeitgebern aus ihrer Mitte gewählt werden.

§ 135.

Innerhalb des Bezirksvorstandes werden getrennte Abteilungen für Arbeiter und für Angestellte gebildet[1]). Dabei werden Arbeitgebervertreter aus deren Mitte gewählt, die beiden Abteilungen angehören.[2])

§ 126 Entw.

1. „Bei den Bezirksvorständen sollen getrennte Abteilungen für Arbeiter und Angestellte gebildet werden, die jede für sich nur die die einzelnen Abteilungen berührenden Angelegenheiten bearbeiten, während gemeinschaftliche Angelegenheiten von ihnen gemeinschaftlich beraten werden.“ (Begr. S. 67.)

2. „Nach den in den letzten Jahren gemachten Erfahrungen macht es Schwierigkeiten, aus den Kreisen der an sich schon durch Ehrenämter stark belasteten Arbeitgeber die genügende Zahl von erfahrenen Personen zusammenzubringen. Es ist deshalb vorgesehen, daß derselbe Arbeitgeber sowohl der Arbeiterabteilung als auch der Angestelltenabteilung angehören kann. Selbstverständlich muß dann bei der Beratung gemeinschaftlicher Angelegenheiten die Stimme dieses Arbeitgebers doppelt gezählt werden.“ (Begr. S. 67.)

§ 136.

(Abs. 1.) Über Angelegenheiten, die ausschließlich die Arbeiterabteilung oder die Angestelltenabteilung der Pensionskasse berühren, beschließt der zuständige Abteilungsvorstand.[1])

(Abs. 2.) Über alle anderen Angelegenheiten beraten und beschließen die Abteilungsvorstände gemeinsam. Dabei werden die Stimmen derjenigen Arbeitgebervertreter, die beiden Abteilungen angehören, doppelt gezählt.[2])

§ 127 Entw.

1. Vgl. § 135 Satz 1 und Anm. 1.
2. Vgl. § 135 Satz 2 und Anm. 2.

§ 137.

Die Aufgaben des Bezirksvorstandes bestimmen die Satzung und die Sondervorschriften.[1])

§ 128 Entw.

1. Während der Vorstand des RKV. nach § 116 kraft Ges. alle Geschäfte des RKV. besorgt, die nicht durch Ges. (§ 125) oder Satzung der Hauptversammlung vorbehalten oder den BezKV. übertragen sind, wird im § 137 die Bestimmung der Aufgaben des Bezirksvorstandes der Satzung und den Sondervorschriften übertragen. Dies Bestimmungsrecht findet eine Grenze in der Vorschrift des § 141: die hier bezeichneten Aufgaben können dem Vorstande nicht übertragen werden. Eine weitere Begrenzung liegt im § 148: soweit die Satzung die Einrichtung einer „Bezirksverwaltung" vorgesehen und deren Tätigkeitskreis bestimmt hat, muß dies bei Ausführung des § 137 berücksichtigt werden (zu vgl. auch §§ 155 ff.). Die Begr. bemerkt deshalb: „Grundsätzlich hat dieser alle Angelegenheiten zu erledigen, die nicht durch das Ges., die Satzung oder die Sondervorschrift der Bezirksversammlung oder anderen Organen übertragen sind." (Begr. S. 68.)

§ 138.

(Abs. 1.) Für die Beschlußfassung des Bezirksvorstandes gilt § 118 Abs. 1 entsprechend.[1])

(Abs. 2.) Eine Mehrheit von zwei Dritteln der dem Vorstand angehörenden Stimmen ist erforderlich

1. bei der Auslegung der Sondervorschriften,
2. bei dem Erlasse der Wahlordnung für die Wahl der Knappschaftsältesten.

(Abs. 3.) Eine getrennte Abstimmung in den Gruppen der Arbeitgeber und Versicherten und eine Mehrheit in beiden Gruppen ist erforderlich

1. bei der Abstimmung über die Befreiung von der Krankenversicherungspflicht (§ 11 Abs. 2) und der Invalidenversicherungspflicht (§ 68 Abs. 2),
2. bei der Anstellung leitender Angestellten.

(Abs. 4.) Wird ein Antrag abgelehnt, so gilt § 118 Abs. 4 Satz 1 entsprechend. Im Falle wiederholter Ablehnung eines Antrags ist zunächst der Vorstand des Reichsknappschaftsvereins anzurufen.[2]) Lehnt auch dieser den Antrag ab, so kann, wenn die Entscheidung für den Bezirksknappschaftsverein von erheblicher Wichtigkeit ist, die Entscheidung des Reichsarbeitsministers angerufen werden. Die Entscheidung kann nur mindestens ein Drittel der Vertreter der Arbeitgeber oder der Versicherten im Vorstand und nur innerhalb eines Monats vom Tage der wiederholten Abstimmung ab beantragen.

§ 129 Entw.

1. Die Beschlußfassung im Bezirksvorstand ist entsprechend derjenigen des Knappschaftsvorstandes geregelt. Die Fassung des § 138 beruht ebenso wie die des § 118 auf den Beschlüssen des Sozialpolitischen Ausschusses des Reichstags (Ber. S. 39). Zu vgl. § 118 Anm. 1 bis 6.

2. An Stelle des durch § 118 Abs. 4 berufenen RAM. hat im Falle des § 138 Abs. 4 zunächst der Vorstand des RKV. zu entscheiden, im Falle, daß auch dieser den Antrag ablehnt, kann unter der Voraussetzung, daß die Entscheidung für den BezKV. von erheblicher Wichtigkeit ist, der RAM. angerufen werden. Zu dieser materiellen Voraussetzung treten dann die im Abs. 4 Satz 4 bezeichneten weiteren Voraussetzungen hinzu.

§ 139.

Der Bezirksvorstand erhält eine Bescheinigung des Reichsarbeitsministers über seine Zusammensetzung und die ihm übertragenen Aufgaben.[1])

§ 130 Entw.

1. Zu vgl. § 116 Abs. 3 Anm. 7.

§ 140.[1])

(Abs. 1.) Die Vertreter der Arbeitgeber in der Bezirksversammlung und ihre Ersatzmänner werden von den Arbeitgebern aus deren Mitte, die Vertreter der Versicherten und ihre Ersatzmänner von den Knappschaftsältesten und Angestelltenältesten nach den Grundsätzen der Verhältniswahl aus deren Mitte gewählt. § 134 Abs. 2 gilt entsprechend.[2])

(Abs. 2.) Sowohl die Arbeitgeber als auch die Versichertenvertreter können sich in der Bezirksversammlung durch besonders hierzu bevollmächtigte Personen vertreten lassen.[3])

§ 131 Entw.

1. Vgl. § 134 Abs. 2 und 3.

2. Der Abs. 1 hat seine endgültige Fassung in der Vollsitzung des Reichstags vom 12. Juni 1923 erhalten (Stenogr. Ber. S. 11300 zu § 131).

3. Die Bestimmung des Entw. (§ 131 Abs. 2 Satz 2), daß als Vertreter eines Ältesten nur wiederum ein gleichartiger Ältester

bevollmächtigt werden dürfe, um zur Teilnahme an der Bezirksversammlung berechtigt zu sein, ist vom Sozialpolitischen Ausschuß des Reichstags gestrichen worden (Ber. S. 39). Dadurch ist die Möglichkeit geschaffen worden, daß Personen, die dem Knappschaftswesen fernstehen oder dem BezKV. nicht angehören und denen die für die Wählbarkeit vorgeschriebenen Voraussetzungen fehlen, an den Bezirksversammlungen teilnehmen und deren Beschlüsse entscheidend beeinflussen.

§ 141.

Die Bezirksversammlung hat folgende Aufgaben:

1. Wahl der Vertreter zur Hauptversammlung des Reichsknappschaftsvereins,[1])
2. Erlaß und Änderung der Sondervorschriften,[2])
3. Wahl eines Ausschusses zur Prüfung und Abnahme der Krankenkassenjahresrechnung.[3])

§ 132 Entw.

1. Zu vgl. § 123 und die Anm. 3 und 4 daselbst.
2. Zu vgl. § 9 und § 10.
3. Zu vgl. § 125 und Anm. 4 daselbst.

§ 142.[1])

Für die Beschlußfassung der Bezirksversammlung gilt § 126 entsprechend. Das Stimmverhältnis wird durch die Sondervorschriften geregelt.

§ 133 Entw.

1. Zu vgl. § 126 und die Anm. 1 und 2. Eine Regelung des Stimmverhältnisses durch die Sondervorschriften wird hier — im Gegensatz zur Hauptversammlung — häufig am Platze sein; insbesondere kann es geboten erscheinen, die Abstimmungen nach einem Stimmverhältnis erfolgen zu lassen, das nach der Zahl der auf den einzelnen Werken beschäftigten oder den einzelnen Ältestensprengeln angehörenden Mitglieder verschieden abgestuft ist (zu vgl. Steinbrinck-Reuß, § 61 Anm. 8).

§ 143.

(Abs. 1.) Die Satzung kann bestimmen, daß die Besorgung laufender Geschäfte des Bezirksvorstandes einem oder mehreren Mitgliedern des Bezirksvorstandes oder leitenden Angestellten „der Bezirksverwaltung" übertragen wird.[1]) Zu den laufenden Geschäften gehört die Entscheidung über Ansprüche der Versicherten, soweit nicht die Entscheidung über Leistungen der Pensionskasse einem Ausschuß vorbehalten ist, über den Satzung und Sondervorschriften Näheres bestimmen.

(Abs. 2.) Die Ausschüsse werden nach § 133 zusammengesetzt; sie sind getrennt für Arbeiter und für Angestellte zu bilden.[2]) Die Mitglieder der Ausschüsse werden in getrennter Wahl von den Vertretern der Arbeitgeber und der Versicherten im Bezirksvorstand aus deren Mitte oder aus den in den Bezirksvorstand wählbaren Personen nach den Grundsätzen der Verhältniswahl gewählt.[3])

(Abs. 3.) In die Geschäftsführung der Bezirksknappschaftsvereine ist mindestens je ein Vertrauensmann der Versicherten zu übernehmen. Die Wahl der Vertrauensmänner erfolgt für jeden Bezirksknappschaftsverein durch dessen Vorstand auf Grund von Vorschlagslisten, die gemeinsam durch die beteiligten Arbeitnehmerverbände eingereicht werden und mindestens je drei Namen enthalten müssen.[4])

§ 139 Entw.

1. Zu vgl. § 121 und die Anm.

2. „Ausschüsse werden wohl zweckmäßig in allen BezKV. gebildet werden müssen, um den Vorstand von den regelmäßig wiederkehrenden Entscheidungen zu entlasten. Wie bisher in den meisten KnV. werden diese Ausschüsse für bestimmte Be-

zirke zu errichten sein und dort die laufenden VGeschäfte, soweit sie nicht von der Verwaltung zu erledigen sind, bearbeiten. Außerdem wird man zweckmäßig noch Ausschüsse für besondere Sachgebiete (Vermögensausschuß, Kurausschuß, Personalausschuß usf.) bilden." (Begr. S. 68.)

Wegen des Ausschusses für die Entscheidungen über Streitfälle über Leistungen der KrK. vgl. § 159, wegen des Ausschusses für die Entscheidungen über Leistungen der PK. vgl. § 155 Abs. 3, wegen des Ausschusses für die Feststellung der Leistungen der JVers. vgl. § 160, wegen des entsprechenden Ausschusses für die Feststellung der Leistungen der AV. vgl. § 161.

3. „Die Trennung der Ausschüsse in solche für Arbeiter und Angestellte ist durch die Verschiedenheit der VGebiete notwendig." (Begr. S. 68.)

4. Zu vgl. § 121 und Anm. 4 und 5 daselbst.

§ 144.

Für die Wahl der Vorsitzenden des Bezirksvorstandes,[1]) der Bezirksversammlung und der Ausschüsse gilt § 127 Satz 1, für die Amtsdauer gilt § 128 entsprechend.[2])

§ 135 Entw.

1. Der § 127 Abs. 1 wird hier also ausgedehnt auf die Wahlen des Vorsitzenden der Hauptversammlung und der Ausschüsse. Zu vgl. Anm. 1 daselbst.

2. Zu vgl. § 128 und Anm. 2 daselbst.

§ 145.

(Abs. 1.) Alle Erklärungen des Bezirksvorstandes ergehen im Auftrag des Reichsknappschaftsvereins. Sie sind für diesen verbindlich, wenn sie von den im Abs. 2 vorgesehenen Personen und in der im Abs. 3 vorgeschriebenen Form vollzogen werden.[1])

(Abs. 2.) Nach außen sind Erklärungen, die vom Bezirksknappschaftsvereine für den Reichsknappschafts-

verein abgegeben werden, verbindlich, wenn sie von einer oder mehreren zur Zeichnung befugten Personen nach näherer Bestimmung der Sondervorschriften gezeichnet sind.

(Abs. 3.) In welcher Form Anordnungen des Bezirksvorstandes oder der Bezirksverwaltung mit verbindlicher Wirkung für Arbeitgeber und Versicherte zu erlassen und bekanntzumachen sind, bestimmen die Sondervorschriften.[2])

§ 136 Entw.

1. „Der Bezirksvorstand arbeitet als Unterorgan des RKV., der sich seiner als örtlicher Verwaltungsstelle bei Durchführung der Versicherung (§ 9) bedient. Es muß ihm daher durch das Gesetz eine Vertretungsbefugnis nach außen übertragen werden, und seine Erklärungen müssen für den RKV. verbindlich sein." (Begr. S. 68.)

2. Zu vgl. § 122 und Anm. 2 daselbst. Es wird im Interesse der Beteiligten liegen, die Bekanntmachung derartiger Anordnungen tunlichst in gleicher Weise erfolgen zu lassen wie die Bekanntmachung der im § 122 bezeichneten Erklärungen des Vorstandes des RKV.

III. Besondere Krankenkassen.[1])[2])

§ 146.

Für besondere Krankenkassen gelten die §§ 129 bis 145 mit folgender Maßgabe:

1. sind die Wahlen der Knappschaftsältesten und Angestelltenältesten nicht durch die Satzung den besonderen Krankenkassen übertragen, so finden keine besonderen Wahlen der Ältesten statt, vielmehr gilt die Wahl im Bezirksknappschaftsverein auch für die Krankenkasse;

2. durch die Satzung kann bestimmt werden, daß an Stelle von Ältesten sämtliche Versicherten, die großjährig und im Besitze der bürgerlichen Ehrenrechte sind, an der Hauptversammlung der Krankenkasse teilnehmen.

§ 137 Entw.

1. Zu vgl. § 7 Ziffer 6, 7, 8, §§ 8, 9, 10, 13, 14, 16.

2. „Da die bes. KrK. sich, wenn auch unter Aufsicht der BezKV., selbst verwalten sollen, ist die Bildung einer besonderen Hauptversammlung und eines besonderen Vorstands für sie erforderlich." (Begr. S. 68.)

IV. Angestellte und Arbeiter.

Vorbemerkung.

Die Erörterungen über das Dienstrecht der KnAngestellten haben sowohl bei den Vorverhandlungen des Allgemeinen Deutschen Knappschaftsverbandes als auch bei den Beratungen des RWR. und des Reichstags einen breiten Raum eingenommen. Der Entw. begründet die Notwendigkeit einer einheitlichen Regelung des Dienstrechts im Rahmen des RKG. wie folgt:

„In den bisherigen Landesgesetzen sind die Rechts- und allgemeinen Dienstverhältnisse der Angestellten der KnV. nicht durch Sondervorschriften geregelt. Das Preuß. KnG. vom 17. Juni 1912 beschränkt sich auf die Vorschrift des § 55 Abs. 3 Nr. 2, wonach die Auswahl der Beamten des Vereins und der Abschluß der Verträge mit ihnen zu den Obliegenheiten des Vorstandes gehört. Diese Vorschrift ist in der Praxis nur auf diejenigen Beamten bezogen worden, die ermächtigt sind, den KnV. rechtsverbindlich zu vertreten und für ihn rechtsverbindliche Erklärungen abzugeben. Die Anstellung aller übrigen Angestellten hat man als zu den Geschäften der „laufenden Verwaltung" im Sinne des § 56 des KnG. gehörig angesehen. Demgemäß ist durch die Knappschaftssatzungen durchweg die Einstellung und Entlassung der Beamten, die nicht zur Zeichnung befugt sind, der Verwaltung übertragen worden. Sowohl die vom Vorstand wie die von der Verwaltung angestellten Beamten sind nach bisheriger Auffassung Privatbeamte, deren Rechtsverhältnisse ausschließlich durch den Anstellungsvertrag bestimmt werden. Ähnlich ist die Rechtslage in den übrigen Ländern.

Die Knappschaftsangestellten sind wiederholt unter Hinweis auf die gesetzliche Regelung des Dienstrechtes der Beamten bei den übrigen sozialen VTrägern durch die Reichsversicherungsgesetze wegen einheitlicher Regelung auch ihrer Anstellungsverhältnisse vorstellig geworden und haben entsprechende Anträge an die gesetzgebenden Körperschaften gerichtet. Diese Anträge haben jedoch zu einer gesetzlichen Regelung nicht geführt, weil das Bedürfnis einer allgemeinen Regelung nicht anerkannt wurde.

Auch der Allgemeine Deutsche Knappschaftsverband hat sich in den Jahren 1913/14 mit den Wünschen der Angestellten nach Erlaß einer einheitlichen Dienstordnung beschäftigt. Bei den Verhandlungen ist auf die außerordentliche Verschiedenartigkeit der Verhältnisse in den einzelnen Bezirken hingewiesen worden. Bei den größeren KnV. werden die Bürogeschäfte von hauptamtlich tätigen Angestellten erledigt, deren Anstellungsverhältnisse geordnet sind, während die kleineren Vereine die Arbeiten zumeist von Werksbeamten im Nebenamt ausführen lassen. Der Knappschaftsverband hat sich darauf beschränkt, den Vereinen das Muster eines einheitlichen Dienstvertrages und gewisse Leitsätze für den Fall an die Hand zu geben, daß sie den Erlaß einer Dienstordnung für zweckmäßig erachten.

Mit der Schaffung des RKV. fallen die kleineren Vereine fort, und die nebenamtliche Erledigung der Bürogeschäfte durch Werksbeamte wird wesentlich eingeschränkt werden. Wie in der allgemeinen Begründung ausgeführt wurde, hält der Entwurf an dem bewährten Grundsatz der ehrenamtlichen Selbstverwaltung fest. Dabei muß aber dem Umstande Rechnung getragen werden, daß zur Bewältigung der umfangreichen Geschäfte sowohl beim RKV. wie bei den BezKV.

unter und neben den Organen der Selbstverwaltung **Beamte** in erheblicher Zahl tätig werden müssen, für welche diese Tätigkeit den Haupt- und Lebensberuf bildet. Eine einheitliche Regelung der Rechts- und Dienstverhältnisse der Knappschaftsbeamten erscheint geboten. Dabei ist es nicht angängig, Vorschriften der Reichsversicherungsgesetze über die Beamten anderer VTräger schlechthin zu übernehmen, weil sich entsprechend dem verschiedenen Gepräge und Aufbau der sozialen VTräger und unter dem Einfluß der geschichtlichen Entwickelung die Anstellungsverhältnisse der Beamten außerordentlich verschieden gestaltet haben." Die Begr. gibt sodann einen Überblick über die Regelung der Anstellungsverhältnisse bei den übrigen VTrägern, wobei sie darauf hinweist, daß die Beamten der LVAnstalten — deren Verfassung ein behördliches Gepräge habe — Beamteneingenschaft besitzen, und fährt fort: „Mit dem RKV. wird ein neues Versicherungsgebilde geschaffen, für das es an einem Vorbilde fehlt. Die Anstellungs- und Dienstverhältnisse der Angestellten dieses VTrägers sind so zu ordnen, wie es den besonderen Aufgaben, Bedürfnissen und Verhältnissen des RKV. entspricht. Dabei sind die grundlegenden Änderungen des Arbeitsrechts zu beachten, die durch die neuere Gesetzgebung, insbesondere durch die Verfassung des Deutschen Reiches vom 11. August 1919 und das Betriebsrätegesetz vom 4. Februar 1920, herbeigeführt sind." (Begr. S. 68/69.)

Die Begr. legt weiterhin dar, daß die sämtlichen Angestellten des RKV., der BezKV. und der bes. KrK. einen einheitlichen Beamtenkörper bilden, der sich aus sich selbst ergänzt, unterscheidet im einzelnen aber folgende Hauptgruppen von Angestellten:

1. Den hauptamtlich beschäftigten Büro-, Kanzlei- und Unterbeamten sollen nach dem Vorbild des § 1348 RVO., betreffend die Beamten der LVAnstalten, Rechte und Pflichten der Reichsbeamten beigelegt werden. Begründet wird dieser Vorschlag hauptsächlich damit, daß die dauernd angestellten Beamten der KnV. in ihrer überwiegenden Mehrzahl gegenwärtig bereits eine Stellung haben, die derjenigen der Beamten entspricht, und daß es naheliege, den tatsächlich bestehenden Zustand ge-

setzlich zu fixieren. Die Begr. würdigt die gegen eine solche Regelung aus Kreisen der KnAngestellten erhobenen Einwendungen, namentlich die Bedenken, die aus der Möglichkeit einer Anwendung des sog. Besoldungssperrgesetzes vom 21. Dez. 1920 (RGBl. S. 2117) sowie aus der etwaigen Versagung des Streikrechts hergeleitet sind, und gelangt zu dem Ergebnis, daß diesen Bedenken keine ausschlaggebende Bedeutung beizumessen sei.

2. Angestellte, die auf Kündigung, auf Probe oder zu vorübergehender Dienstzeit angenommen werden, sowie die zur Vorbereitung oder nur im Nebenamt beschäftigten Angestellten sollen freie Angestellte bleiben.

3. Geschäftsleitende Beamte werden in die Regelung des Entw. nicht einbezogen.

Die hier kurz skizzierten Vorschläge haben nicht die Zustimmung des RWR. und des Reichstags gefunden. Bei den Verhandlungen im RWR. ist die Regelung des Dienstrechtes der Kn.-Angestellten mit der Frage der Aufnahme von Arbeitnehmervertretern in die Verwaltungen des RKV. und der BezKV. verknüpft worden. Der RWR. hat sich bereit erklärt, einem Bedürfnis der Angestellten nach einer dauerhaften wirtschaftlichen Sicherstellung, wie es das lebenslängliche Angewiesensein auf einen derartig spezialisierten Beruf mit sich bringe, ohne „Verbeamtung" Rechnung zu tragen, und demgemäß vorgeschlagen, daß in Übereinstimmung mit § 104 AVG. i. d. F. d. G. vom 10. Nov. 1922 die lebenslängliche und ruhegehaltsberechtigte Anstellung nicht zwingenden Rechts sein soll. „Im Falle solcher Anstellung soll aber für Besoldungen und Versorgungsansprüche mindestens jenes Maß gelten, welches entsprechende Klassen der Reichsbeamten genießen. Das übrige soll der Dienstordnung anheimgegeben werden, welche die Besoldungen, die Grundsätze für die Gewährung von Ruhegehalt und Hinterbliebenenversorgung, Anrechnungen auf das Besoldungs- und auf das Pensionsdienstalter festsetzen muß und bei ihrer Ausgestaltung an die Mitwirkung der Angestelltenvertretung gebunden ist." (Vgl. den zweiten Ber. des Sozialpolitischen Ausschusses des RWR. Nr. 5249 der Drucksachen des Reichstags S. 4.) Die Verhandlungen des Reichstags haben sich ungefähr in der gleichen Richtung bewegt. Die Reichsregierung hat bei der zweiten Lesung erklärt, daß sie nach dem Ergebnisse der Beratungen im RWR., keinen Wert mehr auf die von ihr vorgeschlagene Regelung lege, daß sie aber gegen Einzelheiten in den Abänderungsvorschlägen Bedenken habe, weil die Angelegenheit noch nicht spruchreif sei: Es sei eine generelle Neuregelung des Dienstrechts der Angestellten der VTräger in Aussicht genommen, weil in den gegenwärtig für die verschiedenen VTräger bestehenden Vorschriften nicht nur sachlich unbegründete Unterschiede, sondern auch Unklarheiten beständen, z. B. über das Verhältnis von Dienstordnung zum Tarifvertrag und von Dienstordnung zum Betriebsrätegesetz. Aus Anlaß der Beratungen des RKG. die außerordentlich wichtige und politisch stark umstrittene Angelegenheit nach der einen oder anderen Richtung hin jetzt zu regeln, erscheine bedenklich. Deshalb werde auch für das RKG. die neutrale Fassung vorgeschlagen, die im AVG. vom 10. Nov. 1922 (§ 104) beschlossen worden sei. Entsprechend dieser vom Reichstagsausschuß gebilligten grundsätzlichen Stellungnahme sind die Vorschriften der §§ 147 ff. dahin gestaltet, daß die Anstellungs- und Dienstverhältnisse der Kn.-Angestellten durch eine von RKV. aufzustellende Dienstordnung geregelt werden, die vorbehaltlich eines etwa abgeschlossenen Tarifvertrages die Gehaltsbezüge, die Grundsätze für Anstellung, Dienstentlassung, Ruhestandsversorgung und Hinterbliebenenfürsorge festzusetzen hat. Nach dieser Regelung bleiben die Kn.-Beamten Privatangestellte. Das im Entw. in der Überschrift des IV. Unterabschnitts enthaltene Wort „Beamte" ist gestrichen, auch sonst das Wort „Beamte" überall durch „Angestellte" ersetzt. Nach den Erklärungen der Reichsregierung ist die im RKG. beschlossene Regelung als eine zwischenzeitliche anzusehen, deren Dauer von dem Zustandekommen der beabsichtigten generellen Neuordnung des Angestelltendienstrechts bei den sozialen Vers.-Trägern abhängig ist.

§ 147.

(Abs. 1.) Die Anstellungs- und Dienstverhältnisse der Angestellten [1] [2]) des Reichsknappschaftsvereins, der Bezirksknappschaftsvereine und der besonderen Krankenkassen werden vorbehaltlich der Vorschrift im § 148 durch eine Dienstordnung [3]) geregelt. Wer der Dienstordnung unterstehen soll, wird durch schriftlichen Vertrag angestellt.[4]) Läuft eine Bestimmung des Anstellungsvertrags der Dienstordnung zuwider, so ist sie nichtig.[5])

[6]) (Abs. 2.) Für Angestellte, die nur auf Probe, zu vorübergehender Dienstleistung oder zur Vorbereitung beschäftigt werden, gilt die Dienstordnung nur, soweit sie es ausdrücklich vorsieht.

§§ 138 und 142 Entw.

1. Die in der Begr des Entw. gemachte Unterscheidung zwischen dauernd im Hauptamt beschäftigten Büro-, Kanzlei- und Unterbeamten und geschäftsleitenden Beamten ist im G. nicht aufrechterhalten. Für die Anstellung leitender Angestellter gelten jedoch die bes. Vorschriften in § 118 Abs. 3 Nr. 2 und in § 138 Abs. 3 Nr. 2.

2. Zu den Angestellten im Sinne des § 147 gehören auch die mit der Krankenkontrolle oder mit sonstigen Aufgaben des Außendienstes betrauten Angestellten (sog. Krankenkontrolleure oder Ermittlungsbeamte) sowie die hauptamtlich tätigen Angestellten der Krankenhäuser, Genesungsheime, Heil- und Pflegeanstalten. Technische Angestellte wie Architekten, Maschinisten, Heizer, Gärtner, Laboranten, Bademeister und das Pflegepersonal in Krankenhäusern usw. gehören dagegen nicht zu den KnAngestellten. Diesen Personen gegenüber, die keine mit den Aufgaben des RKV. unmittelbar zusammenhängende Tätigkeit ausüben, muß grundsätzlich an der Möglichkeit der Kündigung festgehalten werden; das gleiche gilt für die Verwalter oder Verwalterinnen von Kurhäusern oder Erholungsheimen, die nicht aus dem Stande der

KnAngestellten entnommen werden. Ihre Einbeziehung in die Dienstordnung ist daher im allgemeinen nicht angängig. Ebensowenig zählen zu den Angestellten Ärzte, mögen sie als sog. Oberärzte bei den Verwaltungen oder in Krankenhäusern oder Heilanstalten beschäftigt sein, sowie Beamte, die eine höhere wissenschaftliche Tätigkeit ausüben, wie Baubeamte, Statistiker, Mathematiker, Assessoren und dergl. Für die Beurteilung der Rechtsverhältnisse der letzterwähnten Gruppen kommt lediglich der Anstellungsvertrag in Betracht.

Zu den KnAngestellten werden nach dem allgemeinen Sprachgebrauche auch Pförtner, Kanzleidiener, Boten, Aktenträger und dergl. zu zählen sein. Insoweit jedoch mit solchen Diensten, wie bisher vielfach üblich, KnInvalide beschäftigt werden, erscheint die Einräumung von Ruhestandsversorgung und Hinterbliebenenfürsorge durch die Dienstordnung nicht ohne weiteres angängig. Die Invaliden sind nicht als volle Arbeitskräfte zu bewerten, und sie würden gegenüber anderen weiter im Bergbau oder in sonstigen Betrieben beschäftigten KnInvaliden eine unberechtigte Bevorzugung genießen, wenn sie durch Invalidenarbeit zu dem bereits bestehenden Pensionsanspruch eine neue Pensionsanwartschaft erwerben könnten; zum mindesten muß für solche Fälle in der Dienstordnung eine Regelung nach dem Vorbilde der §§ 58 und 59 des Reichsbeamtengesetzes getroffen werden, durch die ein Höchstbetrag der Gesamtpension festgesetzt wird. (Vgl. Begr. zu § 138 Entw. S. 71).

3. Näheres über die Dienstordnung s. Anm. 1, 2 zu § 148.

4. Vgl. die entsprechenden Vorschriften im § 354 Abs. 1, § 692 RVO.

5. Bei den Verhandlungen im Reichstagsausschuß ist anerkannt, daß „für besonders wichtige Stellen Abweichungen von der Dienstordnung möglich sein müßten, und zwar sowohl in bezug auf Gehalt, Dienstalter und Ruhestandsversorgung; es handle sich auch darum, besonders qualifizierte Leute für wichtige Stellen zu erhalten." (Ber. S. 42.) Werden also mit qualifizierten Bewerbern Vereinbarungen getroffen, die mit der Dienstordnung an sich in Widerspruch stehen, findet Satz 3 des Abs. 1 keine Anwendung.

6. Abs. 2 ist dem § 351 Abs. 2, § 690 Abs. 2 RVO. nachgebildet. Die hier bezeichneten Angestellten unterstehen der Dienstordnung im allgemeinen nicht, ihre Rechtsverhältnisse sind vielmehr nach dem mit ihnen abgeschlossenen Privatdienstvertrag zu beurteilen. Über ihre Stellung im einzelnen enthält die Begr. (S. 73) folgende Ausführungen, die durch die Änderungen des G. gegenüber dem Entw. nicht beeinflußt sind:

„Die Bezüge dieser Angestellten sind, soweit nicht etwa ein Tarifvertrag abgeschlossen werden sollte, unter der durch § 78 Nr. 2 des Betriebsrätegesetzes geregelten Mitwirkung der Angestelltenräte festzusetzen, die nach Artikel 165 der Reichsverfassung und den Vorschriften des Betriebsrätegesetzes zu bestellen sind. Die Angestellten haben auch die übrigen durch das Betriebsrätegesetz ihnen zugewiesenen Befugnisse in der Wahrnehmung der wirtschaftlichen und sozialen Angelegenheiten der Angestellten. Mit Rücksicht auf die gesetzlich geregelte Mitwirkung der Angestelltenräte bei Regelung des Dienstverhältnisses erscheint es entbehrlich, in den Entw. Einzelvorschriften über den Inhalt des Anstellungsvertrags, wie über Kündigung, Entlassung, Urlaub, Regelung der Arbeitszeit und dergl., aufzunehmen. Im Falle der Kündigung haben die Angestellten das Recht des Einspruchs gemäß §§ 84 ff. des Betriebsrätegesetzes. Die Behandlung sonstiger Einzelstreitigkeiten ist gleichfalls im Betriebsrätegesetze — § 78 Nr. 4 — geregelt, so daß auch von Sondervorschriften über die Erledigung von Streitigkeiten aus dem Dienstverhältnis abgesehen werden kann.

Die Aufstellung eines einheitlichen Musters für die Dienstverträge der Angestellten wird sich empfehlen; dabei wird auf die Verschiedenheit der Verhältnisse innerhalb der BezKV. Rücksicht zu nehmen sein."

§ 148.

Die Dienstordnung stellt der Reichsknappschaftsverein[1]) auf; sie hat vorbehaltlich eines etwa ab-

geschlossenen Tarifvertrags[2]) die Gehaltsbezüge,[3]) die Grundsätze für Anstellung, Dienstentlassung, Ruhestandsversorgung und Hinterbliebenenfürsorge[4]) zu regeln.

§§ 139 und 140 Entw.

1. Mangels einer abweichenden Vorschrift obliegt die Aufstellung der Dienstordnung dem Vorstande des RKV. (vgl. § 116 Abs. 1). Die Mitwirkung der Angestellten bei Aufstellung der Dienstordnung richtet sich nach den allgemeinen Vorschriften der Reichsverfassung und des Betriebsrätegesetzes. Im Reichstagsausschuß war in der zweiten Lesung zunächst ein Antrag gestellt worden, der darauf hinauslief, unter der Bezeichnung „Gesamtvertretung der Angestellten" nach dem Vorgang im § 61 des Betriebsrätegesetzes eine Sondervertretung des Angestellten zu bilden und hierfür den Weg einer Ver. des RAM. zu wählen, in der auch die Befugnisse der Gesamtvertretung gegenüber den Einzelvertretungen der BezKV. abgegrenzt werden sollten. Der Antrag war vermutlich durch die Erwägung veranlaßt, daß die Dienstordnung nicht lediglich unter Mitwirkung der bei der Verwaltung des RKV. zu bildenden Angestelltenrats bei Ausschaltung der Angestelltenräte der BezKV. aufgestellt werden solle. Er ist jedoch in den Kompromißantrag des zur Lösung von Meinungsverschiedenheiten eingesetzten Unterausschusses nicht übernommen und auch sonst nicht weiterverfolgt worden (vgl. Ber. S. 41/42). Daraus ist zu folgern, daß die Bildung einer Gesamtvertretung der Absicht des G. nicht entsprechen würde. In welcher Weise und in welchem Umfang eine Beteiligung der Angestellten stattfinden soll, ist aus dem Bericht nicht ersichtlich. Es wird aber berücksichtigt werden dürfen, daß dem Vorstande des RKV. Vertreter der Versicherten, nach der zwingenden Vorschrift des § 113 Abs. 1 auch Angestelltenvertreter angehören, und daß diese Zusammensetzung eine den berechtigten Forderungen und Wünschen der Angestellten Rechnung tragende Gestaltung der Dienstordnung gewährleistet.

2. Mit diesem Vorbehalt einen Druck auf Abschluß eines Tarifvertrags auszuüben oder der geplanten allgemeinen Neuregelung des Dienstrechts der Angestellten der VersTräger (s. Vorbemerkung) irgendwie vorzugreifen, ist nicht beabsichtigt. Von einem Ausschußmitglied ist zwar ausgeführt, daß ihm das auf dem Betriebsrätegesetz beruhende Recht auf Mitwirkung bei Regelung der dienstlichen Verhältnisse nicht weit genug gehe, und ein Regierungsvertreter hat dargelegt, daß der Tarifvertrag die wertvollste Quelle für die Fortführung des Arbeiter- und Angestelltenrechts sei. In der eingehenden Aussprache über einen Antrag auf Streichung des Vorbehalts ist aber sowohl aus der Mitte des Ausschusses wie von der Regierung erklärt worden, daß eine Festlegung für die künftige Gesetzgebung hier nicht beabsichtigt sei und nicht erfolge, daß vielmehr nur der bestehende Zustand anerkannt werde (Ber. S. 42). Aus diesem Verlauf der Beratungen sowie aus der Fassung: „vorbehaltlich eines etwa abgeschlossenen Tarifvertrages“ ist zu folgern, daß der RKV. in seinen Entschließungen völlig frei ist. Kommt eine Verständigung über die Dienstordnung zustande, so entfällt der Abschluß eines Tarifvertrags.

3. Die Gehaltsbezüge werden, wie im Entwurf vorgeschlagen war, unter Berücksichtigung wirtschaftlicher Verschiedenheiten innerhalb der in Betracht kommenden Bezirke, etwa durch Festsetzung verschiedener Ortszuschläge nach dem Muster der Reichsbesoldungsordnung, festzusetzen sein. Die Dienstordnung hat auch die Anrechnung der an anderer Stelle verbrachten Dienstzeit auf das Besoldungsdienstalter zu regeln.

4. Die Ruhestandsversorgung usw. wird nach dem Muster der für Reichsbeamte geltenden Vorschriften (vgl. §§ 41 ff. des Reichsbeamtengesetzes i. d. F. vom 18. Mai 1907) zu regeln, insbesondere an die Erfüllung einer bestimmten Wartezeit zu knüpfen sein. Auch über die Anrechnung der Zeit praktischer Beschäftigung bei anderen VersTrägern, bei einer Behörde usw. auf das pensionsfähige Dienstalter hat die Dienstordnung Bestimmung zu treffen.

§ 149.

(Abs. 1.) Die Angestellten werden nach den Vorschriften dieses Gesetzes versichert.[1]) Aus der Pensionsversicherung scheiden sie, soweit nicht die Dienstordnung etwas anderes bestimmt,[2]) aus, sobald ihnen durch die Dienstordnung Anspruch auf Ruhestandsversorgung und Hinterbliebenenfürsorge eingeräumt wird; die bis zum Ausscheiden erworbenen Ansprüche können durch Zahlung von Anerkennungsgebühren erhalten werden.[3])

(Abs. 2.) Angestellte dürfen nicht ehrenamtliche Mitglieder der Vorstände des Reichsknappschaftsvereins, der Bezirksknappschaftsvereine oder der besonderen Krankenkassen sein.[4])

§ 141 Entw.

1. Abweichend von § 141 Entw. ist hier grundsätzlich bestimmt, daß die Angestellten der V. nach dem RKG. unterliegen. Es gelten also alle einschlägigen Vorschriften des RKG. selbst oder der RVO. oder des AVG., z. B. auch §§ 169, 172 RVO., betr. VersFreiheit in der KrV., § 20 Abs. 2, 3 RKG., betr. VersFreiheit und Befreiung von der Pensionsversicherung, §§ 9, 10, 10 a, 11 AVG., betr. VersFreiheit und Befreiung von der Versicherungspflicht in der AV., und §§ 15, 15 a AVG., betr. freiwillige Vers. in der AV.

2. Der Anspruch auf Ruhestandsversorgung und Hinterbliebenenfürsorge wird durch die Dienstordnung voraussichtlich erst nach einer mehrjährigen — etwa zehnjährigen — Dienstzeit eingeräumt werden. Mit Rücksicht hierauf empfiehlt es sich, hinsichtlich des Ausscheidens aus der PV. Ausnahmen durch die Dienstordnung zugunsten solcher Personen zuzulassen, die erst in vorgerücktem Lebensalter Angestellte im Sinne des § 147 werden, wie z. B. häufig die Krankenkontrolleure. Um diesen Personen einen Anspruch auf Pension und Hinterbliebenenfürsorge auch für den Fall zu sichern, daß sie eine zehnjährige Dienstzeit nicht erreichen sollten, wird die Dienstordnung zu bestimmen haben, ob und in welcher Weise die bis zur Anstellung erworbenen Ansprüche

aus der PV. für den gedachten Fall nicht nur erhalten, sondern auch gesteigert werden können. (Vgl. Begr. zu § 141 Entw. S. 73.)

3. Für die aus der PV. ausgeschiedenen KnAngestellten gelten die gleichen Vorschriften wie für alle anderen AnerkGebZahler (vgl. § 46 und Anm. 5 und 7 daselbst).

4. Abs. 2 entspricht dem § 21 Abs. 4 RVO.

§ 150.

Die in Diensten des Reichsknappschaftsvereins, der Bezirksknappschaftsvereine oder der besonderen Krankenkassen beschäftigten Arbeiter werden nach den Vorschriften dieses Gesetzes versichert.[1]) § 149 Abs. 2 gilt entsprechend.[2])

§ 143 Entw.

1. Es kommen hauptsächlich das Haus- und Pflegepersonal in Krankenanstalten, Heizer, Handwerker usw. in Betracht. Daß der RKV. als VersTräger für diese Personen eintritt, liegt nahe, weil sie sonst bei den Ortskrankenkassen und LVAnstalten zu versichern wären. Der PV. unterliegen sie, abgesehen von der Erfüllung der gesundheitlichen Voraussetzungen, nur, wenn sie als mit kn. Arbeit beschäftigt anzusehen sind (vgl. Anm. 2a zu § 19). Die Wahrnehmung ihrer wirtschaftlichen Interessen nach den Vorschriften des Betriebsrätegesetzes obliegt den Arbeiterräten.

2. Vgl. Anm. 4 zu § 149.

Elfter Abschnitt.

Aufsicht.[1])

§ 151.

(Abs. 1.) Die Aufsicht über den Reichsknappschaftsverein, die Bezirksknappschaftsvereine und die besonderen Krankenkassen führt der Reichsarbeitsminister.[2]) Für ihre Handhabung gelten die §§ 30 bis 34 der Reichsversicherungsordnung.

(Abs. 2.) Bei Beschwerden über die Geschäftsführung des Reichsknappschaftsvereins entscheidet der Reichsarbeitsminister endgültig.

[3]) (Abs. 3.) Der Reichsarbeitsminister soll mit der Aufsicht über die Bezirksknappschaftsvereine und besonderen Krankenkassen die zuständigen Landesbehörden betrauen. Erstreckt sich ein Bezirksknappschaftsverein oder eine besondere Krankenkasse über Gebiete mehrerer Länder, so ist die Behörde des Landes zuständig, in dessen Gebiet der Bezirksknappschaftsverein seinen Sitz hat. Wegen der Aufsicht über die besonderen Krankenkassen bestimmt der Reichsarbeitsminister Näheres.

§ 144 Entw.

1. Die bisherigen das Knappschaftswesen regelnden Landesgesetze übertrugen die Aufsicht über die KnV. den Oberbergämtern oder Bergämtern (Preuß. KnG. §§ 65 bis 68, Sächsisches KnG. §§ 214 ff., Bayerisches Berggesetz § 242). Sie bestimmten den Inhalt dieses Aufsichtsrechts im allgemeinen dahin, daß die Oberbergämter die Beobachtung der für die Tätigkeit der KnV. in Betracht kommenden Ges. und der Satzungen zu überwachen haben, daß ihnen die Bestätigung der Vereinssatzungen nach Maßgabe des Gesetzes obliegt und daß sie die Befolgung der gesetzlichen und Satzungsvorschriften durch Ordnungsstrafen gegen die Vorstandsmitglieder erzwingen können. (Einzelheiten: zu vgl. a. a. O.)

2. „Die allgemeine Aufsicht über den RKV., einschl. der BezKV. und bes. KrK. als örtlicher Verwaltungsstellen, kann nur von einer Reichsbehörde geführt werden. Das Ges. überträgt sie dem RAM., in dessen Zuständigkeitsbereich die sozialen Versicherungsangelegenheiten fallen. Für die Ausübung der Aufsicht sollen die allgemeinen Vorschriften der §§ 30 bis 34 der RVO. gelten. Das Aufsichtsrecht erstreckt sich mithin darauf, daß Ges., Satzung und die Sondervorschriften der Bezirksvereine beachtet werden. Die Mittel, deren sich der RAM. bei Handhabung der Auf-

sicht bedienen kann, ergeben sich aus den §§ 31 bis 34 a. a. O. Das Aufsichtsrecht schließt naturgemäß die Entscheidung über Beschwerden gegen die Geschäftsführung der RKV. in sich." (Begr. S. 74.)

Im einzelnen enthalten die §§ 31 bis 34 RVO. folgende Vorschriften:

„§ 31. Die Aufsichtsbehörde kann jederzeit die Geschäfts- und Rechnungsführung des VersTrägers prüfen.

Die Mitglieder seiner Organe, seine Vertrauensmänner, Beamten und Angestellten haben der Aufsichtsbehörde oder ihren Beauftragten auf Verlangen alle Bücher, Rechnungen, Belege und Verhandlungen sowie die von ihnen verwahrten Urkunden, Wertpapiere und Bestände vorzulegen und alles mitzuteilen, was zur Ausübung des Aufsichtsrechts gefordert wird.

Die Aufsichtsbehörde kann die im Abs. 2 Bezeichneten, vorbehaltlich des § 985 Abs. 2, durch Geldstrafen bis zu eintausend Mark anhalten, das Gesetz und die Satzung zu befolgen.

(Wegen der Erhöhung der Geldstrafen zu vgl. Ges. über Erhöhung von Geldstrafen in der RVO. und im VersGes. für Angestellte vom 24. Juni 1922, RGBl. I S. 566.)

§ 32. Die Aufsichtsbehörde kann verlangen, daß die Organe zu Sitzungen einberufen werden; wird dem nicht entsprochen, so kann sie die Sitzungen selbst anberaumen und die Verhandlungen leiten.

§ 33. Sie entscheidet, unbeschadet der Rechte Dritter und soweit das Gesetz nichts anderes vorschreibt, bei Streit über Rechte und Pflichten der Organe und ihrer Mitglieder, über die Auslegung der Satzung und über die Gültigkeit der Wahlen.

§ 34. Der Aufsicht unterstehen auch die vom VersTräger errichteten oder unterhaltenen Genesungsheime, Heil- und Pflegeanstalten.

Die Aufsichtsbehörde kann zu ihren Besichtigungen Vertreter der Arbeitgeber und der Versicherten zuziehen."

Zur Auslegung dieser Vorschriften vgl. Hanow, Kommentar zur RVO., Anm. zu §§ 30—34; Hahn, Handbuch der Krankenversicherung, Anm. zu §§ 30—34, Hoffmann, Handkommentar zur RVO., Anm. zu §§ 30—34, und die oben mitgeteilte Stelle der Begr.

3. „Da eine zentrale Stelle die Aufsicht nicht innerhalb des gesamten Reichsgebiets unmittelbar ausüben kann und von örtlich zu erledigenden Geschäften entlastet werden muß, ist nach dem Vorbilde des § 110 der RVO. vorgesehen, daß der RAM. die Aufsicht über die BezKV. und bes. KrK. den zuständigen Landesbehörden übertragen soll. Dadurch wird die Fühlung der bisher zuständigen Behörden mit dem Knappschaftswesen erhalten und zugleich die Möglichkeit geboten, ihre Erfahrungen und ihre Kenntnis örtlicher Verhältnisse sowie etwaiger Besonderheiten des Bergbaues in einzelnen Ländern zum Nutzen des RKV. zu verwerten. Die letzte Entscheidung in strittigen oder zweifelhaften Fragen, wie z. B. über die Knappschaftspflicht eines Betriebes nach § 2 Abs. 3 des Entw., bleibt jedoch stets dem RAM. vorbehalten; auch sind seine Anweisungen für die Ausübung des Aufsichtsrechts durch die Landesbehörden bindend. Welche Landesbehörde zuständig ist, ergibt sich aus den Verfassungsvorschriften des betreffenden Landes. Erstreckt sich der Bezirk eines KnV. oder einer bes. KrK. über mehrere Länder, so ist die Behörde des Landes zuständig, in dem die Bezirks- oder Krankenkassenverwaltung ihren Sitz hat." (Begr. S. 74.) Der Inhalt der den Landesbehörden übertragenen Aufsicht bestimmt sich im allgemeinen nach Abs. 1, soweit nicht durch die Anweisungen des RAM. oder durch das Verhältnis des RKV. zu den BezKV. Änderungen eintreten.

§ 152.

Beschwerden über die Geschäftsführung der Bezirksknappschaftsvereine sind beim Vorstand des Reichsknappschaftsvereins und in weiterer Instanz beim Reichsarbeitsminister anzubringen.[1]) Der Reichsarbeitsminister entscheidet in Angelegenheiten von grundsätzlicher Bedeutung nach Anhörung der im § 151 Abs. 3 bezeichneten Landesbehörde.

§ 145 Entw.

1. „Der hier vorgesehene Instanzenzug bei Behandlung von Beschwerden über die Geschäftsführung der BezKV. ergibt sich

aus dem Aufbau des RKV. und dem Aufsichtsrecht des RAM. Die Anhörung der Landesbehörde in Angelegenheiten von grundsätzlicher Bedeutung erscheint angezeigt, um durch sachkundige Beratung eine zutreffende, den Bedürfnissen der Praxis und etwaigen Sonderverhältnissen entsprechende Entscheidung zu gewährleisten." (Begr. S. 74.)

Die im Entw. vorgesehene Anhörung des Reichsknappschaftsrates ist infolge Wegfalls dieses Organs gestrichen worden (Ber. S. 42).

Zwölfter Abschnitt.

Festellung der Leistungen.[1])

§ 153.

(Abs. 1.) Die Leistungen des Reichsknappschaftsvereins werden vorbehaltlich des Abs. 3 auf Antrag festgestellt.[2]) Die Feststellung geschieht durch die Bezirksknappschaftsvereine oder die besonderen Krankenkassen im Auftrag des Reichsknappschaftsvereins.[3])

(Abs. 2.) Minderjährige, die das sechzehnte Lebensjahr vollendet haben, können selbständig den Antrag für sich stellen und ihn selbständig verfolgen.[4])

(Abs. 3.) Über die Berechtigung zum Bezuge von Leistungen der Pensionskasse kann auch ohne Antrag entschieden werden.[5])

§ 146 Entw.

1. Zu §§ 146 bis 159. „Das Verfahren schließt sich grundsätzlich für alle Versicherungszweige an die Vorschriften der RVO. an, die damit auch für die PV. Geltung erlangen. Nur das Verfahren bei Feststellung der Leistungen durch die BezKV. ist in Anlehnung an den bisherigen Rechtszustand zum Teil abweichend von der RVO. geordnet, insbesondere findet eine Mitwirkung des VA. nicht statt.

Gegen Bescheide des BezKV. ist das Rechtsmittel der Berufung an ein besonderes OVA. im Sinne der RVO., das KOVA., gegeben. Gegen Urteile des KOVA. ist in Sachen der PV. der Arbeiter schlechthin, in Sachen der KrV. und der JVers. mit den sich aus der RVO. ergebenden Beschränkungen die Revision an das RVA. zulässig. Dieses entscheidet durch einen besonderen Senat, Knappschaftssenat, zu dem als Vertreter der Arbeitgeber und der Versicherten Angehörige kn. Betriebe zugezogen werden. In Sachen der AV. entscheidet in letzter Instanz das OSchG. dieser Vers., gleichfalls unter Zuziehung von Angehörigen kn. Betriebe als Versicherungsvertretern, wenn es sich um grundsätzliche Fragen aus dem Bereiche des AVG. handelt." (Begr. S. 34.)

2. „In Erweiterung des nach § 1545 RVO. für die KrV. und die JVers. geltenden Grundsatzes schreibt der Entw. für sämtliche VersLeistungen vor, daß sie auf Antrag festgestellt werden, macht dabei jedoch bezüglich der PKLeistungen den unter Abs. 3 näher begründeten Vorbehalt. Der Antrag auf Feststellung der Leistungen hat die Bedeutung einer rechtsbegründeten Tatsache und ist namentlich für die Vererblichkeit des Anspruchs maßgebend." (Begr. S. 74.)

3. Diese Vorschrift ergibt sich aus dem allgemeinen Verhältnisse der BezKV. und der bes. KrK. zum RKV. Sie sind nicht selbständige VersTräger, sondern geschäftsführende Organe, Verwaltungsstellen des RKV. (zu vgl. §§ 129 ff. und die Anm. daselbst).

4. Vgl. die gleichen Vorschriften der RVO.: § 1591 Abs. 3, § 1650 Abs. 3, § 1658 Abs. 2, § 1679 Abs. 1, § 1698 und § 1701 sowie den § 229 Abs. 3 AVG.

5. Die hier vorgesehene Ausnahme von der allgemeinen Regel des Abs. 1 empfiehlt sich nach praktischen Erfahrungen, um bei PKMitgliedern, die länger als 26 Wochen krankfeiern und ihre kn. Invalidisierung nicht beantragen, das Beitragskonto (durch Buchung der Krankheitswochen und Zeiten nachgewiesener Berufsunfähigkeit) regeln zu können. Vor allem muß auch die Möglichkeit bestehen, unfallverletzte PKMitglieder — die zumeist nur Ansprüche auf Unfallentschädigung erheben — im Falle der Berufsunfähigkeit ohne Antrag invalidisieren zu können, damit

der RKB. die ihm gegenüber dem Träger der UV. zustehenden Ersatzansprüche rechtzeitig innerhalb der Frist des § 1539 der RVO. geltend machen kann. (Begr. S. 74.)

§ 154.[1])

Bei Streit über Leistungen der Krankenkasse entscheidet auf Antrag in erster Instanz ein nach § 143 bestellter Ausschuß.

1. § 154 ist vom Sozialpolitischen Ausschusse des Reichstags eingefügt worden (Ber. S. 43). Ein „Streit über Leistungen der Krankenkasse" wird anhängig, wenn der die Leistungen Beanspruchende die Nichtbewilligung einer KrKLeistung für unbegründet hält und deshalb den Antrag auf Entscheidung des Ausschusses stellt. Ein ausdrücklicher, die Leistung ablehnender Bescheid wird durch die Verwaltung nicht erteilt; es gibt deshalb hinsichtlich der Leistungen der KrK. keinen förmlichen, der Rechtskraft fähigen Bescheid wie nach § 157 über das Versicherungsverhältnis und die Beiträge zur KrK. oder nach § 155 über die Leistungen der PK. Demgemäß ist der Antrag auf Entscheidung des Ausschusses nach § 154 bis zur eingetretenen Verjährung des Anspruchs auf die Leistung der KrK. zulässig.

§ 155.[1])

(Abs. 1.) Über die Leistungen der Pensionskasse entscheidet vorbehaltlich der §§ 80, 156 die Verwaltung des Bezirksknappschaftsvereins oder der besonderen Krankenkasse.[2])

(Abs. 2.)[3]) § 1551 Abs. 2 bis 4 der Reichsversicherungsordnung gilt entsprechend.

(Abs. 3.) Gegen den Bescheid der Verwaltung kann die Entscheidung eines nach § 143 bestellten Ausschusses angerufen werden. Der Ausschuß entscheidet nach Stimmenmehrheit. Bei Stimmengleichheit gilt ein Antrag als abgelehnt.

(Abs. 4.) Der Antrag auf Entscheidung des Ausschusses ist binnen einem Monat nach Bekanntgabe des Bescheids der Verwaltung schriftlich bei dieser anzubringen.[4])

§ 147 Entw.

1. „Das Verfahren bei Feststellung der Leistungen durch den VersTräger ist in Anlehnung an den bisherigen landesgesetzlichen Rechtszustand, zum Teil abweichend von der RVO., geregelt. Die Abweichungen beziehen sich namentlich auf die Leistungen der KV. und der PV., für deren Festsetzung in der Hauptsache die Grundsätze des Preuß. KnG. übernommen sind. Nach den §§ 56 ff. des Preuß. Ges. entscheidet die Verwaltung über alle Ansprüche der Vers., sofern nicht der Vorstand die Entscheidung sich selbst oder einem nach näherer Bestimmung der Satzung bestellten Ausschuß vorbehalten hat; die Entscheidung über Anträge auf Invaliditätserklärung sowie die Festsetzung der aus der PK. zu gewährenden Unterstützungen bleibt indessen stets dem Vorstand oder dem Ausschusse vorbehalten. In den Fällen, wo zunächst die Verwaltung entscheidet, kann die Entscheidung des Vorstandes oder Ausschusses angerufen werden. Gegen den Bescheid des Vorstandes oder Ausschusses, mag dieser erstmalig über PK.-Leistungen zu entscheiden oder in anderen Angelegenheiten die Entscheidung der Verwaltung nachzuprüfen haben, ist in allen Fällen die Berufung auf schiedsgerichtliche Entscheidung gegeben. Hiernach findet eine Mitwirkung des VA., wie z. B. bei Streit über Leistungen der KrV. nach §§ 1636 ff. RVO., nicht statt. An die Stelle des VA. tritt — gewissermaßen als erste Instanz des sonst üblichen Rechtszuges — der Geschäftsausschuß, der durch seine paritätische Zusammensetzung die Gewähr für eine sachgemäße Erledigung sowohl strittiger Ansprüche aus der KrV. als auch der Anträge auf kn. Invalidisierung bietet. An diesem bewährten Verfahren hält der Entw. grundsätzlich fest, und er erweitert die Zuständigkeit der Verwaltung, die sich nach Schaffung größerer BezKV. durchweg aus wohlgeschulten Kräften zusammensetzen wird, gegenüber dem bisherigen Rechtszustande dadurch,

daß er die Entscheidung eines Ausschusses nur bezüglich der JP. (oder des Ruhegehalts) und nach dem Vorbilde des § 1624 RVO., der die mündliche Verhandlung über Anträge auf Leistungen der JVers. regelt, auch nur für solche Fälle vorbehält, in denen die Bezirksverwaltung und das PKMitglied über den Eintritt des Versicherungsfalles oder die Voraussetzungen des Anspruchs (Mitgliedschaft, Wartezeit usw.) nicht einig sind. Die Entscheidung der Verwaltung auch über PKLeistungen bildet demnach die Regel, die des Ausschusses die Ausnahme. Bedenken gegen die so erweiterte Zuständigkeit der Verwaltung, durch die zugleich die Ausschüsse eine wünschenswerte Entlastung erfahren, bestehen nicht und sind namentlich nicht vom Standpunkt der Versicherten gegen die Übertragung der ersten Entscheidung über Invalidisierungsanträge in nicht strittigen Fällen geltend zu machen, weil in solchen Fällen ja dem Antrage des Mitgliedes stattgegeben wird. Sollte in einem Einzelfalle die Pension unrichtig berechnet sein oder sonst die Festsetzung einer Leistung zu Anständen Anlaß geben, so hat das PKMitglied das Recht der Berufung nach § 150.

Im einzelnen schließen sich die Vorschriften im § 147 Abs. 2 und 3 an § 57 des Preuß. KnG. an. Im Hinblick auf die paritätische Zusammensetzung der Ausschüsse war u. a. die Vorschrift zu übernehmen, daß bei Stimmengleichheit ein Antrag als abgelehnt gilt, um nicht etwa die Stimme des Vorsitzenden den Ausschlag geben zu lassen." (Begr. S. 74/75.)

2. Die Worte „oder der besonderen Krankenkasse" sind wohl irrtümlich aus dem § 147 Abs. 1 Entw., der sich auf die Leistungen der K r a n k e n kasse und der Pensionskasse bezog, übernommen worden. Die bes. KrK. haben mit der PV. nichts zu tun.

3. Der Abs. 2 ist durch den Sozialpolitischen Ausschuß des Reichstags eingefügt worden (Ber. S. 72). Der § 1551 RVO. führt in seinen Abs. 2 bis 4 die einzelnen Leistungen auf, die „als Leistungen der Krankenversicherung gelten", aber wegen ihrer Ähnlichkeit mit den Leistungen der PK. auch für den Umfang der Leistungen im Sinne des § 155 Abs. 1 maßgebend sind.

4. Wegen der Rechtsmittel gegen den Bescheid des Ausschusses (§§ 154 bis 157) vgl. § 158.

§ 156.[1])

Vorbehaltlich des § 80[2]) entscheidet über Ansprüche auf Invalidenpension sowie über deren Wegfall ein nach § 143 bestellter Ausschuß, wenn nicht die Verwaltung des Bezirksknappschaftsvereins mit dem Berechtigten über die Bewilligung oder den Wegfall einig ist.

§ 148 Entw.

1. Zu vgl. § 155 Anm. 1. Diese Entscheidung durch den Ausschuß bildet also eine Ausnahme von der Regel des § 155, aber eine sehr wichtige Ausnahme, da sie gerade die wichtigsten Entscheidungen aus dem Gebiet der PV. dem „Ausschusse" überträgt.

Das OSchG. i. K. hat hinsichtlich dieser Entscheidungen über PKAnsprüche (und Entziehungen von Pensionen) folgende Stellung genommen (zu vgl. Steinbrinck-Reuß, Anm. 7 zu § 56):

a) Die Entscheidungen sind wie Urteile der ordentlichen Gerichte erster Instanz in bürgerlichen Rechtsstreitigkeiten mit dem Rechtsmittel der Berufung anfechtbar, werden aber wie diese ohne die rechtzeitig erfolgte Anfechtung rechtskräftig. Sie stehen auch in ihrer sachlichen Bedeutung den Urteilen der ordentlichen Gerichte erster Instanz gleich. (E. d. OSchG. i. K. vom 25. Mai 1910 — RL 197/09 —, Z. f. B. 52 S. 150, Kompaß 1910 S. 197, und vom 15. Nov. 1911 — RL 230/11 —, Kompaß 1912 S. 13.)

b) Die Entscheidungen sind „relativ rechtskräftig", d. h. die Vereinsorgane sind nicht befugt, ihre Bescheide über die im § 56 Abs. 2 des Preuß. KnG. fallenden Angelegenheiten nach ihrer Bekanntgabe an die Beteiligten noch einseitig zu deren Nachteil zu ändern. Eine solche Änderung ist auch dann unzulässig, wenn die Rechtsmittelfrist noch nicht verstrichen ist. Es gilt also der gleiche Rechtszustand wie für die Feststellungsbescheide der Unfallberufsgenossenschaften. (E. d. OSchG. i. K. vom 15. Nov. 1911 — RL 230/11 —, Kompaß 1912 S. 19 und Handbuch der Unfallversicherung, Bd. 1 S. 496 Anm. 1.)

c) Ist über einen Pensionsanspruch durch rechtskräftigen Bescheid entschieden, so kann das betreffende Mitglied nicht verlangen, daß die Pension aufs neue festgestellt werde, weil bei Erlassung des Bescheides ein Teil der Dienstzeit nicht berücksichtigt worden sei. Denn der Pensionsanspruch ist ein einheitlicher: dem Grunde nach wird er erzeugt durch die Tatsachen der Mitgliedschaft und die Bergfertigkeit, dem Umfange (Betrage) nach durch das Dienstalter. (E. d. OSchG. i. K. vom 25. Mai 1910 — RL 197/09 —, Z. f. B. 52 S. 150, Kompaß 1910 S. 197.)

2. Der Vorbehalt zugunsten des § 80 trägt der in diesem Paragraphen gegebenen Vorschrift, nach der unter Umständen ein anderer Träger der JV. die Pensionsleistung des RKV. festzusetzen hat, Rechnung (vgl. Anm. 1 bis 3 zu § 80).

§ 157.

Bei Streit über das Versicherungsverhältnis oder die Beiträge zur Krankenkasse oder zur Pensionskasse entscheidet die Verwaltung[1]) des Bezirksknappschaftsvereins oder der besonderen Krankenkasse. § 155 Abs. 2, 3 gilt entsprechend.

§ 149 Entw.

1. Die erste Entscheidung über die hier bezeichneten Streitfälle gebührt also der Verwaltung; gegen diese Entscheidung ist die Anrufung des im § 155 Abs. 3 bezeichneten Ausschusses zulässig.

§ 158.

[1]) (Abs. 1.) Gegen den Bescheid des Ausschusses (§§ 154 bis 157) ist binnen einem Monat nach seiner Zustellung Berufung beim Knappschaftsoberversicherungsamt und gegen dessen Urteil mit den Beschränkungen nach Abs. 2 in derselben Frist die Revision beim Reichsversicherungsamte zulässig.

(Abs. 2.) Für das Verfahren vor dem Knappschaftsoberversicherungsamt und vor dem Reichsversicherungsamte gelten die Vorschriften des Sechsten Buches der Reichsversicherungsordnung und deren sonstige Vorschriften über das Verfahren, soweit sie die Feststellung der Leistungen betreffen oder mitbetreffen.[2])[3]) Ebenso gelten die Vorschriften über Wiederaufnahme des Verfahrens.[4])

§ 150 Entw.

1. „Für die Zulässigkeit der Berufung und Revision in Sachen der KrV. sind schlechthin die Vorschriften der RVO. übernommen. Demgemäß findet gegen die Entscheidungen des Ausschusses wie gegen Urteile des VA. nach §§ 1675 ff. die Berufung an das OVA. (Spruchkammer) und gegen die Urteile der Spruchkammer Revision an das RVA. nach § 1694 statt, soweit nicht nach § 1695 die Revision ausgeschlossen ist. Der gleiche Instanzenzug ist für die PV. vorgesehen, jedoch ohne Beschränkung hinsichtlich der Zulässigkeit der Revision." (Begr. S. 75.)

2. „Auf das Verfahren in der Berufungs- und Revisionsinstanz finden sämtliche einschlägige Vorschriften der RVO. Anwendung. Abweichend von dem bisherigen Rechtszustande ist nunmehr auch die Möglichkeit gegeben, in nicht revisiblen Sachen der KrV. auf Grund des § 1693 der RVO. eine grundsätzliche Entscheidung des RVA. herbeizuführen. Auch die Vorschriften der RVO. (§§ 1717 ff.) über die Verweisung von Streitsachen an den Großen Senat finden Anwendung." (Begr. S. 75.)

3. In Preußen sind auf Grund des § 35 Abs. 2 RVO. und auf Grund des § 84 des Preuß. KnG. für das Verfahren vor den Schiedsgerichten (OVA.) und vor dem OSchG. i. K. besondere „Ordnungen" erlassen (Schiedsgerichtsordnung vom 8. Dez. 1913, Oberschiedsgerichtsordnung vom 8. Dez. 1913, GS. S. 16 und 420). Es wird zu prüfen sein, ob auch für das im neuen Ges. geregelte Verfahren ein Bedürfnis zum Erlaß derartiger Ordnungen vorliegt.

4. Im Entw. waren in Abs. 1 Satz 2 und Abs. 2 Satz 2 des § 150 Sondervorschriften über Streitigkeiten auf Grund des AVG. getroffen; sie sind auf Grund der Verhandlungen des Sozialpolitischen Ausschusses des Reichstags nunmehr im § 161 zusammenfassend geregelt worden.

§ 159.[1] [2]

(Abs. 1.) Für Personen, die einen gesetzlichen Vertreter haben, wird der Bescheid vorbehaltlich des Abs. 2 dem Vertreter zugestellt.

(Abs. 2.) Betreibt ein Minderjähriger, der das sechzehnte Lebensjahr vollendet hat, das Verfahren selbständig, so wird ihm der Bescheid zugestellt; der gesetzliche Vertreter erhält eine Abschrift des Bescheids. Betreibt dieser das Verfahren, so erhält er den Bescheid zugestellt; der Minderjährige erhält eine Abschrift des Bescheids.

(Abs. 3.) Für Personen, die durch einen Bevollmächtigten vertreten werden, wird diesem der Bescheid zugestellt.

(Abs. 4.) Sind mehrere Vertreter derselben Person vorhanden, so genügt die Zustellung oder Mitteilung einer Abschrift des zuzustellenden Schriftstücks (Abs. 2) an einen von diesen.

§ 159 fehlte im Entw.

1. Der § 159 ist vom Sozialpolitischen Ausschuß des Reichstags eingefügt worden. Es erschien notwendig, besondere Vorschriften über die Zustellung des Bescheides zu treffen. Diese Vorschriften sind dem Ges. über Regelung des Verfahrens in Versorgungsangelegenheiten entnommen, jedoch mit der aus Abs. 2 ersichtlichen Änderung (Ber. S. 43, 44).

2. Die Vorschriften des § 159 gelten nur für diejenigen Bescheide, die nach Maßgabe der Bestimmungen der §§ 155 bis 158 in KrK.- und PKAngelegenheiten erteilt werden. Es folgt dies

aus der Stellung des § 159, aber auch daraus, daß in den Verhandlungen des Sozialpolitischen Ausschusses die Einfügung von besonderen Bestimmungen dieser Art zunächst nur für die Angelegenheiten der Krankenversicherung beantragt worden ist (Ber. S. 43). Die gleiche Folgerung ergibt sich daraus, daß nach § 160 für die JVers. die Vorschriften der RVO., nach § 161 für die AV. die Vorschriften des AVG. — beide also einschließlich der Vorschriften über die Rechtsstellung der Minderjährigen — gelten. Der § 159 bedeutet also eine Besonderheit für die KV. und PV.

§ 160.

(Abs. 1.) Für die Feststellung der Leistungen der Invaliden- und Hinterbliebenenversicherung einschließlich der Rechtsmittel und der Wiederaufnahme des Verfahrens gelten die Vorschriften der Reichsversicherungsordnung entsprechend. Die Vorbereitung und Begutachtung der Anträge nach §§ 1617 ff. der Reichsversicherungsordnung besorgt ein nach § 143 bestellter Ausschuß, die Feststellung der Leistungen nach § 1630 der Reichsversicherungsordnung die Verwaltung des Bezirksknappschaftsvereins.[1]) [2])

(Abs. 2.) Für die Entscheidung von Streit über das Versicherungsverhältnis oder die Beiträge zur Invalidenversicherung gelten die §§ 1459 bis 1464 der Reichsversicherungsordnung entsprechend. An Stelle des Versicherungsamts tritt ein nach § 143 bestellter Ausschuß, an Stelle des Oberversicherungsamts das Knappschaftsoberversicherungsamt.[3])

§ 152 Entw.

1. „Für die Feststellung der Leistungen der JVers. gelten nach dem Entw. die Vorschriften der RVO. Die Vorbereitung der Anträge nach §§ 1617 ff. ist jedoch einem nach § 134 zu bestellenden Ausschuß — an Stelle des VA. — übertragen und damit die

auf Grund des § 112 in Verbindung mit § 1628 der RVO. bei einem großen Teil der KnV., namentlich den Sonderanstalten, schon jetzt bestehende und bewährte Einrichtung zur allgemeinen Vorschrift erhoben. Da die Stelle, die das Gutachten nach § 1623 abgibt, von der die Leistung festsetzenden Stelle verschieden sein muß, ist die Feststellung der Leistungen der Verwaltung der BezKV. übertragen, der mit für die JVers. die gleiche Aufgabe zufällt wie nach § 1630 dem Vorstande der LVAnstalt." (Begr. S. 76.)

Auf Grund der §§ 112, 110, 1628, 1627 RVO. hatte insbesondere der Preußische Minister für Handel und Gewerbe unterm 29. Dez. 1911 (I 8530 III 8581) die Oberbergämter in Halle a./S., Clausthal, Dortmund und Bonn ermächtigt, eine große Anzahl von Aufgaben der Versicherungsämter aus der JVers. an Organe von KnV. ihres Bezirks zu übertragen, die den Vereinssatzungen des § 112 RVO. und der Übergangsbestimmung des Bundesrats, betr. die Anwendung des § 112, vom 23. Dez. 1911 (RGBl. S. 1133) entsprechen. Zu diesen Aufgaben gehörten u. a.:

Entgegennahme der Anträge auf die Leistungen der JVers. nach § 1613,

Vorbereitung und Begutachtung dieser Anträge nach §§ 1617 bis 1628,

Benachrichtigung der VersTräger nach den §§ 1629 und 1550 (zu vgl. Steinbrinck-Reuß, Anhang E S. 315 ff.).

2. An Stelle des Versicherungsamtes tritt also bei der Vorbereitung und Begutachtung der Anträge (§§ 1617 bis 1629 RVO.) der Ausschuß, an Stelle des Vorstandes der Versicherungsanstalt bei der Feststellung der Leistungen (§§ 1630 bis 1634 RVO.) die Verwaltung. Wegen der Rechtsmittel und des dabei zu beobachtenden Verfahrens gelten die Vorschriften der §§ 1675 ff., 1694 bis 1698, 1707 bis 1721 RVO. mit den sich aus §§ 163 ff. ergebenden Maßgaben; außerdem die Verordnungen über Geschäftsgang und Verfahren a) der VA., vom 24. Dez. 1911, RGBl. S. 1107, b) der OVA., vom 24. Dez. 1911, RGBl. S. 1085, c) des RVA., vom 24. Dez. 1911, RGBl. S. 1083. (Zu vgl.

auch das G. vom 13. Juli 1923 über Änderung des AVG. und der RVO., RGBl. I S. 636, Art. LI.)

3. Die Vorschrift des Abs. 2 hat ihre jetzige Fassung durch den Sozialpolitischen Ausschuß des Reichstags erhalten. Dadurch sind die Vorschriften der §§ 1459 bis 1464 RVO. nicht nur auf die Streitigkeiten über Beiträge, sondern auch für solche über das Versicherungsverhältnis mit der aus dem Texte ersichtlichen Maßgabe für entsprechend geltend erklärt worden (Ber. S. 44).

§ 161.[1])

(Abs. 1.) Für die Feststellung der Leistungen der Angestelltenversicherung gelten die Vorschriften des Angestelltenversicherungsgesetzes entsprechend. Die Vorbereitung und Begutachtung der Anträge nach §§ 233 ff. des Versicherungsgesetzes für Angestellte in der Fassung des Gesetzes vom 10. November 1922 (Reichsgesetzbl. I S. 849) besorgt ein nach § 145 bestellter Ausschuß, die Feststellung der Leistungen nach §§ 265 ff. des genannten Gesetzes die Verwaltung des Bezirksknappschaftsvereins.

(Abs. 2.) Für die Entscheidung von Streit über das Versicherungsverhältnis oder die Beiträge zur Angestelltenversicherung gelten die §§ 193 bis 194 c des genannten Gesetzes entsprechend. An Stelle des Versicherungsamts tritt ein nach § 143 bestellter Ausschuß, an Stelle des Oberversicherungsamts das Knappschaftsoberversicherungsamt. In den Fällen des § 210 Abs. 2 des genannten Gesetzes entscheidet das Reichsversicherungsamt durch den Senat für Angestelltenversicherung.

1. Der § 161 ist neu. Er beruht auf den Beschlüssen des Sozialpolitischen Ausschusses des Reichstags (Ber. S. 44). Er enthält zusammenfassend die Bestimmungen über die Feststellung von Leistungen usw. der AV. Da durch das im Abs. 1 erwähnte Gesetz

vom 10. Nov. 1922 die Rechtsprechung in der JVers. und der AV. nunmehr unter Beseitigung der früheren besonderen Organe der AV. einheitlich geordnet ist, so gilt auch hier im wesentlichen das gleiche wie nach § 160 für die JVers. An Stelle des VA. (§§ 233 ff. a. a. O.) tritt auch hier der Ausschuß, an Stelle des Direktoriums der RVAnstalt (§§ 265 ff.) die Verwaltung. Das Verfahren vor dem OVA. regelt sich nach §§ 270 ff., das vor dem RVA. nach §§ 286 ff. a. a. O., auch hier mit den sich aus §§ 163 ff. sich ergebenden Maßgaben. Wegen der Wiederaufnahme des Verfahrens vgl. §§ 309 ff. a. a. O.

Zu vgl. auch die Verfahrensordnung für die Ausschüsse der AV. vom 21. Dez. 1922 (RGBl. 1922 I S. 956), Verfahrensordnung für die Kammern der AV. vom 21. Dez. 1922 (RGBl. 1922 I S. 959) und Verfahrensordnung für die Senate der AV. vom 12. Jan. 1923 (GS. I S. 56).

§ 162.

(Abs. 1.) Über den Anspruch auf laufende Leistungen ist ein schriftlicher Bescheid zu erteilen, der im Falle der Anerkennung die Höhe und Art der Berechnung ersehen läßt, im Falle der Ablehnung zu begründen ist.[1])

(Abs. 2.) Jeder Bescheid muß einen Vermerk darüber enthalten, wie er angefochten werden kann.[2]) [3])

§ 153 Entw.

1. Zu vgl. §§ 1583, 1631 RVO., § 250 AVG.
2. Zu vgl. § 1590 RVO.

§ 163.[1])

(Abs. 1.) Für den Bereich eines Bezirksknappschaftsvereins oder mehrerer Bezirksknappschaftsvereine werden Knappschaftsoberversicherungsämter nach den Vorschriften der Reichsversicherungsordnung über besondere Oberversicherungsämter gebildet. Die Arbeit-

geberbeisitzer werden von den Arbeitgebervertretern, die Versichertenbeisitzer von den Versichertenvertretern in den Vorständen der Bezirksknappschaftsvereine nach den Grundsätzen der Verhältniswahl gewählt.

(Abs. 2.) Der Reichsarbeitsminister bestimmt Zahl, Sitz und Bezirk der Knappschaftsoberversicherungsämter sowie Näheres über die Wahl der Beisitzer.

§ 154 Entw.

1. „Wegen der Gründe, aus denen die RVO. die Errichtung besonderer OVA. für bergbauliche Betriebe zugelassen hat, wird auf die allgemeine Begründung zum ersten Buche der RVO. (S. 33) und die besondere Begründung zu § 76 des Entw. S. 57 sowie namentlich auf den Kommissionsbericht Nr. 946 der Drucksachen des Reichstags, 12. Leg. Periode 2. Session 1909/1911 S. 155 bis 157, verwiesen. In Preußen sind auf Grund des § 63 der RVO. für die Betriebe der von den Oberbergämtern Halle, Clausthal, Dortmund und Bonn beaufsichtigten KnV. besondere OVA. unter der Bezeichnung „Knappschaftsoberversicherungsämter" in Angliederung an die genannten Oberbergämter errichtet. Demnach bestehen für sämtliche preuß. KnV., mit Ausnahme der schlesischen, KOVA. Diesen ist auf Grund der RVO. die Erledigung aller in Sachen der UV. und der JVers. den OVA. obliegenden Aufgaben und auf Grund des § 80 des Preuß. KnG. die schiedsgerichtliche Entscheidung der kn. Streitigkeiten übertragen worden. KOVA. oder „knappschaftliche Oberversicherungsämter" mit ähnlicher Zuständigkeit bestehen in Sachsen, Bayern und anderen Ländern. Die Zusammenfassung der Rechtsprechung für sämtliche Versicherungszweige bei den KOVA. hat sich nach allgemeinem Urteil bewährt. Der Entw. schreibt deshalb jetzt allgemein ihre Einrichtung nach den Vorschriften der RVO. über besondere OVA. vor. Dabei regelt er die Wahl der Arbeitgeberbeisitzer in grundsätzlicher Übereinstimmung mit § 75 Abs. 1 der RVO. dahin, daß sie von den Arbeitgebervorstandsmitgliedern des RKV. zu wählen sind. Dagegen sollen

die Versichertenbeisitzer von den Ältesten in den Vorständen der bei einem KOVA. beteiligten BezKV. gewählt werden. Darin liegt eine Abweichung von § 75 Abs. 2 der RVO., wo die Wahl der Versichertenbeisitzer durch sämtliche Knappschaftsältesten vorgesehen ist; die Vorschrift des § 75 Abs. 2 über die Verhältniswahl bleibt dagegen unberührt. Das Nähere über die Wahl der Beisitzer bestimmt der RAM., der auch Zahl, Sitz und Bezirke der KOVA. festsetzt. Für ihre Errichtung gelten im übrigen die allgemeinen Vorschriften der RVO. Sie können demnach an höhere Reichs- oder Staatsbehörden angegliedert oder als selbständige Behörde errichtet werden (vgl. § 64 a. a. O.)." (Begr. S. 76/77.)

§ 164.[1])

Die Knappschaftsoberversicherungsämter nehmen nach diesem Gesetze, der Reichsversicherungsordnung und dem Angestelltenversicherungsgesetze[2]) die Geschäfte der höheren Spruch- und Beschlußbehörde für die Versicherungsleistungen nach diesem Gesetze wahr. Näheres bestimmt der Reichsarbeitsminister.

§ 155 Entw.

1. „Hier ist die sachliche Zuständigkeit der KOVA. geregelt, soweit die Vers. nach dem RKG. in Betracht kommt. Für die KrV., die PV. der Arbeiter und Angestellten sowie für die JVers. haben die KOVA. sämtliche Aufgaben, deren Erledigung im Spruchverfahren oder Beschlußverfahren den OVA. obliegt. Nähere Bestimmungen über die Zuständigkeit sind dem RAM. vorbehalten. Diese werden sich z. B. darauf zu erstrecken haben, ob die KOVA. an Stelle der allgemeinen OVA. auch entscheiden sollen bei Streit über Ersatzansprüche zwischen dem RKV. als Träger der KrV. und anderen gesetzlichen KrK. (vgl. §§ 219, 220, 222, 224, 1775 der RVO.) oder zwischen dem RKV. und einer Gemeinde oder einem Armenverbande (vgl. §§ 1531 bis 1533, 1544 der RVO., § 70 Abs. 2 des Entw.). Ferner wird hinsichtlich des Personenkreises zu bestimmen sein, ob die Zuständigkeit der

KOVA. für Ansprüche aus der JVers. auch dann begründet ist, wenn der Antragsteller bei Geltendmachung des Anspruchs oder bei Einlegung der Berufung nicht mehr im Bezirk des KOVA. wohnt oder beschäftigt ist. Zur Vermeidung von Zweifeln, wie sie in dieser Richtung hervorgetreten sind (vgl. z. B. wegen der Zuständigkeit bei Streit mit Armenverbänden Revisionsentscheidung des RVA. vom 17. Mai 1915, AN. S. 548 Ziff. 2033), wird es sich empfehlen, die Zuständigkeit in ähnlicher Weise genau zu umgrenzen, wie dies für die preuß. KOVA. auf Grund des § 61 Abs. 2 der RVO. durch Erlasse des Preußischen Ministers für Handel und Gewerbe vom 13./23. Dez. 1913 (HMBl. 1913 S. 647, 1914 S. 12) geschehen ist.

Die Zuständigkeit der KOVA. auf dem Gebiete der UV. ist nicht durch das RKG. zu regeln. Hierfür bewendet es bei den Vorschriften der RVO. und den bisher getroffenen Anordnungen der obersten Verwaltungsbehörde. Nach Inkrafttreten des Ges. wird zweckmäßig jedoch zu prüfen sein, ob neu zu bildenden KOVA. (z. B. im Bezirk Schlesien) die Rechtsprechung auch in den UV.-Angelegenheiten der Bergarbeiter übertragen werden soll." (Begr. S. 77.)

2. Dies Ges. mußte infolge der Beschlüsse des Sozialpolitischen Ausschusses des Reichstags über die Regelung der AV. im § 164 besonders erwähnt werden (Ber. S. 44).

§ 165.[1])

Die Kosten der Knappschaftsoberversicherungsämter trägt das Land, worin der Sitz ist. Dieses erhält die Kosten von dem Reichsknappschaftsverein und sonst beteiligten Versicherungsträgern erstattet. Der Reichsknappschaftsverein verteilt seinen Anteil an den Kosten auf die Bezirksknappschaftsvereine und besondere Krankenkassen. Näheres bestimmt der Reichsarbeitsminister.[2])

§ 156 Entw.

1. „Aus den allgemeinen Vorschriften der RVO. folgt, daß die Länder die Kosten der Einrichtung und Unterhaltung der KOVA. zu tragen haben, daß sie aber ihre sämtlichen Aufwendungen nach Abzug der zur Landeskasse fließenden Einnahmen von den beteiligten VersTrägern erstattet erhalten. Erstreckt sich ein KOVA. über Gebiete mehrerer Länder, so erscheint zweckmäßig, daß das Land des Sitzes die Kosten übernimmt, vorbehaltlich der Erstattung. Neben dem RKV. kommen als beteiligte VersTräger die Berufsgenossenschaften in Betracht, die auch fernerhin nach den bestehenden Vorschriften (vgl. für Preußen Erl. des Ministers für Handel und Gewerbe vom 29. Dez. 1913, betr. Kosten der KOVA., HMBl. 1914 S. 13) zur Kostentragung heranzuziehen sind. Der auf den RKV. entfallende Kostenanteil wird nach einem vom Reichsknappschaftsvorstand aufzustellenden geeigneten Maßstabe, etwa nach dem Verhältnis der Beteiligung an der Gesamtzahl der von dem KOVA. in einem Geschäftsjahr erledigten Spruch- und Beschlußsachen, auf die BezKV. und bes. KrK. umzulegen sein." (Begr. S. 77.)

2. Der Satz 4 beruht auf den Beschlüssen des Sozialpolitischen Ausschusses (Ber. S. 75).

§ 166.

(Abs. 1.) Das Reichsversicherungsamt nimmt nach diesem Gesetze, der Reichsversicherungsordnung und dem Angestelltenversicherungsgesetze die Geschäfte der obersten Spruch- und Beschlußbehörde für die Versicherungsleistungen nach diesem Gesetze wahr.[1])

(Abs. 2.)[2]) Beim Reichsversicherungsamte wird ein besonderer Senat für die Versicherung nach diesem Gesetze (Knappschaftssenat) gebildet. Der Senatspräsident soll in der Regel besondere Kenntnisse und Erfahrung auf dem Gebiet des Bergwesens und der knappschaftlichen Versicherung besitzen. Als Vertreter der Arbeitgeber und der Versicherten nehmen an den Sitzungen des Knappschaftssenats Angehörige knappschaftlicher Betriebe teil.

(Abs. 3.) Die Kosten des Knappschaftssenats werden dem Reiche vom Reichsknappschaftsvereine nach Grundsätzen erstattet, welche die Reichsregierung nach Anhören des Reichsrats und des Reichsknappschaftsvereins festsetzt. Je am Ende des Kalendervierteljahrs hat der Reichsknappschaftsverein angemessene Abschlagszahlungen zu leisten. § 165 Satz 3 gilt entsprechend.

§ 157 Entw.

1. Damit gehört zur Zuständigkeit des RVA. die Rechtsprechung höchster Instanz für sämtliche dem RKV. obliegenden Vers.-Leistungen. „Damit erwächst dem schon ohnehin stark belasteten RVA. eine weitere Aufgabe. Eine übermäßige Belastung der vorhandenen Senate muß vermieden werden. Außerdem ist zu erwägen, daß für eine sachgemäße Entscheidung gerade der kn. PKStreitigkeiten eine genaue Kenntnis bergbaulicher Verhältnisse und bergmännischer Verrichtungen notwendig ist; nur wer die an einen Bergmann unter Tage oder über Tage zu stellenden Anforderungen kennt, wird den Eintritt von Berufsunfähigkeit im gesetzlichen Sinne zutreffend beurteilen können. In Weiterentwickelung des schon von der RVO. anerkannten Gedankens, daß die Schaffung besonderer Spruchstellen für die VersAngelegenheiten der Bergarbeiter notwendig und nützlich ist, sieht der Entw. deshalb die Bildung eines besonderen Senates beim RVA. (Knappschaftssenat) vor, der mit sachkundigen Personen zu besetzen ist. Der besondere Senat wird sowohl Spruchsachen wie Beschlußsachen (vgl. z. B. § 181 Abs. 2 des Entw.) zu erledigen haben. Die Bildung eines besonderen Beschlußsenates neben dem Spruchsenat wird sich daher nicht umgehen lassen; die Besetzung wird aber zweckmäßig so einzurichten sein, daß die Mitglieder des Spruchsenates ohne die richterlichen Beamten gleichzeitig den Beschlußsenat bilden. Näheres wird auf Grund des § 98 von dem RVA. zu bestimmen sein." (Begr. S. 77/78.)

2. Der Entwurf zu § 157 hat im Sozialpolitischen Ausschuß mehrfache Änderungen der Abs. 1 und 2 sowie den neuen Abs. 3 erhalten; der Abs. 2 Satz 2 des Entw. ist in der Vollsitzung des Reichstags infolge eines Antrags Jauschek und Gen. als entbehrlich gestrichen worden (Stenogr. Ber. S. 11301). Die Vorschrift des Abs. 3, daß der RKV. die Kosten des RVA. zu tragen hat, beruht auf dem Gedanken, daß die zur Durchführung der kn. Sonderversicherung erforderlichen Mittel von dieser aufgebracht werden müssen.

§ 167.[1])

Die Angehörigen knappschaftlicher Betriebe (§ 166) werden in getrennter Wahl von den Vertretern der Arbeitgeber und der Versicherten[2]) im Vorstand des Reichsknappschaftsvereins nach den Grundsätzen der Verhältniswahl gewählt. Der Reichsarbeitsminister bestimmt Näheres.

§ 159 Entw.

1. Hierzu bemerkte die Begr.:

„Die zu den Sitzungen des Knappschaftssenates oder des OSchG. zuzuziehenden sachkundigen Beisitzer werden zweckmäßig von den Vertretern der Arbeitgeber und den Ältesten im Vorstande des RKV. gewählt, da die allgemeinen Vorschriften der §§ 89 ff. der RVO., § 143 des AVG. naturgemäß keine Anwendung finden können. Die Vertreter der Arbeitgeber und Versicherten beim RVA. werden als Stellvertreter der nichtständigen Mitglieder des RVA. im Sinne des § 87 Abs. 2 der RVO. zu wählen sein. Im übrigen sind die Einzelheiten der Wahl und des Wahlverfahrens der Bestimmung des RAM. vorbehalten." (Begr. S. 78.)

2. An Stelle der „Ältesten" im § 159 Entw. sind hier, wie auch sonst, die „Vertreter der Versicherten" getreten; die Verhältniswahl ist auch hier vorgeschrieben worden (Ber. S. 75).

Dreizehnter Abschnitt.

Auszahlung der Leistungen.[1])

I. Auszahlung durch die Post.

§ 168.

(Abs. 1.) Alle laufenden Leistungen, mit Ausnahme der Krankenkassenleistungen,[2]) können auf Anweisung des Bezirksvorstandes oder der Verwaltung des Bezirksknappschaftsvereins durch die Post gezahlt werden, und zwar in der Regel durch die Postanstalt, in deren Bezirke der Empfänger zur Zeit des Antrags wohnte. Die Zahlstelle wird ihm von der Verwaltung des Bezirksknappschaftsvereins mitgeteilt.

(Abs. 2.) Verzieht der Empfänger, so kann er beim Bezirksknappschaftsverein oder bei der Postanstalt des alten Wohnorts beantragen, daß die Zahlung an die Postanstalt des neuen Wohnorts überwiesen wird.[3])

§ 160 Entw.

1. Zu §§ 168 bis 175.

„Gegenwärtig zahlen die KnV. die Barleistungen unmittelbar oder durch Vermittelung der Werke an die Berechtigten. Große KnV., wie z. B. der Allgemeine KnV. in Bochum, haben besondere Zahlbüros eingerichtet, von denen nicht nur Krankengeld, Sterbegeld, Hausgeld usw., sondern auch in periodischen Zahlterminen laufende Leistungen (Pensionen und Renten) gezahlt werden. Der Entw. will den BezKV. und bes. KrK., denen die Auszahlung der Leistungen obliegt, möglichste Freiheit für eine zweckdienliche Regelung lassen. Nach dem Vorbilde der Reichsversicherungsgesetze läßt er für laufende Leistungen auch die bisher nicht übliche Auszahlung durch die Post zu; ausgenommen von dieser Zahlungsart bleiben jedoch alle KrKLeistungen sowie alle einmaligen Leistungen (Begräbnisbeihilfe aus der PK.,

Abfindungen), die unmittelbar von den BezKV. oder bes. KrK. zu zahlen sind. Die für den Fall der Auszahlung durch die Post in den Entw. aufgenommenen Vorschriften sind den §§ 726 ff., 1383 ff. der RVO. und den §§ 313 ff. des AVG. nachgebildet; die Vorschrift über eine der Post zu gewährende Vergütung entspricht dem § 316 des letzteren Gesetzes." (Begr. S. 78.)

2. Zu vgl. § 175.

3. Zu vgl. § 1383 Abs. 2 RVO.

§ 169.

Jede Person, die berechtigt ist, ein öffentliches Siegel zu führen, ist befugt, die bei den Zahlungen erforderlichen Bescheinigungen zu erteilen und zu beglaubigen.[1])

§ 161 Entw.

1. Zu vgl. § 1384 RVO. Danach sind zur Erteilung und Beglaubigung der Bescheinigungen befugt nicht nur Beamte (Bezirksvorsteher, Beamte der Armenpflege, Schiedsmänner, Standesbeamte, Steuereinnehmer, Gemeinde- (Guts-) Vorsteher, Polizeibeamte, Kontrollbeamte der VersAnstalten), sondern auch Geistliche, falls sie nicht schon Beamte sind (KommBer. zur RVO. IV S. 174). Zur Beglaubigung von Bescheinigungen in eigenen Angelegenheiten sind diese Personen aber nicht befugt.

§ 170.

Die obersten Postbehörden können vom Reichsknappschaftsverein einen Vorschuß einziehen.[1]) Er wird nach Wahl des Reichsknappschaftsvereins vierteljährlich oder monatlich an die von der Post bezeichneten Kassen abgeführt und darf nicht den Betrag übersteigen, der an Leistungen auf Grund dieses Gesetzes im laufenden Geschäftsjahr voraussichtlich zu zahlen ist.

§ 162 Entw.

1. Zu vgl. § 1385 RVO.

§ 171.

Die der Post zu gewährende Vergütung wird vom Reichsrat nach Anhörung des Reichsknappschaftsvereins festgesetzt.[1])

§ 163 Entw.

1. Zu vgl. § 316 AVG., wo — abweichend von den Vorschriften der RVO. — der Postverwaltung ebenfalls eine Vergütung gewährt wird. Der RKV. muß gehört werden.

§ 172.

Der Reichskanzler kann bestimmen, wie an Empfänger zu zahlen ist, die sich gewöhnlich im Ausland aufhalten.[1])

§ 164 Entw.

1. Zu vgl. § 1386 RVO., wo dem RVA. die gleiche Befugnis beigelegt ist. In der Regel haben ausländische Empfänger Bescheinigungen der zuständigen ausländischen Behörden beizubringen, die der Legalisation durch die deutsche Gesandtschaft oder den deutschen Konsul bedürfen. Ob und wieweit an dieser Regel festzuhalten ist oder ob Ausnahmen zuzulassen sind, hat der RAM. zu bestimmen.

II. Abrechnung mit der Post.

§ 173.[1])

Die obersten Postbehörden teilen dem Reichsknappschaftsvereine mit, was die Post im verflossenen Geschäftsjahr auf Anweisung der Bezirksknappschaftsvereine gezahlt hat.

§ 165 Entw.

1. Zu vgl. § 1407 RVO. Auf Grund der von der Post gemachten Mitteilungen erfolgt die Zahlung der Beträge nach Maßgabe des § 174.

§ 174.

Binnen zwei Wochen nach Empfang der Mitteilung muß der Reichsknappschaftsverein den Betrag aus den bereiten Mitteln zahlen.[1])

§ 166 Entw.

1. Zu vgl. § 1408 Abs. 1 RVO. Der RKV. hat dafür Sorge zu tragen, daß „bereite", also nicht angelegte Mittel rechtzeitig vorhanden sind.

III. Auszahlung durch die Bezirksknappschaftsvereine.

§ 175.[1])

Krankenkassenleistungen und alle einmaligen Leistungen werden durch den Bezirksknappschaftsverein oder die besondere Krankenkasse ausgezahlt. Dies gilt auch für die laufenden Leistungen nach § 168 Abs. 1, wenn deren Auszahlung nicht der Post übertragen ist. Die Sondervorschriften bestimmen Näheres.

§ 167 Entw.

1. Zu vgl. § 168 Vorbem. Die im § 175 bezeichneten Leistungen können also nicht durch die Post ausbezahlt werden. Ihre Auszahlung muß unmittelbar an die Berechtigten oder durch Vermittelung der Werke oder in sonst üblicher geeigneter Weise erfolgen.

Vierzehnter Abschnitt.

Sonstige Vorschriften.

I. Rechtshilfe.

§ 176.

Die öffentlichen Behörden sind verpflichtet, den Ersuchen zu entsprechen, die m Vollzuge dieses Gesetzes von Versicherungs- und anderen öffentlichen

Behörden sowie vom Reichsknappschaftsvereine, von den Bezirksknappschaftsvereinen und den besonderen Krankenkassen an sie ergehen, namentlich vollstreckbare Entscheidungen zu vollstrecken.[1])

§ 168 Entw.

1. Zu vgl. § 115 Abs. 1 RVO. Auch das Preuß. KnG. hatte im § 85 Abs. 1 eine ähnliche Vorschrift. Voraussetzung der Gewährung der Rechtshilfe ist, daß die Ersuchen „im Vollzuge dieses Gesetzes" ergehen und eine Rechtshilfe erfordern. Näheres vgl. Hanow, Reichsversicherungsordnung, Anm. 6 zu § 115, Hahn, Handbuch der Krankenversicherung, Anm. 1 bis 7 zu § 115.

§ 177.

Diese Rechtshilfe haben auch der Reichsknappschaftsverein, die Bezirksknappschaftsvereine und die besonderen Krankenkassen einander und anderen Trägern der Arbeiter- und Angestelltenversicherung sowie den Behörden und Armenverbänden zu leisten.[1]) [2])

§ 169 Entw.

1. Erweiterung des § 177; zu vgl. § 116 RVO. Zu dieser Rechtshilfe ist auch die Übersendung von Akten der VersTräger an andere VersTräger zu rechnen. Zu vgl. Rundschreiben des RVA. vom 3. März 1895, AN. 95 S. 163, Entsch. des OVG. vom 10. März 1910, Entsch. Bd. LVI S. 410.

2. Bei Ablehnung dieser Rechtshilfe durch den RKV. oder die BezKV. ist die Beschwerde an den Vorstand des RKV. oder an den RAM. gegeben (vgl. §§ 152, 151 Abs. 2).

§ 178.

Tagegelder, Reisekosten, Gebühren für Zeugen und Sachverständige und alle anderen baren Auslagen, die aus der Rechtshilfe erwachsen, werden vom Reichsknappschaftsvereine, von den Bezirksknappschaftsvereinen und besonderen Krankenkassen als Verwaltungskosten erstattet.[1] [2])

§ 170 Entw.

1. Zu vgl. § 117 RVO. Handelt es sich bei der Leistung der Rechtshilfe durch eine Behörde um die Erfüllung einer Aufgabe, die der Behörde durch Ges. als eigene Aufgabe zugewiesen ist, so haben die im § 178 bezeichneten Stellen die Kosten der Rechtshilfe nicht zu erstatten (Anweisung des RVA. vom 12. Nov. 1891 AN. 92 S. 13). Dieser Grundsatz erscheint auch für den Bereich des RKG. gerechtfertigt.

2. Es handelt sich also immer nur um die Erstattung barer Auslagen, zu denen u. a. auch die Portokosten gehören. (Zu vgl. Hahn, Handbuch der Krankenversicherung, Anm. zu § 117 RVO., Manes, Kommentar zum AVG., Anm. 5 zu § 323 AVG.) Von der Erledigung der Erstattungspflicht kann die Gewährung der Rechtshilfe nicht abhängig gemacht werden.

II. Leistungen.

§ 179.[1])

Leistungen, die nach diesem Gesetze gewährt werden, und die durch den Übergang des Anspruchs darauf ersetzten Unterstützungen sind keine öffentlichen Armenunterstützungen.

1. Der § 179 fehlte im Entw., er ist vom Sozialpolitischen Ausschuß des Reichstags zugefügt worden (Ber. S. 45 und 75). Er entspricht dem § 118 RVO. und dehnt die hier getroffene Bestimmung auf die sämtlichen Leistungen des RKG. aus.

§ 180.

(Abs. 1.) Die Ansprüche auf die Leistungen der Versicherung nach diesem Gesetze können mit rechtlicher Wirkung übertragen, verpfändet und gepfändet werden nur wegen:

1. eines Vorschusses, den der Berechtigte auf seine Ansprüche vor Anweisung der Leistungen vom Arbeitgeber oder vom Reichsknappschaftsvereine, Bezirksknappschaftsverein oder von der besonderen Krankenkasse erhalten hat;
2. der im § 850 Abs. 4 der Zivilprozeßordnung bezeichneten Forderungen;
3. der Forderungen der nach § 1531 der Reichsversicherungsordnung ersatzberechtigten Gemeinden und Armenverbände sowie Arbeitgeber und Kassen, die an ihre Stelle getreten sind; die Übertragung, Verpfändung und Pfändung ist nur in Höhe der gesetzlichen Ersatzansprüche zulässig;
4. rückständiger Beiträge, die nicht seit länger als drei Monaten fällig sind.

(Abs. 2.) Ausnahmsweise darf der Berechtigte auch in anderen Fällen den Anspruch mit Genehmigung seiner Gemeindebehörde [2]) ganz oder zum Teil auf andere übertragen.

§ 171 Entw.

1. Zu vgl. § 119 RVO. i. d. F. d. G. vom 23. Juli 1921 (RGBl. S. 984), die sich aus dem Wegfall des § 1325 RVO. ergibt, und § 93 AVG. Eine ähnliche Bestimmung hatte auch § 35 Abs. 2 des Preuß. KnG. Der § 180 trifft nach Wortlaut und Absicht alle Leistungen des RKG. Er gibt, ebenso wie die angezogenen Vorschriften der RVO. und des AVG., nur Ausnahmen von der bestimmten Regel, daß die Ansprüche auf die Leistungen der Vers. nach dem RKG. nicht übertragen, verpfändet oder gepfändet werden können. Diese Regel muß als eine Vorschrift öffentlichen Rechts, die also durch Parteierklärung nicht beseitigt werden kann, angesehen werden (vgl. Hahn a. a. O., Anm. 1a zu § 119 RVO., Hanow, RVO., Anm. 5 zu § 119).

2. Der § 119 Abs. 2 RVO. überträgt diese Genehmigung dem VA. Da diese Behörde für die nach dem RKG. Vers. nicht in

Betracht kommt, hat das Ges. an ihrer Stelle die Gemeindebehörde eingesetzt, die auch um deswillen geeignet erscheint, weil sie die bei der Genehmigung zu berücksichtigenden Verhältnisse, namentlich auch die Familienverhältnisse, des Berechtigten am besten kennt (Begr. S. 78). Die Genehmigung wird nur dann zu erteilen sein, wenn sie den berechtigten Interessen des Anspruchsberechtigten entspricht.

§ 181.[1])

(Abs. 1.) Für die Gewährung von Sachleistungen an Trunksüchtige, die nicht entmündigt sind, gelten die §§ 120, 121 der Reichsversicherungsordnung mit der Maßgabe, daß an Stelle des Versicherungsamts ein nach § 143 bestellter Ausschuß die Anordnung von Sachleistungen erläßt und daß die Mitteilung an den Versicherungsträger unterbleibt. Der Ausschuß entscheidet auch bei Streit zwischen der Gemeinde und dem Bezugsberechtigten.

(Abs. 2.) Auf Beschwerde entscheidet das Knappschaftsoberversicherungsamt endgültig.

1. Der § 181 fehlte im Entw. Er ist vom Sozialpolitischen Ausschuß des Reichstags hinzugefügt worden (Ber. S. 45, 75). Zu vgl. §§ 120 und 121 RVO. Personen, die auf Grund des § 6 Nr. 3 BGB. nach den Vorschriften der ZPO. wegen Trunksucht entmündigt sind, stehen in bezug auf ihre Geschäftsfähigkeit den über sieben Jahre alten Minderjährigen gleich, erhalten also einen Vormund (§§ 114, 1896 BGB.).

§ 182.[1]) [2])

(Abs. 1.) Die Ansprüche auf Leistungen der Krankenkasse und der Pensionskasse dürfen nur aufgerechnet werden auf

Ersatzforderungen für Beträge, die der Berechtigte in den Fällen des § 1542 der Reichsversicherungsordnung, § 91 des Versicherungsgesetzes für Angestellte in der Fassung des Gesetzes vom 10. November 1922 (Reichsgesetzbl. I S. 849), § 76 Abs. 2, 4 dieses Gesetzes oder aus der reichsgesetzlichen Unfallversicherung bezog, aber an die Kasse zu erstatten hat,

geschuldete Beiträge,

gezahlte Vorschüsse,

zu Unrecht gezahlte Leistungen,

Kosten des Verfahrens, die der Berechtigte zu erstatten hat,

Geldstrafen, die der Reichsknappschaftsverein, die Bezirksknappschaftsvereine oder besonderen Krankenkassen verhängt haben.

(Abs. 2.) Ansprüche auf Krankengeld dürfen nur bis zur Hälfte aufgerechnet werden.

§ 172 Entw.

1. Der § 182 entspricht mit den durch die Sachlage gebotenen Ergänzungen dem § 223 Abs. 2 RVO. und dem § 94 AVG. Auch diese Vorschriften gelten bereits nach § 35 Abs. 3 des Preuß. KnG. für das preußische Knappschaftswesen (zu vgl. Steinbrinck-Reuß, Anm. 8 und 9 zu § 35). Zu beachten ist, daß hinsichtlich der Aufrechnung der Rentenansprüche aus der JVers. auch der § 1324 RVO. besondere Vorschriften gibt und daß diese Vorschriften auch für den Bereich des RKV. gelten, weil dieser als Sonderanstalt (§ 69) die JVers. nach der RVO. gewährt, deshalb gemäß dem § 1372 Nr. 11 RVO. die erwähnte Vorschrift des § 1324 zu beachten hat (zu vgl. Begr. S. 78). Zu vgl. auch § 94 AVG.

2. Der § 182 enthält, abweichend von dem § 223 RVO. und dem § 94 AVG., keine Vorschriften über die Verjährung der Ansprüche auf die Leistungen des Vereins, weil diese Vorschriften bereits im § 111 Abs. 3 getroffen sind.

III. Fristen.

§ 183.[1])[2])

Für Fristen gelten die §§ 124 bis 134 der Reichsversicherungsordnung.

1. Der § 183 fehlte im Entw. Er ist vom Sozialpolitischen Ausschuß des Reichstags hinzugefügt worden (Ber. S. 45, 76).

2. Zu vgl. Art. 45 EG.

IV. Zustellungen.

§ 184.[1])

(Abs. 1.) Zustellungen, die eine Frist in Lauf setzen, können durch eingeschriebenen Brief geschehen.[2])[3])

(Abs. 2.) Der Postschein begründet nach zwei Jahren seit seiner Ausstellung die Vermutung dafür, daß in der ordnungsmäßigen Frist nach der Einlieferung zugestellt worden ist.[3])

§ 173 Entw.

1. Zu vgl. § 135 RVO., § 335 AVG.

2. Unter Abs. 1 fallen alle Schriftstücke, deren Inhalt (Entscheidung) binnen einer bestimmten Frist durch ein Rechtsmittel angefochten werden kann. Sie „können" durch eingeschriebenen Brief rechtswirksam zugestellt werden, doch ist die Zustellung in anderer Form keineswegs ausgeschlossen. Entscheidend ist immer, daß das Schriftstück in den Besitz des Empfängers gelangt ist und daß der Tag der Behändigung einwandsfrei erwiesen werden kann. (Zu vgl. im übrigen Hahn, Krankenversicherung, Anm. 1 bis 6 zu § 135 RVO., Hanow, RVO., Anm. 3 bis 8 zu § 135 RVO.)

3. Das RVA. hat die Vorschriften des § 155 UVG., denen der § 184 nachgebildet ist, auch auf die Benachrichtigung von den Terminen zur mündlichen Verhandlung für anwendbar erklärt, obwohl von dieser Benachrichtigung ein Fristablauf nicht abhängt (vgl. Handbuch der Unfallversicherung Bd. I Anm. 1 zu § 155 UVG.).

§ 185.[1])

(Abs. 1.) Wer nicht im Inland wohnt, hat auf Verlangen einen Zustellungsbevollmächtigten zu benennen.

(Abs. 2.) Ist der Aufenthalt unbekannt, oder wird der Zustellungsbevollmächtigte nicht in der gesetzten Frist benannt, so kann die Zustellung durch einwöchigen Aushang in den Geschäftsräumen des Bezirksknappschaftsvereins oder der besonderen Krankenkasse ersetzt werden; die Frist darf nicht kürzer als ein Monat sein.[2])

§ 174 Entw.

1. Zu vgl. § 136 RVO., § 336 AVG.

2. Diese „öffentliche Zustellung" ist vom RVA. auch auf die Benachrichtigung von den Terminen zur mündlichen Verhandlung für anwendbar erklärt worden (vgl. Anm. 3 zu § 184, Handbuch für Unfallversicherung Bd. I Anm. 1 zu § 155 UVG.).

V. Gebühren und Stempel.

§ 186.[1])

Gebühren- und stempelfrei sind, soweit dieses Gesetz und die Reichsversicherungsordnung nichts anderes vorschreiben, alle Verhandlungen und Urkunden, die beim Reichsknappschaftsvereine, bei den Bezirksknappschaftsvereinen oder besonderen Krankenkassen und Versicherungsbehörden erforderlich werden, um die Rechtsverhältnisse zwischen dem Reichsknappschaftsvereine, den Bezirksknappschaftsvereinen oder besonderen Krankenkassen einerseits und den Arbeitgebern oder Versicherten oder ihren Hinterbliebenen anderseits zu begründen oder abzuwickeln.

§ 175 Entw.

1. Zu vgl. § 137 RVO., § 337 AVG.

§ 187.[1])

Dasselbe gilt für die außergerichtlichen Verhandlungen und Urkunden dieser Art sowie für solche privatschriftlichen Vollmachten und amtlichen Bescheinigungen, die nach diesem Gesetze zum Ausweis und zu Nachweisungen erforderlich werden.

§ 176 Entw.

1. Zu vgl. § 138 RVO., § 338 AVG.

VI. Steuerfreiheit.

§ 188.[1])

Das Vermögen des Reichsknappschaftsvereins ist von Reichs-, Landes- und Kommunalsteuern und Abgaben in dem gleichen Umfange befreit wie das Vermögen anderer reichsgesetzlicher Versicherungsträger.

§ 177 Entw.

1. „Zur Vermeidung von Zweifeln ist hier ausdrücklich bestimmt, daß der RKV. hinsichtlich der Besteuerung seines Vermögens und im Postverkehr die gleichen Befreiungen, Erleichterungen oder Vergünstigungen genießt wie die übrigen Träger der sozialen Vers." (Begr. S. 78.)

VII. Verbote und Strafen.

§ 189.

(Abs. 1.) Die §§ 139 bis 145, 147, 148 der Reichsversicherungsordnung gelten entsprechend.[1])

(Abs. 2.) Außerdem gelten entsprechend:[2])

§§ 529 bis 536 der Reichsversicherungsordnung vorbehaltlich der §§ 180, 181 für die Krankenversicherung,

§§ 1487 bis 1490, 1492 bis 1494 der Reichsversicherungsordnung für die Pensionsversicherung der Ar beiter und die Invaliden- und Hinterbliebenenversicherung,

§§ 339 bis 344 des Versicherungsgesetzes für Angestellte in der Fassung des Gesetzes vom 10. November 1922 (Reichsgesetzbl. I S. 849) für die Pensionsversicherung der Angestellten.

§ 179 Entw.

1. Damit sind die allgemeinen Vorschriften des ersten Buches der RVO. über Verbote und Strafen auch auf das Knappschaftswesen für anwendbar erklärt (zu vgl. „Die Reichsversicherung in ihrer jetzigen Fassung" von H. Schulz, 3. Aufl., Vorbem. zu Buch I Abschn. IV Nr. VIII: „Verbote und Strafen" und Anhang I Nr. 39).

2. „Als besondere Strafvorschriften für die einzelnen Versicherungszweige gelten nach Abs. 2 die einschlägigen Vorschriften
des zweiten Buches der RVO. für die KrV.,
des vierten Buches der RVO. für die PV. der Arbeiter und die IVers.,
des AVG. für die PV. der Angestellten." (Begr. S. 79.)

3. Wegen der Erhöhung der in der RVO. angedrohten Strafen vgl. Ges. vom 21. Dez. 1921, abgedruckt in „Die RVO. in ihrer jetzigen Fassung" von H. Schulz, 3. Aufl. S. 410, sowie das Ges. über Geldstrafen in der RVO. und im AVG. vom 24. Juni 1922 (RGBl. I S. 566).

§ 190.[1])

(Abs. 1.) Für die Festsetzung von Strafen nach § 529 der Reichsversicherungsordnung ist die Verwaltung des Bezirksknappschaftsvereins oder der besonderen Krankenkasse zuständig.

(Abs. 2.) Gegen die Entscheidung der Verwaltung kann binnen einem Monat nach der Bekanntgabe die Entscheidung eines nach § 143 bestellten Ausschusses angerufen werden.

(Abs. 3.) Auf Beschwerde gegen den Bescheid des Ausschusses entscheidet das Knappschaftsoberversicherungsamt endgültig.

§ 180 Entw.

1. „Abweichend von § 529 RVO. ist hier bestimmt, daß die Straffestsetzung nicht dem Vorstand des BezKV. oder der bes. KrK., sondern der Verwaltung obliegt, gegen deren Entscheidung Anrufung des Ausschusses zulässig ist. Die Beschwerde gegen die Entscheidung des Ausschusses geht statt an das VA. — das auch sonst keinerlei Zuständigkeit auf Grund des RKG. hat — an das KOVA.; dieses entscheidet endgültig." (Begr. S. 79.) Wegen der Bedeutung und Tragweite des § 529 RVO. vgl. Hoffmann, KrV., Anm. 1 bis 4 zu § 529; Hahn, KrV., Anm. 1 bis 4 zu § 529.

§ 191.[1])

(Abs. 1.) Im übrigen setzt die Strafen, soweit nicht die Gerichte zuständig sind, der Vorstand des Reichsknappschaftsvereins, Bezirksknappschaftsvereins oder der besonderen Krankenkasse fest.

(Abs. 2.) Auf Beschwerde gegen die Straffestsetzung entscheidet das Knappschaftsoberversicherungsamt, soweit Strafen vom Reichsknappschaftsvereine festgesetzt sind, der Knappschaftssenat beim Reichsversicherungsamt (Beschlußsenat)[2]) endgültig.

§ 181 Entw.

1. „Die Festsetzung von Strafen gegen Arbeitgeber oder deren Vertreter oder Beauftragte ist Sache der Vorstände des RKV., der BezKV. oder der bes. KrK. Auf Beschwerde gegen Straffestsetzungen entscheidet im allgemeinen wie nach § 190 das KOVA. endgültig; die Entscheidung über Beschwerden gegen Straffestsetzungen des RKV. muß jedoch einer zentralen Stelle vorbehalten bleiben, wofür der Knappschaftssenat beim RVA. (§ 166 Abs. 2) geeignet erscheint." (Begr. S. 79.)

2. Die Einschiebung des Wortes „(Beschlußsenat)" beruht auf den Beschlüssen des Sozialpolitischen Ausschusses (Ber. S. 45).

§ 192.[1])

Die gerichtlich erkannten Geldstrafen fließen zur Landeskasse, die anderen Geldstrafen zur Kasse des Bezirksknappschaftsvereins oder der besonderen Krankenkasse.

§ 182 Entw.

1. „Hier ist in Übereinstimmung mit dem Grundsatz des § 182 RVO. bestimmt, daß die Geldstrafen in die Kasse des VersTrägers, und zwar der BezKV. oder der bes. KrK., fließen, mit Ausnahme der gerichtlich erkannten Strafen, die an die Landeskasse abzuführen sind." (Begr. S. 79.)

VIII. Ausländische Gesetzgebung.[1])[2])

§ 193.

(Abs. 1.) Soweit andere Länder eine der Versicherung nach diesem Gesetz entsprechende Fürsorge durchgeführt haben, kann der Reichskanzler mit Zustimmung des Reichsrats unter Wahrung der Gegenseitigkeit vereinbaren, in welchem Umfang für Betriebe, die aus dem Gebiete des einen Landes in das des anderen übergreifen, sowie für Versicherte, die zeitweise in Gebieten des anderen Landes beschäftigt werden, die Fürsorge nach diesem Gesetz oder nach den Fürsorgevorschriften des anderen Landes geregelt werden soll.

(Abs. 2.) Auf demselben Wege kann bei entsprechender Gegenleistung die Versicherung von Angehörigen eines anderen Landes abweichend von den Vorschriften dieses Gesetzes geregelt und die Durchführung der Fürsorge des einen Landes im Gebiete

des anderen erleichtert werden. In diesen Vereinbarungen darf die nach diesem Gesetze bestehende Beitragspflicht des Arbeitgebers nicht ermäßigt oder beseitigt werden. Solche Vereinbarungen sind dem Reichstag mitzuteilen.

(Abs. 3.) Diese Vorschriften gelten entsprechend für eine Fürsorge, die an Stelle der Versicherung nach diesem Gesetze tritt.

§ 183 Entw.

1. Zu vgl. §§ 157, 158 RVO., §§ 362, 363 AVG. sowie Hahn, Krankenversicherung, Anm. zu §§ 157 und 158, Hanow, RVO. Bd. I, Anm. zu §§ 157 und 158, Manes, Kommentar zum AVG., Anm. zu §§ 362, 363 AVG.

2. Über die Vereinbarungen mit ausländischen Staaten vgl. die RVO. in ihrer jetzigen Fassung von H. Schulz, Anm. 1 zu § 157 RVO.

§ 194.[1])

Der Reichskanzler kann mit Zustimmung des Reichsrats anordnen, daß gegen Angehörige eines andern Landes und ihre Rechtsnachfolger ein Vergeltungsrecht angewendet wird.

§ 184 Entw.

1. Zu vgl. die in Anm. 1 zu § 193 angezogenen Stellen der RVO. und des AVG.

Einführungsgesetz
zum
Reichsknappschaftsgesetz.
Vom 23. Juni 1923 (RGBl. I S. 454).

Der Reichstag hat das folgende Gesetz[1]) beschlossen, das mit Zustimmung des Reichsrats hiermit verkündet wird:

1. Der Entwurf des Reichsknappschaftsgesetzes hatte ein besonderes Einführungsgesetz nicht vorgesehen. Die erforderlichen Schluß- und Übergangsbestimmungen hatte er in seinem Abschnitt XV zusammengestellt. Der Sozialpolitische Ausschuß des Reichstags hat indessen nach Durchberatung des Abschnitts beschlossen, den ganzen Abschnitt als „Einführungsgesetz zum Reichsknappschaftsgesetz" zur Annahme zu empfehlen, und zwar um deswillen, weil die Aufnahme der Übergangsbestimmungen eine unpraktische Belastung des Gesetzes darstellten. „Die Bestimmungen des 15. Abschnitts wurden deshalb ausgeschieden und nach Ergänzung und Umarbeitung als Initiativantrag des Berichterstatters als Entwurf eines besonderen Einführungsgesetzes zum Reichsknappschaftsgesetz eingebracht." (Bericht S. 45 und 46). Das Plenum des Reichstags hat dies „Initiativgesetz" angenommen, der Reichsrat hat keinen Einspruch erhoben.

Erster Teil.

I. Allgemeines.

1. Inkrafttreten des Gesetzes.

Artikel 1.

Das Reichsknappschaftsgesetz tritt, soweit es sich um Maßnahmen zu seiner Durchführung handelt, sofort, im übrigen vorbehaltlich des Art. 9 mit dem 1. Januar 1924 in Kraft.[1] [2] [3]

1. Es handelt sich also nach Art. 1 in Verbindung mit Art. 9 um drei verschiedene Zeiten: sofort, d. h. unmittelbar nach Verkündung des Reichsknappschaftsgesetzes, treten die zur Durchführung des Gesetzes erforderlichen Maßnahmen, am 1. Januar 1924 die übrigen Vorschriften des Gesetzes, soweit sie nicht unter Art. 9 fallen, und zu einem späteren Zeitpunkte, spätestens zum 31. Dezember 1924 in Kraft treten. Wegen einer etwaigen Verlängerung der Fristen vergl. Art. 57.

2. Maßnahmen zur Durchführung des Gesetzes ergeben sich insbesondere aus den Art. 2 bis 7 und 17 (zu vergl. Anm. 2 zu Art. 2).

3. Nach Art. 56 treten auch die Vorschriften der Art. 51 bis 55 mit dem in Art. 1 bestimmten Tage in Kraft.

2. Durchführung des Gesetzes.[1]

a) Reichskommissar.

Artikel 2.

(Abs. 1.) Die Leitung der Maßnahmen zur Durchführung des Reichsknappschaftsgesetzes wird bis zur Wahl eines vorläufigen Vorstandes des Reichsknappschaftsvereins (Art. 5 Abs. 2) einem Reichskommissar übertragen, der auf Vorschlag des Reichsarbeitsministers vom Reichspräsidenten aus der Zahl der in

den Vorstand des Reichsknappschaftsvereins wählbaren Personen ernannt wird.[2])

(Abs. 2.) Bekanntmachungen des Reichskommissars ergehen mit rechtsverbindlicher Wirkung durch den Reichsanzeiger und den Kompaß.

1. Zu Art. 2 bis 16 (§§ 188 bis 203 des Entwurfs des Reichsknappschaftsgesetzes). Die hier gegebenen Vorschriften regeln die geschäftlich-organisatorische Umstellung der bisher im Knappschaftswesen bestehenden Verhältnisse und Einrichtungen in den neuen Zustand. Die Absichten des Gesetzes ergeben sich aus der Begründung*), in der (zu vergl. Begr. S. 80) folgendes ausgeführt wird:

„Das an sich wünschenswerte Ziel, die Maßnahmen zur Durchführung des Gesetzes so zu beschleunigen, daß die Umänderung der Organisation bis zum 1. Januar 1924, dem Tage des Inkrafttretens, beendigt wäre, läßt sich wegen des großen Umfanges der Änderungen und der sonstigen, mit der Umstellung der bisherigen Einzelvereine auf den einheitlichen Reichsknappschaftsverein verbundenen Arbeiten nicht verwirklichen. Der Entwurf will deshalb zunächst an die bestehenden Einrichtungen anknüpfen, diese im gewissen Umfange über den 1. Januar 1924 hinaus erhalten und mit ihrer Hilfe allmählich die Überleitung in den neuen Zustand herbeiführen. Das Zustandekommen des Reichs-

---

*) Wo in den Anmerkungen zu den Vorschriften des Einführungsgesetzes Stellen aus der Begründung wiedergegeben sind, sind sie hinsichtlich der Jahreszahlen und der in ihnen angezogenen Vorschriften des Reichsknappschaftsgesetzes, des Einführungsgesetzes und der Begründung zu beiden Gesetzen dem endgültigen Gesetzestexte und der amtlichen Begründung (Drucksache 4394 des Reichstags, I. Wahlperiode 1920/22) angepaßt worden.

knappschaftsvereins ist so gedacht, daß die bisherigen nach Landesgesetzen bestehenden Knappschaftsvereine alsbald nach Verkündung des Reichsknappschaftsgesetzes zu einer Gründungsversammlung zusammentreten, in der sie durch Annahme einer Satzung den Reichsknappschaftsverein ins Leben rufen und diesem zugleich einen vorläufigen Vorstand als gesetzliche Vertretung bestellen. Der vorläufige Vorstand trifft dann die weiteren Anordnungen zur Schaffung der dem Gesetz entsprechenden Einrichtungen. Namentlich sind die bisherigen Knappschaftsvereine entsprechend der in der Gründungsversammlung angenommenen Satzung zu Bezirksknappschaftsvereinen zusammenzulegen. Diese Umgestaltung wird geraume Zeit in Anspruch nehmen, da in den meisten Fällen die Organe der Bezirksknappschaftsvereine neu gebildet werden müssen und auch bei den Verwaltungen der Vereine tief eingreifende Änderungen, wie Verlegung der Büros an einen anderen Ort, Austausch von Beamten und dergleichen, vorzunehmen sind. Es läßt sich voraussehen, daß die Bildung der Bezirksknappschaftsvereine nicht bis zum 1. Januar 1924 beendigt sein wird. Deshalb sollen von diesem Zeitpunkt ab bis zur endgültigen Einrichtung der Bezirksknappschaftsvereine, für die jedoch ein äußerster Zeitpunkt — der 31. Dezember 1924 — im Gesetz festgelegt wird, die bisherigen Knappschaftsvereine als Bezirksknappschaftsvereine im Sinne des Gesetzes deren Aufgaben erfüllen; namentlich wird ihnen die Festsetzung und Auszahlung der Leistungen und die Einziehung der Beiträge nach den neuen Vorschriften übertragen. Diese Tätigkeit können die bisherigen Vereine nur durch ihre vorhandenen Organe ausüben, deren Amtszeit deshalb — gleichfalls bis längstens 31. Dezember 1924 — verlängert wird. Während der Übergangszeit sind, mit der Sprengelwahl der Ältesten beginnend, die Wahlen für die knappschaftlichen Organe nach den Vorschriften des Reichsknappschaftsgesetzes vorzunehmen. Auf diese Weise wird allmählich in planmäßigem Fortschreiten das Gebäude des Reichsknappschaftsvereins aufgerichtet, während die höheren Leistungen schon vom 1. Januar 1924 ab gewährt werden."

2. Auch hinsichtlich der Bestellung, Tätigkeit, Befugnisse usw. des Reichskommissars gibt die Begründung (S. 80) alles Wesentliche wieder.

„Es erscheint zweckmäßig, mit den ersten Maßnahmen zur Durchführung des Gesetzes eine Persönlichkeit zu beauftragen, die, innerhalb des Knappschaftswesens stehend, über die bisherigen Einrichtungen und Verhältnisse sowie über die Ziele des Gesetzentwurfes eingehend unterrichtet ist und das Vertrauen sowohl der Versicherten als auch der Arbeitgeber und namentlich der Aufsichtsbehörde genießt. Der Entwurf sieht deshalb die Bestellung eines Reichskommissars vor, der als Bevollmächtigter des Reichsarbeitsministers als der zuständigen Reichsbehörde die Gründung des Reichsknappschaftsvereins vorbereiten und die hierzu erforderlichen Anordnungen mit verbindlicher Wirkung gegenüber den bisherigen Vereinen und den unter das Gesetz fallenden Betrieben erlassen soll. Nach dem Entwurf wird der Reichskommissar auf Vorschlag des Reichsarbeitsministers vom Reichspräsidenten aus der Zahl der in den Vorstand des Reichsknappschaftsvereins wählbaren Personen ernannt. Nach der zeitlichen Reihenfolge kommen folgende Maßnahmen in Betracht: Bekanntmachung der Bestellung des Reichskommissars durch Reichsanzeiger und Kompaß, Aufforderung an die Hütten und Salinen, sich bis zu einem bestimmten Zeitpunkt über die Fortsetzung der knappschaftlichen Versicherung zu erklären, Aufforderung an sämtliche bestehenden Knappschaftsvereine mit Ausnahme aufzulösender Hütten- oder Salinenknappschaftsvereine, Vertreter für die Gründungsversammlung zu bestellen und namhaft zu machen, Einberufung der Gründungsversammlung und Vorbereitung ihrer Tagesordnung (Mitteilung des Entwurfes der Satzung an die Versammlungsteilnehmer u. a.), Leitung der Gründungsversammlung." Infolge der Ausschußbeschlüsse ist zu den Aufgaben des Reichskommissars noch der Erlaß von Wahlordnungen für die Gründungsversammlung und vorläufigen Bezirksversammlungen hinzugekommen (Art. 3 Abs. 3, Art. 13 Abs. 1).

b) Gründungsversammlung.

Artikel 3.[1])[2])

(Abs. 1.) Bis zu einem vom Reichskommissar festzusetzenden Zeitpunkt haben die bisherigen Knappschaftsvereine, soweit sie nicht nach Art. 20, 21 aufgelöst werden, Vertreter in gleicher Zahl für Arbeitgeber und Versicherte zu wählen, die zu einer Gründungsversammlung zusammentreten.

(Abs. 2.) Jeder teilnahmeberechtigte Verein mit über dreihundert bis zu zehntausend Mitgliedern stellt mindestens je einen Vertreter der Arbeitgeber und Versicherten. Größere Vereine bestellen für jede weiteren angefangenen fünfzehntausend Mitglieder einen weiteren Vertreter für jede Seite. Die Vereine mit weniger als dreihundert Mitgliedern erhalten gemeinsam je drei Vertreter von jeder Seite. Wo mehr als zehn Vertreter der Versicherten zu bestellen sind, müssen mindestens zehn vom Hundert Vertreter der Angestellten sein. Maßgebend ist die Zahl der am 31. Dezember 1922 vorhandenen Krankenkassenmitglieder.

(Abs. 3.) Die Vertreter[3]) werden getrennt von den Gruppen der Arbeitgeber und der Versicherten gewählt. Die Wahl der Versichertenvertreter erfolgt durch die Knappschaftsältesten nach den Grundsätzen der Verhältniswahl. Kleinere Vereine sind zur Durchführung der Verhältniswahl zu Wahlgruppen zusammenzulegen. Die Wahlordnung erläßt der Reichskommissar mit Zustimmung des Reichsarbeitsministers.

(Abs. 4.) In Höhe eines Viertels der nach Abs. 1 bis 3 zu wählenden Vertreter werden außerdem durch den Reichsarbeitsminister noch Vertreter der beteiligten Arbeitgeber- und Arbeitnehmerverbände bestellt. Bei

letzteren sind die Organisationen der Angestellten in angemessenem Umfange zu berücksichtigen.

1. Die Fassung des Art. 3 (§§ 189 und 190 des Entwurfs) beruht auf den Beschlüssen des Sozialpolitischen Ausschusses des Reichstags, durch die ein Antrag Nr. 701 mit einigen Änderungen angenommen wurde. Der Antrag war gestellt worden, „damit auf der Gründungsversammlung die verschiedenen Richtungen in der Arbeitnehmerschaft vertreten sein konnten. Nach der Fassung der Vorlage sei nur den Mitgliedern zweier Verbände die Teilnahme möglich. Alle anderen seien praktisch ausgeschlossen. Das sei unbillig. Bei einer solch wichtigen Veranstaltung müßten alle Beteiligten vertreten sein. Auch den Angestellten werde durch den Antrag die notwendige Teilnahme ermöglicht. Sodann sei es erwünscht, daß neben den Ältesten auch Führern der Arbeitnehmerverbände die Teilnahme an der Gründungsversammlung ermöglicht werde. Dann würden die Verhandlungen fruchtbarer sein und beschleunigt. Außerdem schränke der Antrag das Übergewicht des großen Vereins an der Ruhr etwas ein". (Bericht S. 46.)

2. Bei der Wahl der Vertreter der Vereine zu der Gründungsversammlung ist nach Art. 3 folgendes zu berücksichtigen:

a) die Zahl der Vertreter der Arbeitgeber und Versicherten muß gleich sein (Abs. 1);

b) die von den einzelnen Vereinen zu wählenden Vertreter müssen hinsichtlich ihrer Zahl der Vorschrift des Abs. 2 entsprechen. Der Satz 3 des Abs. 2 wird dahin verstanden werden müssen, daß auch die dort bezeichneten kleineren Vereine insgesamt drei Vertreter von jeder Seite enthalten müssen (das „je" vor „drei Vertreter" kann nur ein redaktionelles Versehen sein);

c) die Wahl der Vertreter erfolgt getrennt von den Gruppen der Arbeitgeber und der Versicherten;

d) die Wahl der Versichertenvertreter erfolgt durch die Knappschaftsältesten nach den Grundsätzen der Verhältniswahl; kleinere Vereine werden zu Wahlgruppen zusammengelegt (Abs. 3);

e) das Nähere über diese Wahlen (b, c, d) regelt die Wahlordnung (Abs. 3 Satz 4);

f) außer den hiernach gewählten Vertretern der Vereine werden nach Maßgabe des Abs. 4 Vertreter der beteiligten Arbeitgeber- und Arbeitnehmerverbände vom Reichsarbeitsminister bestellt. Ihre Gesamtzahl beträgt ein Viertel der gewählten Vertreter. Von diesem Viertel entfällt die Hälfte auf Arbeitgeber, die andere Hälfte auf Arbeitnehmer und Angestellte. Das wird aus dem Grundsatze des Abs. 1 und aus dem Grundsatze der Parität gefolgert werden müssen.

3. Aus welchem Kreise die „Vertreter" zu wählen sind, sagt Art. 3 nicht; die Vorschrift des Entwurfs, daß die Vertreter der Arbeitgeber aus deren Mitte, die Vertreter der Versicherten aus den Knappschaftsältesten oder sonstigen Versichertenvertretern zu wählen seien, ist in das Gesetz nicht übergegangen. Der § 5 der vom Reichskommissar unter dem 17. Juli 1923 erlassenen „Wahlordnung für die Wahl der Versichertenvertreter in der Gründungsversammlung des Reichsknappschaftsvereins" (Deutscher Reichsanzeiger vom 19. Juli 1923, Nr. 166, Kompaß S. 138 und 159) erklärt für wählbar: „alle am Tage der Wahl vorhandenen Mitglieder der Knappschaftsvereine, sowie die ehemaligen Mitglieder, die freiwillige Beiträge zur Krankenversicherung oder Anerkennungsgebühr zur Erhaltung der Ansprüche auf Pensionskassenleistungen zahlen." Dadurch ist die Frage erledigt.

4. Hinsichtlich der Vertretung der Vertreter durch andere Personen vergl. Art. 4.

Artikel 4.[1])

(Abs. 1.) Die Kosten der Teilnahme an der Gründungsversammlung werden von den Vereinen selbst getragen.

(Abs. 2.) Sowohl die Vertreter der Arbeitgeber als auch die der Versicherten können sich durch besonders hierzu bevollmächtigte Personen vertreten lassen.[2])

1. Der Art. 4 entspricht dem § 191 des Entwurfs des Reichsknappschaftsgesetzes.

2. Der Reichstagsausschuß hat in Abs. 2 den Satz 2 des Entwurfs, nach dem als Vertreter eines Knappschaftsältesten nur ein Knappschaftsältester desselben Vereins bevollmächtigt werden könne, gestrichen. Die Gründe sind aus dem Berichte nicht ersichtlich. Die Streichung hat die unerwünschte Folge, daß nunmehr Bevollmächtigte von Vertretern an der Gründungsversammlung teilnehmen können, die zum Knappschaftswesen in keiner Beziehung stehen (zu vgl. § 140 Anm. 3 RKG.).

Artikel 5.[1])

Abs. 1.) Der Reichskommissar beruft die Gründungsversammlung und führt darin den Vorsitz.[2])

(Abs. 2.) Die Gründungsversammlung beschließt erstmalig über die nach § 7 des Reichsknappschaftsgesetzes vom Reichsknappschaftsvereine zu erlassende Satzung und wählt nach den Grundsätzen der Verhältniswahl einen vorläufigen Vorstand des Reichsknappschaftsvereins, der aus zehn Vertretern jeder Gruppe besteht; außerdem setzt sie erstmalig nach § 31 des Reichsknappschaftsgesetzes die Teuerungszulagen fest.[3])

(Abs. 3.) Für die Beschlußfassung der Gründungsversammlung und die Wahl des vorläufigen Vorstandes gilt § 126 des Reichsknappschaftsgesetzes entsprechend.

1. Der Art. 5 entspricht dem § 192 des Entwurfs des Reichsknappschaftsgesetzes.

2. Nur der Reichskommissar ist zum Vorsitz berufen. Ein Stimmrecht hat er nicht. Die im § 126 RKG. bezeichnete Stimmenmehrheit muß für „jeden der beiden Teile", also innerhalb der Vertreter jeder dieser beiden Seiten, vorhanden sein.

3. Die Aufzählung der Aufgaben der Gründungsversammlung ist erschöpfend, zu anderen Aufgaben ist sie nicht berufen.

Die vornehmste Aufgabe ist der erstmalige Erlaß der Satzung des Reichsknappschaftsvereins. Die Satzung muß den Vorschriften des § 7 RKG. entsprechen. Sie bedarf der Genehmigung des Reichsarbeitsministers (§ 8 Abs. 2 a. a. O.), der sie nötigenfalls mit voller Rechtswirkung selbst erläßt (Art. 6). Die Satzung gilt solange, bis sie in einer dem Gesetz entsprechenden Weise durch eine andere ersetzt oder abgeändert wird.

Die zweite Aufgabe ist die Wahl des „vorläufigen Vorstandes". Auch hierfür gilt § 126 RKG. Der vorläufige Vorstand besteht aus zehn Vertretern von jeder Gruppe und führt vom Augenblicke seiner Wahl an die Geschäfte des Reichsknappschaftsvereins, solange, bis der endgültige Vorstand nach § 114 RKG. gewählt ist. Kommt die Satzung in der Gründungsversammlung nicht zustande, so bestellt der Reichsarbeitsminister gleichzeitig mit dem Erlaß der Satzung den vorläufigen Vorstand (Art. 6 und Begr. zu §§ 189 bis 194 RKG. S. 81). Es ist danach ausgeschlossen, daß die Gründungsversammlung den vorläufigen Vorstand wählt, wenn der Beschluß über die Satzung nicht zustande gekommen ist.

Die dritte Aufgabe ist die erstmalige Festsetzung der Teuerungszulagen. Diese Festsetzung ist notwendig, weil nach Art. 9 Abs. 1 die einzelnen Knappschaftsvereine vom 1. Januar 1924 an die Leistungen nach dem Gesetz und der Satzung zu gewähren haben. Die Festsetzung bedarf, als ein Teil der Satzung, der Bestätigung des Reichsarbeitsministers.

Artikel 6.[1])

Kommt kein[2]) Beschluß der Gründungsversammlung über die Satzung zustande, so erläßt sie der Reichsarbeitsminister; er bestellt gleichzeitig einen vorläufigen Vorstand.[3])

1. Der Art. 6 entspricht dem § 193 des Entwurfs des Reichsknappschaftsgesetzes.

2. Im amtlichen Gesetzestext heißt es: „Kommt ein Beschluß ... zustande." Der hierin liegende Druckfehler ist im obigen Satz berichtigt worden. (Vgl. Druckfehlerberichtigung RGBl. I S. 760.)

3. Da die Mehrheit sowohl der Arbeitgebervertreter als der Versichertenvertreter für die Annahme der Satzung stimmen muß, um einen gültigen Beschluß herbeizuführen, ist die Möglichkeit vorhanden, daß ein Beschluß nicht zustande kommt und daß ein vorläufiger Vorstand nicht bestellt wird. Beiden Möglichkeiten trägt der Art. 6 Rechnung, indem er den Reichsarbeitsminister zum Erlaß der Satzung und Bestellung eines vorläufigen Vorstands für zuständig erklärt. Unter „Erlaß der Satzung" wird man auch die erstmalige Festsetzung der Teuerungszulagen verstehen müssen (vgl. Anm. 3 zu Art. 5). Der vom Reichsarbeitsminister bestellte Vorstand muß der Vorschrift des Art. 5 Abs. 2 entsprechen; er hat die Aufgaben und Befugnisse des dort bezeichneten vorläufigen Vorstandes und bleibt solange in Tätigkeit, bis er in einer dem Gesetz entsprechenden Weise durch einen von der Hauptversammlung gewählten Vorstand ersetzt wird.

Artikel 7.[1])

Der vorläufige Vorstand trifft die Maßnahmen zur weiteren Durchführung des Reichsknappschaftsgesetzes und führt die Geschäfte des Reichsknappschaftsvereins, bis ein Vorstand aus der Hauptversammlung nach § 114 des Reichsknappschaftsgesetzes gewählt ist. Die §§ 116 bis 118, §§ 120 bis 122, § 127 des Reichsknappschaftsgesetzes gelten entsprechend.

1. Der Art. 7 entspricht dem § 194 des Entwurfs des Reichsknappschaftsgesetzes.

c) Bildung der Bezirks-Knappschaftsvereine. Vorläufige Wahrnehmung ihrer Aufgaben durch die bisherigen Knappschaftsvereine.

Artikel 8.[1]) [2])

Mit dem 31. Dezember 1923 hören vorbehaltlich des Art. 9 die bisherigen Knappschaftsvereine, Knappschaftskassen, Knappschaftskrankenkassen und besonderen

Krankenkassen sowie der Knappschaftliche Rückversicherungsverband zu Berlin-Charlottenburg zu bestehen auf. Ihre Rechte und Verbindlichkeiten gehen unbeschadet der in den §§ 12, 109 Abs. 2 des Reichsknappschaftsgesetzes den Bezirksknappschaftsvereinen übertragenen Aufgaben auf den Reichsknappschaftsverein über. Das Vermögen wird von der bisher zur Aufsicht zuständigen Behörde[3]) festgestellt und dem Reichsknappschaftsverein überwiesen Auf Grund der von dieser Behörde bestätigten Rechtsnachfolge sind die erforderlichen Umschreibungen im Grundbuche vorzunehmen; Steuern, Gebühren, Kosten und Auslagen dürfen aus Anlaß des Eigentumswechsels weder durch das Reich noch durch die Länder oder andere Steuerberechtigte in den Ländern erhoben werden.

1. Der Art. 8 entspricht dem § 195 des Entwurfs des Reichsknappschaftsgesetzes.

2. „Mit dem Inkrafttreten des Reichsknappschaftsgesetzes müssen die bisherigen Knappschaftsvereine zu bestehen aufhören, da neben dem Reichsknappschaftsverein kein Raum für sie ist, und die an ihre Stelle tretenden Bezirksknappschaftsvereine keine besondere Rechtspersönlichkeit besitzen. (Vgl. allgemeine Begründung S. 31.) Ebenso kommen die Aufgaben des Knappschaftlichen Rückversicherungsverbandes in Fortfall. An die Stelle der bisherigen Vereine und des Rückversicherungsverbandes tritt der Reichsknappschaftsverein, der als Rechtsnachfolger in ihre sämtlichen Rechte und Verbindlichkeiten eintritt. Um den Übergang des Vermögens möglichst einfach zu gestalten und von jeglichen Kosten frei zu lassen, bestimmt der Entwurf, daß das Vermögen der Vereine und des Rückversicherungsverbandes von der für diese zuständigen Aufsichtsbehörde festgestellt und dem Reichsknappschaftsverein überwiesen wird. Soweit das Vermögen in Grundeigentum oder in Rechten an Grundstücken besteht, sind die erforderlichen Umschreibungen im Grundbuch auf Grund einer

von der Aufsichtsbehörde auszustellenden Urkunde über die Rechtsnachfolge kostenfrei vorzunehmen. Das Eigentum und die Rechte an Grundstücken gehen somit ohne Beobachtung der sonst für die Übertragung erforderlichen Formen — gewissermaßen im Wege einer Berichtigung des Grundbuches — auf den Reichsknappschaftsverein über. Dieses Verfahren hat im § 2 des Staatsvertrages vom 31. März 1920 über den Übergang der Staatseisenbahnen auf das Reich (RGBl. S. 773) ein Vorbild." (Begr. S. 81.)

3. Der nach den Landesgesetzen bisher zuständigen Aufsichtsbehörde erwachsen hiernach drei Aufgaben:

a) die Feststellung des Vermögens der einzelnen bisherigen Knappschaftsvereine,

b) die Überweisung dieses Vermögens an den Reichsknappschaftsverein,

c) urkundliche Bestätigung der auf Grund des Gesetzes eingetretenen Rechtsnachfolge des Reichsknappschaftsvereins.

Zeitpunkt für die unter a fallende Vermögensfeststellung ist der im Art. 8 bezeichnete Tag.

Artikel 9.[1] [2] [3]

(Abs. 1.) Vom 1. Januar 1924 bis zu einer Zeit, die der vorläufige Vorstand des Reichsknappschaftsvereins festsetzt, längstens jedoch bis zum 31 Dezember 1924 führen die bisherigen Knappschaftsvereine im Auftrage und nach den Anweisungen des Reichsknappschaftsvereins die Geschäfte der Bezirksknappschaftsvereine. Namentlich obliegt ihnen die Feststellung und Auszahlung der Leistungen sowie die Erhebung der Beiträge nach dem Reichsknappschaftsgesetz und der Satzung. Die Aufgaben, die das Reichsknappschaftsgesetz der Bezirksversammlung, dem Bezirksvorstand und dem Ausschusse[4]) zuweist, nehmen die entsprechenden bisherigen Organe der Knappschaftsvereine wahr.

(Abs. 2.) Die bisherigen Knappschaftsvereine erlassen die Sondervorschriften nach § 9 des Reichsknappschaftsgesetzes bis zum 1. Januar 1924.[5])

(Abs. 3). Die Amtsdauer der Vertreter der Arbeitgeber und der Versicherten in den bisherigen Organen der Knappschaftsvereine sowie die Wahlzeit der bisherigen Knappschaftsältesten oder sonstigen Versichertenvertreter wird bis zur Durchführung der Wahlen auf Grund des Reichsknappschaftsgesetzes, längstens jedoch bis zum 31. Dezember 1924, verlängert.

1. Der Art. 9 entspricht dem § 196 des Entwurfs des Reichsknappschaftsgesetzes.

2. „Hier kommt zum Ausdruck, daß die bisherigen Bezirksknappschaftsvereine vom 1. Januar 1924, dem Tage des Inkrafttretens des Gesetzes, bis zur Beendigung der Änderungen in der Organisation, längstens jedoch bis zum 31. Dezember 1924, alle den Bezirksknappschaftsvereinen zugewiesenen Aufgaben zu erfüllen haben. Der Zeitpunkt, mit dem dieses gesetzliche Mandat der bisherigen Knappschaftsvereine erlischt, kann vom vorläufigen Vorstand des Reichsknappschaftsvereins je nach dem Maße der Zeit, die die Umbildung der Vereine zu Bezirksknappschaftsvereinen voraussichtlich in Anspruch nehmen wird, verschieden festgesetzt werden.

Die Übertragung der gesetzlichen Aufgaben an die bisherigen Vereine hat nicht etwa die Rechtswirkung, daß sie als selbständige Versicherungsträger oder selbständige Rechtssubjekte weiter beständen, sie haben vielmehr für die Übergangszeit als örtliche Verwaltungsstellen im Sinne des § 9 des Entwurfs des Reichsknappschaftsgesetzes die gleiche Stellung zum Reichsknappschaftsverein wie die Bezirksknappschaftsvereine, und sind bei Erfüllung ihrer Aufgaben an das Gesetz, die Satzung und die Anweisungen gebunden, die der Reichsknappschaftsverein durch seinen vorläufigen Vorstand erläßt. Damit die Leistungen nach dem neuen Gesetz bereits vom 1. Januar 1924 ab gewährt werden können, hat jeder bisherige Knappschaftsverein noch vor diesem Tage durch das zuständige Organ (Generalversammlung) auf Grund des § 9 Sondervorschriften zu beschließen, die die Leistungen der Krankenkasse und Pensionskasse und für letztere namentlich auch die Mitgliederklasse bestimmen. Insoweit mehrere Vereine bei einem künftigen Bezirksknappschaftsverein beteiligt sind, empfiehlt sich von vornherein eine Verständigung über den Inhalt der Sondervorschriften, namentlich die Wahl derselben Mitgliederklasse, um eine spätere Änderung (vergl. Art. 10 Abs. 2 Nr. 4) zu vermeiden." (Begr. S. 81.)

3. Der im Abs. 1 bezeichnete Tag ist von großer Bedeutung, da an ihm — abgesehen von den Durchführungsmaßregeln — das Reichsknappschaftsgesetz in seinem ganzen Umfange, namentlich auch hinsichtlich der Leistungen und Beiträge, des Verfahrens, der Behörden und rechtsprechenden Stellen usw., in Kraft tritt. Es müssen also rechtzeitig alle Maßnahmen getroffen werden, um dies Ziel zu erreichen.

4. Das Gesetz nennt hier nur die Aufgaben der Bezirksversammlung, des Bezirksvorstands und des Ausschusses. Es wird aber unbedenklich angenommen werden können, daß auch die Aufgaben, die das Gesetz den „Bezirksverwaltungen" zuweist, von den bei den einzelnen Vereinen bisher bestehenden „Verwaltungen" zu erledigen sein werden.

5. Die nach Abs. 2 von den bisherigen Knappschaftsvereinen erlassenen Sondervorschriften werden später durch die nach Art. 10 Abs. 2 Ziffer 4 von der vorläufigen Bezirksversammlung zu erlassenden Sondervorschriften ersetzt. Sie haben also nur eine zeitlich beschränkte Bedeutung.

Artikel 10.[1])

(Abs. 1.) Bis zu einer Zeit, die der vorläufige Vorstand des Reichsknappschaftsvereins festsetzt, treten die bisherigen Knappschaftsvereine entsprechend ihrer Beteiligung bei einem Bezirksknappschaftsvereine zu einer vorläufigen Bezirksversammlung zusammen.[2])

(Abs. 2.) Die vorläufige Bezirksversammlung hat folgende Aufgaben:[3])

1. Wahl eines vorläufigen Bezirksvorstandes nach Art. 13;

2. Festsetzung der Zahl der Vertreter beider Seiten in der Bezirksversammlung und im Bezirksvorstand nach § 133 und Beschlußfassung über die Wahlordnung nach § 134 Abs. 2, § 140 des Reichsknappschaftsgesetzes

3. Festsetzung des Tilgungsbeitrags für den Bezirksknappschaftsverein nach Art. 31, 32;

4. Beschlußfassung über die Sondervorschriften, die an die Stelle der von den Einzelvereinen nach Art. 9 Abs. 2 erlassenen Sondervorschriften treten.

Außerdem beschließt sie über sonstige für die Bildung des Bezirksknappschaftsvereins erforderliche Maßnahmen.[4])

Zu Art. 10 bis 15. Während der Art. 9 Vorsorge dafür trifft, daß das Gesetz von den bisherigen Knappschaftsvereinen und deren Organen mit dem 1. Januar 1924 in Kraft gesetzt werde, regeln die Art. 10 bis 15 die Maßnahmen, die zur Überleitung der bisherigen Knappschaftsvereine in den endgültigen, dem Gesetz und der Satzung entsprechenden Zustand — also in die neuen, durch die inzwischen beschlossene oder vom Reichsarbeitsminister erlassene Satzung bestimmten Knappschaftsvereine — erforderlich sind. Hierzu bemerkt die Begründung (S. 81):

„Die bisherigen Vereine, die durch die Satzung zu einem Bezirksknappschaftsverein zusammengelegt werden, müssen alsbald nach Annahme der Satzung durch die Gründungsversammlung zu einer vorläufigen Bezirksversammlung zusammentreten, um die für Bildung des Bezirksknappschaftsvereins erforderlichen Maßnahmen einzuleiten. Der Zeitpunkt der Versammlung ist erforderlichenfalls vom vorläufigen Reichsknappschaftsvorstand zu bestimmen. Die Vereine, die über ihre Zusammenlegung zu einem Bezirksknappschaftsverein einverstanden sind, brauchen eine solche Bestimmung nicht abzuwarten, sondern können schon alsbald nach der Gründungsversammlung zu ihrer vorläufigen Bezirksversammlung zusammentreten. Überhaupt ist eine baldige Fühlungnahme der zu einem Bezirksknappschaftsverein gehörigen Einzelvereine zweckmäßig und erwünscht, weil durch vorbereitende Verständigung die Bildung des Bezirksvereins und die Durchführung des Gesetzes im ganzen sehr erleichtert wird; z. B. wird die im Abs. 2 unter Nr. 4 vorgesehene Beschlußfassung der vorläufigen Bezirksversammlung über Sondervorschriften des Bezirksvereins entbehrlich, wenn die Einzelvereine von vornherein einheitliche Sondervorschriften erlassen haben (vergl. Art. 9 Abs. 2)."

1. Der Artikel 10 entspricht dem § 197 des Entwurfs des Reichsknappschaftsgesetzes.

2. Die erste notwendige Maßregel ist demnach nach Zustandekommen der Satzung des Reichsknappschaftsvereins die Einberufung der „vorläufigen Bezirksversammlung". Sie wird gebildet von Vertretern derjenigen bisherigen Vereine, die durch die Satzung zu einem „Bezirksknappschaftsverein" vereinigt sind (§ 55 des Satzungsentwurfs), oder — in dem Ausnahmefalle des Art. 11 — durch die Generalversammlung des betreffenden Vereins. Der Kreis der Vertreter ergibt sich aus Art. 11 und 12.

3. Hinsichtlich der in Abs. 2 aufgezählten Aufgaben der „vorläufigen Bezirksversammlung" bemerkt die Begründung (S. 82) folgendes:

„Was die Aufgaben der vorläufigen Bezirksversammlung im einzelnen anbelangt, so wird wegen der Wahl eines vorläufigen Vorstandes (Abs. 2 Nr. 1) auf Art. 13 und die Begründung dazu verwiesen. Die Zahl der Vertreter beider Seiten in der Bezirksversammlung und im Bezirksvorstand (Abs. 2 Nr. 2) ist unter Berücksichtigung aller Verhältnisse des künftigen Bezirksknappschaftsvereins festzusetzen; namentlich wird auf eine angemessene Vertretung sämtlicher im Bezirk vorhandenen Bergbauarten und neu hinzukommender knappschaftlicher Betriebe (vgl. Art. 15) Bedacht genommen werden müssen. Die endgültige

Festsetzung des Tilgungsbeitrages für den Bezirksknappschaftsverein (Abs. 2 Nr. 3) wird erst möglich sein, wenn aus den nach Art. 31 für die einzelnen Vereine aufzustellenden versicherungstechnischen Abgleichungen das Schlußergebnis für den Bezirksknappschaftsverein festgestellt ist. Zur Vermeidung späterer übermäßiger Belastung mit Tilgungsbeiträgen kann die Festsetzung eines nach überschläglicher Berechnung geschätzten vorläufigen Tilgungsbeitrages empfehlenswert sein."

4. Abweichend von den Vorschriften über die „Gründungsversammlung" (Art. 5 Abs. 3, Anm. 2 zu Art. 5) gibt der Schlußsatz des Abs. 2 der „vorläufigen Bezirksversammlung" durch eine clausula generalis die Befugnis, auch über sonstige Maßnahmen zu beschließen, aber mit der Einschränkung, daß sie „für die Bildung des Bezirksknappschaftsvereins erforderlich" sein müssen. Diese Vorschrift ist sehr zweckmäßig, weil gerade bei der Bildung der Bezirksknappschaftsvereine Verhältnisse zu regeln sein werden, deren Kreis und Bezeichnung nicht von vornherein zu bestimmen ist.

Artikel 11.[1]) [2])

Ist nur ein Verein bei einem Bezirksknappschaftsverein beteiligt, so bildet dessen Generalversammlung die vorläufige Bezirksversammlung. Gehören nur einzelne Betriebe dieses Vereins zu dem Bezirksknappschaftsvereine, so nehmen nur die für diese Betriebe[3]) in Betracht kommenden Arbeitgeber und Knappschaftsältesten oder sonstigen Versichertenvertreter an der vorläufigen Bezirksversammlung teil.

1. Art. 11 entspricht dem § 198 des Entwurfs des Reichsknappschaftsgesetzes.

2. „Hier ist der Fall geregelt, der die Ausnahme bilden dürfte, daß ein bisheriger Knappschaftsverein ohne wesentliche Veränderungen in seinem Bestande Bezirksknappschaftsverein wird. Ein solcher Verein kann sich schon bald nach Erlaß des Gesetzes

als Bezirksknappschaftsverein im gesetzlichen Sinne einrichten. Muß ein Verein Betriebe, die ihm bisher angehörten, an einen anderen Bezirksknappschaftsverein abgeben, so sind die Vertreter der abgegebenen Betriebe von der Teilnahme an der vorläufigen Bezirksversammlung dieses Vereins ausgeschlossen, dagegen zur Teilnahme an der vorläufigen Bezirksversammlung desjenigen Bezirksknappschaftsvereins berechtigt, dem sie zugeteilt werden." (Begr. S. 82.)

3. Es muß „Betriebe", nicht „Bezirke" (wie im amtlichen Texte) heißen.

Artikel 12.[1])

(Abs. 1.) Sind mehrere Knappschaftsvereine bei einem Bezirksknappschaftsvereine beteiligt,[2]) so nehmen für diese Vereine sämtliche Arbeitgeber und Knappschaftsältesten oder sonstigen Versichertenvertreter, die nach der Vereinssatzung die Generalversammlung des Vereins bilden, an der vorläufigen Bezirksversammlung teil; Art. 11 Satz 2 gilt entsprechend. Jeder Verein mit bis zu tausend Mitgliedern erhält eine Stimme, größere Vereine erhalten für jede weiteren vollendeten tausend Mitglieder eine weitere Stimme für jede Seite. Maßgebend ist die Zahl der am 31. Dezember 1922 vorhandenen Krankenkassenmitglieder. Die einem Vereine zustehende Stimmenzahl wird für jede Gruppe der Vertretung auf die anwesenden Vertreter gleichmäßig verteilt. Art. 4 Abs. 2 gilt entsprechend.

(Abs. 2.) Die Einberufung der vorläufigen Bezirksversammlung und die Vorbereitung der sonstigen für die Bildung des Bezirksknappschaftsvereins erforderlichen Maßnahmen obliegt nach näherer Anweisung des vorläufigen Vorstands des Reichsknappschaftsvereins dem Verein, der über die größte Mitgliederzahl nach Abs. 1 verfügt.[3]) Der Vorsitzende dieses Vereins leitet die Verhandlungen. An den Verhandlungen nimmt ein Vertreter der Landesbehörde teil, der vom Reichsarbeitsminister auf Grund des § 151 Abs. 3 des Reichsknappschaftsgesetzes die Aufsicht über den Bezirksknappschaftsverein übertragen ist.

1. Der Art. 12 entspricht dem § 199 des Entwurfs des Reichsknappschaftsgesetzes.

2. „In den meisten Fällen wird ein Bezirksknappschaftsverein durch Zusammenlegung mehrerer bisheriger Einzelvereine entstehen. In Anbetracht der Wichtigkeit der Aufgaben der vorläufigen Bezirksversammlung läßt sich nicht umgehen, in diesen Fällen sämtliche in Betracht kommenden Einzelvereine bei der vorläufigen Bezirksversammlung zu beteiligen, da den Einzelvereinen Gelegenheit geboten werden muß, ihre Interessen hinsichtlich der Zusammensetzung der Organe des künftigen Bezirksknappschaftsvereins, der Höhe der Leistungen usw. zur Geltung zu bringen. Eine Beschränkung der Teilnehmerzahl läßt sich dadurch erreichen, daß von dem Recht der Bevollmächtigung im weiten Umfange Gebrauch gemacht wird. Da bei den einzelnen Vereinen das Verhältnis der Zahl der Generalversammlungsteilnehmer zur Mitgliederzahl nicht gleich ist, muß das Stimmrecht der Teilnehmer an der vorläufigen Bezirksversammlung, um Verschiebungen des Stimmverhältnisses zum Nachteil größerer Vereine zu vermeiden, nach der Größe der Vereine bemessen werden. In Anlehnung an Art. 3 Abs. 2 bestimmt der Entwurf, daß jeder Verein mit bis zu 1000 Krankenkassenmitgliedern eine Stimme für jede Seite hat, und daß größere Vereine für jede weiteren vollendeten 1000 Mitglieder eine weitere Stimme für jede Seite erhalten. Die Gesamtzahl der hiernach auf einen Verein entfallenden Stimmen ist für jede Seite der Vertretung auf die an der vorläufigen Bezirksversammlung teilnehmenden Personen (Arbeitgebervertreter oder Versichertenvertreter) gleichmäßig zu verteilen." (Begr. S. 82.)

3. „Unter mehreren bei einem Bezirksknappschaftsverein beteiligten Vereinen muß einer die Bearbeitung der auf die Bildung der Bezirksknappschaftsvereine bezüglichen Angelegen-

heiten übernehmen (federführender Verein). Der Entwurf bestimmt hierfür den Verein, der die größte Mitgliederzahl hat. Dieser Verein hat u. a. die vorläufige Bezirksversammlung einzuberufen und deren Tagesordnung vorzubereiten (durch Aufstellung eines Entwurfes einheitlicher Sondervorschriften und der zu beschließenden Wahlordnungen usw.); der Vorsitzende dieses Vereins leitet auch die Verhandlungen der vorläufigen Bezirksversammlung. Bei den Vorarbeiten für die Bildung des Bezirksknappschaftsvereins ist eine weitgehende Beteiligung der mit der Aufsicht über den künftigen Bezirksknappschaftsverein nach § 151 Abs. 2 betrauten Landesbehörde angebracht, die mit den Verhältnissen der Einzelvereine vertraut ist und den federführenden Verein bei Erfüllung seiner Aufgaben mit wertvollen Ratschlägen und Anregungen unterstützen kann. Um eine Einflußnahme der Landesbehörde auf die Verhandlungen der Bezirksversammlung selbst zu ermöglichen, bestimmt der Entwurf, daß ein Vertreter dieser Behörde an der vorläufigen Bezirksversammlung teilnimmt." (Begr. S. 82.)

Artikel 13.[1])

(Abs. 1.) Die vorläufige Bezirksversammlung wählt getrennt aus den Gruppen der Arbeitgeber und der Versicherten einen vorläufigen Bezirksvorstand; die Vertreter der Arbeitgeber werden mit einfacher Stimmenmehrheit aus deren Mitte, die Vertreter der Versicherten nach den Grundsätzen der Verhältniswahl aus den Knappschaftsältesten oder sonstigen Versichertenvertretern der beteiligten Vereine und aus den nach § 132 des Reichsknappschaftsgesetzes wählbaren Angestellten gewählt. Für die Wahl der Versichertenvertreter erläßt der Reichskommissar eine vorläufige Wahlordnung.[2]) Die Landesbehörde (Art. 12 Abs. 2 Satz 3) bestimmt die Zahl der in den Vorstand zu berufenden Angestelltenältesten.

(Abs. 2.) Dem vorläufigen Bezirksvorstand obliegt die Vorbereitung der Wahlen der Knappschaftsältesten und Angestelltenältesten innerhalb des Bezirksknappschaftsvereins nach den Bestimmungen der Satzung und die Leitung dieser Wahlen.

1. Der Art. 13 entspricht dem § 200 des Entwurfs, nur daß gemäß den Beschlüssen des Sozialpolitischen Ausschusses die nach § 132 RKG. wählbaren Angestellten auch hier wählbar sind und die Wahlordnung nicht von der Landesbehörde, sondern vom Reichskommissar erlassen wird. Die Tätigkeit der Landesbehörde beschränkt sich auf die Bestimmung der Zahl der in den Vorstand zu berufenden Angestelltenältesten.

2. Da die Verhältniswahl der Versichertenvertreter durch Aufstellung und Einreichung von Vorschlagslisten vorzubereiten ist, überträgt das Gesetz die Aufstellung der vorläufigen Wahlordnung dem Reichskommissar (Begr. S. 82). Zu vgl. Art. 3 Anm. 3.

Artikel 14.[1])

(Abs. 1.) Für die Beschlußfassung der vorläufigen Bezirksversammlung gilt der § 142 des Reichsknappschaftsgesetzes entsprechend.[2])

(Abs. 2.) Kommt kein Beschluß der vorläufigen Bezirksversammlung zustande, so trifft die Landesbehörde (Art. 12 Abs. 2 Satz 3) die für die Durchführung der Bildung des Bezirksknappschaftsvereins erforderlichen Anordnungen.[3])

1. Der Art. 14 entspricht dem § 201 des Entwurfs des Reichsknappschaftsgesetzes.

2. „In der vorläufigen Bezirksversammlung stimmen ebenso wie in der Gründungsversammlung des Reichsknappschaftsvereins die Vertreter beider Seiten für sich." (Begr. S. 82.) Einfache Stimmenmehrheit auf beiden Seiten ist für einen Beschluß erforderlich und ausreichend. Für eine Anwendung des § 142 Satz 2 RKG. wird angesichts des Art. 12 Abs. 1 kaum Anlaß vorliegen.

3. Hier wird der „Landesbehörde" eine ähnliche Befugnis übertragen wie dem Reichsarbeitsminister durch Art. 6. Die zuständige Landesbehörde wird vom RAM. bestimmt (vgl. Art. 12 Abs. 2 sowie § 151 Abs. 3 RKG.).

„Kommt ein übereinstimmender Beschluß beider Seiten nicht zustande, so greift die Landesbehörde ein, die mit amtlichen Maßnahmen die Bildung des Bezirksknappschaftsvereins zur Durchführung bringt. Gegen Einzelvereine, die den Anordnungen der Landesbehörde widerstreben sollten, kann auf Grund des § 151 Abs. 1 des Gesetzes, § 31 Abs. 3 RVO. mit Ordnungsstrafen vorgegangen werden." (Begr. S. 82.)

Die Anwendbarkeit der hier angezogenen Vorschriften ergibt sich daraus, daß es sich bei dem Art. 14 Abs. 2 um „Maßregeln zur Durchführung des Gesetzes" (Art. 1) handelt.

Artikel 15.[1] [2]

Arbeitgeber von Betrieben, deren Arbeitnehmer auf Grund der §§ 1, 2 des Reichsknappschaftsgesetzes neu in die Versicherung eintreten, sind verpflichtet, dem für sie zuständigen Bezirksknappschaftsverein und bis zu dessen Bildung dem bisherigen Knappschaftsvereine, dem die Vorbereitung der Bildung des Bezirksknappschaftsvereins obliegt, im Falle des Art. 14 Abs. 2 der Landesbehörde auf Verlangen die Zahl der beschäftigten Arbeitnehmer mitzuteilen und sonstige für die Vorbereitung der Bildung des Bezirksknappschaftsvereins erforderliche Angaben zu machen. Die §§ 189, 191, 192 des Reichsknappschaftsgesetzes gelten.

1. Der Art. 15 entspricht dem § 202 des Entwurfs des Reichsknappschaftsgesetzes.

2. „Es erscheint notwendig, bei den Vorarbeiten für die Bildung des Bezirksknappschaftsvereins von vornherein die in dem Bezirk liegenden, bisher nicht knappschaftspflichtigen Betriebe mitzuerfassen, die auf Grund des § 2 des Entwurfes des Reichsknappschaftsgesetzes neu in die knappschaftliche Versicherung ein-

treten. Auf diese Betriebe muß namentlich bei Vorbereitung der Wahl der Knappschaftsältesten (Sprengelabgrenzung) und bei der Entscheidung über die Zusammensetzung des Bezirksvorstandes und der Bezirksversammlung Rücksicht genommen werden. Die Arbeitgeber dieser Betriebe sind an sich bereits nach § 11 Abs. 3, § 19 Abs. 1, § 20 verpflichtet, die von ihnen beschäftigten Arbeitnehmer für die verschiedenen Versicherungszweige beim Bezirksknappschaftsverein anzumelden. Darüber hinaus legt ihnen aber der Entwurf unter Strafandrohung — durch Bezugnahme auf die §§ 189, 191, 192 — noch die besondere Verpflichtung auf, schon während der Vorarbeiten für die Bildung des Bezirksknappschaftsvereins dem federführenden Verein, im Falle des Art. 14 Abs. 2 der Landesbehörde, alle von diesen verlangten, zur Vorbereitung der Bildung des Bezirksknappschaftsvereins erforderlichen Angaben zu machen, z. B. über Bezeichnung und Art der Betriebe, Zahl der beschäftigten Arbeitnehmer usw. Da es sich hierbei um eine Maßnahme zur Durchführung des Gesetzes handelt, tritt die erwähnte Verpflichtung der Arbeitgeber bereits mit dessen Verkündung ein (Art. 1). Es wird zweckmäßig sein, daß die Landesbehörde die Arbeitgeber der in Betracht kommenden Betriebe in geeigneter Form über die ihnen aus dem Gesetz erwachsenen Verpflichtungen unterrichtet." (Begr. S. 82, 83.)

d) Durchführung der Wahlen.

Artikel 16.[1])

Die Wahlen

der Knappschaftsältesten und Angestelltenältesten,
der Mitglieder der Bezirksversammlung und des Bezirksvorstandes der Bezirksknappschaftsvereine,
der Mitglieder der Hauptversammlung und des Vorstandes des Reichsknappschaftsvereins

nach dem zehnten Abschnitt des Reichsknappschaftsgesetzes sind jeweils bis zu der Zeit, die der vorläufige Vorstand des Reichsknappschaftsvereins festsetzt, spätestens bis zum 31. Dezember 1924 durchzuführen.[2])

1. Der Art. 16 entspricht dem § 203 des Entwurfs des Reichsknappschaftsgesetzes.

2. „Auf Seite 33 der allgemeinen Begründung ist geschildert, wie sich von unten herauf der Aufbau der knappschaftlichen Organe vollzieht und wie hierbei eine Wahl die andere voraussetzt. Zur Vermeidung von Störungen des Aufbaues muß die vorgeschriebene Reihenfolge der einzelnen Wahlen genau innegehalten werden. Dazu bedarf es der Feststellung des Zeitpunktes, bis zu dem jede Wahl vorgenommen sein muß. Der vorläufige Vorstand des Reichsknappschaftsvereins, dem diese Feststellung obliegt, wird zweckmäßig einen bis zum 31. Dezember 1924 reichenden Zeitplan aufstellen, der die verschiedenen Wahlabschnitte unterscheidet und für jeden Abschnitt einen auskömmlich bemessenen Zeitraum zur Vornahme der Wahl festlegt. Der Zeitpunkt für die Wahl der Mitglieder der Hauptversammlung des Reichsknappschaftsvereins aus den Mitgliedern der Bezirksversammlungen der Bezirksknappschaftsvereine wird so zu bestimmen sein, daß die Hauptversammlung des Reichsknappschaftsvereins zur Tätigung der Wahl des Vorstandes noch vor Ablauf des Jahres 1924 zusammentritt, damit der nach den Vorschriften des Entwurfes gewählte Vorstand spätestens mit dem 1. Januar 1925 die Führung der Geschäfte des Reichsknappschaftsvereins an Stelle des vorläufigen Vorstandes übernimmt." (Begr. S. 83.) Daß der hier erwähnte Aufbau der knappschaftlichen Organe im Gesetz anders gestaltet ist als im Entwurf, ergibt sich aus den Vorschriften des Reichsknappschaftsvereins, insbesondere aus § 140.

3. Regelung der knappschaftlichen Versicherung bei Hüttenwerken, sonstigen Betriebsanstalten oder Gewerbsanlagen, Salinen und bergbaulichen Verwaltungsstellen.

Artikel 17.[1])[2])

Hüttenwerke und sonstige Betriesanstalten oder Gewerbsanlagen, die auf Grund bisheriger landesgesetzlicher Vorschriften einem Knappschaftsverein angehören, scheiden mit dem 31. Dezember 1923 aus der knappschaftlichen Versicherung aus. Jedoch kann durch eine gemeinschaftliche Erklärung des Arbeitgebers und der Mehrheit der Arbeitnehmer eines jeden selbständigen Betriebs dieser Art die knappschaftliche Versicherung fortgesetzt werden.[3]) Die Erklärung ist dem Reichskommissar bis zu einer Zeit abzugeben, die dieser festsetzt.[4]) Sie begründet die dauernde Zugehörigkeit des Betriebs zum Reichsknappschaftsvereine. Der Betrieb gehört dem Bezirksknappschaftsverein an, in dessen Bereich er liegt.[5])

1. Zu Art. 17 ist unterm 23. Juni 1923 (RGBl. I S. 466) folgendes „Gesetz zur Abänderung des Einführungsgesetzes zum Reichsknappschaftsgesetz" ergangen:

„Der Reichstag hat das folgende Gesetz beschlossen, das mit Zustimmung des Reichsrats hiermit verkündet wird:

Artikel I.

In dem vom Reichstag am 12. Juni 1923 beschlossenen Einführungsgesetze zum Reichsknappschaftsgesetze fallen im Artikel 17 Satz 1 die Worte „nicht unter § 2 Abs. 2 des Reichsknappschaftsgesetzes fallen" und das Wort „aber" weg.

Artikel II.

Dieses Gesetz tritt gleichzeitig mit dem Einführungsgesetz zum Reichsknappschaftsgesetz in Kraft.

Berlin, den 23. Juni 1923.

Der Reichspräsident.
Ebert.
Der Reichsarbeitsminister.
Dr. Brauns."

2. Zu Art. 17 bis 20 (§§ 204 bis 208 des Entwurfs). Die im Art. 17 aufgeführten Betriebe gehören nach § 2 des Reichsknappschaftsgesetzes dem Reichsknappschaftsverein nur an, wenn sie als Nebenbetriebe eines knappschaftlichen Betriebes mit diesem räumlich und betrieblich zusammenhängen. „Da jedoch die Zugehörigkeit zahlreicher Hütten und Salinen zu den Knappschaften geschichtlich begründet ist und die Arbeiterschaft dieser Betriebe in ihrer Mehrheit dringend die Beibehaltung der knappschaftlichen Versicherung wünscht, will der Entwurf zur Vermeidung jeglicher Härten die Fortsetzung der knappschaftlichen Versicherung ermöglichen. Dafür sind zwei Wege gangbar. Entweder bestimmt der Entwurf nach dem Vorgang des § 2 Abs. 2 des Preußischen Knappschaftsgesetzes vom 17. Juni 1912, daß die Hütten und Salinen in der knappschaftlichen Versicherung bleiben, auf gemeinschaftlichen Antrag der Arbeitgeber und Arbeitnehmer aber ausscheiden können, oder er bestimmt umgekehrt, daß die Hütten und Salinen ausscheiden, auf gemeinschaftlichen Antrag der Arbeitgeber und Arbeitnehmer aber die knappschaftliche Versicherung fortsetzen können. Der Entwurf hat sich für den letzteren Weg entschieden, weil auf dem ersten Wege die Beseitigung der knappschaftlichen Versicherung der Hütten und Salinen niemals zu erreichen sein würde. Ein Teil der Arbeiter wird immer für die Fortsetzung der knappschaftlichen Versicherung eintreten, ein gemeinschaftlicher auf das Ausscheiden gerichteter Antrag der Arbeitgeber und Arbeitnehmer wird daher nur in seltenen Fällen zustande kommen. Die zurzeit einem Knappschaftsverein angehörenden Werke würden voraussichtlich also dauernd beim Reichsknappschaftsverein verbleiben, obwohl die Voraussetzungen, unter denen die neue knappschaftliche Versicherung geschaffen wird, auf sie nicht zutreffen. Die nur noch geschichtlich zu erklärende, sachlich nicht mehr begründete Zugehörigkeit von Hütten zum Reichsknappschaftsverein bedeutet zudem eine ganz erhebliche Vorbelastung dieser Hütten gegenüber anderen, namentlich den in neuerer Zeit entstandenen großen Hüttenwerken, die nur die Lasten der allgemeinen sozialen Versicherung ohne die knappschaftliche Pensionsversicherung zu tragen haben. Die Jahres-

produktion der dem Reichsknappschaftsverein angehörenden Hütten ist für den Kopf des Arbeiters (von den Angestellten abgesehen) um die Jahressumme der für beide Seiten zu zahlenden Pensionskassenbeiträge teurer als die Produktion anderer Hütten. Diese Vorbelastung ist geeignet, die Leistungsfähigkeit und Wettbewerbsfähigkeit der knappschaftlichen Hütten zu beeinträchtigen und unter Umständen zu gefährden. Bei der gesetzlichen Regelung der Frage dürfen daher nicht ausschließlich die Wünsche der Arbeiter maßgebend sein, vielmehr ist auch auf die Interessen des Werkes, die letzten Endes mit denen der Arbeiter zusammenfallen, gebührend Rücksicht zu nehmen. Die Werksinteressen werden aber vom Arbeitgeber gegenüber abweichenden Wünschen der Arbeitnehmerschaft nur schwer zur Geltung zu bringen sein, wenn eine übereinstimmende Erklärung für das Ausscheiden aus der knappschaftlichen Versicherung abgegeben werden muß. Der umgekehrte Weg verdient daher den Vorzug. Demgemäß bestimmt der Entwurf, daß Hüttenwerke, die bisher einem Knappschaftsverein angehörten, mit dem 31. Dezember 1923 aus der knappschaftlichen Versicherung ausscheiden, daß jedoch durch eine gemeinschaftliche Erklärung des Arbeitgebers und der Mehrheit der Arbeitnehmer die knappschaftliche Versicherung fortgesetzt werden kann. Das von verschiedenen Seiten hiergegen geäußerte Bedenken, die Abstimmung der Arbeitnehmer könne zum Schaden der älteren Arbeiter wesentlich durch die jüngeren beeinflußt werden, die aus Abneigung gegen hohe Beiträge nicht für die Fortsetzung der knappschaftlichen Versicherung stimmen würden, ist an sich begründet, wird aber dadurch beseitigt, daß nach den Vorschlägen des Art. 18, auf dessen Inhalt und Begründung hier verwiesen wird, die am 1. Januar 1924 vorhandenen, bisher knappschaftlich versicherten Arbeitnehmer der Hütten usw. vollberechtigte Mitglieder des Reichsknappschaftsvereins bleiben, wofern sie nicht persönlich den Wunsch haben, auszuscheiden, und ihren Austritt aus der knappschaftlichen Versicherung ausdrücklich erklären. Durch diese Regelung ist jeder Benachteiligung älterer Hüttenarbeiter vorgebeugt." (Begr. S. 83.)

Die in der Vollsitzung des Reichstags vom 12. Juni 1923 zu § 2 Abs. 1 RKG. gefaßten Beschlüsse über das Ausscheiden der Betriebe der Industrie der Steine und Erden — mit Ausnahme der unterirdischen — (StenBer. S. 11304) hatten zur Folge, daß gewisse zu dieser Industrie gehörige Betriebe, die zwar bergmännisch, aber nicht unterirdisch geführt werden, sofern sie nicht unter § 2 Abs. 2 RKnG. fallen, trotz ihrer Zugehörigkeit zu bisherigen landesgesetzlichen Knappschaftsvereinen aus dem Geltungsbereiche des Art. 17 ausschieden. Um dieser nicht beabsichtigten Folge vorzubeugen, ist das oben abgedruckte Abänderungsgesetz vom 23. Juni 1923 ergangen (zu vergl. StenBer. über die Vollsitzung vom 15. Juni 1923 S. 11376, vgl. auch § 2 Anm. 6 RKG.).

3. Hier wird „für die Fortsetzung der knappschaftlichen Versicherung eine gemeinschaftliche Erklärung des Arbeitgebers und der Mehrheit der Arbeitnehmer gefordert. Auf die Gemeinsamkeit der Erklärung kann nicht verzichtet werden; es erscheint auch nicht angängig, die fehlende Zustimmung des einen Teiles etwa durch eine behördliche Entscheidung zu ergänzen, weil die Entschließung über die Fortsetzung der Versicherung unter allen Umständen den Beteiligten überlassen bleiben muß." (Begr. S. 83.)

4. „Die Erklärung über Fortsetzung der knappschaftlichen Versicherung muß gegenüber dem Reichskommissar (Art. 2) bis zu einem von diesem festzusetzenden Zeitpunkt abgegeben werden. Dieser Zeitpunkt wird vor dem 1. Januar 1924 — dem Tage des Inkrafttretens des Gesetzes — liegen müssen, weil schon in der Gründungsversammlung (Art. 3) feststehen muß, welche Hütten ausscheiden; die dem ausscheidenden Betrieb angehörenden Mitglieder können auf die Stimmenzahl der an der Gründungsversammlung teilnehmenden Knappschaftsvereine (vergl. Art. 3) nicht angerechnet werden. Insoweit Hüttenknappschaftsvereine nach Art. 20 aufzulösen sind, nehmen sie an der Gründungsversammlung überhaupt nicht teil. Auch für die Vorbereitung der Bildung der Bezirksknappschaftsvereine (Art. 10 ff.) ist eine baldige Entscheidung darüber erforderlich, welche Hüttenbetriebe in der knappschaftlichen Versicherung verbleiben und welche ausscheiden." (Begr. S. 84.) Als Zeitpunkt für die Abgabe der Erklärung ist vom Reichskommissar der 15. September 1923 bestimmt worden (Kompaß 1923 S. 137 und 159).

5. „Die gemäß Art. 17 abgegebene Erklärung begründet die dauernde Zugehörigkeit der Hütte zum Reichsknappschaftsverein. Diese steht für die Versicherung in allen Beziehungen einem knappschaftlichen Betrieb im Sinne des § 2 Abs. 1 des Entwurfes gleich; namentlich können Arbeitgeber und Arbeitnehmer auch zu besonderen Tilgungsbeiträgen auf Grund des Art. 33 herangezogen werden. Daß die Hütte dem Bezirksknappschaftsverein angehört, in dessen Bereich sie liegt, folgt aus der territorialen Abgrenzung der Bezirksknappschaftsvereine.

Die Erklärung über die Fortsetzung der knappschaftlichen Versicherung ist unwiderruflich, also für die ganze Zukunft bindend. Mit Rücksicht auf die ihr hiernach innewohnende weittragende Bedeutung und darauf, daß sie schon alsbald nach Erlaß des Gesetzes abgegeben werden muß, ist von mehreren Seiten der Wunsch geäußert worden, entweder allgemein eine längere Frist für die Erklärung einzuräumen oder denjenigen Hütten, die vorläufig beim Reichsknappschaftsverein bleiben, auch noch für einen späteren Zeitpunkt die Möglichkeit des Ausscheidens zu eröffnen. Dieser Wunsch wird damit begründet, daß nicht durch die gegenwärtig beteiligten Personen eine für alle Zeiten wirksame Entscheidung getroffen werden solle, zumal in der gegenwärtigen Zeit die künftige Gestaltung der wirtschaftlichen Lage außerordentlich schwer zu übersehen sei. Nach der Auffassung des Entwurfes kann diesen Wünschen nicht entsprochen werden. Wollte man den Zeitpunkt des Ausscheidens in das Belieben der Hütten stellen, so ist vorauszusehen, daß die Hütten dauernd beim Reichsknappschaftsverein bleiben, wogegen die bereits erörterten Bedenken bestehen, oder daß nur solche Werke ausscheiden, die sich günstig entwickeln, während zurückgehende Werke, also die ungünstigen Risiken, dem Reichsknappschaftsverein verbleiben. Es ist natürlich und innerlich begründet, daß die Entscheidung über Fortsetzung der knappschaftlichen Versicherung gelegentlich des Inkrafttretens des Reichsknappschaftsgesetzes getroffen wird, welches neue Grundsätze für die Versicherung aufstellt." (Begr. S. 84.)

Artikel 18.[1]) [2])

(Abs. 1.) Insoweit eine Erklärung nach Art. 17 nicht abgegeben wird, werden die am 1. Januar 1924 vorhandenen Arbeitnehmer, die der Pensionskasse des Knappschaftsvereins angehören, Mitglieder des Reichsknappschaftsvereins mit den gleichen Rechten und Pflichten wie Arbeitnehmer knappschaftlicher Betriebe; sie können jedoch dem Bezirksknappschaftsverein oder, bis dieser gebildet ist, dem bisherigen Knappschaftsverein ihr Ausscheiden aus der knappschaftlichen Versicherung anzeigen. Die Mitgliedschaft der nicht ausscheidenden Arbeitnehmer besteht, solange sie in einem Betriebe der im Art. 17 bezeichneten Art beschäftigt sind. Für diese Arbeitnehmer haben die Arbeitgeber Beiträge oder Beitragsanteile zum Reichsknappschaftsvereine nach den Vorschriften des Reichsknappschaftsgesetzes zu zahlen.

(Abs. 2.) Die Versicherung der am 1. Januar 1924 vorhandenen Arbeitnehmer, die der Pensionskasse des Knappschaftsvereins nicht angehören oder die aus der knappschaftlichen Versicherung nach Abs. 1 ausscheiden, sowie die Versicherung von Arbeitnehmern, die erst nach dem 31. Dezember 1923 die Arbeit aufnehmen, richtet sich nach den allgemeinen gesetzlichen Vorschriften.

(Abs. 3.) Die Erhebung der Beiträge für die Arbeitnehmer, die nach Abs. 1 in der knappschaftlichen Versicherung bleiben, sowie die Feststellung und Auszahlung der Leistungen obliegt dem Bezirksknappschaftsverein, in dessen Bereich die Hütte oder Anstalt liegt (übernehmender Bezirksknappschaftsverein). Dieser bewirkt auch die Auszahlung der Leistungen an die am 1. Januar 1924 vorhandenen Knappschaftsinvaliden, Witwen und Waisen, die aus der Arbeiterschaft der Hütte oder Anstalt hervorgegangen sind. Bis zur Bildung des Bezirksknappschaftsvereins tritt an dessen Stelle der bisherige Knappschaftsverein, dem die Hütte oder Anstalt angehört hat.

1. Der Art. 18 entspricht dem § 205 des Entwurfs des Reichsknappschaftsgesetzes.

2. „Die am 1. Januar 1924 vorhandenen Arbeitnehmer solcher Hütten, für die eine Erklärung nach Art. 17 nicht abgegeben wird, müßten an sich aus der knappschaftlichen Versicherung — bei Aufrechterhaltung der bisher erworbenen Ansprüche — ausscheiden, weil die Hütten nicht mehr zu den knappschaftlichen Betrieben zählen. Der Entwurf zieht jedoch eine solche Folgerung nicht, um die Nachteile des Ausscheidens namentlich von älteren Hüttenarbeitern fernzuhalten, die schon lange Jahre der Knappschaft angehören und bei der Abstimmung nach Art. 17 vielleicht gegenüber jüngeren Arbeitern in der Minderheit geblieben sind. Vielmehr werden die am 1. Januar 1924 vorhandenen Arbeitnehmer, die der Pensionskasse des bisherigen Knappschaftsvereins angehören, ebenso Mitglieder des Reichsknappschaftsvereins wie die Arbeitnehmer knappschaftlicher Betriebe; das Gesetz läßt aber zu, daß diese Arbeitnehmer, wenn sie die knappschaftliche Versicherung nicht fortzusetzen wünschen, für ihre Person aus der Versicherung ausscheiden, indem sie dem zuständigen Bezirksknappschaftsverein ihren Austritt anzeigen. Nach dieser Regelung werden künftig folgende Gruppen von Arbeitnehmern zu unterscheiden sein:

1. Arbeitnehmer, die vor dem 1. Januar 1924 bei der einem Knappschaftsverein angehörenden Hütte eingetreten sind, die Pensionskassenmitgliedschaft erworben haben und nicht ihr Ausscheiden aus der knappschaftlichen Versicherung erklären. Sie

stehen in allen Beziehungen den Arbeitnehmern knappschaftlicher Betriebe gleich: sie werden kraft Gesetzes Mitglieder der Pensionskasse des Reichsknappschaftsvereins (Arbeiterabteilung oder Angestelltenabteilung) und sind beim Reichsknappschaftsverein auch gegen Krankheit sowie gegen Invalidität und zugunsten der Hinterbliebenen versichert. Sie sind zur Teilnahme an der Wahl der Knappschafts- oder Angestelltenältesten sowie der Mitglieder des Bezirksvorstandes und der Bezirksversammlung berechtigt und selbst wählbar. Sie bleiben Mitglieder des Reichsknappschaftsvereins, auch wenn sie Beschäftigung bei einer anderen Hütte aufnehmen, die bis zum 1. Januar 1924 einem Knappschaftsverein angehörte, sind also insoweit in der Freizügigkeit nicht beschränkt. Treten sie dagegen zu einer Hütte über, die nicht einem Knappschaftsverein angehört hat, oder zu einem sonstigen nicht knappschaftlichen Betriebe, so sind sie ebenso zu behandeln wie andere Pensionskassenmitglieder, die aus der knappschaftlichen Beschäftigung ausscheiden, können also nur die erworbenen Ansprüche durch Zahlung von Anerkennungsgebühren aufrechterhalten. Hinsichtlich der Beitragsentrichtung unterliegen sie den allgemeinen Vorschriften des Reichsknappschaftsgesetzes.

2. Arbeitnehmer, die zwar vor dem 1. Januar 1924 bei der Hütte eingetreten, mangels Erfüllung der satzungsmäßigen Voraussetzungen aber nicht Pensionskassenmitglieder geworden sind. Es besteht kein Grund, für diese Arbeitnehmer seitens des Reichsknappschaftsvereins die Durchführung der Krankenversicherung, der Invaliden- und Hinterbliebenenversicherung oder der Angestelltenversicherung zu übernehmen; sie stehen also zum Reichsknappschaftsverein in keinerlei Beziehungen. Für die Durchführung der Versicherung sind vielmehr die allgemeinen gesetzlichen Versicherungsträger (Orts- oder Betriebskrankenkassen, Landesversicherungsanstalten, Reichsversicherungsanstalt für Angestellte) zuständig.

3. Arbeitnehmer, die vor dem 1. Januar 1924 eingetreten und auch Pensionskassenmitglieder geworden sind, aber von dem Rechte des Ausscheidens aus der knappschaftlichen Versicherung

Gebrauch machen. In dieser Gruppe dürften namentlich jüngere Arbeiter sein, die am 1. Januar 1924 die Wartezeit für den Anspruch auf Pensionskassenleistungen noch nicht erfüllt oder nur wenige Beitragsjahre zurückgelegt haben und um der Ersparnis der Pensionskassenbeiträge willen auf die Vorteile der knappschaftlichen Versicherung verzichten. Das Ausscheiden ist nicht zeitlich begrenzt, kann also auch noch erklärt werden, nachdem ein Arbeitnehmer zunächst Mitglied der Pensionskasse des Reichsknappschaftsvereins geworden und eine Zeitlang geblieben war. Für die Versicherung dieser Arbeitnehmer gilt nach ihrem Ausscheiden dasselbe wie zu 2; die bisher erworbenen Ansprüche auf Pensionskassenleistungen können sie durch Zahlung von Anerkennungsgebühren erhalten.

4. Arbeitnehmer, die erst nach dem 1. Januar 1924 bei der Hütte eintreten. Auch sie unterliegen hinsichtlich der Versicherung den allgemeinen Vorschriften.

Zugunsten der Arbeitnehmer zu 1 ist der Arbeitgeber zur Leistung der gesetzlichen Beiträge oder Beitragsanteile für sämtliche in Betracht kommenden Versicherungszweige verpflichtet. Die Belastung des Arbeitgebers mit den gesetzlichen Beiträgen — trotz Ausscheidens der Hütte aus der Gruppe der knappschaftlichen Betriebe — kann nicht als unbillig empfunden werden, weil für die vor dem 1. Januar 1924 eingestellten Arbeitnehmer die Beitragspflicht schon nach den bisherigen gesetzlichen Bestimmungen bestand und ein Anspruch des Arbeitgebers auf Befreiung von gesetzlich begründeten sozialen Verpflichtungen aus einer Änderung des Gesetzes nicht hergeleitet werden kann. Die Einziehung der Beiträge von den Versicherten und die Abführung mit den Beiträgen des Arbeitgebers an den Bezirksknappschaftsverein richtet sich nach den allgemeinen Vorschriften des Entwurfs (§§ 83 ff.) Die Unbequemlichkeit des Verkehrs mit mehreren Versicherungsträgern für die Arbeiterschaft desselben Werks muß hingenommen werden und bedeutet keine ungebührliche Belastung des Arbeitgebers, zumal es sich um allmählich aussterbende Verhältnisse handelt.

Die Erhebung der Beiträge für die nach Abs. 1 in der knappschaftlichen Versicherung bleibenden Arbeitnehmer sowie die Feststellung und Auszahlung der Leistungen bei Eintritt des Versicherungsfalles obliegt dem Bezirksknappschaftsverein, in dessen Bereich die Hütte liegt. Der Bezirksverein hat ferner die Leistungen an die am 1. Januar 1924 vorhandenen Knappschaftsinvaliden, Witwen und Waisen zu zahlen, die aus der Arbeiterschaft der Hütte hervorgegangen sind. Die Ansprüche dieser Pensionsempfänger müssen sichergestellt werden, indem sie auf den Reichsknappschaftsverein als Rechtsnachfolger des bisherigen Knappschaftsvereins übergehen. Insoweit das Vermögen des bisherigen Vereins zur Deckung der laufenden Leistungen nicht ausreichen sollte, haftet jedoch nicht der Reichsknappschaftsverein, sondern der Bezirksknappschaftsverein. Von Einrechnung des Fehlbetrages in den gesetzlichen festen Pensionskassenbeitrag (§ 98 Abs. 2) muß abgesehen werden, weil der Reichsknappschaftsverein, dem die Vermögenüberschüsse der bisherigen Einzelvereine vorenthalten werden (Art. 31 Abs. 3) grundsätzlich auch nicht für Mängel in der Geldwirtschaft der bisherigen Vereine eintreten kann. Vielmehr bleibt es dem Bezirksknappschaftsverein überlassen, den Fehlbetrag durch Erhebung eines Tilgungsbeitrages von den Arbeitgebern und Arbeitnehmern der ihnen angeschlossenen knappschaftlichen Betriebe zu decken. Auch eine Heranziehung der Arbeitgeber und Arbeitnehmer ausscheidender Hütten zu dem Tilgungsbeitrag des Bezirksknappschaftsvereins und zu etwaigen besonderen Tilgungsbeiträgen auf Grund der Art. 31, 33 wird zulässig sein, soweit die gesetzliche Beitragspflicht nach Abs. 1 besteht.

Bis zur endgültigen Bildung der Bezirksknappschaftsvereine übernimmt entsprechend der allgemeinen Regelung des Art. 9 der Knappschaftsverein, dem die ausscheidende Hütte angehörte, die Aufgaben des Bezirksknappschaftsvereins nach Art. 18 Abs. 3. Der Sonderfall, daß ein bisheriger Knappschaftsverein aufzulösen ist und nicht in einen Bezirksknappschaftsverein übergeht, ist im Art. 20 geregelt." (Begr. S. 85.)

Artikel 19.[1]) [2])

Umfaßt der übernehmende Bezirksknappschaftsverein nicht die Mehrzahl der sonstigen Betriebe des bisherigen Knappschaftsvereins, dem der ausscheidende Betrieb angehörte, so ist ihm das Deckungskapital für die übernommenen, am 1. Januar 1924 laufenden Leistungen aus dem Vermögen des bisherigen Knappschaftsvereins in der durchschnittlich vorhandenen Höhe zu überweisen.

1. Der Art. 19 entspricht dem § 206 des Entwurfs des Reichsknappschaftsgesetzes.

2. „Infolge der territorialen Abgrenzung der Bezirksknappschaftsvereine kann und wird es voraussichtlich vorkommen, daß die Auszahlung laufender Leistungen an Pensionsempfänger aus der Arbeiterschaft einer Hütte einem andern als demjenigen Bezirksknappschaftsverein zufällt, in den die Bergwerke oder sonstigen knappschaftlichen Betriebe des bisherigen, die Hütte mitumfassenden Knappschaftsvereins übergehen. Zum Beispiel werden die Hütten des Stolberger Knappschaftsvereins, der voraussichtlich als Bezirksknappschaftsverein (Niederrheinischer Knappschaftsverein) für die ihm angeschlossenen Steinkohlenbergwerke fortbestehen wird, nicht in den Bereich dieses Bezirksknappschaftsvereins, sondern in den Bereich des Wurm-Knappschaftsvereins fallen, der bisher mit den Hütten des Stolberger Knappschaftsvereins nichts zu tun hatte. Es würde unbillig sein, dem übernehmenden Bezirksknappschaftsverein — im angeführten Falle dem Wurm-Knappschaftsverein — die Haftung für laufende Leistungen an Pensionsempfänger der ausscheidenden Hütten aufzubürden, weil die dem übernehmenden Verein angeschlossenen Werke — im angeführten Falle die des Wurm-Knappschaftsvereins — bei dem Verein, dem die ausscheidenden Werke angehörten (Stolberger Verein), nicht beteiligt waren und auf dessen Geschäftsführung und Finanzgebarung keinerlei Einfluß hatten. Der Entwurf bestimmt deshalb, daß in einem

solchen Falle dem übernehmenden Verein (Wurm-Knappschaftsverein) das Deckungskapital für die Leistungen an Pensionsempfänger ausscheidender Hütten in der durchschnittlich vorhandenen Höhe aus dem Vermögen des bisherigen Knappschaftsvereins, dem die Hütten angehörten und bei dem ein etwaiger Fehlbetrag entstanden ist (Stolberger Knappschaftsverein), zu überweisen ist." (Begr. S. 206.)

Artikel 20.[1] [2])

(Abs. 1.) Ein Knappschaftsverein, der nur für einen einzelnen aus der knappschaftlichen Versicherung ausscheidenden Betrieb oder mehrere ausscheidende Betriebe besteht, ist unbeschadet der Vorschriften des Art. 18 mit dem 31. Dezember 1923 aufzulösen. Das Vermögen geht auf den Reichsknappschaftsverein über, soweit es zur Deckung laufender Leistungen erforderlich ist. Ein Vermögensüberschuß [3]) ist zum Besten der Arbeitnehmer des Werkes zu verwenden; die Verwaltung des Überschusses obliegt dem Arbeitgeber unter Mitbestimmung des Betriebsrats. Reicht das Vermögen nicht zur Deckung der laufenden Leistungen aus, so ist der Fehlbetrag [4]) vom Arbeitgeber und bei dessen Unvermögen von dem Lande zu decken, in dem der ausscheidende Betrieb liegt. Näheres ist durch Landesgesetz zu bestimmen.

(Abs. 2.) Für die Erhebung der Beiträge und Feststellung und Auszahlung der Leistungen gilt Art. 18 Abs. 3 entsprechend.[5])

1. Der Art. 20 entspricht im wesentlichen dem § 207 des Entwurfs des Reichsknappschaftsgesetzes.

2. „Die zurzeit in der knappschaftlichen Versicherung befindlichen Hütten gehören zum großen Teil Knappschaftsvereinen an, die außer den Hütten noch Steinkohlenbergwerke, Braunkohlenbergwerke oder sonstige knappschaftliche Betriebe im Sinne des Entwurfes umfassen. Für diese knappschaftlichen Betriebe werden die bisherigen Knappschaftsvereine als Bezirksknappschaftsvereine fortbestehen oder mit den Betrieben anderer Vereine zu einem größeren Bezirksknappschaftsverein zusammengelegt werden; das Ausscheiden von Hütten bleibt also auf den Fortbestand dieser Vereine (als Bezirksvereine) ohne unmittelbaren Einfluß. Ein Verein verfällt dagegen notwendig der Auflösung, wenn er nur für ein aus der Versicherung ausscheidendes Hüttenwerk oder für mehrere ausscheidende Hüttenwerke gebildet war (sog. Hüttenknappschaftsvereine). Auch im Falle der Auflösung solcher Vereine werden die am 1. Januar 1924 vorhandenen Arbeitnehmer bei Erfüllung der gesetzlichen Voraussetzungen Mitglieder des Reichsknappschaftsvereins; die allgemeinen Vorschriften des Art. 18 Abs. 1 bis 3 finden gleichmäßig Anwendung." (Begr. S. 86.)

3. Besondere Bestimmungen sind für das Vermögen der aufzulösenden Vereine erforderlich. Auf einen etwaigen Überschuß hat der Reichsknappschaftsverein keinen Anspruch, „dieser Überschuß muß vielmehr den Arbeitern des Werkes verbleiben und zu deren Bestem verwandt werden. Eine Mitwirkung knappschaftlicher Organe bei der Verwendung des Überschusses findet nicht statt. Die Bestimmung der Verwendung ist an sich auch nicht Gegenstand der Regelung durch den Entwurf; dieser bestimmt aber aus Zweckmäßigkeitsgründen, daß die Verwendung des Überschusses dem Arbeitgeber unter der durch § 66 Nr. 9 des Betriebsrätegesetzes vom 4. Februar 1920 geregelten Mitwirkung des Betriebsrates obliegt, wobei angenommen ist, daß der Überschuß nach seiner Entstehung als eine Betriebswohlfahrtseinrichtung angesehen werden kann." (Begr. S. 86.) In dieser von der Begründung angenommenen Rechtslage ist insofern eine Änderung eingetreten, als nach den Reichstagsbeschlüssen an Stelle der „Mitwirkung" des Betriebsrats eine „Mitbestimmung" desselben getreten ist. Über die Bedeutung dieser Änderung hat ein Regierungsvertreter in der Vollsitzung des Reichstags

vom 12. Juni 1923 (StenBer. S. 11301) folgende Erklärung abgegeben: „Die Bestimmung in § 66 Nr. 9 des Betriebsrätegesetzes gibt der Betriebsvertretung das Recht der Mitwirkung bei der Verwaltung der Pensionskasse. In Art. 20 des Einführungsgesetzes zum Reichsknappschaftsgesetz wird dem Betriebsrat aber das Recht der Mitbestimmung gewährt. Darin liegt eine bewußte Abweichung von dem Wortlaute des Betriebsrätegesetzes. Damit verbindet sich auch ein anderer Sinn. Bei der Verwaltung der Überschüsse hat die Betriebsvertretung im allgemeinen die gleichen Rechte wie der Arbeitgeber. Wird zum Beispiel ein Ausschuß für die Verwaltung des Überschusses gebildet, dann hat die Betriebsvertretung nicht bloß das Recht der Mitberatung, sondern sie hat auch ein Stimmrecht wie der Arbeitgeber." Dieser Erklärung entsprechend muß also das Wort „Mitbestimmung" ausgelegt werden.

4. Wegen eines etwaigen Fehlbetrages bemerkt die Begründung S. 86:

„Besonderer Regelung bedarf die Frage, wie im Falle der Auflösung eines Hüttenknappschaftsvereins ein bei diesem entstandener Fehlbetrag gedeckt werden soll. Nach der allgemeinen Vorschrift des Art. 18 Abs. 2 würden die Verpflichtungen des aufgelösten Vereins auf den Bezirksknappschaftsverein übergehen, in dessen Bereich die ausscheidende Hütte liegt. Dieser Bezirksknappschaftsverein würde sich zur Deckung des Fehlbetrages hauptsächlich nur an die ihm angeschlossenen knappschaftlichen Betriebe halten können, die aber eine Übernahme der Schulden des aufgelösten Vereins namentlich in dem Falle mit Recht ablehnen würden, in denen die Finanzwirtschaft des aufgelösten Vereins unvorsichtig war, während die bei dem Bezirksknappschaftsverein beteiligten bisherigen Vereine eine gesunde Finanzpolitik getrieben und vielleicht schon Anwartschaftsdeckung erreicht haben. Für Fälle dieser Art sieht der Entwurf vor, daß der Fehlbetrag von dem Arbeitgeber und bei dessen Unvermögen nach näherer Maßgabe landesgesetzlicher Regelung von dem Land zu decken ist, in dem der ausscheidende Betrieb liegt."

Die im einzelnen erforderlichen Vorschriften werden durch das Landesgesetz zu erlassen sein.

5. „Bis zur Bildung des Bezirksknappschaftsvereins obliegt die Einziehung der Beiträge nach Art. 18 Abs. 1 und die Auszahlung laufender Leistungen weiterhin dem aufzulösenden Hüttenknappschaftsverein, der insoweit für die Übergangszeit als örtliche Verwaltungsstelle des Bezirksknappschaftsvereins gilt." (Begr. S. 86.)

Artikel 21.[1])

Die Art. 17 bis 20 gelten entsprechend für Salinen, die nicht unter § 2 Abs. 2 des Reichsknappschaftsgesetzes fallen.

1. Der Art. 21 entspricht dem § 208 des Entwurfs des Reichsknappschaftsgesetzes. Vgl. § 2 Anm. 5 RKG.

Artikel 22.[1])

Arbeitnehmer bei Syndikaten, Hauptverwaltungen und ähnlichen bergbaulichen Verwaltungsstellen bleiben in der knappschaftlichen Versicherung, sofern sie bisher Mitglieder der Pensionskasse eines Knappschaftsvereins waren und bei Inkrafttreten des Reichsknappschaftsgesetzes noch sind. Art. 20 Abs. 2 gilt entsprechend.

1. Art. 22 ist durch den Sozialpolitischen Ausschuß des Reichstags dem Gesetze eingefügt worden. Er bezweckt, die in ihm bezeichneten Arbeitnehmer in ihren bisher erworbenen Rechten zu schützen. Hinsichtlich der Hauptverwaltungen war dies unnötig, weil diese durch § 1 Abs. 2 RKG. auch jetzt noch in die knappschaftliche Versicherung einbezogen sind (zu vergl. § 1 Abs. 2). Dagegen ist die beantragte Einbeziehung der Syndikate abgelehnt worden (ebenda und Bericht S. 45), hinsichtlich ihrer also die Vorschrift des Art. 22 von Bedeutung.

4. Veränderungen in den Bezirken der Knappschaftsvereine.

Artikel 23.[1]) [2])

Werden bei Bildung der Bezirksknappschaftsvereine Betriebe eines bisherigen Knappschaftsvereins von diesem abgetrennt und einem Bezirksknappschaftsvereine zugeteilt, der nicht zugleich die übrigen Betriebe des bisherigen Knappschaftsvereins umfaßt, so ist zur Zahlung der am 1. Januar 1924 laufenden Leistungen an Knappschaftsinvaliden und die Hinterbliebenen ehemaliger Mitglieder, die bei Eintritt des Versicherungsfalls in den abgetrennten Betrieben beschäftigt waren, der die Betriebe übernehmende Bezirksknappschaftsverein verpflichtet. An diesen sind die betreffenden Akten des bisherigen Knappschaftsvereins abzugeben.

1. Der Art. 23 entspricht dem § 209 des Entwurfs des Reichsknappschaftsgesetzes.

2. „Bei der Bildung der Bezirksknappschaftsvereine kann sich für eine den örtlichen und wirtschaftlichen Verhältnissen angepaßte Abgrenzung die Notwendigkeit einer Umgruppierung von Betrieben ergeben. Für diesen Fall trifft Art. 23 besondere Vorschriften über die Auszahlung laufender Leistungen an die vorhandenen Pensionsempfänger. Ihre praktische Handhabung sei an einem Beispiel erläutert: Angenommen, daß die in den Kreisen Hoyerswerda und Rotenburg gelegenen Werke, die jetzt zum Niederschlesischen Knappschaftsverein gehören, nicht dem künftigen Bezirksknappschaftsverein Niederschlesien, sondern dem Bezirksknappschaftsverein Brandenburg zugeteilt werden, so zahlt nach dem 1. Januar 1924 nicht der Niederschlesische Verein die Pensionen an die aus den Belegschaften der Werke in Hoyerswerda und Rotenburg hervorgegangenen Pensionsempfänger, sondern der Brandenburger Verein. Niederschlesien muß die Verzeichnisse über die Pensionsempfänger und das sonst vorhandene Akten-

material an Brandenburg abgeben. Diese Regelung ist darin begründet, daß nur der die Betriebe übernehmende Bezirksknappschaftsverein berechtigt ist, einen an der Deckung der laufenden Leistungen für die Pensionsempfänger etwa fehlenden Betrag durch Erhebung besonderer Tilgungsbeiträge von den Arbeitgebern und Arbeitnehmern der in Betracht kommenden Betriebe auf Grund des Art. 33 aufzubringen. Auf die Begründung zu Art. 33 wird verwiesen." (Begr. S. 86.)

II. Krankenversicherung.

Artikel 24.[1])

(Abs. 1.) Scheiden Mitglieder einer Krankenkasse (§ 225 der Reichsversicherungsordnung) aus dieser infolge Versicherung beim Reichsknappschaftsverein aus, so findet zwischen der Krankenkasse und dem Bezirksknappschaftsverein oder der besonderen Krankenkasse eine Auseinandersetzung nach §§ 286 bis 297 der Reichsversicherungsordnung statt.

(Abs. 2.) Eine Auseinandersetzung nach den genannten Vorschriften findet auch statt, wenn in den Fällen des Art. 17 Mitglieder einer knappschaftlichen Krankenkasse in eine Krankenkasse der im § 225 der Reichsversicherungsordnung bezeichneten Art übernommen werden.

(Abs. 3.) Der Reichsarbeitsminister bestimmt das zuständige Versicherungsamt und Oberversicherungsamt.

1. Art. 24 ist durch den Sozialpolitischen Ausschuß des Reichstags dem Gesetze eingefügt worden, weil die in ihm bezeichneten Fälle sehr wohl möglich sind und für sie die Anwendbarkeit des im §§ 286 bis 297 RVO. geregelten Auseinandersetzungsverfahrens außer Frage gestellt werden muß.

Artikel 25.[1])

(Abs. 1.) Angestellte, die am 1. Januar 1924 einer Ersatzkasse im Sinne der §§ 503 ff. der Reichsversicherungsordnung angehören, können auf ihren Antrag von der Versicherungspflicht beim Reichsknappschaftsvereine befreit werden.[2])

(Abs. 2.) Der Antrag muß bis zum 30. Juni 1924 gestellt werden. Über ihn entscheidet der Vorstand des Bezirksknappschaftsvereins oder der besonderen Krankenkasse endgültig. Dem Antrage muß stattgegeben werden, wenn die Mitgliedschaft bei der Ersatzkasse bereits mehr als sechs Monate bestanden hat.

1. Der Art. 25 entspricht dem § 210 des Entwurfs des Reichsknappschaftsgesetzes. Abs. 2 Satz 2 ist vom Sozialpolitischen Ausschusse des Reichstags hinzugefügt worden (zu vergl. auch Bericht S. 45).

2. „Nach § 58 des Entwurfs sind krankenversicherungspflichtige Angestellte (mit einem regelmäßigen Jahresarbeitsverdienst bis 15 000 Mark) grundsätzlich von der Mitgliedschaft in der Pensionskasse des Reichsknappschaftsvereins ausgeschlossen, wenn sie der Krankenversicherungspflicht nicht bei dem für sie zuständigen Bezirksknappschaftsverein oder der besonderen Krankenkasse genügen. Mit Rücksicht darauf, daß die Auffassung der Rechtsprechung geschwankt hat, ob die sog. kaufmännischen Beamten Werksbeamte im Sinne des Preußischen Knappschaftsgesetzes sind und deshalb den Krankenkassen der Knappschaftsvereine als Pflichtmitglieder angehören müssen, und daß gegenwärtig ein großer Teil kaufmännischer Beamten bei Ersatzkassen im Sinne der §§ 503 ff. der Reichsversicherungsordnung versichert ist, läßt der Entwurf die Befreiung von der Versicherungspflicht beim Reichsknappschaftsverein auf Antrag zu, beschränkt aber die Befreiung auf Angestellte, die bereits am 1. Januar 1924 einer Ersatzkasse angehören, und sieht außerdem eine Zeitgrenze dahin vor, daß der

Antrag spätestens bis zum 30. Juni 1924 gestellt sein muß. Der Entwurf übernimmt damit die Vorschrift in § 6 Abs. 3 der Verordnung vom 30. April 1920 (RGBl. S. 769), und zwar in ihrer Form als Kannvorschrift. Sie in eine Mußvorschrift umzuwandeln, besteht kein Anlaß, vielmehr muß die Entscheidung über die Befreiung der Prüfung des Einzelfalles vorbehalten bleiben, weil die Verhältnisse in den einzelnen Bergbaubezirken sehr verschieden liegen; eine Verallgemeinerung der Befreiung würde zudem mit der vom Reichsknappschaftsgesetz angestrebten Zusammenfassung der verschiedenen Versicherungszweige unvereinbar sein. Der Vorstand des Bezirksknappschaftsvereins oder der besonderen Krankenkasse entscheidet über die Befreiung unter Berücksichtigung der innerhalb des Bezirks bestehenden Verhältnisse nach freiem Ermessen; eine Anfechtung seiner Entscheidung findet nicht statt." (Begr. S. 86, 87.) Dieser Standpunkt hat durch den neuen Satz 2 des Abs. 2, der aus § 2 des Gesetzes zur Erhaltung leistungsfähiger Krankenkassen vom 27. März 1923 (RGBl. I S. 225) übernommen ist, eine wesentliche Einschränkung erfahren, da nunmehr dem Antrage unter der im Schlußsatz bezeichneten Voraussetzung stattgegeben werden muß.

Artikel 26.[1])

(Abs. 1). In den Sondervorschriften, welche die bisherigen Knappschaftsvereine nach Art. 9 Abs. 2 erlassen, dürfen keine Mehrleistungen der Krankenversicherung vorgesehen werden, die nach Art und Umfang beim bisherigen Knappschaftsvereine nicht schon vor dem 1. Januar 1923 gewährt worden waren.[2])

(Abs. 2.) Kommt kein Beschluß über die Sondervorschriften bis zum 1. Januar 1924 zustande, so erläßt sie der vorläufige Vorstand des Reichsknappschaftsvereins.[3])

1. Der Art. 26 entspricht dem § 211 des Entwurfs des Reichsknappschaftsgesetzes.

2. „Nach Art. 9 Abs. 2 haben die bisherigen Knappschaftsvereine bis zum 1. Januar 1924 auf Grund des § 9 RKnG. die dort vorgesehenen Sondervorschriften zu erlassen. In den Sondervorschriften sind auch die Krankenkassenleistungen zu regeln, insbesondere etwaige Mehrleistungen im Sinne des § 14 Abs. 2 RKnG., und die aufzubringenden Beiträge festzusetzen. In der Begründung zu § 14 Abs. 2 ist ausgeführt, daß ein zu weitgehender Ausbau der Mehrleistungen seitens einzelner Vereine Bedenken hervorrufen und die Einheitlichkeit des Knappschaftswesens innerhalb des Reichsgebietes beeinträchtigen würde. Von dem nämlichen Gesichtspunkte aus bestimmt hier der Entwurf, daß Mehrleistungen, die nach Art und Umfang bei dem bisherigen Knappschaftsverein nicht schon vor dem 1. Januar 1923 gewährt worden waren, in den von ihm zu erlassenden Sondervorschriften nicht festgesetzt werden dürfen. Bei Nichtbeachtung dieser Vorschrift würde der Reichsknappschaftsverein die im § 9 Abs. 2 RKG. vorgeschriebene Genehmigung der Sondervorschriften verweigern können." (Begr. S. 87.)

3. „Die Absätze 2 und 3 verfolgen, was besonders hervorgehoben sei, lediglich den Zweck, auf die bisherigen Knappschaftsvereine einen Druck wegen baldigen Erlasses der Sondervorschriften über die Krankenversicherung auszuüben. Der Entwurf geht davon aus, daß die Arbeitgeber und Arbeitnehmer sich die alsbaldige Aufstellung der Sondervorschriften und die Beschlußfassung darüber besonders angelegen sein lassen werden, wenn sie damit rechnen müssen, daß eintretendenfalls statt ihrer der Reichsknappschaftsverein die Sondervorschriften erläßt oder daß bis zu deren Erlaß nur die gesetzlichen Regelleistungen gewährt werden dürfen. Namentlich von der letzteren Vorschrift darf eine starke Einflußnahme der Versicherten auf rechtzeitige Verabschiedung der Sondervorschriften erwartet werden." (Begr. S. 87.) Diese Annahme der Begründung ist durch die vom Sozialpolitischen Ausschuß des Reichstags beschlossene Streichung des Abs. 3 hinfällig geworden, sie verdient jedoch, hier erwähnt zu werden.

Artikel 27.[1])

Für Versicherungsfälle, in denen am 1. Januar 1924 die Leistungspflicht eines Knappschaftsvereins oder einer knappschaftlichen Krankenkasse nach den für sie bisher geltenden Bestimmungen noch fortdauert, gelten vom 1. Januar 1924 ab die Vorschriften des Reichsknappschaftsgesetzes und die Sondervorschriften, soweit sie für den Berechtigten günstiger sind.[2])

1. Der Art. 27 entspricht dem § 212 des Entwurfs des Reichsknappschaftsgesetzes.

2. Diese sich auf schwebende Unterstützungsfälle der Krankenversicherung beziehende Vorschrift entspricht inhaltlich dem Art. 30 des Einführungsgesetzes zur Reichsversicherungsordnung.

III. Pensionsversicherung.

Artikel 28.[1])

(Abs. 1.) Treten Arbeiter oder Angestellte, die bisher einer Werkspensionskasse, Betriebskasse oder ähnlichen Versicherungseinrichtung angehört haben, auf Grund der §§ 1, 2 des Reichsknappschaftsgesetzes neu in die knappschaftliche Versicherung ein, so können ihnen durch Vereinbarung zwischen dem Bezirksknappschaftsverein und der Kasse die in dieser erworbenen Ansprüche erhalten oder die Zeiten der Mitgliedschaft bei der Kasse gegen Überweisung eines entsprechenden Deckungskapitals auf die Wartezeit und die Beitragszeiten nach dem Reichsknappschaftsgesetz angerechnet werden. Dabei kann die Aufnahme in die Pensionskasse des Reichsknappschaftsvereins abweichend vom § 19 des Reichsknappschaftsgesetzes geregelt werden. Die Abmachungen zwischen der Kasse und dem Bezirksknappschaftsverein unterliegen der Genehmigung des Reichsknappschaftsvereins.

(Abs. 2.)[2]) Haben die bis zum 1. Januar 1924 bei der Reichsversicherungsanstalt versicherten Angestellten einer Werkspensionskasse, Betriebskasse oder ähnlichen Versicherungseinrichtung angehört, die zu den Leistungen der Reichsversicherungsanstalt Zusatzleistungen gewährt, so können über die Erhaltung der in der Kasse erworbenen Ansprüche zwischen dieser und dem zuständigen Bezirksknappschaftsvereine Vereinbarungen getroffen werden, die der Genehmigung des Reichsknappschaftsvereins unterliegen.

1. Der Art. 28 Abs. 1 entspricht dem § 213 des Entwurfs des Reichsknappschaftsgesetzes. Die Begründung hatte dazu (Begr. S. 87) folgendes ausgeführt: „Für die Fälle, in denen bisher nicht knappschaftspflichtige Betriebe auf Grund des § 2 (des Reichsknappschaftsgesetzes) in die knappschaftliche Versicherung einbezogen werden, erscheint es angezeigt, daß Arbeitern dieser Betriebe Ansprüche, die sie bisher durch Zugehörigkeit zu einer Werkspensionskasse oder sonstigen Versicherungseinrichtung erworben haben (z. B. beim Eisenerzbergbau in Schlesien), nach Möglichkeit erhalten werden. Hierfür ist nur der Weg einer Vereinbarung zwischen der Werkspensionskasse und dem zuständigen Bezirksknappschaftsverein gangbar, in der die Einzelheiten nach dem im Art. 28 aufgestellten allgemeinen Gesichtspunkte zu regeln sind. Hinsichtlich der Aufnahme in die Pensionskasse des Reichsknappschaftsvereins läßt der Entwurf für solche Fälle eine von den Vorschriften des § 19 RKnG. abweichende Regelung zu. . . . Vereinbarungen dieser Art bedürfen der Genehmigung der Reichsknappschaftsvereins."

2. Abs. 2 entspricht dem § 223 des Entwurfs. Er beruht auf dem Gedanken, daß die bei der Reichsanstalt versicherten Angestellten knappschaftlicher Betriebe vielfach (z. B. in Schlesien) Werkspensionskassen oder sonstigen Versicherungseinrichtungen angehören, auf deren Leistungen (Sterbegeld, Ruhegehalt usw.) sie durch längere Mitgliedschaft einen wohlbegründeten Anspruch

erworben haben. Die tunlichste Erhaltung dieser Ansprüche auf dem im Abs. 2 bezeichneten Wege ist Zweck der Vorschrift. (Begr. S. 91.)

Artikel 29.[1])

(Abs. 1.)[2])[3]) Mitglieder der Pensionskasse, die nach dem 31. Dezember 1923 Beiträge auf Grund des Reichsknappschaftsgesetzes gezahlt haben, oder deren Hinterbliebene erhalten bei Feststellung der Versicherungsleistungen Steigerungsbeträge für Zeiten, die vor dem 1. Januar 1924 liegen, angerechnet, wenn diese Zeiten nach den bisherigen landesgesetzlichen Vorschriften oder den bisherigen Satzungsvorschriften anrechnungsfähig waren. Näheres über die Anrechnung bestimmen die Sondervorschriften.

(Abs. 2.)[4]) Angestellte von Arbeitnehmerverbänden, die früher Pensionskassenmitglieder der Knappschaftsvereine waren, können auf Antrag verlorene Anwartschaften aus der Pensionsversicherung durch Zahlung von Anerkennungsgebühr wieder erwerben. Der Antrag muß bis zum 30. Juni 1924 gestellt werden.

(Abs. 3.)[5]) Früheren Pensionskassenmitgliedern der Knappschaftsvereine, die jetzt zum Reichsknappschaftsvereine gehören, werden bei der Pensionsversicherung nach der Satzung des Reichsknappschaftsvereins die Dienstjahre, die sie dadurch verloren haben, daß sie vor der Zeit des Bestehens eines Gegenseitigkeitsvertrags von einem Knappschaftsvereine zu einem andern übertraten, angerechnet, wenn sie noch Bergarbeit verrichten und die Dienstjahre nachweisen.

1. Der Art. 29 Abs. 1 entspricht dem § 214 des Entwurfs des Reichsknappschaftsgesetzes. Die Abs. 2 und 3 sind vom Sozialpolitischen Ausschusse des Reichstags hinzugefügt worden.

2. „Die bisherigen Mitglieder der Pensionskasse eines Knappschaftsvereins treten mit sämtlichen von ihnen erworbenen Rechten in die Pensionskasse des Reichsknappschaftsvereins über, der nach der allgemeinen Begründung auch die Leistungen übernimmt und sicherstellt, auf die durch Beitragsentrichtung in der Vergangenheit ein Anspruch erworben wurde. Es bedarf also keiner ausdrücklichen Bestimmung, daß bisherige Rechte gewahrt bleiben. Dagegen ist eine besondere Regelung der Anrechnung sog. Ersatzsachen aus der Vergangenheit bei Feststellung der Versicherungsleistungen erforderlich. Als Ersatztatsachen kommen Krankheit sowie Militär- und Kriegsdienstzeiten in Betracht. Die Anrechnung der Kriegsdienstzeiten ist durchweg durch besondere Knappschaftskriegsgesetze der Länder geregelt (vergl. z. B. für Preußen § 5 des Knappschaftskriegsgesetzes vom 26. März 1915). Über die Anrechnung sonstiger Militärdienste, die im Frieden zur Erfüllung der gesetzlichen Militärpflicht geleistet sind, und von Krankheitszeiten enthielten weder die bisherigen Knappschaftsgesetze noch die Satzungen der einzelnen Vereine einheitliche Vorschriften. Der Entwurf sieht gleichfalls davon ab, hierfür allgemein gültige Regeln aufzustellen, bestimmt vielmehr, daß für die Anrechnung der vor dem 1. Januar 1924 liegenden Zeiten die bisherigen landesgesetzlichen Vorschriften und die Satzungsvorschriften der in Betracht kommenden Einzelvereine maßgebend bleiben. Infolge der Bezugnahme auf die bisherigen landesgesetzlichen Vorschriften wird nach Abschaffung der allgemeinen Wehrpflicht durch das Wehrgesetz vom 23. März 1921 die Aufnahme einer besonderen Vorschrift über die Anrechnung von Militärdienstzeiten entbehrlich. Die Bestimmung der Mitgliederklasse, deren Steigerungssätze anzurechnen sind, bleibt den Bezirksknappschaftsvereinen überlassen. Diese sind in der Regelung völlig frei; sie können bestimmen, daß für Militärdienstzeiten andere Steigerungssätze angerechnet werden als für Krankheitszeiten, und daß für Ersatztatsachen nur Bruchteile der Steigerungssätze in Anrechnung kommen." (Begr. S. 87.)

3. Wegen der übrigen Knappschaftskriegsgesetze vergl. Z. f. B. Bd. 57 S. 230/231.

4. Die Gründe, die zur Aufnahme dieser Vorschrift geführt haben, ergeben sich aus § 114 RKG. und Anm. 1 daselbst sowie Anm. 1 zu Art. 3.

5. Der Entwurf hatte davon abgesehen, in das frühere Mitgliedsverhältnis der Bergarbeiter zu den Pensionskassen der einzelnen Vereine mit allgemeinen Vorschriften einzugreifen, weil es sich um schwer zu übersehende Sonderverhältnisse einzelner Bezirke (z. B. Niederschlesien) handle, deren Regelung zweckmäßig dem künftigen Bezirksknappschaftsvereine überlassen bleibe. (Begr. S. 88; Bericht S. 45.) Der Sozialpolitische Ausschuß hat diese Bedenken nicht geteilt.

Artikel 30.[1])

Ansprüche auf Leistungen, über die das Verfahren beim Inkrafttreten des Reichsknappschaftsgesetzes schwebt, unterliegen dessen Vorschriften.

1. Der Art. 30 ist neu. Er beruht auf den Beschlüssen des Sozialpolitischen Ausschusses des Reichstags. (Bericht S. 47.) Er ist von großer materieller Bedeutung für alle diejenigen Ansprüche auf Leistungen, über die das Verfahren beim Inkrafttreten des Reichsknappschaftsgesetzes — in irgendeiner Instanz — schwebt. Da diese Ansprüche den Vorschriften des Reichsknappschaftsvereins unterliegen, wird die Vorschrift von Amts wegen — also ohne Antrag — berücksichtigt werden müssen. Das Verfahren bei schwebenden Ansprüchen ist durch Art. 45 hinsichtlich der Feststellung der Leistungen, durch Art. 46 hinsichtlich der schwebenden Streitigkeiten geregelt.

Artikel 31.[1])

(Abs. 1.) Sind mehrere Knappschaftsvereine bei einem Bezirksknappschaftsvereine beteiligt, so stellt der Knappschaftsverein, dem die Vorbereitung der Bildung des Bezirksknappschaftsvereins nach Art. 12 Abs. 2 obliegt, auf Grund der Unterlagen, die ihm die Einzel-

vereine (einschließlich der nach Art. 20, 21 aufzulösenden Vereine) zur Verfügung stellen müssen, eine versicherungstechnische Abgleichung über die Werte der laufenden Leistungen der Einzelvereine auf, wobei die aus der Versorgung der Hinterbliebenen der vorhandenen Knappschaftsinvaliden entstehende Last zu berücksichtigen ist, und ermittelt den zur Kapitaldeckung dieser Leistungen erforderlichen Betrag nach einer vom Reichsknappschaftsvereine für das Ausscheiden aus dem Pensionsgenuß aufzustellenden Ausscheideordnung. Stichtag ist der 31. Dezember 1923.[2])

(Abs. 2.) Ergibt die Abgleichung einen Fehlbetrag, so ist dieser durch einen Tilgungsbeitrag zu decken, der nach der Gesamtzahl der zur Zeit der Aufstellung der Abgleichung vorhandenen Pensionskassenmitglieder und unter Zugrundelegung eines Tilgungszeitraumes von dreißig Jahren seit 1. Januar 1924 bei gleichbleibender Mitgliederzahl errechnet wird und von den Arbeitgebern und Arbeitnehmern sämtlicher im Bezirke vorhandenen und künftig neu entstehenden knappschaftlichen Betriebe bis zur Beendigung des Tilgungszeitraumes zu zahlen ist. Der Tilgungsbeitrag wird von der vorläufigen Bezirksversammlung (Art. 10) festgesetzt und zusammen mit dem gesetzlichen Beitrag (§ 98 Abs. 2 des Reichsknappschaftsgesetzes) bis zur Bildung des Bezirksknappschaftsvereins von den Einzelvereinen, nach der Bildung des Bezirksknappschaftsvereins von diesem erhoben.[3])

(Abs. 3.) Ergibt die Abgleichung einen Überschuß, so ist dieser dem Vermögensteil zuzuführen, der nach § 109 Abs. 2 des Reichsknappschaftsgesetzes von den Bezirksknappschaftsvereinen und bis zu deren Bildung nach Art. 9 Abs. 2 von den bisherigen Knappschaftsvereinen selbständig verwaltet wird. Für freiwillige

Leistungen, die nach Art und Umfang bei dem bisherigen Knappschaftsvereine nicht schon vor dem 1. Januar 1923 gewährt worden waren, darf der Überschuß nicht verwandt werden.[4])

Vorbemerkung zu Art. 31 bis 33.

„Dem Grundgedanken des Gesetzes würde es am meisten entsprechen, wenn sämtliche bisherigen Vereine mit allen Aktiven und Passiven in dem Reichsknappschaftsverein aufgingen, und wenn die Beiträge zur Pensionskasse auf der Grundlage des sich danach in der Eröffnungsbilanz ergebenden Vermögensstandes unter Berücksichtigung der Verzinsung des Fehlbetrages aus der Vergangenheit (vergl. Seite 31 der allgemeinen Begründung) berechnet würden. Ein solches Verfahren würde jede Berücksichtigung der Verschiedenheiten in der geldlichen Lage der bisherigen Knappschaftsvereine entbehrlich machen und die Festsetzung einheitlicher Beiträge ermöglichen, die lediglich nach den verschiedenen Mitgliederklassen abzustufen wären.

Der Gedanke, die Vermögen sämtlicher Vereine „in einen gemeinsamen Topf" zusammenzuwerfen, läßt sich aber nicht durchführen infolge des Widerstandes der Vereine in günstiger Vermögenslage, die eine zwangsläufige Verbindung mit verschuldeten Vereinen ablehnen und den Anspruch erheben, daß der von ihnen angesammelte Vermögensüberschuß zu ihrer Verfügung verbleibt. Auch hiervon abgesehen, hat sich eine einheitliche Bemessung der Pensionskassenbeiträge als nicht angängig erwiesen. Die Gründe hierfür sind des näheren in der Anlage 2 b dargelegt; die Festsetzung verschiedener Beiträge wird vor allem deshalb erforderlich, weil die Bezirksknappschaftsvereine in der Bewilligung freiwilliger Pensionskassenleistungen selbständig sein und die Kosten dieser Leistungen durch Zuschläge zu den allgemeinen Beiträgen aufbringen sollen (vergl. § 108 Abs. 2). Wenn hiernach auf den Gedanken eines Einheitsbeitrages verzichtet werden muß, hält der Entwurf es aber doch für dringend wünschenswert, daß wenigstens innerhalb der Bezirksknappschaftsvereine die Pensionskassenbeiträge wie die Leistungen gleich sind." (Begr. S. 88.)

1. Der Art. 31 entspricht dem § 215 des Entwurfs des Reichsknappschaftsgesetzes.

2. „In der Mehrzahl der Fälle werden die Bezirksknappschaftsvereine durch Zusammenlegung der knappschaftlichen Betriebe mehrerer bisheriger Einzelvereine gebildet werden. Für jeden dieser Einzelvereine ist eine auf den 31. Dezember 1923 bezogene Bilanz nach dem Kapitaldeckungsverfahren aufzustellen zur Feststellung, ob das vorhandene Vermögen zur Deckung der laufenden Leistungen an die bei Entstehung des Reichsknappschaftsvereins vorhandenen Pensionsempfänger ausreicht; dabei ist die aus der Versorgung der Hinterbliebenen der vorhandenen Knappschaftsinvaliden entstehende Last mit zu berücksichtigen. Diese Bilanz wird je nach der geldlichen Lage des Vereins einen Überschuß oder Fehlbetrag ergeben. Wird der Überschuß den Vereinen zur freien Verfügung belassen, so muß folgerichtig auch ein Fehlbetrag durch Tilgungsbeiträge der bisherigen Vereine gedeckt werden, denn der Reichsknappschaftsverein kann für etwaige Fehlbeträge nicht eintreten, wenn ihm nicht gleichzeitig die Vermögensüberschüsse anderer Vereine überwiesen werden. Wollte man die verschiedene geldliche Lage der bisherigen Einzelvereine auch innerhalb des Bezirksknappschaftsvereins berücksichtigen, so müßte der zur Deckung eines Fehlbetrages erforderliche Tilgungsbeitrag nicht nur für den künftigen Bezirksknappschaftsverein, sondern für jeden bisherigen Verein besonders berechnet werden, und die Tilgung müßte durch die Arbeitgeber und die Arbeitnehmer derjenigen Werke erfolgen, die zu dem mit dem Fehlbetrag belasteten Verein gehören, während Arbeitgeber und Arbeitnehmer der Werke unbelasteter Vereine von Tilgungsbeiträgen frei blieben. Bei diesem Verfahren würden innerhalb des Bezirksknappschaftsvereins verschiedene Beiträge zu erheben sein, ein Ergebnis, das vom Standpunkte der angestrebten Vereinheitlichung des Knappschaftswesens durchaus unbefriedigend wäre.

Zur Durchführung des Grundsatzes gleicher Beitragsbemessung innerhalb des Bezirksknappschaftsvereins bestimmt deshalb der Entwurf, daß derjenige bisherige Verein, dem die Vorbereitung der Bildung des Bezirksknappschaftsvereins nach Art. 12 Abs. 2 obliegt, auf Grund der Unterlagen, die ihm von sämtlichen beteiligten Einzelvereinen einschließlich etwa aufzulösender Hütten- und Salinenknappschaftsvereine zur Verfügung gestellt werden müssen, eine für den Bezirksknappschaftsverein einheitliche Bilanz aufstellt und den zur Kapitaldeckung der laufenden Leistungen für den Bezirksknappschaftsverein erforderlichen Betrag ermittelt." (Begr. S. 88.)

3. „Ergibt sich aus der Gesamtbilanz ein Fehlbetrag zu Lasten des Bezirksvereins, so ist dieser nach näherer Bestimmung des Art. 18 Abs. 2 von den Arbeitgebern und Arbeitnehmern sämtlicher in dem Bezirksknappschaftsverein vorhandenen und künftig neu entstehenden knappschaftlichen Betriebe zu decken. Die Verpflichtung der Arbeitnehmer und Arbeitgeber zur Entrichtung des für den Bezirksknappschaftsverein einheitlich errechneten Tilgungsbeitrages wird nicht dadurch berührt, daß infolge Anwachsens der Belegschaft oder aus sonstigen Gründen der Fehlbetrag tatsächlich schon vor Ablauf des vorgesehenen Tilgungszeitraumes von dreißig Jahren gedeckt werden sollte. Günstige Umstände, die nach dieser Richtung innerhalb eines Bezirksvereins vorliegen, können in ihrer Wirkung durch ungünstige Verhältnisse in anderen Bezirken aufgehoben werden; nach allgemeinen Erfahrungen ist zu erwarten, daß sich innerhalb des Reichsknappschaftsvereins die Belegschaftsverschiebungen ausgleichen." (Begr. S. 68.)

4. „Ergibt die nach den Vorschriften des Abs. 1 aufzustellende Gesamtbilanz einen Überschuß zugunsten des Bezirksknappschaftsvereins, so ist dieser dem Bezirksverein zur freien Verfügung zu belassen, indem er dem Vermögenteil zufließt, der nach § 109 Abs. 2 RKG. von den Bezirksvereinen selbständig verwaltet wird. Der Bezirksknappschaftsverein kann aus dem Überschuß freiwillige Pensionskassenleistungen oder Heilverfahren gewähren oder seine Verwaltungskosten ganz oder teilweise bestreiten. Der

Überschuß kann ferner für Teuerungszulagen zugunsten der vorhandenen Pensionsempfänger verwandt oder auch auf den nach dem Anwartschaftsdeckungsverfahren zu ermittelnden Beitrag für die festen Leistungen verrechnet werden, so daß insoweit eine Ermäßigung der vom Bezirksknappschaftsverein zu erhebenden gesetzlichen festen Beiträge (§ 98 Abs. 2 RKG.) eintreten würde. Die Bezirksknappschaftsvereine und bis zu deren Bildung die bisherigen Vereine sind also in der Verwendung des Überschusses grundsätzlich frei. Nur die eine Einschränkung ist vorgesehen, daß der Überschuß nicht für freiwillige Leistungen verwandt werden darf, die nach Art und Umfang bei dem bisherigen Knappschaftsverein nicht bereits vor dem 1. Januar 1923 gewährt worden waren. Mit dieser Bestimmung soll eine unsachgemäße Verwendung des Überschusses zu freiwilligen Leistungen, für die kein Bedürfnis vorliegt, namentlich in der Übergangszeit verhütet werden." (Begr. S. 89.)

Artikel 32.[1])

Die Bestimmungen des Art. 31 über die Erhebung eines Tilgungsbeitrags und die Verwendung eines Vermögensüberschusses gelten entsprechend für den Fall, daß nur ein Knappschaftsverein bei einem Bezirksknappschaftsverein beteiligt ist.[2])

1. Der Art. 32 entspricht dem § 216 des Entwurfs des Reichsknappschaftsgesetzes.

2. „Auch in dem Falle, daß ein bisheriger Einzelverein als Bezirksknappschaftsverein fortbesteht und nicht mit anderen Vereinen zusammengelegt wird, bedarf es der Feststellung, ob das Vereinsvermögen zur Deckung der laufenden Leistungen ausreicht. Ergibt die Bilanz bei Zugrundelegung des dem Verein verbleibenden oder von ihm zu übernehmenden Bestandes an Pensionsempfängern (vergl. Art. 23) einen Fehlbetrag oder Überschuß, so ist entsprechend den Vorschriften des Art. 31 Abs. 2 und 3 zu verfahren." (Begr. S. 89.)

Artikel 33.[1] [2])

Der Vorstand des Reichsknappschaftsvereins kann Ausnahmen von der Entrichtung des Tilgungsbeitrags zulassen. Er kann anordnen, daß ein Überschuß, der sich bei der versicherungstechnischen Abgleichung nach Art. 31 zugunsten eines Einzelvereins ergeben hat, zum Besten der ehemaligen Mitglieder dieses Vereins verwandt wird,[3]) und daß zur Deckung eines Fehlbetrags bei einem Einzelverein Arbeitgeber und Arbeitnehmer der betreffenden Betriebe zu besonderen Tilgungsbeiträgen herangezogen werden.[4]) [5]) Näheres darüber ist in den Sondervorschriften des Bezirksknappschaftsvereins zu bestimmen.

1. Der Art. 33 entspricht dem § 217 des Entwurfs des Reichsknappschaftsgesetzes.

2. Der Art. 33 läßt gewisse Ausnahmen von der Regel des Art. 31 zu, und zwar einmal für den Fall, daß besonders gut situierte Vereine mit weniger gut stehenden demselben Bezirksverein zugeteilt werden, sodann für den Fall, daß stark verschuldete Vereine einem Bezirksvereine zugeteilt werden. Es sind dies Ausnahmen, denn im allgemeinen „werden bei den zu einem Bezirksknappschaftsverein vereinigten Einzelvereinen keine sehr erheblichen Abweichungen in der geldlichen Lage bestehen, so daß die Festsetzung und Erhebung eines einheitlichen Tilgungsbeitrages berechtigt erscheint." (Begr. S. 89.)

3. Aber vereinzelt wird der „Fall eintreten, daß besonders gut situierte Vereine mit weniger gut stehenden oder mit stark notleidenden Vereinen demselben Bezirksverein zugeteilt werden. Von den ehemaligen Mitgliedern eines gutsituierten Vereins könnte es als unbillig empfunden werden, wenn der bei diesem Verein angesammelte Überschuß zur Deckung von Schulden anderer Vereine verwendet würde oder durch Verbesserung der

Leistungen innerhalb des gesamten Bezirksvereins nicht nur seinen, sondern auch den Mitgliedern anderer Vereine zugute käme, die keine Überschüsse aufgebracht haben. Besondere Unzufriedenheit würde es voraussichtlich erregen, wenn in Fällen, in denen die für den Bezirksverein aufgestellte Gesamtbilanz im Endergebnis mit einem Fehlbetrag abschließt, die ehemaligen Mitglieder eines gutsituierten Vereins noch zu Tilgungsbeiträgen herangezogen würden, obwohl dieser Verein beim Eintritt in den Bezirksverein einen erheblichen Überschuß eingebracht hat. Der Entwurf sieht deshalb zur Vermeidung von Unbilligkeiten vor, daß Ausnahmen von der Entrichtung des Tilgungsbeitrages zugelassen werden können; es besteht also die Möglichkeit, einzelne bei dem Bezirksverein beteiligte Werke von Tilgungsbeiträgen freizustellen." (Begr. S. 89.)

4. Und ebenso ist der andere Fall möglich; es muß deshalb vorgesehen werden, daß „zur Deckung des Fehlbetrages besonders stark verschuldeter Vereine die Arbeitgeber und Arbeitnehmer der in Betracht kommenden Betriebe zu besonderen Zusatzbeiträgen — neben dem einheitlichen Tilgungsbeitrag des Bezirksvereins — herangezogen werden können, um die Fehlbeträge dieser ehemaligen Vereine zu beseitigen oder wenigstens ihren Vermögensstand dem der übrigen Vereine anzugleichen. Schließlich ist noch zugelassen, daß der von einem bisherigen Einzelverein angesammelte Überschuß nach näherer Regelung durch die Sondervorschriften des Bezirksknappschaftsvereins zum Besten der ehemaligen Mitglieder des bisherigen Einzelvereins verwandt wird." (Begr. S. 89.)

5. Die Entscheidung darüber, ob ein solcher Ausnahmefall vorliegt, muß natürlich nach sorgsamster Prüfung der gesamten Sachlage durch eine sachkundige Stelle erfolgen. „Die Entscheidung über die Bewilligung solcher Ausnahmen ist aber dem Reichsknappschaftsverein vorbehalten, damit eine über dem Bezirksverein stehende Stelle unter Berücksichtigung der Gesamtverhältnisse innerhalb des Bezirksvereins nach sachlichen Gesichtspunkten prüft und entscheidet, ob die Voraussetzungen einer Aus-

nahme vorliegen oder nicht. Die Bewilligung von Ausnahmen wird grundsätzlich, wenn nicht die Vorschriften des Art. 31 bei ihrer Handhabung ganz wesentlich abgeschwächt werden sollen, auf solche Fälle zu beschränken sein, in denen der Unterschied der geldlichen Lage mehrerer bei demselben Bezirksverein beteiligten Einzelvereine besonders kraß und den Versicherten fühlbar ist. Es geht auch nicht an, wie von mehreren Seiten gewünscht worden ist, die Verwendung des Überschusses bisheriger Einzelvereine zugunsten deren ehemaliger Mitglieder zwingend vorzuschreiben, weil alsdann das Ziel einheitlicher Beitragsbemessung innerhalb des Bezirksknappschaftsvereins verfehlt und das Einvernehmen der Verwaltungsorgane innerhalb des Bezirksvereins durch unerfreuliche Kämpfe um Einräumung von Sonderrechten an die Arbeitnehmer einzelner Werke stark beeinträchtigt werden würde. Ist das Bedürfnis einer Ausnahme nach Prüfung durch den Reichsknappschaftsverein anerkannt, so darf erwartet werden, daß sich innerhalb des Bezirksvereins eine Verständigung der Beteiligten über die Durchführung der Ausnahme in einer Form erzielen läßt, die auch die Zustimmung des Reichsknappschaftsvereins — durch Genehmigung der Sondervorschriften — findet." (Begr. S. 89.)

Artikel 34.[1] [2] [3]

Angestellte, die als beitrittspflichtige oder beitrittsberechtigte Mitglieder der Pensionskasse eines als Ersatzkasse zugelassenen bisherigen Knappschaftsvereins angehören, werden mit dem 1. Januar 1924 Mitglieder der Angestelltenabteilung der Pensionskasse des Reichsknappschaftsvereins. Die bisher beitrittsberechtigten Mitglieder haben neben den eigenen Beiträgen auch die der Arbeitgeber zu entrichten, solange sie nicht nach dem Reichsknappschaftsgesetze versicherungspflichtig sind.

1. Der Art. 34 entspricht dem § 219 des Entwurfs des Reichsknappschaftsgesetzes.

2. Der Artikel regelt den Übergang des bisher einer „Ersatzkasse" angehörigen Angestellten. Über diese Regelung bemerkt die Begründung S. 90 folgendes: „Insoweit Angestellte knappschaftlicher Betriebe bisher der Beamtenabteilung der Pensionskasse eines Knappschaftsvereins angehört haben, die als Ersatzkasse zugelassen ist, werden sie knappschaftlich berechtigte Mitglieder der Angestelltenabteilung der Pensionskasse des Reichsknappschaftsvereins, und zwar auch dann, wenn sie auf Grund bisheriger landesgesetzlicher Vorschriften (vergl. für Preußen § 27 Abs. 2 des Preußischen Knappschaftsgesetzes) zur Mitgliedschaft in der Pensionskasse berechtigt waren, während sie nach den Vorschriften des Entwurfs (§ 58) wegen der Höhe des Arbeitsverdienstes als neue Mitglieder in die Pensionskasse des Reichsknappschaftsvereins nicht aufgenommen werden könnten."

3. Der § 220 des Entwurfs des Reichsknappschaftsgesetzes ist wegen Wegfalls der „knappschaftlich nicht berechtigten Mitglieder der Angestelltenabteilung" gestrichen worden.

Artikel 35.[1])

Bei der Reichsversicherungsanstalt versicherte Angestellte aus dem Bezirk eines bisherigen Knappschaftsvereins, der nicht als Ersatzkasse zugelassen ist, werden mit dem 1. Januar 1924 Mitglieder der Angestelltenabteilung der Pensionskasse des Reichsknappschaftsvereins, sofern sie nicht bereits berufsunfähig sind.[2])

1. Der § 221 des Entwurfs des Reichsknappschaftsgesetzes hatte die Regelung der Verhältnisse der obenbezeichneten Angestellten entsprechend der allgemeinen Regelung der Angestelltenversicherungsgesetze (Entwurf §§ 58 ff.) vorgeschlagen. Nachdem diese Regelung durch §§ 20 ff. des Reichsknappschaftsgesetzes in anderer Weise erfolgt ist (vgl. Vorbem. zu § 19, Anm. 1 zu § 20 RKG.), war eine andere Fassung der Vorschrift geboten.

2. Diese negative Voraussetzung ist die einzige, an die die Mitgliedschaft geknüpft ist.

Artikel 36.[1] [2])

Gewährt ein bisheriger Knappschaftsverein, der nicht als Ersatzkasse zugelassen ist, den bisher bei der Reichsversicherungsanstalt versicherten Angestellten besondere Leistungen aus einer Zulagekasse, so haben die Sondervorschriften über die Verwendung des Vermögens der Zulagekasse zugunsten dieser Angestellten zu bestimmen.

1. Der Art. 36 entspricht dem § 222 des Entwurfs des Reichsknappschaftsgesetzes.

2. „Verschiedene Knappschaftsvereine, die nicht als Ersatzkassen zugelassen sind, gewähren den bei der Reichsanstalt versicherten Angestellten, die früher Mitglieder der Arbeiterabteilung des Knappschaftsvereins waren und sich beim Übergang zur Reichsanstalt die in der Arbeiterabteilung erworbenen Ansprüche erhalten haben, bei Eintritt der Berufsunfähigkeit besondere Zulagen aus sog. Zulagekassen, namentlich dann, wenn die Wartezeit nach dem Versicherungsgesetz für Angestellte nicht erfüllt ist. Für die Aufrechterhaltung solcher Zulagekassen besteht kein Bedürfnis mehr, weil nach der Regelung des Entwurfs (§ 75) für ehemalige Mitglieder der Arbeiterabteilung beim Übertritt in die Angestelltenversicherung keine neue Wartezeit zu laufen beginnt. Die Zulagekassen sind als mit dem Gesetz nicht mehr vereinbar aufzulösen; über die Auflösung und die Verwendung der Mittel zugunsten der Angestellten, für die sie angesammelt sind, ist von den Bezirksknappschaftsvereinen oder schon von den bisherigen Knappschaftsvereinen bei Erlaß der Sondervorschriften nach Art. 9 Abs. 2 Bestimmung zu treffen. Von den bisher für andere Zwecke bestimmten Mitteln wird namentlich u. a. zugunsten solcher Angestellten Gebrauch gemacht werden können, denen mangels Erfüllung der knappschaftlichen Wartezeit nur die Leistungen der Angestelltenversicherung gewährt werden können." (Begr. S. 90.)

Artikel 37.[1]) [2])

Die bisherigen knappschaftlichen Ersatzkassen hören mit dem 31. Dezember 1923 als solche zu bestehen auf. Ihre Rechte und Verbindlichkeiten gehen auf den Reichsknappschaftsverein über. Für den Übergang des Vermögens gelten Art. 8 Satz 3, 4 entsprechend.

1. Der Art. 37 entspricht dem § 224 des Entwurfs des Reichsknappschaftsgesetzes.

2. „Wie die Knappschaftsvereine als Träger der Krankenversicherung und der Pensionsversicherung zu bestehen aufhören (vgl. Art. 8), müssen sie auch als Ersatzkassen der Angestelltenversicherung fortfallen, soweit sie als solche zugelassen waren. Für den Übergang des Ersatzkassenvermögens auf den Reichsknappschaftsverein gelten die allgemeinen Vorschriften des Art. 8. Mit dem Vermögen der bisherigen Ersatzkassen tritt die Angestelltenabteilung der Pensionskasse des Reichsknappschaftsvereins ins Leben. Aus diesem Vermögen sind aber nur Leistungen an Angestellte zu decken, die früher Ersatzkassenmitglieder waren. Die anderen, vordem bei der Reichsanstalt versicherten Angestellten nehmen an dem Vermögen nicht teil; die von ihnen vor Eintritt in den Reichsknappschaftsverein erworbenen Ansprüche gehen vielmehr zu Lasten der Reichsanstalt." (Begr. S. 91.)

Artikel 38.[1])

Teuerungszulagen zu Leistungen der Pensionskasse, die von den bisherigen Knappschaftsvereinen gewährt werden, sind vom Inkrafttreten der Satzung des Reichsknappschaftsvereins ab nach den Vorschriften des § 31 des Reichsknappschaftsgesetzes zu gewähren.[2]) [3])

1. Die Frage der Teuerungszulagen für die beim Übergang in die neuen Verhältnisse vorhandenen Knappschaftsinvaliden, Witwen und Waisen war im § 218 des Entwurfs des Reichsknappschaftsgesetzes in der Weise gelöst worden, daß sie den Bezirksknappschaftsvereinen und bis zu deren Bildung den bisherigen Knappschaftsvereinen überlassen bleiben sollte. An Stelle dieser Regelung ist nach den Beschlüssen des Sozialpolitischen Ausschusses des Reichstags die aus Art. 38 ersichtliche Vorschrift getreten, trotzdem die Regierung auf die Schwierigkeiten dieser Regelung aufmerksam gemacht und insbesondere auf die große Verschiedenheit hingewiesen hatte, die sowohl hinsichtlich der bisherigen Aufbringung der erforderlichen Mittel als hinsichtlich der Art und Höhe der Zulagen bei den bisherigen Knappschaftsvereinen bestanden habe. (Bericht S. 45 und Begr. S. 89/90.)

2. Das Nähere vergl. § 31 RKnG. und die Anmerkungen dazu.

3. Durch die Regelung des Art. 38 ist der § 225 des Entwurfs des Reichsknappschaftsgesetzes, der den § 218 des Entwurfs auch auf die den Angestellten gewährten Teuerungszulagen und ihre Anpassung auf die veränderten Verhältnisse ausdehnen wollte, hinfällig geworden.

IV. Invalidenversicherung.

Artikel 39.[1])

(Abs. 1.) Der Reichsknappschaftsverein gilt als Sonderanstalt nach den §§ 1360 bis 1380 der Reichsversicherungsordnung.[2])

(Abs. 2.)[3]) Die bisher als Sonderanstalten zugelassenen Knappschaftsvereine einschließlich der Allgemeinen Knappschaftspensionskasse für Sachsen und die Norddeutsche Knappschaftspensionskasse zu Halle vorbehaltlich des Art. 40 hören mit dem 31. Dezember 1923 als Sonderanstalten zu bestehen auf. Ihre Rechte und Verbindlichkeiten als Sonderanstalten gehen auf den Reichsknappschaftsverein über. Für die Übertragung des Vermögens gelten Art. 8 Satz 3, 4 entsprechend.

1. Der Art. 39 entspricht dem § 226 des Entwurfs des Reichsknappschaftsgesetzes.

2. „Zur Vermeidung von Zweifeln während der Übergangszeit wird hier ausdrücklich klargestellt, daß der Reichsknappschaftsverein ohne förmliche Zulassung durch den Reichsrat Sonderanstalt im Sinne der §§ 1360 bis 1380 der Reichsversicherungsordnung ist." (Begr. S. 91.)

3. „Die bisher als Sonderanstalten zugelassenen Knappschaftsvereine (Allgemeiner Knappschaftsverein in Bochum und Saarbrücker Knappschaftsverein) können auch in der Eigenschaft als Sonderanstalt nicht fortbestehen, weil sie insoweit in dem Reichsknappschaftsverein als Träger der Invaliden- und Hinterbliebenenversicherung aufgehen. Das gleiche gilt für die Norddeutsche Knappschaftspensionskasse zu Halle, eine Vereinigung von Knappschaftsvereinen der preußischen Oberbergamtsbezirke Halle und Clausthal und von thüringischen Vereinen, die nach ihrer Satzung den Mitgliedern der zugehörigen Vereine die Invaliden-, Alters- und Hinterbliebenenversicherung der Reichsversicherungsordnung gewährt und als Sonderanstalt anerkannt ist. Für ein solches Gebilde ist innerhalb des Reichsknappschaftsvereins, der Träger der Invaliden- und Hinterbliebenenversicherung für sämtliche knappschaftlich beschäftigten Personen wird, kein Raum mehr; auch die Durchführung der Versicherung nach den Vorschriften des Entwurfes kann nicht einer besonderen Kasse überlassen bleiben, weil sie zu den gesetzlichen Aufgaben der Bezirksknappschaftsvereine gehört. Daß die Vorschrift des § 10 RKG., betreffend den Zusammenschluß von Bezirksknappschaftsvereinen für gewisse Aufgaben, keine Handhabe zur Aufrechterhaltung der Norddeutschen Knappschaftspensionskasse bietet, ist bereits in der Begründung zu § 10 (Begr. S. 38) dargelegt. Für den Übergang des Vermögens der knappschaftlichen Sonderanstalten auf den Reichsknappschaftsverein gelten die allgemeinen Vorschriften des Art. 8." (Begr. S. 91.)

Artikel 40.[1] [2])

(Abs. 1.) Die Norddeutsche Knappschaftspensionskasse in Halle besteht für die bei ihr beteiligten bisherigen Knappschaftsvereine bis zu einer Zeit, die der Vorstand des Reichsknappschaftsvereins festsetzt, längstens jedoch bis zum 31. Dezember 1932, als Abwicklungsstelle und örtliche Verwaltungsstelle im Sinne des § 9 Abs. 1 des Reichsknappschaftsgesetzes weiter. Näheres bestimmen die Sondervorschriften, welche die beteiligten Knappschaftsvereine nach § 9 Abs. 2 des Reichsknappschaftsgesetzes, Art. 9 Abs. 2 erlassen.

(Abs. 2.) Mit dem im Abs. 1 bezeichneten Zeitpunkte wird die Abwicklungsstelle der Norddeutschen Knappschaftspensionskasse aufgelöst.

1. Der Art. 40 entspricht dem § 227 des Entwurfs des Reichsknappschaftsvereins.

2. „Eine plötzliche Auflösung der Norddeutschen Knappschaftspensionskasse ist nicht möglich, sie muß vielmehr eine Zeitlang als Abwickelungsstelle und örtliche Verwaltungsstelle im Sinne des § 9 des Entwurfs des Reichsknappschaftsgesetzes weiterbestehen, damit ihre Geschäfte allmählich auf die Bezirksknappschaftsvereine übergeleitet werden. Dafür ist z. B. erforderlich: Abgabe der Akten und der Unterlagen über die Beitragsentrichtung (Beitragskataster) an die zuständigen Bezirksknappschaftsvereine, Auseinandersetzung der bei der Kasse beteiligten Vereine darüber, ob, in welchem Umfang und mit welchem Anteil das Vermögen, das zum Teil in Liegenschaften (Heilstätten) besteht, dem von den Bezirksknappschaftsvereinen selbständig zu verwaltenden Vermögensteil der Pensionskasse des Reichsknappschaftsvereins zugeführt werden soll, Unterbringung der bisherigen Beamten, für deren anderweitige Verwendung tunlichst durch Einstellung bei Bezirksknappschaftsvereinen oder besonderen Krankenkassen Sorge zu tragen ist, und dergleichen Liquidationsmaßnahmen mehr. Nähere Bestimmungen über die von der Norddeutschen

Knappschaftspensionskasse als Abwickelungsstelle zu erledigenden Aufgaben sowie über die allmähliche Durchführung ihrer Auflösung treffen die beteiligten Vereine in den Sondervorschriften, die sie nach § 9 Abs. 2 RKnG., Art. 9 Abs. 2 erlassen. Für die Beamten gelten, solange die Kasse als Abwickelungsstelle besteht, die §§ 147 bis 150 RKG., Art. 44.

Da sich die Dauer der Abwickelungsgeschäfte im voraus nicht genau übersehen läßt, bleibt die Bestimmung des Zeitpunktes, bis zu dem sie beendigt sein muß, dem Vorstande des Reichsknappschaftsvereins vorbehalten. Der Entwurf bestimmt aber einen äußersten Zeitpunkt für die Auflösung der Abwickelungsstelle, über den auch der Vorstand des Reichsknappschaftsvereins nicht hinausgehen darf, und zwar den 31. Dezember 1932." (Begr. S. 91.) Eine Änderung der Frist ist nur nach Maßgabe des Art. 57 Abs. 1 möglich.

Artikel 41.[1] [2])

Soweit die Durchführung der Invalidenversicherung bisher einer Landesversicherungsanstalt oblag, haben nach dem 31. Dezember 1923 die Arbeitgeber die von ihnen aufbewahrten Quittungskarten an die nach § 1419 der Reichsversicherungsordnung zuständige Ausgabestelle abzugeben.

1. Der Art. 41 entspricht im wesentlichen dem § 228 des Entwurfs des Reichsknappschaftsgesetzes.

2. „Diese Vorschrift ist zugunsten der bisher bei Landesversicherungsanstalten versicherten Arbeitnehmer aufgenommen, um sie vor Nachteilen durch Versäumung der im § 1420 RVO. vorgeschriebenen zweijährigen Frist zu schützen, innerhalb deren die Quittungskarten zum Umtausch oder zur Aufrechnung eingereicht werden müssen. Die Behandlung der aufgerechneten Quittungskarten richtet sich nach § 1423 RVO." (Begr. S. 91/92.) Wegen der Änderung des § 1423 RVO. vgl. Gesetz über Änderungen der RVO. vom 21. Juni 1922 (RGBl. I S. 654) in Art. I Nr. 9; an Stelle des Reichsrats ist in Abs. 3 das Reichsversicherungsamt getreten.

V. Beziehungen des Reichsknappschaftsvereins zu andern Versicherungsträgern und zu andern Verpflichteten.

Artikel 42.[1]) [2])

Besteht bei Versicherungsfällen, die vor dem 1. Januar 1924 eingetreten sind, für Leistungen des bisherigen Knappschaftsvereins ein Anspruch auf Ersatz aus der Unfallentschädigung, so gilt hinsichtlich der vom 1. Januar 1924 ab zu gewährenden laufenden Leistungen der Pensionskasse des Reichsknappschaftsvereins § 77 des Reichsknappschaftsgesetzes.

1. Der Art. 42 entspricht dem § 229 des Entwurfs des Reichsknappschaftsgesetzes.

2. „Hier ist aus sozialen Rücksichten den Vorschriften des § 77 RKG., der das Verhältnis der Pensionskassenleistungen zur Unfallversicherung für die Versicherten günstiger als die Reichsversicherungsordnung regelt, eine gewisse Rückwirkung beigelegt: Ist ein Versicherungsfall vor dem 1. Januar 1924 eingetreten, so gelten die Vorschriften der Reichsversicherungsordnung (§§ 1528, 1529) nur bis zum 31. Dezember 1923. Auf die vom 1. Januar 1924 ab zu gewährenden laufenden Leistungen der Pensionskasse des Reichsknappschaftsvereins finden die Vorschriften des § 77 RKG. Anwendung; ein vor dem 1. Januar 1924 wegen Unfalls invalidisierter Bergarbeiter erhält also vom 1. Januar 1924 an die volle Unfallrente und daneben die Hälfte der Invalidenpension, während er bis zum 31. Dezember 1923 in den meisten Fällen nur die Unfallrente beziehen wird, weil die Invalidenpension niedriger ist als die halbe Unfallrente und deshalb nicht zur Auszahlung kommt. Mangels einer solchen ausdrücklichen Bestimmung würden die Vorschriften der Reichsversicherungsordnung auf die am 1. Januar 1924 laufenden Leistungen weiterhin anwendbar bleiben, da ein neues Gesetz

an sich nicht alte Tatbestände regelt. (Vergl. für das Verhältnis der Reichsversicherungsordnung zu § 25 des Gewerbe-Unfallversicherungsgesetzes Entscheidung des Großen Senats des Reichsversicherungsamts vom 15. Mai 1915, Amtl. Nachr. S. 616 Ziffer 2063.) Die Regelung des Entwurfes beseitigt zugleich den Übelstand, der bei Weitergeltung der Reichsversicherungsordnung eintreten würde, daß während einer längeren Übergangszeit zwei verschiedene Berechnungsarten nebeneinander angewandt werden müßten." (Begr. S. 92.) Die von der Begründung unterstellte Rechtslage verändert sich infolge der von dem Entwurf abweichenden Fassung des § 77 RKG. dahin, daß vom 1. Januar 1924 ab neben die volle Unfallrente die volle Invalidenpension tritt und daß gegebenenfalls nur die Teuerungszulage ermäßigt wird (vgl. Anm. 1 bis 4 zu § 77 RKG.).

Artikel 43.[1] [2]

Hat in einem Streitverfahren zwischen einem Armenverbande und einem Empfänger von Pensionskassenleistungen oder einem Knappschaftsvereine wegen eines Überweisungsanspruches auf Leistungen der Pensionsversicherung, der nach dem Gesetz über den Unterstützungswohnsitz erworben worden ist, am 1. Januar 1924 der Vorstand oder der Ausschuß des Knappschaftsvereins noch nicht entschieden, so wird die Sache an das nach § 76 Abs. 5 des Reichsknappschaftsgesetzes zuständige Versicherungsamt abgegeben; das weitere Verfahren richtet sich nach den Vorschriften des Sechsten Buches der Reichsversicherungsordnung.

1. Der Art. 43 entspricht dem § 230 des Entwurfs des Reichsknappschaftsgesetzes.

2. „Nach § 62 des Reichsgesetzes über den Unterstützungswohnsitz ist jeder Armenverband, welcher nach Vorschrift des Gesetzes einen Hilfsbedürftigen unterstützt hat, befugt, Ersatz derjenigen Leistungen, zu deren Gewährung ein Dritter aus anderen als den durch das Unterstützungswohnsitzgesetz begründeten Titeln verpflichtet ist, von dem Verpflichteten in demselben Maße und unter denselben Voraussetzungen zu fordern, als dem Unterstützten auf jene Leistungen ein Recht zusteht. Diese Gesetzesbestimmung bildete bisher die rechtliche Grundlage für Überweisungsansprüche der Armenverbände auf Leistungen der knappschaftlichen Pensionsversicherung; demgemäß hatte an erster Stelle der Knappschaftsvorstand oder der von diesem bestellte Ausschuß über die Berechtigung des Überweisungsanspruches zu entscheiden. (Vergl. Entscheidung des Preußischen Oberschiedsgerichts in Knappschaftsangelegenheiten vom 14. November 1916, Kompaß 1917 S. 61.) Vom 1. Januar 1924 ab sind die Pensionskassenleistungen des Reichsknappschaftsvereins reichsgesetzliche Leistungen, so daß für den Ersatzanspruch hierauf auch die Vorschriften der Reichsversicherungsordnung anzuwenden sind. Aus Zweckmäßigkeitsgründen erscheint es angebracht, die bei Inkrafttreten dieses Gesetzes schwebenden Überweisungsansprüche an die nach § 1540 der Reichsversicherungsordnung zuständigen Versicherungsämter abzugeben, sofern am 1. Januar 1924 der Knappschaftsvorstand oder der Ausschuß noch nicht entschieden hat." (Begr. S. 92.)

VI. Rechts- und Dienstverhältnisse der Knappschaftsangestellten.

Artikel 44.[1])

(Abs. 1.) Der Reichsknappschaftsverein tritt in die Vertragsverhältnisse ein, die am 1. Januar 1924 zwischen den bisherigen Knappschaftsvereinen, dem Knappschaftlichen Rückversicherungsverbande, der Norddeutschen Knappschafts-Pensionskasse und deren Beamten oder Angestellten bestehen.[2])

(Abs. 2.)[3]) Bezüge sind fortzuzahlen, wenn sie vor dem 1. Januar 1923 vereinbart worden sind. Ansprüche auf Ruhegehalt und Hinterbliebenenbezüge bleiben erhalten.

1. Der Art. 44 entspricht dem § 231 des Entwurfs des Reichsknappschaftsgesetzes.

2. „Die Begründung dieser Vorschrift ergibt sich aus den allgemeinen Ausführungen über die rechtliche Stellung der Knappschaftsbeamten.“ (Begr. S. 92.) Vgl. Vorbemerkungen zum zehnten Abschnitt Ziffer IV RKG. sowie die §§ 147 bis 150 RKG.

3. „Abs. 2, 3 sind dem Art. 35 des Einführungsgesetzes zur Reichsversicherungsordnung, betreffend Regelung der Bezüge von Angestellten der Krankenkassen, nachgebildet.“ (Begr. S. 92.) Doch haben hier die Vorschläge des Entwurfs Änderungen im Sozialpolitischen Ausschusse des Reichstags erfahren; die Abs. 2 und 3 des Entwurfs sind in den Abs. 2 des Art. 44 zusammengezogen worden.

VII. Verfahren.

Artikel 45.[1])

Ist ein Verfahren auf Feststellung von Leistungen der Krankenversicherung oder der Pensionsversicherung[2]) am 1. Januar 1924 anhängig, so wird es weiter nach den Vorschriften des Reichsknappschaftsgesetzes durchgeführt; nach dessen Vorschriften richten sich auch die Fristen, sofern sie danach länger sind. Der Beginn der Fristen bestimmt sich nach dem alten Rechte.[2]) [3])

1. Der Art. 45 entspricht dem § 232 des Entwurfs des Reichsknappschaftsgesetzes, hat aber einige auf Beginn und Dauer der Verfahrensfristen bezügliche Zusätze erhalten. Danach bestimmt sich der Beginn der Fristen nach dem alten Rechte, während die Dauer sich nach den Vorschriften des Reichsknappschaftsgesetzes bestimmt.

2. Die Vorschriften des Art. 45 gelten nur für die Feststellung von Leistungen der Kranken- oder Pensionsversicherung, also für die bisherigen regelmäßigen Leistungen der Knappschaftsvereine,

Hinsichtlich der Leistungen der Angestellten- und Invalidenversicherung bedurfte es einer besonderen Vorschrift nicht.

3. Hinsichtlich der materiellen Rechtslage bei schwebenden Ansprüchen zu vergl. Art. 30.

Artikel 46.[1])

Streitigkeiten, die am Tage des Inkrafttretens des Reichsknappschaftsgesetzes bei den bisher zuständigen Stellen schweben, gehen mit diesem Tag auf die neuen, nach dem Reichsknappschaftsgesetze zuständigen Stellen über. Dasselbe gilt auch für Anträge auf Leistungen, die beim Versicherungsamt an diesem Tag anhängig sind.[2])

1. Art. 46 ist durch den Sozialpolitischen Ausschuß des Reichstags hinzugefügt worden. Er stellt die Zuständigkeit der durch das Reichsknappschaftsgesetz bestimmten zuständigen Stellen für die bei dem Inkrafttreten dieses Gesetzes schwebenden Streitigkeiten fest; die bisher mit der Bearbeitung dieser Streitigkeiten beauftragten Stellen verlieren danach mit dem gleichen Zeitpunkte ihre Zuständigkeit.

2. Zu vergl. insbesondere §§ 1613 ff. RVO. Die weitere Behandlung der auf Leistungen gerichteten Anträge obliegt von dem in Satz 1 bezeichneten Zeitpunkte ab den im Reichsknappschaftsgesetze bezeichneten Stellen, insbesondere den Bezirksknappschaftsvereinen und besonderen Krankenkassen (§ 153).

Artikel 47.[1])

Soweit bisher keine Knappschaftsoberversicherungsämter bestanden haben, sind sie bis zum 1. Januar 1924 an Stelle bisher bestehender knappschaftlicher Schiedsgerichte zu errichten.[2]) Bis zur Wahl der Beisitzer nach den Vorschriften des Reichsknappschaftsgesetzes[3]) beruft sie der Vorsitzende aus dem Kreise der Wählbaren,

Soweit bei den Knappschaftsoberversicherungsämtern am 1. Januar 1924 Beisitzer vorhanden sind, bleiben sie bis zum Eintritte der Neugewählten im Amte.

1. Zu vergl. § 234 des Entwurfs des Reichsknappschaftsgesetzes.

2. Nach näherer Anordnung des Reichsarbeitsministers (zu vergl. Begr. S. 92 zu § 234). Zahl, Sitz und Bezirk der Knappschaftsoberversicherungsämter bestimmt gleichfalls der Reichsarbeitsminister (§ 163 Abs. 2 RKG.).

3. Zu vergl. § 163 Abs. 1 und 2 RKG.

Artikel 48.[1] [2]

(Abs. 1.) Der Knappschaftssenat beim Reichsversicherungsamt ist bis zum 1. Januar 1924 zu bilden. Bis zum 31. Dezember 1927 kann der Reichsarbeitsminister im Ruhestande befindliche Reichs- oder Landesbeamte, die besondere Kenntnisse und Erfahrung auf dem Gebiete des Bergwesens und der knappschaftlichen Versicherung besitzen, zu Vorsitzenden des Knappschaftssenats bestellen.[3]

(Abs. 2.) Bis zur Wahl nach den Vorschriften des Reichsknappschaftsgesetzes[4] werden die Vertreter der Arbeitgeber und der Versicherten vom Präsidenten des Reichsversicherungsamtes aus dem Kreise der Wählbaren berufen.

1. Zu vergl. § 236 des Entwurfs des Reichsknappschaftsgesetzes.

2. Zu vergl. Art. 46 EG. und § 166 RKG.

3. Satz 2 beruht auf den Beschlüssen des Sozialpolitischen Ausschusses des Reichstags. Es tritt deshalb an Stelle des nach § 86 Abs. 2 RVO. in Verbindung mit § 166 Abs. 2 RKG. zur Ernennung des Senatspräsidenten befugten Reichspräsidenten bis zum 31. Dezember 1927 der Reichsarbeitsminister.

4. Zu vergl. § 166 RKG. und Gesetz über die Änderung der Wahlen nach der Reichsversicherungsordnung vom 13. April 1922 (RGBl. I S. 435).

Artikel 49.[1])

Gegen Entscheidungen, die vor dem 1. Januar 1924 rechtskräftig geworden sind, findet die Wiederaufnahme des Verfahrens nach den Vorschriften des Reichsknappschaftsgesetzes, der Reichsversicherungsordnung und des Angestelltenversicherungsgesetzes statt.[2])

1. Art. 49 entspricht im wesentlichen dem § 238 des Entwurfs des Reichsknappschaftsgesetzes. Er bringt klar zum Ausdruck, daß die Wiederaufnahme des Verfahrens sich stets nach den Vorschriften des Reichsknappschaftsgesetzes, der Reichsversicherungsordnung und des Angestelltenversicherungsgesetzes richtet, nicht mehr, wie mangels besonderer landesgesetzlicher Vorschriften, nach der Zivilprozeßordnung, wie bisher z. B. in Preußen angenommen war. (Begr. S. 93.)

2. Es kommen in Betracht: § 158 Abs. 2 RKG., §§ 1722 ff. RVO., § 297 AVG.

Artikel 50.[1]) [2])

Der Reichsarbeitsminister bestimmt das Nähere über die Anwendung des Reichsknappschaftsgesetzes auf die Knappschaftsvereine des Saargebiets.

1. Zu vergl. § 239 des Entwurfs des Reichsknappschaftsgesetzes.

2. Ob und inwieweit die Vorschriften des Reichsknappschaftsgesetzes auf die preußischen und bayerischen Knappschaftsvereine des Saargebiets Anwendung finden, ließ sich wegen der politischen Lage nicht durch das Gesetz bestimmen; die Bestimmung war deshalb zweckmäßig dem Reichsarbeitsminister zu übertragen. Für die Rechtslage kommen insbesondere die Vorschriften des dem Abschnitt IV des Friedensvertrages von Versailles beigefügten sogenannten „Saarstatuts" in Betracht.

Zweiter Teil.

Artikel 51.

Die Reichsversicherungsordnung wird wie folgt geändert:

Erstes Buch.

Gemeinsame Vorschriften.

1. § 37 Abs. 3 erhält folgende Fassung:

„Der Reichsarbeitsminister kann mit Zustimmung der obersten Verwaltungsbehörde den Versicherungsämtern nach Anhören des Reichsknappschaftsvereins Aufgaben aus der knappschaftlichen Versicherung übertragen."

2. Im § 42 werden

a) Abs. 2 Nr. 1 gestrichen; die Nr. 2, 3 werden 1, 2;

b) im Abs. 3 die Worte „bei den knappschaftlichen Krankenkassen die für den Bezirk des Versicherungsamts zuständigen Knappschaftsältesten" gestrichen.

3. § 60 erhält folgende Fassung:

„Sind einem Versicherungsamte nach § 37 Abs. 3 Aufgaben aus der knappschaftlichen Versicherung übertragen, so hat der Reichsknappschaftsverein angemessene Beiträge zu den Kosten des Versicherungsamts zu leisten.

Der Reichsarbeitsminister setzt die Beiträge nach Anhören der obersten Verwaltungsbehörde und des Reichsknappschaftsvereins fest."

4. Im § 61 fällt Abs. 2 weg.

5. Im § 63 Abs. 1 wird hinter dem Worte „besorgen" ein Punkt gesetzt; Nr. 3: „Gruppen von Betrieben, die

Knappschaftsvereinen oder Knappschaftskassen angehören" fällt weg.

6. Im § 75 werden

a) im Abs. 1 die Worte: „oder der Knappschaftsvereine oder Knappschaftskassen" gestrichen;

b) dem Abs. 2 folgende Fassung gegeben:

„Die Versichertenbeisitzer werden nach den Grundsätzen der Verhältniswahl von den Versicherten-Ausschußmitgliedern der Betriebskrankenkasse oder der Sonderanstalt gewählt; soweit eine Sonderanstalt keinen Ausschuß hat, wählen die in einem anderen Verwaltungsorgan vorhandenen Versichertenvertreter."

7. Im § 80 erhält Abs. 2 Satz 1 folgende Fassung:

„In die Kasse des Landes fließen die Gebühren nach § 1803, die Geldstrafen nach den §§ 76, 1679 sowie die nach § 1802 besonders auferlegten Verfahrenskosten."

8. § 82 fällt weg.

9. Im § 89 werden

a) im Abs. 1 Satz 1 hinter dem Wort „Sonderanstalten" eingefügt die Worte: „mit Ausnahme des Reichsknappschaftsvereins",

b) im Abs. 2 Satz 1 gestrichen.

10. Im § 107 Abs. 4 fällt Satz 1 weg.

11. § 112 erhält folgende Fassung:

„Die oberste Verwaltungsbehörde kann mit Zustimmung des Reichsarbeitsministers Aufgaben des Versicherungsamts[1]) Organen des Reichsknappschaftsvereins übertragen. Sie kann ferner Aufgaben des Versicherungsamts Organen von Betriebskrankenkassen für Betriebsverwaltungen und Dienstbetriebe des Reichs und der Länder sowie von Sonderanstalten übertragen, wenn die Organe mindestens zur Hälfte aus Versicherungsvertretern bestehen, die aus geheimer Wahl hervorgegangen sind. Spruchbefugnisse können nicht übertragen werden."

Zweites Buch.

Krankenversicherung.

12. Im § 188 Satz 1 werden die Worte: „aus einer knappschaftlichen Krankenkasse" ersetzt durch die Worte: „aus dem Reichsknappschaftsverein".

13. Im § 195 a Abs. 1 in der Fassung des Gesetzes vom 27. März 1923 (Reichs-Gesetzbl. I S. 225), im § 205 a Abs. 1 Nr. 3 in der Fassung des Gesetzes vom 27. März 1923 (Reichs-Gesetzbl. I S. 225) und im § 313 Abs. 1 werden die Worte: „einer knappschaftlichen Krankenkasse" ersetzt durch die Worte: „dem Reichsknappschaftsverein".

14. Im § 197 Abs. 1 in der Fassung des Gesetzes vom 27. März 1923 (Reichs-Gesetzbl. I S. 225) werden die Worte: „knappschaftlichen Krankenkassen oder" ersetzt durch die Worte: „bei dem Reichsknappschaftsverein oder bei".

15. § 205 a Abs. 8 erhält folgende Fassung:

„Sind mehrere Krankenkassen oder ist eine Kasse mehrfach beteiligt, so ist die Wochenhilfe nur einmal zu gewähren. Unter mehreren Kassen steht der Wöchnerin die Wahl frei. Der Krankenkasse im Sinne dieser Vorschrift steht der Reichsknappschaftsverein gleich, ebenso eine Ersatzkasse hinsichtlich solcher Mitglieder, deren Rechte und Pflichten nach § 317 Abs. 1 ruhen oder die gemäß § 507 a den versicherungspflichtigen Mitgliedern gleichgestellt sind."

16. Im § 208 Satz 2 und im § 312 werden die Worte: „einer knappschaftlichen Krankenkasse" ersetzt durch die Worte: „des Reichsknappschaftsvereins".

17. Im § 225 Abs. 2 werden die Worte: „der nach landesgesetzlichen Vorschriften errichteten knappschaftlichen Krankenkassen" ersetzt durch die Worte: „des Reichsknappschaftsvereins".

18. Im § 234 werden die Worte: „eine knappschaftliche Krankenkasse" ersetzt durch die Worte: „den Reichsknappschaftsverein".

19. Der Neunte Abschnitt: „Knappschaftliche Krankenkassen, §§ 495 bis 502" fällt weg; der „Zehnte Abschnitt" wird „Neunter Abschnitt", der „Elfte Abschnitt" wird „Zehnter Abschnitt".

20. Im § 507a Abs. 2 wird der Hinweis „§§ 313, 313 a, 314, 500" abgeändert in „§§ 313, 313 a, 314."

21. Im § 529 Abs. 2 fallen die Worte: „einer knappschaftlichen Krankenkasse und" weg.

Drittes Buch.

1. Teil. Gewerbe-Unfallversicherung.

22. Im § 573 werden

a) im Abs. 1 Satz 1 die Worte: „oder bei einer knappschaftlichen Krankenkasse" gestrichen;

b) im Abs. 3 die Worte: „von knappschaftlichen Krankenkassen" ersetzt durch die Worte: „des Reichsknappschaftsvereins".

23. Im § 576 Abs. 1 Satz 1, im § 583 Abs. 1 und in den §§ 584, 604 werden die Worte: „Krankenkasse, knappschaftliche Krankenkasse oder Ersatzkasse" ersetzt

durch die Worte: „Krankenkasse, der Reichsknappschaftsverein oder die Ersatzkasse".

24. Im § 577 Abs. 1 Satz 1 fallen die Worte: „einer knappschaftlichen Krankenkasse" weg.

25. Im § 581 Abs. 1 werden die Worte: „der knappschaftlichen Krankenkasse" ersetzt durch die Worte: „dem Reichsknappschaftsverein".

26. § 585 erhält folgenden Abs. 2:

„Richtet sich der Ersatzanspruch gegen den Reichsknappschaftsverein, so gilt § 76 Abs. 5 des Reichsknappschaftsgesetzes entsprechend."

27. Im § 605 Abs. 1 werden die Worte: „knappschaftliche Krankenkassen" ersetzt durch die Worte: „der Reichsknappschaftsverein".

28. Im § 621

a) werden die Worte: „Knappschaftsvereine, Knappschaftskassen, Ersatzkassen und Versicherungsanstalten, die nach den §§ 1501, 1528" ersetzt durch die Worte: „und der Ersatzkassen, die nach den §§ 1501, 1543 a";

b) wird als Abs. 2 eingefügt: „Das gleiche gilt für Forderungen des Reichsknappschaftsvereins, soweit er nach § 76 des Reichsknappschaftsgesetzes in Verbindung mit § 1501 dieses Gesetzes ersatzberechtigt ist."

29. Der § 630 Abs. 2 erhält folgende Fassung:

„Der Reichsrat kann die Vereinigung der Unternehmer knappschaftlicher Betriebe (§§ 1, 2 des Reichsknappschaftsgesetzes) zu Knappschafts-Berufsgenossenschaften genehmigen."

30. Im § 730 werden die Worte: „Knappschaftsvereine oder Knappschaftskassen" ersetzt durch die

Worte: „der Reichsknappschaftsverein“ und das Wort: „zahlen“ durch das Wort: „zahlt“.

31. Im § 903 Abs. 1 werden die Worte „Knappschaftsvereine, Knappschaftskassen“ ersetzt durch „der Reichsknappschaftsverein“.

32. Im § 858 erhält Abs. 2 folgende Fassung:

„Die Knappschafts-Berufsgenossenschaft kann durch die Satzung bestimmen, daß die Vertreter der Versicherten Knappschaftsälteste und Angestelltenälteste sein müssen. Wird diese Bestimmung getroffen, so werden die Vertreter der Versicherten von den Versichertenvertretern gewählt, die dem Vorstande des Reichsknappschaftsvereins angehören.“

Drittes Buch.

2. und 3. Teil. **Landwirtschaftliche und See-Unfallversicherung.**

33. Im § 945 Abs. 2 und im § 1090 Abs. 2 wird die Zahl: „1516“ ersetzt durch die Worte: „1543 a dieses Gesetzes sowie des § 76 des Reichsknappschaftsgesetzes“.

34. Im § 946 Abs. 1 und in den §§ 1083, 1084, 1092 fallen die Worte „oder bei einer knappschaftlichen Krankenkasse“ weg.

35. § 949 Abs. 2 und § 1111 Abs. 2 erhalten je folgenden Satz 2:

„Bei Ersatzansprüchen gegen den Reichsknappschaftsverein bestimmt sich die Zuständigkeit des Versicherungsamts nach § 76 Abs. 5 des Reichsknappschaftsgesetzes.“

36. Im § 1042 Abs. 2 werden die Worte „eine knappschaftliche Krankenkasse“ ersetzt durch „den Reichsknappschaftsverein“.

37. Im § 1219 Abs. 4 werden die Worte „eine knappschaftliche Krankenkasse" ersetzt durch „den Reichsknappschaftsverein".

Viertes Buch.

Invaliden- und Hinterbliebenenversicherung.

38. Im § 1237 in der Fassung der Nr. 5 des Gesetzes vom 10. November 1922 (Reichs-Gesetzbl. I S. 849) wird hinter dem Worte: „Angestelltenversicherung" eingefügt: „oder eine knappschaftliche Pension".

39. Im § 1271 erhält Satz 1 folgende Fassung:

> „Angehörige des Erkrankten, deren Unterhalt er ganz oder überwiegend aus seinem Arbeitsverdienste bestritten hat, erhalten während des Heilverfahrens (§ 1270) ein Hausgeld auch dann, wenn er keine Ansprüche an eine Krankenkasse, den Reichsknappschaftsverein oder eine Ersatzkasse hat."

40. Im § 1281 Nr. 2 wird nach den Worten „Der in den §§ 1321, 1360, 1375 bezeichneten Art" eingefügt: „oder eine Invalidenpension nach den Vorschriften des Reichsknappschaftsgesetzes".

41. Im § 1321 Abs. 1 fällt Satz 3 weg.

42. Im § 1322

a) lautet Abs. 1: „Der § 1281 Nr. 2 und der § 1321 gilt auch für solche zur Invaliden-, Alters- und Hinterbliebenenfürsorge bestimmten Kassen, für die nach Ortsstatut eine Beitrittspflicht besteht.";

b) wird der bisherige Abs. 1 zum Abs. 2; die Worte: „die Knappschaftsvereine oder Knappschaftskassen" werden ersetzt durch die Worte: „die solche Kassen";

c) wird der bisherige Abs. 2 zum Abs. 3; der bisherige Abs. 3 zum Abs. 4.

43. § 1323 fällt weg.

44. Im § 1369 fällt der letzte Satz weg.

45. Im § 1372 Nr. 10 werden die Worte: „Knappschaftsvereinen oder Knappschaftskassen" gestrichen.

46. Im § 1447 Abs. 1 fallen die Worte „Knappschaftsvereine oder Knappschaftskassen" weg.

47. Im § 1455 Nr. 1 fallen die Worte „Knappschaftsvereine oder Knappschaftskassen" weg.

48. Im § 1484 werden die Worte: „die knappschaftlichen Krankenkassen" ersetzt durch die Worte: „den Reichsknappschaftsverein als Träger der Krankenversicherung".

Fünftes Buch.

Beziehungen der Versicherungsträger zueinander.

49. Die §§ 1516, 1521, 1528 bis 1530, 1544 fallen weg.

50. Im § 1517 fallen die Worte: „knappschaftlichen Krankenkassen oder Ersatzkassen" weg.

51. § 1538 erhält folgende Fassung:

„Auch die ersatzberechtigten Gemeinden und Armenverbände (§ 1531) können die Feststellung der Leistungen aus der Reichsversicherung betreiben. § 1509 gilt entsprechend.

Das gleiche gilt für Kassen, die ihre Leistungen nach den §§ 1321, 1322 ermäßigen."

52. In den §§ 1539, 1540 fällt die Anführung des § 1528 weg.

53. Hinter § 1543 wird eingefügt:

„Dritter Abschnitt. Beziehungen der Ersatzkassen zu Trägern der Reichsversicherung und zu anderen Verpflichteten.

§ 1543 a.

Was im Fünften Buche für Krankenkassen (§ 225) vorgeschrieben ist, gilt auch für Ersatzkassen der Krankenversicherung.

Die Anzeigepflicht (§ 1512) ist in der Satzung zu regeln. Für die Mitglieder der Ersatzkassen gilt der Grundlohn ihrer Krankenkasse."

Sechstes Buch.

Verfahren.

54. Im § 1551 fallen weg im
a) Abs. 2 Unterabs. 2, 6 und 7 die Worte: „knappschaftlichen Krankenkassen und";
b) Abs. 2 Unterabs. 7 die Zahl: „1521";
c) Abs. 3 die Zahlen: „1516, 1521".

55. Im § 1563 wird
a) folgender Abs. 3 eingefügt:

„Ist der Träger der Krankenversicherung der Reichsknappschaftsverein, so wird der Vorstand des Bezirksknappschaftsvereins oder der besonderen Krankenkasse benachrichtigt.";

b) Abs. 3 zum Abs. 4, Abs. 4 zum Abs. 5.

56. § 1628 Abs. 1 erhält folgende Fassung:

„Ist die Vorbereitung und Begutachtung der Sache Organen von Sonderanstalten übertragen, so gelten die §§ 1617 bis 1627 entsprechend."

57. Im § 1678 Abs. 2 fallen die Worte: „von Knappschaftsvereinen, Knappschaftskassen oder" weg.

58. Im § 1753 treten:
a) im Abs. 1 an die Stelle der Verweisung: „1563 Abs. 4" die Verweisung: „1563 Abs. 5";

b) im Abs. 2 an die Stelle der Verweisung: „1563 Abs. 1 bis 3" die Verweisung: „1563 Abs. 1 bis 4".

59. Im § 1760 Abs. 1 tritt an die Stelle der Verweisung: „1563 Abs. 1 bis 3" die Verweisung: „1563 Abs. 1 bis 4".

60. § 1775 erhält folgende Fassung:

„Bei Streit zwischen einer Krankenkasse, die einem Versicherungsamt untersteht, und einer Ersatzkasse entscheidet das Versicherungsamt.

Das gleiche gilt bei Streit zwischen einer Krankenkasse und dem Reichsknappschaftsverein als Träger der Krankenversicherung. Bei Ersatzansprüchen gegen den Reichsknappschaftsverein bestimmt sich die Zuständigkeit des Versicherungsamts nach § 76 Abs. 5 des Reichsknappschaftsgesetzes."

61. Im § 1787 werden die Worte: „einer knappschaftlichen Krankenkasse" ersetzt durch die Worte: „dem Reichsknappschaftsverein als Träger der Krankenversicherung".

1. Im amtlichen Text des Gesetzes steht hier „Reichsversicherungsamtes". Dies ist ein Druckfehler. Vgl. RGBl. I S. 650.

Artikel 52.

Im § 9 Abs. 3 des Gesetzes über Zulagen in der Unfallversicherung in der Fassung der Bekanntmachung vom 12. Februar 1923 (Reichsgesetzbl. I S. 116) tritt an die Stelle der Zahlen: „1528, 1529" die Zahl: „1543a".

Artikel 53.

Das Versicherungsgesetz für Angestellte in der Fassung des Gesetzes vom 10. November 1922 (Reichs-Gesetzbl. I S. 849 ff.) wird wie folgt geändert:

1. Im § 10 a wird nach den Worten „dieses Gesetzes" eingefügt: „oder eine Invalidenpension nach den Vorschriften des Reichsknappschaftsgesetzes".
2. § 42 erhält folgende Fassung:
„Als reichsgesetzliche Arbeiterversicherung gilt auch die Versicherung beim Reichsknappschaftsverein als Träger der Krankenversicherung und bei Ersatzkassen (§§ 4, 11 ff. des Reichsknappschaftsgesetzes, §§ 503 ff. der Reichsversicherungsordnung)."
3. Im § 93 Abs. 1 Nr. 3 werden die Worte: „Knappschaftsvereine und Knappschaftskassen" ersetzt durch die Worte: „des Reichsknappschaftsvereins".
4. Im § 365 Abs. 3 fallen die Worte: „Knappschaftsvereine und Knappschaftskassen sowie" weg.

Artikel 54.[1])

(Abs. 1.) Die Vorschriften anderer Reichsgesetze über Knappschaftsvereine oder Knappschaftskassen und über knappschaftliche Krankenkassen treten insoweit außer Kraft, als sie dem Reichsknappschaftsgesetze widersprechen.

(Abs. 2.) Die Vorschriften der Landesgesetze über knappschaftliche Versicherungseinrichtungen treten außer Kraft, soweit das Reichsknappschaftsgesetz nichts anderes vorschreibt.[2])

1. Der Art. 54 entspricht dem § 186 des Entwurfs des Reichsknappschaftsgesetzes, soweit nicht eine Änderung der letzteren Bestimmung durch die vorhergehenden Art. 51 bis 53 bereits herbeigeführt ist. Im Falle des Art. 54 wird es sich namentlich um Vorschriften „anderer" als der in Art. 51 bis 53 behandelten Reichsgesetze handeln, die auf die Knappschaftsvereine als landesgesetzliche Einrichtungen und ihre bisherige Organisation Bezug

haben. Ob und inwieweit ein Widerspruch solcher Vorschriften mit denen des Reichsknappschaftsgesetzes besteht, kann nur im einzelnen Falle entschieden werden.

2. Die landesgesetzlichen Vorschriften über knappschaftliche Versicherungseinrichtungen (also Knappschaftsvereine, Knappschaftskassen, Knappschaftspensionskassen, knappschaftliche Krankenkassen usw.) treten naturgemäß mit dem Erlasse des Reichsknappschaftsgesetzes außer Kraft. Sie können jedoch noch fortwirken, z. B. hinsichtlich der Anrechnung sogenannter Ersatztatsachen aus der Vergangenheit bei Feststellung der Leistungen der Pensionskasse (Art. 29 Abs. 1 und Begr. dazu). Hieraus findet der am Schlusse des Abs. 2 gemachte Vorbehalt seine Erklärung. (Begr. S. 80.)

Artikel 55.[1])

Soweit in Reichs- oder Landesgesetzen auf Vorschriften verwiesen ist, die durch dieses Gesetz oder das Reichsknappschaftsgesetz außer Kraft gesetzt oder verändert sind, treten an deren Stelle die entsprechenden Vorschriften des Reichsknappschaftsgesetzes.

1. Der Art. 55 entspricht dem § 187 des Entwurfs des Reichsknappschaftsgesetzes.

Die Vorschrift enthält eine natürliche Ergänzung des Art. 54 dahin, daß an Stelle der bisherigen Vorschriften über das Knappschaftswesen, die nicht neben dem Reichsknappschaftsgesetz bestehen bleiben oder die durch dessen Inhalt abgeändert oder sonst beeinflußt werden, die entsprechenden neuen Vorschriften des Reichsknappschaftsgesetzes treten. (Begr. S. 80.)

Artikel 56.

Die Vorschriften der Artikel 51 bis 55 treten mit dem im Artikel 1 bestimmten Tag in Kraft.

Dritter Teil.

Artikel 57.[1])

(Abs. 1.) Die Reichsregierung kann mit Zustimmung des Reichsrats noch andere Einführungsbestimmungen erlassen und die in diesem Gesetz oder dem Reichsknappschaftsgesetze bestimmten Fristen ändern.[2])

(Abs. 2.) Die Bestimmungen sind durch das Reichs-Gesetzblatt zu veröffentlichen und dem Reichstag zur Kenntnis vorzulegen.

1. Der Art. 57 entspricht dem § 240 des Entwurfs des Reichsknappschaftsgesetzes.

2. Diese Ermächtigung empfiehlt sich um deswillen, weil die Schwierigkeiten bei Durchführung des Reichsknappschaftsgesetzes nicht im voraus in allen Punkten zu übersehen sind und weil für den Fall, daß die in den Übergangsbestimmungen — also dem Einführungsgesetz — eingesetzten Fristen nicht sollten innegehalten werden können, eine Ermächtigung der Reichsregierung zur Fristverlängerung geboten ist (vgl. Begr. S. 93).

Sachregister.

(Die Zahlen beziehen sich auf die Seiten.)

A.

B.

F.

G.

H.

K.

Z.

Druck von Otto Walter in Berlin S 14.

Nr. **13.** **Konkursordnung und Anfechtungsgesetz.** Von R. Sydow. Fortgeführt von L. Busch und O. Krieg. 13. Auflage 1923. Gz 4,5

Nr. **14.** **Gerichtsverfassungsgesetz.** Von R. Sydow. Fortgeführt von L. Busch. 11. Auflage. In Bearbeitung.

Nr. **15.** **Das deutsche Gerichtskostengesetz.** Von R. Sydow. Fortgeführt von L. Busch und F. Koehler. 10. Auflage. — 1920. Mit den Änderungen von 1921. Gz 3

Nr. **16.** **Rechtsanwaltordnung.** Von R. Sydow. 5. Auflage von M. Jacobsohn. Mit Nachtrag von 1910. — 1907. Gz 1,2

Nr. **17.** **Gebührenordnung für Rechtsanwälte und das Preußische Gebührengesetz.** Von R. Sydow. Fortgeführt von L. Busch und O. Krieg. 12. Auflage. — 1922. Gz 4

Nr. **18.** **Reichsstempelgesetz.** Von P. Loeck. Vergriffen. Wird durch Kapitalverkehrssteuergesetz ersetzt. Erläuterte Ausgabe in Bearbeitung. Siehe auch Nr. **131 b.**

Nr. **19.** **Die Seegesetzgebung.** Von W. E. Knitschky. 5. Auflage von O. Rudorff. — 1913. Gz 8

Nr. **20.** **Krankenversicherungsgesetz** siehe Nr. **107.**

Nr. **21.** **Die Konsulargesetzgebung.** Von Ph. Zorn. 8. Auflage von K. Zorn. — 1911. Gz 4,5

Nr. **22.** **Patentgesetz.** Von R. Lutter. 8. Aufl. — 1920. Gz 4,5

Nr. **23.** **Gewerbe-Unfallversicherungsgesetz** siehe Nr. **108.**

Nr. **24.** **Aktiengesellschaft und Kommanditgesellschaften auf Aktien.** Von H. Keyßner und H. Veit Simon. 7. Aufl. In Bearbeitung.

Nr. **25.** **Brausteuergesetz.** Von A. Düffe. 2. Aufl. — 1910. Gz 2

Nr. **26.** **Münz- und Notenbankwesen.** Von R. Koch. 7. Aufl. In Bearbeitung.

Nr. **27.** **Gesundheitswesen im Deutschen Reich.** Von E. Goesch und J. Karsten. — 1888. Gz 1,5

Nr. **28.** **Bau-Unfallversicherungsgesetz** siehe Nr. **108.**

Nr. **29.** **Erwerbs- und Wirtschaftsgenossenschaften.** Von L. Parisius und H. Crüger. 16. Auflage. — 1922. Gz 2

Nr. **30.** **Invalidenversicherungsgesetz** siehe Nr. **109.**

Nr. **31.** **Gewerbegerichtsgesetz.** Von L. Mugdan. 7. Auflage von W. Cuno. Vergriffen, neue Auflage in Bearbeitung.

Nr. **32.** **Gesellschaften mit beschränkter Haftung.** Von L. Parisius und H. Crüger. 15. Aufl. — 1921. Gz 1,7

Nr. **33.** **Vereins- und Versammlungsrecht.** Von E. Ball. 2. Auflage von F. Friedenthal. — 1907. Gz 2

Reichs-Vereinsgesetz vom 19. April 1908 siehe Nr. **88.**

Die Preise der Bände ergeben sich durch Multiplikation der

Nr. 34. **Die Abzahlungsgeschäfte.** 3. Auflage von E. Wilke. — 1910. Gz 1,2

Nr. 35. **Die Reichs-Eisenbahngesetzgebung.** Von W. Coermann. — 1895. (Siehe auch Nr. **66.**) Gz 2

Nr. 36. **Privatrechtliche Verhältnisse der Binnenschiffahrt und Flößerei.** Von E. Löwe. 6. Auflage. — 1923. Gz 4,5

Nr. 37. **Unlauterer Wettbewerb.** Von A. Pinner. 7. Auflage von A. Elster. — 1921. Gz 1,4

Nr. 38/39. **Bürgerliches Gesetzbuch nebst Einführungsgesetz.** Von A. Achilles. In Verbindung mit F. André, O. Meyer, O. Strecker, K. v. Unzner herausgegeben von M. Greiff. 11. Auflage. — 1923. Gz 11

Nr. 40. Gesetz, betr. die **Pflichten der Kaufleute bei Aufbewahrung fremder Wertpapiere [Depotgesetz].** Von F. Lusensky. 3. Auflage. — 1916. Gz 1

Nr. 41. **Börsengesetz.** Von Th. Hemptenmacher. 3. Auflage von O. Meyer. — 1915. Gz 3,5

Nr. 42. **Grundbuchordnung.** Von O. Fischer. 7. Auflage. — 1920. Gz 3

Nr. 43. **Zwangsvollstreckung.** Von J. Krech und O. Fischer. 9. Auflage von O. Fischer. — 1922. Gz 3,5

Nr. 44. **Auswanderungswesen.** Von F. Stoerk. — 1899. Gz 2

Nr. 45. **Das Entmündigungsrecht.** Von P. Koll. — 1900. Gz 1,2

Nr. 46. **Freiwillige Gerichtsbarkeit.** Von H. Jastrow. 6. Auflage von Herm. Günther. — 1921. Gz 4,5

Nr. 47. **Das deutsche Vormundschaftsrecht.** Von M. Schultzenstein und P. Köhne. 2. Auflage. — 1901. Gz 2,5

Nr. 48. Gesetze, betr. den **Drogen-, Gift- und Farbenhandel** außerhalb der Apotheken. Von J. Broh. — 1899. Gz 1,2

Nr. 49. **Deutsche Kolonialgesetzgebung.** Von Ph. Zorn. 2. Auflage von Sassen. — 1913. Gz 6

Nr. 50. **Der Viehkauf [Viehgewährschaft].** Von H. Stölzle und H. Weiskopf. 5. Auflage. — 1913. Gz 5,5

Nr. 51. **Hypothekenbankgesetz.** Von H. Göppert. 2. Auflage von Seidel. — 1911. Gz 2,2

Nr. 52. **Rechte der Besitzer von Schuldverschreibungen.** Von H. Göppert. 2. Auflage von E. Trendelenburg. — 1915. Gz 1,5

Grundzahlen (Gz) mit der jeweils geltenden Schlüsselzahl.

Nr. 75. **Konsulargerichtsbarkeit.** Von A. F. Vorwerk. 2. Ausgabe, mit den Schutzgebietsgesetzen. — 1908. Gz 1,6

Nr. 76. **Die Rechtshilfe im Verkehr mit den ordentlichen Gerichten.** Von A. Friedländer. — 1906. Gz 1,5

Nr. 77. **Das Erbschaftssteuergesetz.** Von B. Hendel. — 1920. Gz 6,2

Nr. 78. **Zigarettensteuergesetz.** Von Cuno. In Vorbereitung.

Nr. 79. **Die Militärpensionsgesetze.** Von A. Romen.
a) I. Teil: **Offizierpensionsgesetz. — 1907.** Gz 2
b) II. Teil: **Mannschaftsversorgungsgesetz.** Mit **Kapitalabfindungsgesetz.** — 1908. Gz 2

Militärversorgungsgesetze siehe auch Nr. **136.**

Nr. 80. **Gerichtliche Registerführung.** Von O. Lindemann. — 1906. Gz 2,4

Nr. 81. **Urheberrecht an Werken der bildenden Künste und der Photographie.** Von L. Fuld. 2. Auflage im Druck.

Nr. 82. **Reichsbeamtengesetz.** Von A. Arndt. 3. Auflage. — 1923. Gz 3,5

Nr. 83. **Versicherungsvertrag.** Von P. Hager und E. Bruck. 4. Auflage. — 1920. Gz 6

Nr. 84. **Sammlung kleinerer privatrechtlicher Reichsgesetze.** Von G. Müller. — 1908. Gz 5,5

Nr. 85. **Scheckgesetz.** Neue Auflage im Druck.

Nr. 86. **Die Auslieferungsverträge des Deutschen Reiches.** Von A. Cohn. — 1908. Gz 4

Nr. 87. **Schutz der Warenbezeichnungen.** Von Freund und Magnus. 6. Auflage. — 1923. In Bearbeitung.

Nr. 88. **Vereinsgesetz.** Von A. Romen. 4. Aufl. — 1916. Gz 3

Nr. 89. **Vogelschutzgesetz.** Von L. v. Boxberger. — 1909. Gz 1

Nr. 90. Die Haager Abkommen über das **Internationale Privatrecht.** Von G. Bogeng. — 1908. Gz 2

Nr. 91. **Eisenbahn-Verkehrsordnung.** Von E. Blume. 2. Auflage von Weirauch. — 1922. Gz 5

Nr. 92. **Verkehr mit Kraftfahrzeugen.** Von R. Kirchner. 3. Auflage. Mit Nachtrag 1922. — 1915. Gz 4,5

Nr. 93. **Sicherung der Bauforderungen.** Von E. Harnier. 3. Auflage. — 1912. Gz 1,5

Nr. 94. **Die Beamtenhaftpflichtgesetze des Reiches und der Länder.** Von H. Delius. 3. Auflage. — 1921. Gz 3,2

Nr. 95. Die Berner Übereinkunft über **Internationales Urheberrecht.** Von H. Dungs. — 1910. Gz 1

Grundzahlen (Gz) mit der jeweils geltenden Schlüsselzahl.

Nr. 96. **Branntweinsteuergesetz.** 3. Auflage von K. Kniebe in Vorbereitung. **Branntweinmonopolgesetz** siehe Nr. **131 a.**

Nr. 97. **Schutzgebietsgesetz.** Von J. Gerstmeyer. — 1910. Gz 2,5

Nr. 98. **Sechs Haager Abkommen über Internationales Privatrecht.** Von H. Dungs. — 1910. Gz 1,5

Nr. 99. **Die Abkommen der Haager Friedenskonferenz.** Vergriffen. Jetzt: Wehberg, **Völkerbundakte.** (Außerhalb der Sammlung.)

Nr. 100. **Kaligesetz.** Von B. Voelkel. — 1910. Gz 2,4

Nr. 101. **Zuwachssteuergesetz.** Von W. Cuno. — 1911. Gz 3,5

Nr. 102. **Urheberrecht an Mustern und Modellen** und Schutz von **Gebrauchsmustern.** Von J. Neuberg. — 1911. Gz 2,4

Nr. 103. **Reichs-Viehseuchengesetz.** Von W. v. Hippel. 2. Auflage. — 1912. Gz 4

Nr. 104. **Versicherungsgesetz für Angestellte** siehe Nr. **144.**

Nr. 105. **Das Geldwesen in den deutschen Schutzgebieten.** Von W. Hintze. — 1912. Gz 1,8

Nr. 106—109. **Reichs-Versicherungsordnung.** Von F. Caspar und A. Spielhagen. 4 Bände.

Nr. 106. I., V. und VI. Buch. **Gemeinsame Vorschriften. — Beziehungen der Versicherungsträger zu einander und zu anderen Verpflichteten. — Verfahren.** Von K. Lippmann, L. Laß und H. Siefart. — 1913. Mit Nachtrag. Von K. Lippmann. — 1920. (Nachtrag einzeln. Gz 0,4.) Gz 5

Nr. 107. II. Buch. **Krankenversicherung.** Von H. Siefart und F. Sitzler. — 1916. Mit Nachtrag. Von K. Lippmann. — 1920. (Nachtrag einzeln. Gz 1,2.) Gz 5,5

Nr. 108. III. Buch. **Unfallversicherung.** Von A. Radtke. — 1913. Mit Nachtrag. Von A. Radtke. — 1921. (Nachtrag einzeln. Gz 1,6.) Gz 6,5

Nr. 109. IV. Buch. **Invaliden- und Hinterbliebenenversicherung.** Von B. Jaup und H. Follmann. — Neudruck 1922. Mit Nachtrag, enthaltend die Ergänzungen 1914—1921. (Nachtrag einzeln. Gz 1.) Gz 3,5

Nr. 110. **Wehrbeitragsgesetz.** Von A. Fernow. 2. Auflage. — 1913. Gz 1,6

Nr. 111. **Reichs- und Staatsangehörigkeitsgesetz.** Von A. Romen. — 1913. Gz 2

Nr. 112. **Kaufmannsgerichtsgesetz.** Von H. Depène. — 1914. Gz 2,6

Nr. 113. **Postscheckgesetz.** Von J. Weiland. — 1914. Mit Nachtrag 1918. Gz 1,5

Die Preise der Bände ergeben sich durch Multiplikation der

Guttentagsche Sammlung Deutscher Reichsgesetze.

Nr. **113 a. Postscheckordnung.** Von J. Weiland. — 1914. Mit Nachtrag 1918. Gz 1,5

Nr. **114. Waffengebrauch und Festnahmerecht des Militärs.** Von A. Romen und C. Rissom. — 1914. Gz 1,8

Nr. **115. Das vertragliche Wettbewerbsverbot [Konkurrenzklausel].** Von G. Baum. — 1914. Gz 3

Nr. **116. Kriegs-Zivil- u. Finanzgesetze.** 3. Aufl. — 1915. Gz 1,5

Nr. **116 a.** Zweite Folge: Jahr 1915. — 1916. Gz 1,2
Siehe auch Nr. **129.**

Nr. **117. Darlehnskassengesetz.** Von Salomon und Bud. — 1915. Gz 1,8

Nr. **118. Militärhinterbliebenengesetz.** Von Reh. Mit **Kapitalabfindungsgesetz.** — 1915. (Siehe auch Nr. **136.**) Gz 2,2

Nr. **119. Kriegsleistungsgesetz.** Vergriffen.

Nr. **120. Telegraphenwegegesetz.** Von Wolf. — 1916. Gz 1

Nr. **121. Direkte Kriegssteuer.** Von A. Mrozek. — 1916. Gz 3,5

Nr. **122. Belagerungszustand.** Von H. Pürschel. — 1916. Gz 3,5

Nr. **123. Warenumsatzstempel.** Von Lindemann. — 1916. Gz 1,3

Umsatzsteuergesetze siehe Nr. **132.**

Nr. **124. Todeserklärung Kriegsverschollener.** Von J. Partsch. — 1916. Gz 2

Nr. **125. Vaterländischer Hilfsdienst.** 3. Auflage. — 1917. Gz 1

Nr. **126. Besitzsteuergesetz.** Von A. Mrozek. Vergriffen.

Nr. **127. Geschäftsaufsicht zur Abwendung des Konkurses.** Von G. Klien und Ernst Jaeger. — 1917. Gz 1,2

Nr. **128. Verhaftung und Aufenthaltsbeschränkung.** Von A. Romen. — 1917. Gz 1,2

Nr. **129.** Kriegsgesetze auf dem Gebiete des **Zivil-** und **Prozeßrechtes.** Von Johannes Fischer. — 1918. Gz 1,5

Nr. **130. Ersatzlebensmittelverordnung** nebst Verordnungen über **Schleichhandel, Preistreiberei.** Von Heinz Emil Wendel. — 1918. Gz 0,8

Nr. **131 a. Reichsfinanzgesetzgebung 1918.** Bd. I. **Getränkesteuern** (Bier, Branntwein, Wein, Schaumwein, Limonaden). Von G. Mayer. — 1918. Gz 2,5

Nr. **131 b. Reichsfinanzgesetzgebung 1918.** Bd. II. **Abgabe vom Einkommen, Stempel, Umsatz, Kriegsgewinn** usw., **Steuerflucht.** Von G. Mayer. — 1919. Gz 1,5

Grundzahlen (Gz) mit der jeweils geltenden Schlüsselzahl.

Nr. 132. **Umsatzsteuergesetz.** Von Otto Lindemann. 3. Auflage. — 1923. Gz 4

Nr. 133. **Reichswuchergesetzgebung.** Von Ad. Lobe. — 1918. Gz 2,8

Nr. 134. **Die Friedensverträge.** Von Karl Strupp. I. **Die Ostfrieden.** — 1918. Gz 6

Nr. 135. **Erbbaurecht.** Von H. Günther. — 1919. Gz 2

Nr. 136. **Militärversorgungsgesetze.** Von Hermann Günther. — 1919. Gz 2,3

Nr. 137. **Verfassung des Deutschen Reiches.** Von A. Arndt. 2. Auflage. — 1921. Gz 2,5

Nr. 138 a. **Arbeiterschutz und Arbeitsrecht.** Von A. Günther. — 1920. Gz 5

Nr. 138 b. **Betriebsrätegesetz.** Von A. Günther. — 1920. Gz 2

Nr. 139. **Grunderwerbsteuergesetz.** Von Otto Lindeman. — 1919. Gz 1,8

Nr. 140. **Die Siedelungsgesetzgebung im Reich und in Preußen.** Von W. Holzapfel. — 1920. Gz 3

Nr. 141. **Sozialisierungsgesetze.** Von Otto Meier. — 1920. Gz 2,2

Nr. 142. **Wirtschaftliche Demobilmachung.** Von Gg. Fischbach. — 1920. Gz 1

Nr. 143. **Reichsabgabenordnung.** Von Nieberl. — 1923. Gz 4

Nr. 144. **Versicherungsgesetz für Angestellte.** Von Lippmann. — 1920. Gz 3,5

Nr. 145. **Steuer- und Kapitalflucht.** Von E. H. Meyer. 2. Auflage. — 1921. Gz 1,6

Nr. 146. **Tabaksteuergesetz.** Von Wündisch. Mit Nachtrag, enthaltend alle Neuerungen. — 1920. Gz 3

Nr. 147. **Filmzensur.** Von Szczesny. — 1920. Gz 1,5

Nr. 148. **Reichsausgleichsgesetz.** Von Decke. — 1920. Gz 1,5

Nr. 149. **Reichsnotopfergesetz.** Von Friedmann und Wrzeszinsky. — 1921. Gz 4

Nr. 150. **Reichsschädengesetze.** Von Adolf Hohenstein und Wenzel Goldbaum. — 1922. Gz 4

Nr. 151. **Reichseinkommensteuergesetz.** Von A. Hirschburger. 1923. Gz 7,5

Nr. 152 **Wohlfahrtsgesetze.** Von Behrend und Stranz-Hurwitz. 1923. Im Druck.

Nr. 153. **Zwangsanleihegesetz.** Von Simon und Beutner. 1923. Im Druck.

Die Preise der Bände ergeben sich durch Multiplikation der

B. Preußische Gesetze.

Nr. 1. **Die Verfassung des Freistaats Preußen.** Von A. Arndt. — 1921. Gz 1,8
Ausführlicher Kommentar von Stier-Somlo. — 1921. Gz 5

Nr. 2. **Preußische Beamten-Gesetzgebung.** Von K. Pfafferoth. 5. Auflage. — 1916. Gz 2,4

Nr. 3. **Notteftamente.** Von E. Kurtz. — 1904. Gz 1,5

Nr. 4. **Gebührenordnung für Notare.** Von Rausnitz. 5. Auflage. — 1917. Gz 2,2

Nr. 5. Gesetz vom **24. April 1854 [betr. die außereheliche Schwängerung].** Von Schulze. — 1873. Gz 0,7
Reichsrecht siehe Reichsgesetze Nr. **58.**

Nr. 6—9 vergriffen.

Nr. 10. **Einkommensteuergesetz** siehe Reichsgesetze Nr. **151.**

Nr. 11. **Gewerbesteuergesetz.** Von A. Fernow. Vergriffen.

Nr. 12. **Allgemeines Berggesetz.** Von Schlüter und Hense. 3. Auflage. — 1913. Vergriffen.

Nr. 13. **Ergänzungssteuergesetz.** Von A. Fernow. 5. Aufl. Gz 4

Nr. 14. **Kommunalabgabengesetz.** Von F. Adickes. 6. Auflage von Falk. — 1922. Gz 3,5

Nr. 15. **Die Kreisordnungen.** Von O. Kolisch. — 1894. Gz 4

Nr. 16. **Konzessionierung gewerblicher Anlagen.** Von W. v. Rüdiger. 2. Auflage. — 1901. Vergriffen.

Nr. 17. **Preußisches Gerichtskostengesetz.** Von P. Siméon. 7. Auflage. — 1913. Mit Nachtrag von 1919 und 1920. Gz 4

Nr. 18. **Preußisches Stempelsteuergesetz.** Von P. Loeck und W. Seyffarth. 9. Auflage mit Nachtrag von Eiffler. — 1922. Gz 7,5

Nr. 19. **Jagdscheingesetz.** Von F. Kunze. 2. Aufl. — 1899. Gz 2

Nr. 20. **Die preußischen Erbschaftssteuergesetze.** Von U. Hoffmann. — 1905. Gz 3
(**Reichs**-Erbschaftssteuergesetz siehe Reichsgesetze Nr. 77.)

Nr. 21. **Handelskammern.** Von F. Lusensky. 2. Auflage. — 1909. Gz 3

Nr. 22. **Anstellung und Versorgung der Kommunalbeamten.** Von W. Ledermann. 2. Auflage von L. Brühl. — 1914. Gz 2

Grundzahlen (Gz) mit der jeweils geltenden Schlüsselzahl.

Nr. 23. **Ausführungsgesetze zum Bürgerlichen Gesetzbuche.** Von P. Siméon. 3. Auflage. — 1914. Gz 2,2

Nr. 24. **Die Hinterlegungsordnung (1879).** Von G. Bartels. 2. Auflage. — 1908. Gz 2

— —, Abänderungsgesetz vom 21. April 1913 siehe Nr. 53.

Nr. 25. **Preußische Kommunalbeamtengesetzgebung.** Von F. Kremski. — 1901. Gz 3

Nr. 26. **Diensteinkommen der Lehrer und Lehrerinnen.** Von E. Cremer. — 1900. Gz 2,2

Nr. 27. **Warenhaussteuer.** Von G. Strutz. — 1900. Gz 1,2

Nr. 28. **Die Fürsorgeerziehung Minderjähriger.** Von P. F. Aschrott. 3. Auflage. — 1917. Gz 2,8

Nr. 29. **Ärztliche Ehrengerichte, das Umlagerecht und die Kassen der Ärztekammern.** Von F. Fidler. — 1901. Gz 1,5

Nr. 30. **Preußisches Staatsschuldbuch** und **Reichsschuldbuch.** Von J. Mücke. — 1902. Gz 2

Nr. 31. **Die preußischen Gesindeordnungen.** Zwei Bände. Von St. Gerhard.

31 a. Altpreußische Provinzen und Rheinland. 2. Auflage. — 1914. Gz 3

31 b. Hannover, Schleswig-Holstein, Hessen-Nassau und Hohenzollern. — 1902. Gz 2,5

Nr. 32. **Städteordnung.** Von W. Ledermann und L. Brühl. 2. Auflage. — 1913. Gz 7

Nr. 33. **Rentenguts- und Anerbenrechts-Gesetzgebung.** Von M. Peltasohn und B. Peltasohn. — 1903. Gz 2,8

Nr. 34. Sammlung der wichtigsten **preußischen Strafgesetze.** Von Lindemann. 2. Auflage. — 1912. Gz 3,5

Nr. 35. **Geschäftsordnung für Gerichtsvollzieher.** Von E. Exner. — 1904. Gz 3

Nr. 36. **Polizeiverordnungen in Preußen.** Von O. Lindemann. — 2. Auflage. 1912. Gz 2,5

Nr. 37. **Enteignung von Grundeigentum.** Von O. Meyer. 2. Auflage. — 1911. Gz 2,2

Nr. 38. **Kreis- und Provinzial-Abgabengesetz.** Von F. Schmidt. — 1906. Gz 1,2

Nr. 39. **Unterhaltung der öffentlichen Volksschulen.** Von A. Marcks. — 1906. Gz 1,8

Nr. 40. **Verwaltungsstrafverfahren.** Von R. Katzenstein. — 1907. Gz 3,5

Nr. 41. **Die preußischen Jagdpolizeigesetze.** Von F. Kunze und R. Kühnemann. 2. Auflage. — 1907. Gz 3,5

Die Preise der Bände ergeben sich durch Multiplikation der

Schlagwort-Register

R. = Nummer der Sammlung Deutscher Reichsgesetze.
P. = Nummer der Sammlung Preußischer Gesetze.
S. = Seite.

Schlagwort-Register. (R. = Reichsgesetz, P. = preuß. Gesetz.)

Schlagwort-Register. (R. = Reichsgesetz, P. = preuß. Gesetz.)

Kolibri 360 GmbH
Ferdinand-Jühlke-Straße 7
99095 Erfurt, Deutschland
produktsicherheit@kolibri360.de